编者说明

一、《九江统计年鉴—2015》(以下简称《年鉴》)是一本统计信息密集,综合性强的资料书。它通过统计数字,向广大读者系统地、全面地介绍九江市情、经济和社会发展情况,为各级领导和有关部门研究经济发展战略、制订规划、管理经济提供数据;为社会各界和海外人士认识九江、了解九江,提供全面翔实的经济信息。

二、本《年鉴》以2014年各项统计资料为主,全书内容由特载、统计资料等部分组成,增列了统计工作大事记。为便于读者使用本年鉴资料,篇末附有主要统计指标解释。

三、本《年鉴》在前几年出版的年鉴基础上充实了相关数据信息量。在编辑结构、内容结构、指标体系等方面按照省年鉴编辑部的要求作了相应调整。

四、本《年鉴》对以往年份的个别指标数据作了一些订正和调整,以前发表过的指标数据,凡与本年鉴有出入的均以本年鉴为准,凡涉及全市性国民经济和社会发展的综合性统计指标,均以本书统计资料篇为准。

五、本《年鉴》统计表中的符号使用说明:“…”表示数据不足本表最小计量单位数;“空格”表示该项统计数据不详或无该项统计数据;“#”表示其中的主要项。

六、本《年鉴》自问世以来,备受广大读者关心和支持,得到了市党政领导和社会各界的大力支持和帮助,在此谨表诚挚的感谢。由于时间仓促,编辑水平有限,书中难免存在错误和遗漏,敬请广大读者提出宝贵意见。

《九江统计年鉴－2015》
编辑委员会

顾　问：钟志生　市委副书记、市政府市长
主　任：占　勇　市委副书记、市政府常务副市长
副主任：王丰鹏　市政府秘书长
　　　　程益琴　市政府副秘书长、办公厅主任
　　　　余明义　市统计局局长
委　员：郑　浪　市委宣传部副部长
　　　　王　纲　市委农工部副部长
　　　　喻子水　市发展和改革委员会主任
　　　　陈南桥　市工业和信息化委员会主任
　　　　李润金　市财政局局长
　　　　周佑庭　国家统计局九江调查队队长
　　　　王弟权　市统计局调研员
　　　　胡升平　市统计局副局长
　　　　周腊秀　市统计局副局长
　　　　李　青　市统计局副局长
　　　　董晓玲　市统计局副调研员
　　　　熊运锋　市统计局副调研员
　　　　吴耀华　市统计局调查中心书记

九江统计年鉴

JIUJIANG STATISTICAL YEARBOOK

2015

九 江 市 统 计 局
国家统计局九江调查队 编

图书在版编目(CIP)数据

九江统计年鉴. 2015 / 九江市统计局, 国家统计局九江调查队编. －－ 影印本. －－ 北京 : 中国统计出版社,2015. 8
ISBN 978－7－5037－7597－0

Ⅰ. ①九… Ⅱ. ①九… ②国… Ⅲ. ①统计资料－九江市－2015－年鉴 Ⅳ. ①C832. 563－54

中国版本图书馆 CIP 数据核字(2015)第 208216 号

九江统计年鉴－2015

作　　者/ 九江市统计局　国家统计局九江调查队
责任编辑/ 陈越月　崔　鹏
装帧设计/ 罗嗣德
出版发行/ 中国统计出版社
地　　址/ 北京市丰台区西三环南路甲 6 号　邮政编码/100073
电　　话/ 邮购(010)63376909　书店(010)68783171
网　　址/ http://csp. stats. gov. cn
印　　刷/ 济源市广大统计印刷有限公司(0391－6612067　QQ:350796214)
经　　销/ 新华书店
开　　本/ 890mm×1240mm 1/16
字　　数/ 528 千字
印　　张/ 28. 4
版　　别/ 2015 年 8 月第 1 版
版　　次/ 2015 年 8 月第 1 次印刷
定　　价/ 280 元

如有印装差错,由本社发行部调换。

《九江统计年鉴－2015》

编　辑　部

目　　录

特　载

政府工作报告 …… 3
中华人民共和国2014年国民经济和社会发展统计公报 …… 16
江西省2014年国民经济和社会发展统计公报 …… 29
九江市2014年国民经济和社会发展统计公报 …… 37
市情概况 …… 42

社会经济统计资料

一、综　合

1－1　主要年份国民经济主要指标 …… 51
1－2 主要年份国民经济主要指标发展速度 …… 54
1－3 九江一日 …… 57
1－4 主要年份主要指标每人年平均水平 …… 59
1－5 主要年份生产总值(按当年价格计算) …… 60
1－6 历年生产总值构成(以生产总值为100) …… 61
1－7 生产总值 …… 62
1－8 生产总值生产、分配及使用情况(2014年) …… 62
1－9 生产总值指数 …… 63
1－10 各县(市、区)生产总值及构成(2014年) …… 64
主要统计指标解释 …… 65

二、人口

2－1　主要年份户数和人口数 …… 69
2－2　人口自然变动情况 …… 70
2－3　各县(市、区)户数和人口数(2014年末) …… 71
2－4　各县(市、区)人口自然变动情况(2014年) …… 71
2－5　各县(市、区)人口数(2014年末) …… 72
2－6　各县(市、区)人口自然变动情况(2014年) …… 72
2－7　育龄妇女节育情况(2014年) …… 73
2－8　计划生育情况(2014年) …… 73
主要统计指标解释 …… 74

三、就业人员和职工工资

3－1　主要年份劳动力资源总数 …… 77
3－2　主要年份按三次产业划分的社会从业人员和构成 …… 78
3－3　社会从业人员(2014年末) …… 79
3－4　私营企业从业人员情况(2014年末) …… 80
3－5　个体工商业从业人员情况(2014年末) …… 80
3－6　在岗职工年末人数 …… 81
3－7　各种分组的在岗职工人数(2014年末) …… 82
3－8　在岗职工工资总额 …… 86
3－9　各种分组的在岗职工工资总额(2014年) …… 87
3－10　在岗职工平均工资 …… 91
3－11　各种分组的在岗职工平均工资(2014年) …… 92
3－12　工业分行业在岗职工人数和在岗职工平均工资 …… 96
3－13　单位从业人员年末人数 …… 98
3－14　各种分组的单位从业人员人数(2014年末) …… 99
3－15　各种分组的单位从业人员女性人数(2014年末) …… 100
3－16　单位从业人员劳动报酬 …… 101
3－17　单位从业人员平均劳动报酬 …… 102
3－18　城镇就业和再就业主要指标 …… 103
3－19　社会保障主要指标 …… 103
主要统计指标解释 …… 104

四、固定资产投资

4－1　固定资产投资 …… 107
4－2　分行业固定资产投资 …… 109

4 -3 按各行业登记注册类型分固定资产投资(一) …… ………………………………………………………… 110
4 -4 按各行业登记注册类型分固定资产投资(二) …… ………………………………………………………… 112
4 -5 各县(市、区)固定资产投资(2014 年) ……… 114
4 -6 分行业资金来源情况(2014 年) ……………… 115
4 -7 固定资产投资施工及投产项目个数(2014 年)…… ………………………………………………………… 116
4 -8 各县(市、区)工业投资(2014 年) …………… 118
主要统计指标解释 …………………………………… 119

五、对外经济贸易

5 -1 主要商品直接进出口额(2014 年) …………… 123
5 -2 进出口商品直接进出口额(2014 年) ………… 124
5 -3 主要年份外贸进出口商品总值………………… 126
5 -4 主要年份利用外资情况………………………… 127
5 -5 分县(市、区)利用外资情况(2014 年) ……… 128
5 -6 分县(市、区)外贸出口额 …………………… 129
主要统计指标解释 …………………………………… 130

六、能源

6 -1 主要年份能源生产量…………………………… 133
6 -2 工业企业能源购进、消费与库存情况(2014 年) … ………………………………………………………… 133
6 -3 规模以上工业主要能源分行业消费量(2014 年)… ………………………………………………………… 134
6 -4 规模以上工业能源分行业消费量(2014 年) … 135
6 -5 规模以上工业分县(市、区)综合能源产值能耗变动情况 ………………………………………………… 136
6 -6 各县(市、区)规模以上工业主要能源消费量(2014年) …………………………………………………… 137
6 -7 各县(市、区)规模以上工业增加值能耗 ……… 138
6 -8 各县(市、区)万元 GDP 能耗 ……………… 138
主要统计指标解释 …………………………………… 139

七、财政

7 -1 主要年份地方公共财政预算收入及财政支出 …… ………………………………………………………… 143
7 -2 财政收入……………………………………… 144
7 -3 财政支出……………………………………… 145
7 -4 各县(市、区)地方公共财政预算收入 ………… 146
7 -5 各县(市、区)财政支出 ……………………… 146
7 -6 主要年份各县(市、区)财政总收入 ………… 147
主要统计指标解释 ………………………………… 148

八、价格指数

8 -1 主要年份市区居民消费价格类指数…………… 151
8 -2 市区商品零售物价类指数(2014 年) ………… 152
8 -3 市区居民消费价格类指数(2014 年) ………… 152
8 -4 主要年份市区居民消费价格及商品零售价格总指数 ……………………………………………………… 153
8 -5 不同基期年份的消费及零售价格指数………… 153
8 -6 市区居民消费价格类指数(2014 年) ………… 154
8 -7 市区商品零售价格类指数(2014 年) ………… 155
8 -8 工业生产者出厂价格指数……………………… 156
8 -9 工业生产者出厂价格指数(按工业部门分组) … ……………………………………………………… 156
8 -10 工业生产者购进价格指数 ………………… 156
8 -11 工业生产者出厂价格指数(按新行业分组) …… ……………………………………………………… 157
8 -12 市区住宅销售价格类指数 ………………… 158
主要统计指标解释 ………………………………… 159

九、人民生活

9 -1 主要年份人民物质文化生活情况……………… 163
9 -2 主要年份城镇居民家庭基本情况……………… 164
9 -3 全省各设区市城镇居民人均可支配收入……… 165
9 -4 各县(市、区)城镇居民人均可支配收入 ……… 165
9 -5 城镇居民人均可支配收入及构成……………… 166
9 -6 城镇居民人均生活消费支出及构成…………… 167
9 -7 城镇居民人均食品消费支出…………………… 168
9 -8 百户城镇居民年末耐用消费品拥有量………… 169
9 -9 全省各设区市农村居民人均可支配收入……… 170
9 -10 各县(市、区)农村居民人均可支配收入 …… 170
9 -11 农村居民人均可支配收入及构成 …………… 171
9 -12 农村居民人均生活消费支出及构成 ………… 172
9 -13 农村居民人均食品消费支出 ………………… 173

9－14 百户农村民民年末耐用消费品拥有量 …… 174
主要统计指标解释 …… 175

十、城市建设和环境保护

10－1 城市公用事业基本情况 …… 179
10－2 环境保护情况 …… 180
10－3 污染治理项目建设情况(2014年) …… 181
10－4 生活及其他污染情况(2014年) …… 181
10－5 各县(市、区)工业污染排放及处理利用情况(2014年) …… 182
10－6 国家级、省级自然保护区(2014年) …… 183
主要统计指标解释 …… 184

十一、农业

11－1 农村乡(镇)组织情况 …… 187
11－2 各县(市、区)乡(镇)组织情况(2014年末) …… 187
11－3 各县(市、区)乡(镇)劳动力(2014年末) …… 188
11－4 主要年份农业总产值和商品产值 …… 189
11－5 历年农业总产值指数(以上年为100) …… 190
11－6 历年农业总产值指数(以1952年为100) …… 191
11－7 农业分项产值(2014年) …… 192
11－8 各县(市、区)农林牧渔业产值(2014年) …… 194
11－9 各县(市、区)粮食作物和多种经营产值(2014年) …… 194
11－10 农林牧渔业商品产值和商品率(2014年) …… 195
11－11 各县(市、区)农林牧渔业商品产值和商品率(2014年) …… 195
11－12 主要年份主要农产品产量 …… 196
11－13 农作物播种面积和产量(2014年) …… 197
11－14 各县(市、区)农作物播种面积(2014年) …… 198
11－15 各县(市、区)主要农作物单位播种面积产量(2014年) …… 200
11－16 各县(市、区)主要农作物产量(2014年) …… 202
11－17 茶叶、水果生产情况 …… 204
11－18 各县(市、区)茶叶、水果产量(2014年) …… 205
11－19 各县(市、区)茶园、果园面积(2014年) …… 205
11－20 林业生产情况 …… 206
11－21 牧业生产情况 …… 207
11－22 各县(市、区)牧业生产情况(2014年) …… 208
11－23 渔业生产情况 …… 210
11－24 各县(市、区)渔业生产情况(2014年) …… 211
11－25 各县(市、区)特种水产品产量(2014年) …… 212
11－26 各县(市、区)鱼苗产量和投放鱼种(2014年) …… 212
11－27 主要农业机械年末拥有量 …… 213
11－28 各县(市、区)主要农业机械年末拥有量(2014年) …… 214
11－29 农业用电、化肥等农用物资情况 …… 216
11－30 各县(市、区)农业用电、化肥等农用物资情况(2014年) …… 217
11－31 乡镇社会经济基本情况(一) …… 219
11－32 乡镇社会经济基本情况(二) …… 223
主要统计指标解释 …… 227

十二、工业

12－1 各县(市、区)规模以上工业企业单位数(2014年) …… 231
12－2 规模以上工业企业单位总数和总产值、增加值(2014年) …… 233
12－3 各县(市、区)规模以上工业主要经济指标(2014年) …… 235
12－4 规模以上工业企业增加值及增长速度 …… 236
12－5 主要工业产品产量(2014年) …… 238
12－6 主要年份主要工业产品产量 …… 239
12－7 规模以上工业企业主营业务收入(2014年) …… 240
12－8 规模以上工业企业利润和税金(2014年) …… 242
12－9 规模以上工业企业固定资产(2014年) …… 244
12－10 规模以上工业企业流动资产(2014年) …… 246
12－11 规模以上工业企业全员劳动生产率(2014年) …… 248
12－12 各县(市、区)规模以上工业企业主要经济指标(2014年) …… 250
12－13 主要年份规模以上工业企业主要经济指标 …… 251
12－14 国有控股工业企业单位个数和总产值(2014年) …… 253
12－15 国有控股工业企业主营业务收入(2014年) …… 254

12－16　国有控股工业企业利润和税金(2014年) … 255
12－17　国有控股工业企业固定资产(2014年) …… 256
12－18　国有控股工业企业流动资产(2014年) …… 257
12－19　国有控股工业企业全员劳动生产率(2014年) …… 258
12－20　各县(市、区)规模以上国有控股工业企业主要经济指标(2014年) …… 259
12－21　规模以上非国有工业企业单位个数和总产值(2014年) …… 260
12－22　规模以上非国有工业企业主营业务 收入(2014年) …… 261
12－23　规模以上非国有工业企业利润和 税金(2014年) …… 263
12－24　规模以上非国有工业企业固定资产(2014年) …… 265
12－25　规模以上非国有工业企业流动资产 (2014年) …… 267
12－26　规模以上非国有工业企业全员劳动生产率(2014年) …… 269
12－27　各县(市、区)规模以上非国有工业企业主要经济指标(2014年) …… 270
12－28　大中型工业企业单位数和总产值(2014年) …… 271
12－29　大中型工业企业主营业务收入(2014年) … 272
12－30　大中型工业企业利润和税金(2014年) …… 274
12－31　大中型工业企业固定资产(2014年) …… 276
12－32　大中型工业企业流动资产(2014年) …… 278
12－33　大中型工业企业劳动生产率(2014年) …… 280
12－34　十大产业集群主要经济指标…… 281
12－35　工业园区主要经济指标…… 283
12－36　各园区主要经济指标(2014年) …… 284
12－37　工业园区分行业主要经济指标…… 286
主要统计指标解释 …… 288

十三、建筑业

13－1　主要年份建筑施业企业主要经济指标 …… 293
13－2　各县(市、区)建筑企业个数和签订合同额(2014年) …… 294
13－3　各县(市、区)承包工程完成情况(2014年) …… 294
13－4　各县(市、区)建筑业从业人员情况(2014年) …… 295
13－5　各县(市、区)房屋建筑施工面积(2014年) …… 295
13－6　各县(市、区)建筑业总产值(2014年) …… 296
13－7　各县(市、区)建筑业资产情况(2014年) …… 297
13－8　各县(市、区)建筑业营业收入(2014年) …… 297
13－9　各县(市、区)建筑业负债和所有者权益 (2014年) …… 298
13－10　各县(市、区)建筑业利润和分配(2014年) …… 298
主要统计指标解释 …… 299

十四、交通运输和邮电

14－1　主要年份运输线路长度 …… 303
14－2　运输线路长度(2014年) …… 303
14－3　机动汽车保有量(2014年) …… 304
14－4　主要年份全社会运输量和周转量 …… 305
14－5　九江市港口吞吐量(2014年) …… 306
14－6　公路交通事故(2014年) …… 307
14－7　主要年份邮电通讯业务 …… 308
14－8　邮电事业 …… 309
主要统计指标解释 …… 310

十五、国内贸易和旅游

15－1　社会消费品零售总额 …… 313
15－2　限额以上批发和零售业企业商品销售情况(一)(2014年) …… 314
15－3　限额以上批发和零售业企业商品销售情况(二)(2014年) …… 317
15－4　限额以上批发和零售业法人企业财务状况(一)(2014年) …… 320
15－5　限额以上批发和零售业法人企业财务状况(二)(2014年) …… 323
15－6　限额以上批发和零售业法人企业财务状况(三)(2014年) …… 326
15－7　限额以上批发和零售业法人企业财务状况(四)(2014年) …… 329
15－8　限额以上批发和零售业法人企业财务状况(五)

(2014 年) …………………………………………… 332
15 -9 限额以上批发和零售业法人企业财务状况(六)(2014 年) …………………………………………… 335
15 -10 限额以上住宿和餐饮业法人单位经营情况(一)(2014 年) …………………………………………… 338
15 -11 限额以上住宿和餐饮业法人单位经营情况(二)(2014 年) …………………………………………… 340
15 -12 限额以上住宿和餐饮业法人单位财务状况(一)(2014 年) …………………………………………… 342
15 -13 限额以上住宿和餐饮业法人单位财务状况(二)(2014 年) …………………………………………… 344
15 -14 限额以上住宿和餐饮业法人单位财务状况(三)(2014 年) …………………………………………… 346
15 -15 限额以上住宿和餐饮业法人单位财务状况(四)(2014 年) …………………………………………… 348
15 -16 限额以上住宿和餐饮业法人单位财务状况(五)(2014 年) …………………………………………… 350
15 -17 私营、个体工商业基本情况 ………………… 354
15 -18 个体工商业分组情况…………………………… 355
15 -19 私营企业分行业情况…………………………… 358
15 -20 主要年份国际旅游人数………………………… 364
15 -21 旅游星级饭店一览表…………………………… 365
15 -22 农家星级旅馆一览表…………………………… 368
15 -23 九江市主要风景名胜一览……………………… 369
主要统计指标解释 …………………………………… 379

十六、金融、保险

16 -1 金融机构信贷收支 …………………………… 383
16 -2 各县(市、区)人民币存款余额 ………………… 384
16 -3 各县(市、区)人民币贷款余额 ………………… 384
16 -4 财产保险机构主要险种保费收入和支出情况(2014 年) …………………………………………… 385
16 -5 人寿保险机构主要险种保费收入和支出情况(2014 年) …………………………………………… 385
主要统计指标解释 …………………………………… 386

十七、房地产开发

17 -1 房地产开发投资主要指标 ……………………… 389
17 -2 各县(市、区)房地产开发投资主要指标(2014 年) …………………………………………… 390
17 -3 按登记注册类型分的房地产开发投资(2014 年) …………………………………………… 392
主要统计指标解释 …………………………………… 393

十八、科学、教育、文化

18 -1 独立科研机构基本情况表(2014 年)………… 397
18 -2 市属企事业单位各类专业技术人员 ………… 398
18 -3 全部工业企业全部 R&D 项目情况(2014 年)…… …………………………………………… 399
18 -4 规上工业企业 R&D 经费情况(2014 年) …… 401
18 -5 规上工业企业 R&D 经费使用情况(2014 年)…… …………………………………………… 403
18 -6 规上工业企业新产品产出和专利情况(2014 年) …………………………………………… 405
18 -7 各级各类学校基本情况 ……………………… 407
18 -8 主要年份各类全日制学校在校学生数 ……… 408
18 -9 主要年份各类全日制学校毕业生数 ………… 408
18 -10 高等学校基本情况(2014 年) ……………… 409
18 -11 中等专业学校基本情况(2014 年) ………… 409
18 -12 各县(市、区)普通中学基本情况(2014 年) …… …………………………………………… 410
18 -13 各县(市、区)职业中学基本情况(2014 年) …… …………………………………………… 410
18 -14 各县(市、区)小学基本情况(2014 年) …… 411
18 -15 各县(市、区)初中、小学辍学率及适龄人口入学率(2014 年) ………………………………… 411
18 -16 各县(市、区)中、小学升学情况 (2014 年) …… …………………………………………… 412
18 -17 平均每万人口在校学生(2014 年) ………… 413
18 -18 幼儿教育基本情况(2014 年) ……………… 413
18 -19 文化机构、人员情况(2014 年)……………… 414
18 -20 文化事业……………………………………… 414
18 -21 各县(市、区)图书、文物馆藏情况(2014 年) … …………………………………………… 415
18 -22 广播电视事业(2014 年) …………………… 415
18 -23 重点文物保护单位…………………………… 416
18 -24 第四批市级非物质文化遗产代表名录名单 …… …………………………………………… 422
主要统计指标解释 …………………………………… 423

十九、卫生、体育及其他

19 -1　主要年份卫生机构、床位及人员数 …………… 427
19 -2　各类医院机构、床位及人员数(2014 年) …… 428
19 -3　体育事业 ………………………………………… 428
19 -4　行政区划及婚姻登记情况 ……………………… 429
19 -5　各县(市、区)婚姻登记情况(2014 年) ……… 429
19 -6　主要年份律师、公证及调解工作情况 ………… 430
19 -7　主要年份共青团组织情况 ……………………… 431
19 -8　主要年份工会组织情况 ………………………… 431
19 -9　妇女儿童基本情况 ……………………………… 432
主要统计指标解释 ……………………………………… 436

二十、全省各设区市及其它部分城市主要经济指标

20 -1　全省各设区市主要经济指标(2014 年) ……… 439
20 -2　长江沿岸部分城市主要经济指标(2014 年) …… ……………………………………………………… 441
20 -3　中部地区部分城市主要经济指标(2014 年) …… ……………………………………………………… 444
附:2014 年九江统计工作大事记 …………………… 446

I

特 载

TE ZAI

政府工作报告

（2015 年 1 月 19 日在九江市第十四届人民代表大会第五次会议上）

九江市人民政府市长　钟志生

各位代表：

现在，我代表市人民政府，向大会报告工作，请予审议，并请各位市政协委员和列席会议的同志提出意见。

一、2014 年工作回顾

过去的一年，在省委、省政府和市委的正确领导下，全市上下深入贯彻党的十八大和十八届三中、四中全会精神，认真学习贯彻习近平总书记系列重要讲话精神，扎实推进沿江开放开发和昌九一体化，有效克服经济下行的影响，经济社会发展保持了良好的势头，完成了年初确定的目标任务，迈出了"双核"发展的坚实步伐。全市完成生产总值 1780 亿元，同比增长 10.3%。财政总收入 328.5 亿元，增长 17.2%；公共财政预算收入 213.7 亿元，增长 21.3%。固定资产投资 1812.5 亿元，增长 20.2%。社会消费品零售总额 496.4 亿元，增长 13.9%。居民消费价格总水平上涨 2.1%。

（一）决战工业一万亿开局良好，工业主导地位更加凸显。围绕"三年翻一番，五年过万亿"的目标，全市上下聚焦大工业、决战大工业，工业主导型的经济格局更加凸显。规模以上工业主营业务收入净增近 1000 亿元，达到 4731.1 亿元；工业固定资产投资突破 1000 亿元，达到 1249 亿元；规模以上工业企业突破 1000 户，达到 1121 户；工业增加值 945.5 亿元，增长 12.5%；利税总额 480 亿元，增长 17%；工业用电量 99.5 亿度，增长 13.8%。每季集中开工，压茬梯次推进，限期督查倒逼，全力推进工业项目建设，艾美特电器、攀森镍粒合金二期、亚东水泥六期等 146 个亿元以上项目竣工投产；九江石化油品质量升级、明阳线路板、吉恩重工海底电缆、春光线缆等 116 个亿元以上项目加快推进；神华九江电厂、兄弟医药、瑞智机电等 216 个亿元以上项目开工建设。帮扶企业提质增效、技改扩能、兼并重组，一批企业在盘活中做大做强，新增主营业务收入过亿元企业 143 户。优化产业布局，推进产业招商，完善产业链条，十大主导产业实现主营业务收入 3950 亿元，占全市比重 82.5%；新能源、新材料、电子信息、先进装备制造、绿色食品等新兴产业实现主营业务收入 1500 亿元，增长 20%；9 个特色产业集群纳入省重点调度，永修有机硅、武宁节能灯成为省级工业示范产业集群。全市 13 个工业园区完成基础设施投入 145 亿元，新增开发面积 55 平方公里，所有园区主营业务收入过 100 亿元，8 个过 200 亿元，九江经济技术开发区突破 1000 亿元；永修星火工业园获批国家新型工业化产业示范基地，成为江西省首个国家级出口工业产品质量安全示范区；德安县获批江西省纺织服装产业基地。

（二）城市建设统筹推进，门户形象加快提升。坚持老城与新区并建、规模与质量并重、建设与管理并举，促进城市建设转型升级，不断提高城镇化水平，城镇化率提高 1.45 个百分点，达到 49.12%。《大九江都市区总体规划》编制有序推进，《九江城市总体规划》修编全面完成，瑞昌市、共青城等 7 个县（市）城市总体规划完成修编，城镇规划体系进一步完善。中心城区 210 个重点城建项目完成投资 225 亿元，长虹东大道、濂溪大道延伸线、八里湖北大道路桥工程、数字城管指挥中心等 35 个项目建成交付使用；九派诗廊、芳兰组团路网、濂溪片区截污工程、房产交易中心等37个项目基本建成;国际金融广场、绿地ICC大都会、通岭大道、兴城南大道、白水湖环湖公园、第四自来水厂、九江动物园搬迁等138个项目有序推进。投资5亿元的老城区八大类改造提升工程基本完成,整治改造边街小巷278条,改造提升主次道路13条,改造路面14.2万平方米、人行道3.2万平方米,改扩建停车场10个,新增停车泊位1938个,新建改造公厕43座,疏通改造排水管网2.3万米,新增路灯900余盏。全市完成棚户区改造拆迁2.9万户、307万平方米,其中中心城区1.4万户、154万平方米。"畅通九江"工程扎实推进,"城市之门"改造有序实施。全面开展城市环境综合整治"百日大会战",脏、堵、乱、差、散、污等突出问题整治初见成效;市区新增新能源公交车100辆,市区至大千世界、星子县城至东林佛教文化游览区公交线路开通;大力创建国家森林城市,长虹大道、庐山大道、庐山南路等8条道路绿化升级改造全面完工,公园广场绿化、小游园绿地建设快速推进;德安、永修、星子、武宁、湖口、彭泽、九江县成功创建省级森林城市。城市水生态文明建设规划编制完成,开展PM2.5实时监测与发布,空气质量明显好转。县城建设亮点纷呈,各县共安排重点城建项目577个,完成投资380亿元;中心镇建设步伐加速,14个建制镇列入全国重点镇,城镇品位不断提升。

(三)昌九一体步伐加快,发展格局进一步优化。昌九联动有序推进,同城效应逐步显现。九江绕城高速、都九高速星子至九江段、昌九高速"四改八"通远段建成通车,昌九大道九江段建设快速推进;六大类25项合作事项有序推进,通信、户籍、金融、住房公积金贷款业务实现同城化,新农合直补、医疗检验检查结果互认和大气污染联防联控等工作进展顺利。沿江开放开发深入推进,带动效应不断增强。沿江四大板块完成基础设施投资133亿元,湖牛公路改造、500KV石钟山-洪源输变电等一批项目建设完工,九景衢铁路、武九客专、赛城湖大桥等一批项目加快推进;临港产业发展势头良好,实施亿元以上工业项目159个,总投资1573.5亿元,完成投资662.4亿元。沿江四大板块以全市三分之一的面积,拥有全市60%的规模以上工业企业、70%的规模以上工业主营业务收入、80%的50亿元以上项目,成为最具活力的增长区域。共青先导区建设有效推进,示范效应开始显现。220KV蒲塘输变电项目、南湖新区和工业园区60公里路网建成;实施亿元以上工业项目118个,泰然针织、龙泰运动器材产业园等54个项目建成投产。按照"权力下放、政策松绑、服务到位"的原则,加快县域经济发展升级,县级财政总收入完成262.6亿元,县县过10亿元,6个过20亿元,"沿江挑大梁、沿路做支撑、县区为依托"的发展格局基本形成。

(四)经济结构积极变化,第三产业不断壮大。旅游产业加快发展,出台了《关于深化改革创新加快旅游发展的意见》,编制完成了《大庐山旅游发展规划纲要》,组建了旅游发展委员会,成立了庐山旅游发展集团,打出了"庐山藏天下·九江通四海"品牌,旅游总人数7516万人次,增长33.9%;旅游总收入623亿元,增长55%。民生·大千世界梦幻乐园、瑞昌红木博览园等建成开放,庐山公路南、北线改造完成,庐山西海"一路三中心"基本建成,庐山索道、佛文化产业园、中国鄱湖水生态体验基地等项目加快推进。九江入选"最美中国旅游目的地城市",全市新增4A级景区4个;庐山获评"最美旅游景区目的地"和"中国最美休闲胜地";星子县入选全国旅游标准化示范县;武宁县被评为全国休闲农业与乡村旅游示范县。商贸物流稳步发展,新增物流企业151家,完成公路货运量1.14亿吨、货运周转量255.6亿吨公里,港口集装箱吞吐量22.4万标箱、货物吞吐量8000万吨;年交易额超20亿元的商品市场和商贸流通企业均达到4家,南方粮食交易市场获评江西省重点商品交易市场，长东物流园获评省重点物流园区；九方购物中心、21世纪家居中心开业，联盛九龙广场、联盛十里老街、喜盈门国际商业广场、禧徕乐国际商业中心等项目进展顺利。"万村千乡"市场工程扎实推进，3家配送中心、13家直营店、15个乡镇商贸中心建成。餐饮住宿、交通运输、邮政通信等传统服务业稳步发展；总部经济、楼宇经济和房地产业有序发展；家政服务、社会养老、中介服务等新兴服务业加快发展，恒盛科技园等电商产业园发展迅速，新增年交易额5000万元以上的电商企业4家，全年电子商务销售额150亿元。全市金融机构本外币存贷款余额1879亿元和1231亿元，分别比年初增加114亿元、164亿元。第三产业实现增加值638亿元，增长9%，占GDP比重提高0.7个百分点。

（五）"三农"工作持续加强，基础地位得到巩固。农业生产保持稳定，大宗农产品稳产增产，粮食生产实现十一连丰。农村土地流转面积132万亩，新建千亩以上特色农产品基地67个，新引进亿元以上农业项目32个，新增国家级农业龙头企业1家，创建现代农业示范园区25个。新增农民合作社775家、家庭农场814家。新增"三品一标"26个，"双井绿""彭泽鲫"被核准为国家地理标志证明商标；"庐山云雾""宁红金蕊"在2014年上海国际茶博会上获金奖。11个小农水重点县建设加快推进，新增恢复、改善灌溉面积27万亩，建设高标准农田10万亩，706处水毁水利工程修复任务全面完成，137座一般小（Ⅱ）型水库除险加固和30条中小河流治理项目主体工程基本完成。农村面貌有效改善，完成新农村建设点改水3万户、改路670公里、改厕3.4万户。新增农村安全饮水人口37.6万。完成县道升级60公里，新建农村公路1742公里、农村桥梁103座。63个重点镇、133个中心村加快建设，有序引导20万农民集中居住。城乡生态建设加快推进，造林绿化27万亩，"森林十创"和高速公路及环庐山沿线村庄提升工程基本完成，修河国家湿地公园通过国家验收。规范农民建房管理，"两违"现象得到有效遏制。严格落实各项强农惠农富农政策，加强农民技能培训，新增转移农村劳动力5.9万人，实施扶贫移民搬迁2.1万人，发放水库移民直补资金1亿元。农村居民人均可支配收入达到10139元，增长11.3%。

（六）改革开放力度加大，发展动力明显增强。全面深化改革，行政审批制度改革成效明显，取消市级行政审批及收费项目79项，审批时限压缩为36个工作日，减少前置中介服务事项70项，中介组织管理进一步规范。政府机构改革和职能转变顺利推进，农村集体土地承包经营权确权登记颁证和抵押贷款试点在全省率先开展，国有林场改革全面完成，财税、金融、注册资本登记、水利管理等改革稳步推进，长江河道采砂管理综合整治有效推进。对外开放水平不断提升，新批外商投资企业144家，实际利用外资14.5亿美元，增长17.8%；新引进市外5000万元以上开工项目377个，实际进资625亿元，增长9.2%；实现进出口总额57.7亿美元，增长21.8%，其中出口46.5亿美元，增长15.2%；九江海关纳入长江经济带区域通关一体化，九江口岸扩大开放和核心能力建设通过国家验收，检港联网系统正式运行，商品检验检疫实现通报通放，城西港区纳入全国启运港退税试点。科技创新能力不断增强，新增国家级工程技术研究中心5家、重点实验室1家，新增高新技术企业32家，新建院士工作站7家；九江船舶配套设备高新技术产业化基地通过国家审批，共青城市获批国家知识产权试点市。全市专利申请量2225件，授权量1137件，分别增长69.8%和29.2%。

（七）各项事业全面进步，人民生活有效改善。民生工程扎实推进，用于民生领域的财政支出292.5亿元，占公共财政预算支出的76.2%。新开工建设各类保障房7.3万套，基本建成8.2

万套,其中中心城区新开工 1.9 万套、基本建成 3.7 万套,为 1.9 万户发放租赁补贴。新增城镇就业 6.2 万人,为城乡困难群众购买公益性岗位 5000 个,城镇居民可支配收入达 25077 元,增长 10.2%。低保、五保和精简退职困难老职工提标提补惠及 27.6 万人,城乡医疗救助覆盖 30 万城乡困难群众,实施重大病医疗救助 17.3 万人次,中心城区"三无"人员分类保障水平不断提高。新建城郊蔬菜基地 6000 多亩,中心城区新建改造农贸市场 4 家,建立惠民平价蔬菜直销区 20 个,放心粮油工程 15 家配送中心、110 家示范经营点建成运营。基层政权建设和民主管理进一步加强,社区办公条件有效改善,社区干部待遇逐步提高,浔阳区荣获"全国和谐社区建设示范区"称号。社会事业全面发展,全市财政教育投入 70.5 亿元,新改扩建校舍面积 38 万平方米,补充教师 1700 名;湖滨片区教育网点优化布局,九江职大新校区、九江小学八里湖校区交付使用,中心城区 4 所省定标准幼儿园建设顺利推进。医疗卫生服务体系不断完善,新农合参合率达 98.4%,"先看病、后付费"模式惠及参合农民 61 万人,免费救治八种重大疾病病人 1.2 万名;市三医院内科住院大楼、市五医院综合住院大楼投入使用,大病医疗补充保险实现全覆盖。公共文化服务体系建设扎实推进,市文化艺术中心、琵琶亭生态文化园建成使用,市县文化四馆、乡镇综合文化站、村农家书屋等公共文化设施实行免费开放。体育事业快速发展,联盛足球队成功跻身中国足球甲级联赛,九江籍运动员在仁川亚残会上获得两块金牌。农产品质量监管进一步加强,食品药品安全检测能力明显提升。"单独两孩"政策稳步实施,人口自然增长率 6.96‰。城乡建设用地增减挂、低丘缓坡荒滩等未用地、工矿废弃地复垦试点工作有序推进。气象防灾减灾能力进一步加强。严格环保准入,强化环境监管,扎实开展环保专项行动,省政府下达的节能减排任务全面完成。安全生产形势平稳,事故起数和死亡人数实现双下降。信访形势总体稳定,应急处置能力进一步提升,市政府民声直通车受理和办理群众意见、建议、诉求 12338 件,办结率 96.7%。扎实推进"天网"工程四期、"封城计划"二期建设,深入开展治安、禁毒等专项行动,公众安全感明显提高;公安队伍建设不断加强,涌现出全国公安系统二级英模柯善梅等先进人物。统计、审计、水文、盐业、通信、无线电管理、档案、司法、国安、保密、编制、地方志、对台、外事侨务、民族宗教、驻外联络等工作得到新加强;国防动员、民兵预备役、双拥创建、人民防空、防震减灾、消防等工作取得新成绩;妇女儿童、老龄、残疾人、志愿者、红十字和慈善等事业实现新发展。

按照中央要求和省委、市委部署,市政府及其部门扎实开展党的群众路线教育实践活动,"四风"问题得到有效治理,政府自身建设进一步加强。严格按照法定权限和程序开展工作,自觉接受市人大及其常委会的法律监督、工作监督;积极支持政协履行职能,推进协商民主政治建设,认真听取各民主党派、工商联和无党派人士意见,办理市人大代表建议 253 件、市政协提案 461 件。认真落实中央"八项规定"和国务院"约法三章"精神,"三公"经费支出下降 27.4%。廉政建设力度加大,深入开展了"红包"治理等专项整治,严肃查处了一批损害群众利益的突出问题,坚决查办了一批违纪违法腐败案件。

各位代表,这些成绩的取得,是省委、省政府高度重视、高位推动和市委正确领导的结果,是市人大、市政协有效监督、全力支持的结果,是全市人民团结一心、共同奋斗的结果。在此,我代表市人民政府,向全市广大干部群众,向各位人大代表、政协委员、各民主党派、工商联、无党派和社会各界人士,向驻浔单位、人民解放军、武警官兵、公安民警和离退休老同志,向所有关心、支持、参与九江建设发展的朋友们,表示衷心的感谢并致以崇高的敬意!

在总结成绩的同时,我们也清醒地看到:经济总量不大、综合实力不强,仍是当前的主要矛盾,做大九江、打造"双核"的任务繁重;产业结构不尽合理,产业层次偏低,创新能力不强,加快发展升级仍然任重道远;经济运行下行压力进一步加大,企业生产经营困难增多,决战工业一万亿任务艰巨;促进城乡居民持续增收难度较大,影响社会和谐稳定的因素依然存在;行政效能有待进一步提高,发展环境有待进一步优化。对此,我们将采取有力措施,认真加以解决。

二、2015 年工作安排

2015 年是全面深化改革的关键之年,是全面推进依法治国的开局之年,也是全面完成"十二五"规划的收官之年。尽管世界经济仍处在国际金融危机后的深度调整期,但我国仍处于可以大有作为的重要战略机遇期,特别是国家推进长江经济带建设,做大九江,我们机遇更多;尽管区域竞争依然激烈,但省委、省政府把九江作为全省"双核"之一来打造,上级的支持力和外界的注意力正在加速转化为发展力,做大九江,我们信心更足;尽管发展过程中依然存在困难和压力,但在市委的坚强领导下,全市上下已形成浓厚的发展氛围,凝成强大的工作合力,做大九江,我们基础更好。我们必须牢牢把握新机遇,积极挖掘新动力,努力形成新优势,全力做好今年经济社会发展的各项工作。

今年政府工作的总体要求是:深入贯彻党的十八大和十八届三中、四中全会精神,认真学习贯彻习近平总书记系列重要讲话精神,全面落实省委、省政府和市委的决策部署,主动适应经济发展新常态,围绕做大九江的目标,保持战略定力,深化改革创新,建设生态文明,加强民生保障,推进工业总量翻番、门户形象提升、旅游转型升级,奋力开创"双核"发展新征程。

全市经济社会发展主要预期目标是:生产总值增长 10%;财政总收入增长 15%;固定资产投资增长 18%;社会消费品零售总额增长 13%;居民消费价格总水平涨幅控制在 3%;城镇居民人均可支配收入增长 10.5%,农村居民人均可支配收入增长 11%;人口自然增长率控制在 8‰以内;完成节能减排任务。

为实现上述目标,重点抓好七个方面的工作:

(一)着力放大九江的独特优势,加快融入长江经济带

依托黄金水道建设长江经济带,是国家着眼区域发展全局作出的重大战略决策。九江作为长江中游的关键节点和重要支点,是江西融入长江经济带的主阵地、主平台和主抓手,必须加强研究、主动对接、积极作为,充分放大黄金水道优势、区域比较优势和独特区位优势,在全面融入中争取更多政策、拓展更大空间、实现更快发展。当前,重点要在做优发展平台上下工夫。

做优交通平台。交通是经济发展的"大动脉",立体交通是做大九江的重点依托和重要前提。铁路方面:加快推进九景衢铁路、武九客专及长江大桥改造等项目建设,做好合安九、昌九高铁和常岳九铁路等项目前期工作,逐步实现与京沪、沪昆、昌吉赣高铁的有效对接,加快融入"北、上、广"四小时高铁网。公路方面:大力推进昌九大道、昌九高速全线"四改八"、都九高速、修平高速等项目建设,积极协调彭泽至东至高速公路安徽段建设,逐步打通昌九毗邻地区的断头路。机场方面:全面实施九江机场跑道加厚和通信导航升级工程,启动机场与昌九高速连接线建设。通过构建立体交通网络,逐步形成多式联运的大交通格局。

做优港口平台。以港强工,以工兴城,港城一体,依托九江 152 公里长江黄金岸线,努力把九江港打造成为"立足九江、服务全省、辐射周边"的区域枢纽港、长江喂给港。优化港口布局,在做强城西港区的基础上,重点推进彭湖板块红光综合枢纽港建设,加快实施中心城区散杂货码头整体搬迁,着力形成城西以集装箱为主、红光以散杂件为主的港口功能布局。构建集疏运体系,加快推进港口铁路专用线、疏港通道、公共锚地和航道建设。完善服务配套,集约利用岸线资源,严格控制业主码头,大力整治非法码头;积极引进港口、航运等企业,扶持本土船运企业发展;完善运输、仓储、配送等物流链条,加快形成以港口为枢纽的物流网络。

做优口岸平台。口岸是对外开放的门户。提高通关效率,推进电子口岸和昌九口岸一体化信息平台建设,实行关检合作"一次申报、一次查验、一次放行"的通关模式。拓宽通关领域,加大综合保税区申报力度,推进进口粮食、木材等专项产品指定口岸建设。密切通关协作,加强九江港与上海外高桥码头、洋山港的通关协作,打通南昌港至九江港绿色通道,积极融入长江流域通关一体化。

做优腹地平台。腹地是沿江开放开发的重要支撑和纵深空间。按照"找准支柱、做强支点、夯实支撑、优化支持"的要求,进一步完善考评体系,优化发展环境,支持引导县域发挥各自优势,夯实基础条件,壮大支柱产业,实现升级发展,拓展市域腹地。按照"规划一体化、基础设施一体化、公共服务一体化和产业互补对接"的总方向,推进昌九一体,抓好昌九合作事项的推进实施,加快共青先导区建设,拓展省域腹地。开展跨江合作,鼓励沿江县区先行先试,加快与宿松、望江、黄梅、武穴等地联动发展,提升"一江两岸"协作水平;积极参与长江流域跨区合作,主动对接上海自贸区,承接长三角产业转移,拓展流域腹地。

(二)坚定不移决战大工业,确保实现三年翻番

坚持引进增量、盘活存量、提升质量相结合,全力做大工业经济总量,力争实现规模以上工业增加值1100亿元、利税总额550亿元、主营业务收入6000亿元。

加快产业转型升级。产业转型升级是做强工业的必由之路。做大龙头企业促升级,推进九江石化油品质量升级改造、星火有机硅扩改一体化等项目建设,促进理文化工、赛得利化纤、江铜铅锌冶炼、攀森新材料、九江电厂等企业做大做强,吸引集聚一批产业链项目,形成龙头企业顶天立地、配套企业铺天盖地的发展格局,力争石油化工、现代轻纺产业主营业务收入突破1000亿元,钢铁有色产业达到700亿元、电力新能源产业达到500亿元。建设重大项目促升级,推进总投资350亿元的汉能光伏、300亿元的神华九江电厂、130亿元的北汽重组昌河汽车、67亿元的港森联源新材料、60亿元的五星纸业、50亿元的兄弟医药、50亿元的荣侨电子、50亿元的九宏新材料、50亿元的西矿铜业等重大项目建设,尽快实现达产达标,成长为主业突出、竞争力强的产业新龙头,形成一批产能规模达"千万级""百万级""十万级"的优势产能基地。提高创新能力促升级,发挥企业主体作用,加强与大专院校、科研院所的对接合作,引进培养一批科技领军人才和创新团队,推进院士工作站建设,利用本地高校优势,引导创新要素向企业集聚,支持企业研发、承接和采用新技术,培育引进一批高新技术企业,建设一批省级科技园区、基地和孵化器,全面提升产品和产业层次。

促进企业提质增效。企业提质增效是做强工业的当务之急。达产达标提质增效,强化项目要素保障和企业帮扶措施,促进在建项目尽早竣工投产,尽快形成产能、发挥效益,促进现有企业开足马力,全面达产达标、提高效益。技改扩能提质增效,加快现有企业生产工艺、装备升级换代,促进企业产品升级、质量提升,提高企业规模化生产水平和市场竞争力。整合重组提质增效,引导中小企业走靠大联强的路子,支持有条件的企业通过资产收购、产权受让、合资合作等方式联合重组,盘活企业存量资产和有效资源。节能减排提质增效,大力推广先进节能减排工艺和设备应用,抓好重点行业、重点企业、重点领域节能减排和重点工程建设,提升能效水平。力争全年新增规模以上工业企业100户以上,新增主营业务收入50亿元以上企业2－3户、10亿元以上5－8户、亿元以上80户。

优化园区功能配套。优化园区功能配套是做强工业的务实之举。进一步完善生产、生活、生根和生态功能配套,加快产城融合,提升园区承载力。完善园区水、电、路、气等管网和防洪排涝、污水处理设施,加快推进220千伏瑞昌码头输变电、湖口液化天然气储配和九江金鸡坡油库扩建工程,积极配合特高压入赣工程建设。以社会化综合服务体系建设为重点,加快园区公租房、学校、商业场所等公共服务设施建设,完善园区餐饮住宿、子女上学、就医、购物、休闲等生活服务功能。清理园区闲置用地和空置厂房,严格执行园区用地投资强度、容积率等控制标准,推进工业地产和多层标准厂房建设,提升园区用地集约化水平,实现企业在园区生根发展。做好园区生态建设规划,坚持生态建设、绿化美化与项目建设同步进行,加快建设生态园区。

推进服务优质高效。应对经济下行压力加大、企业发展困难增多,更加需要综合施策,打好组合拳,积极帮助企业解决生产经营中的困难,为项目建设、企业运行、产业发展创造良好的投资环境。按照"六个一"的工作机制,继续开展市领导联系千亿产业、挂点帮扶百亿企业工作,完善挂点联系会商通报制度。开展"百个部门帮百企"和"百个企业评部门"活动,强化客商投诉中心建设,有诉必应,一问到底。建立产业发展引导基金,完善企业上市激励政策。加强政银企对接,放大财园信贷通、助保贷等融资方式的撬动作用,破解融资难题。推进校企对接,加强技能培训,拓宽招工渠道,破解用工难题。

(三)加快推进新型城镇化,着力打造门户城市

牢牢把握新型城镇化转型升级的新要求,进一步完善城市功能,加强城市管理,提升城市形象,推进新型城镇化健康发展,逐步把九江打造成为省域门户城市和长江经济带重要节点城市。

坚持规划引领,加快构建大九江都市区。编制完成大九江都市区总体规划和专项规划,积极推进"多规合一",加快构建以中心城区为核心、中等城市为节点、县城为支撑、集镇为基础的新型城镇化发展格局。着力提升新城区、改造老城区、整合拓展区、构建都市区,加快九江县撤县设区步伐,推进赛城湖片区与八里湖新区对接融合,逐步实现芳兰、威家、海会、赛阳片区组团发展。加强对县城及集镇的分类指导,鼓励支持共德永、瑞昌等向中等城市发展,积极扶持其他县城发展成为特色鲜明、宜居宜业的小城市,培育壮大一批沿江特色产业集镇、沿路物流节点集镇、滨湖生态旅游集镇、山区边贸中心集镇。

完善功能配套,增强中心城区承载力。加快完善服务功能。推进八里湖中央商务区、国际金融广场、市中心幼儿园八里湖分园、九江职业技术学院新校区、第四自来水厂、九江动物园等重大项目建设;加快改造三马路、考棚路、啤酒厂等片区棚户区,改造面积200万平方米;按照"水通、路平、灯亮、线齐、墙美"的标准,再投入5亿元,重点改造提升一批小巷道路、人行道、排水沟、路灯等破烂、破旧、破损设施,新建改造一批农贸市场、社区用房、公共停车场、公交场站等便民服务设施。加快完善交通功能。继续实施畅通工程,完成通岭大道、兴城南大道、琴湖大道(南段)等项目建设,完善提升环庐山公路,推进城区和环庐山公交化改造;启动火车站广场改造和重要结点立体交通设施规划建设;完善主次干道人行道、红绿灯、指示牌等设施,加强城市公交、出租车管理,市区再新增100辆新能源公交车;继续实施"城市之门"工程,协调推进绕城高速收费站"拆四建二"外移工程。加快完善生态功能。再投入2亿元用于森林城市创建,继续实施好城市绿化工程,建成濂溪文化生态公园、浔南城市森林公园、九龙山森林公园,建设八里湖等城市绿道系统,新建一批城市小游园,把九江打造成大树成荫、小树成林、鸟语花香、景色宜人的生态城市;推进城市水生态文明建设,加快城区易涝地段排涝设施改造,完成龙开河、濂溪片区截污管网改造,加强八里湖、赛城湖等中心城区湖泊水环境保护。加快完善文化功能。丰富街区、公园、建筑、雕塑等城市元素文化内涵,发挥公共文化设施的作用,提高市民文化素养和城市文明程度。

加强城市管理,提升城市品位。深入开展中心城区城市环境综合整治,巩固"百日大会战"成果,健全长效机制,打造干干净净的市容环境、整整齐齐的城市容貌、漂漂亮亮的城市景观、规规矩矩的公共环境、平平安安的出行环境、宜居宜憩的人居环境,力促中心城区面貌发生根本改变。加强城管综合执法、交警、环卫、志愿者等队伍建设,进一步完善管理职能、理顺管理体制、提高管理水平。积极引导社会资本进入环卫、市政、园林、物业管理等领域,做好已建公建项目的验收、移交和监管工作。坚持政府主导、市场运作,推进"智慧城市"建设,促进信息化与产业发展、社会管理、公共服务相融合,提高城市管理服务的数字化、精细化、集成化水平,为市民群众提供便利化、个性化服务。

(四)稳粮增收调结构,扎实做好"三农"工作

坚持在决战大工业中发展农业,在打造大门户中繁荣农村,在改善大民生中富裕农民,继续夯实农业稳定发展的基础,着力稳住农村持续向好的局势。

推进农业升级。坚持走产出高效、产品安全、资源节约、环境友好的现代农业发展道路,以稳定粮食生产为首要任务,稳步推进大宗农作物改种、改水、改杂,进一步提升传统农业规模化、机械化、产业化水平。大力培育新型经营主体,探索建立农村集体资产资源交易平台,引导促进农地、林地、水面等有序流转。加快农业项目建设,新增规模以上农业企业20家,新建千亩以上农产品基地70个,争创一批国家级和省级现代农业科技示范园,巩固城郊蔬菜基地建设成果。推进农产品品牌创建,打响鄱湖水产、庐山云雾茶、宁红工夫茶等特色品牌,发展"三品一标"等农产品,争创省级以上农产品品牌70个。强化农产品质量安全监管,加强标准化基地和农产品追溯体系建设,新增专业化统防统治服务面积10万亩。

加快农村发展。夯实农村发展基础,推进高标准农田建设,加快完善末级渠系,解决农田灌溉"最后一公里"问题,新增恢复灌溉面积7.8万亩,改善灌溉面积28.7万亩。完成1645座(处)水毁水利工程设施修复,解决25万农村人口饮水安全问题。加强农村公路管护,新建农村公路1000公里。改善农村人居环境,完善重点乡镇规划及中心村庄规划,加强农民建房管理,推进19个重点乡镇、38个中心村镇村联动建设,抓好831个新农村建设点村庄整治和垃圾无害化处理。推进农村生态建设,全面完成林地(湿地)保有任务;实施好国家农发水保项目,完成综合防治水土流失面积33.8万亩。

促进农民增收。认真落实强农惠农政策,充分挖掘农业内部增收潜力。发放"财政惠农信贷通"贷款5亿元以上,发展农民合作社350家、家庭农场350家、规模种养大户500户。加强农民培训和转移,强化就业服务,维护农民工合法权益,新增转移农村劳动力5.5万人。培育新型职业农民3000人,完成"一村一名大学生"工程招生600人,完成深圳技师学院"九江扶贫班"招生100人。扎实推进395个贫困村的村庄整治,继续完成2万人的扶贫移民搬迁任务,落实好水库移民现金直补和后期扶持项目的实施。

（五）发展文化旅游和商贸物流，繁荣现代服务业

繁荣现代服务业，既有利于优化经济结构、推动产业升级，又有利于优化发展环境、提升对外形象。文化旅游、商贸物流，是九江发展现代服务业的主要方向。

做强文化旅游业。围绕"五个一"的目标，编制完成旅游产业创新发展规划、旅游重点产业集群发展规划。放大庐山品牌优势，加快整合旅游资源，构筑以庐山为龙头的山上山下联动发展、城里城外相向发展的大格局。加强旅游资源开发，加快引进落户一批重大文化旅游项目，重点推进庐山索道、庐山建成区改造升级、归宗景区、庐山西海国际养生度假区、修水黄龙山旅游区综合开发等项目建设。加大旅游对外宣传力度，打响"庐山藏天下·九江通四海"品牌。抓好景区创建，支持庐山创建"国家旅游发展综合示范区"、庐山西海创建国家5A级景区、武宁创建"全国最美县城"。加快促进文化与旅游融合发展，充分挖掘九江丰富的历史文化，支持发展文化旅游产业。发展智慧旅游，推行标准化行业管理，加强旅游服务人才培养、商品开发和市场监管，支持旅游企业做大做强。力争全年旅游接待总人数、旅游总收入增长20%以上。

做旺商贸物流业。重点加大对省内货物向九江港集散的支持引导力度，增加南昌－九江、九江－上海洋山港航班，支持陆路物流枢纽港建设。拓展物流服务线路，培育发展第三方物流企业，提升物流配送服务水平。推进万达广场、九江新天地、九江茶市等项目建成，加快喜盈门国际商业广场、赣北果品批发市场、天马建材城升级改造、京九仓储物流园、赣电物流园等项目建设。依托"万村千乡"市场工程，推进乡镇商贸中心建设，打造一批省级商贸强镇，完善农村流通网络，健全城乡流通体系。

做优新兴服务业。注重发挥金融业在促进服务业加快发展中的作用，加快引进北京银行等金融机构入驻九江，支持发展村镇银行、农村资金互助社、融资性担保机构等新型农村金融机构。制定电子商务发展专项规划，加快建设电子商务示范园区，重点推进共青城电商物流产业园、中国邮政（九江）电子商务产业园和联盛易佳电子商务产业园建设，完善电子商务物流支撑体系，力争年交易额过5000万元电商企业达到15家。积极发展文化创意产业，重点打造数字出版、动漫游戏、新媒体等产业链，推动文化创意产业与相关产业融合发展。积极引导和鼓励社会力量发展养老产业，大力促进研发设计、商务会展、服务外包、教育培训、医疗保健、体育健身休闲、家庭服务等新兴服务业发展。

（六）推进改革开放，进一步增强发展动力

改革为加快发展提供动力，开放为做大九江注入活力。坚定不移实施大开放、推进大改革，在扩大开放中赢得发展机遇，在深化改革中拓宽发展空间。

推进重点领域改革。顺应时代要求，适应发展需要，坚持问题导向，加快重点领域和关键环节改革。继续深化行政审批制度改革，坚持简政放权、放管结合，在承接好上级下放审批事项的同时，再取消和下放一批市级审批事项，全面清理非行政许可审批，大幅度减少前置审批；深化政府机构改革和职能转变，完成事业单位分类申报与岗位设置管理工作，实施政府购买服务试点；加快行政机关及参公事业单位公务用车制度改革；深化财税体制改革，全面推行"营改增"；贯彻实施新预算法，实行预决算公开、审计公开和财政预算绩效管理制度，加强政府性债务管理；按照国家政策，推进机关事业单位养老保险制度改革，完善工资制度，提高基本工资标准并建立正常调整机制；推进新型农村社会养老保险和城镇居民社会养老保险并轨，逐步建立统一的城乡居民基本养老保险制度；深化户籍制度改革，完善教育、医疗、保障性住房等配套政策;深化农村综合配套改革,全面完成农村集体土地承包经营权确权登记颁证,积极开展农村集体经济组织产权制度改革试点,稳妥推进不动产统一登记和征地制度改革,探索建立城乡统一的建设用地市场。

扩大对内对外开放。大招商带来大发展,大开放促进大崛起。牢固树立"让大利、招大商、大发展"的理念,推动招商引资朝着优化结构、拓展深度、提高效益方向转变,确保全市实际利用外资16亿美元,引进市外5000万元以上项目资金1000亿元。强化产业招商,围绕重点产业,加强与国内、国际500强企业的对接,盯紧关联度大、带动性强、科技含量高的重大项目,加强跟踪对接,实行"一企一策",确保企业落户。强化重点招商,积极组团参加国家和省举办的各类招商活动,重点开展好赴香港、澳门、台湾、江浙沪深等地区的招商,提高招商引资的针对性和实效性。强化商会招商,密切与各行业商会(协会)的联系,从招企业家到招商会转变、从专业招商到综合招商转变。加大筑巢引凤力度,加强感情联络、乡情吸引,支持本土人才大胆创业、在外浔商回归创业、务工人员返乡创业,掀起全民创业的新热潮。加快出口商品质量示范区建设,支持企业进口国际先进生产设备、关键技术和重要原材料,完成进出口总额59亿美元。

(七)倾力保障改善民生,促进社会和谐稳定

像抓经济建设一样抓民生保障,像落实发展指标一样落实民生任务,力求让发展成果更多、更公平地惠及全体人民,努力提高人民群众的生活质量和幸福指数。

做实民生工程。加大民生投入,全面完成省政府下达的民生任务。加大就业创业扶持力度,确保新增城镇就业5万人,为城乡困难群众购买公益性就业岗位4400个以上,培训农民工3.3万人,积极扶持大学生创业就业。新建公共租赁住房1.4万套,改造城市、工矿、林区、垦区等各类棚户区2.2万户,基本建成保障房5.1万套。健全保障性住房后期管理机制,盘活保障房存量资源。巩固新型农村合作医疗制度,新农合人均筹资标准提高到450元,各级财政补助提高到360元。探索建立特困家庭大病救助机制,加大孤儿和困境儿童保障力度。推进殡葬改革,启动市殡仪馆改造。加大扶贫开发和济困帮扶力度,面向特定人口、具体人口,实现精准脱贫,防止以平均数掩盖大多数。

发展社会事业。坚持教育优先,深化教育领域综合改革,制定实施第二轮学前教育三年行动计划;加快农村义务教育学校标准化建设和薄弱学校改造,推进农村教师周转宿舍建设试点,加强农村义务教育阶段师资队伍建设;努力办好特殊教育,支持发展民办教育,大力发展职业教育,加快共青科教城建设。实施文化亲民工程,推进基层公共文化标准化、均等化建设,提升公共文化场馆综合服务能力,争创国家公共文化服务体系示范区。完成边远乡村7万户广播电视直播卫星户户通工程。继续深化医药卫生体制改革,稳妥推进基层医疗卫生机构和县级公立医院改革,促进基本公共卫生服务均等化;推进鄱阳湖血吸虫病传染源控制策略推广区建设,继续推进八项重大疾病免费救治,抓好重大疾病防控工作。稳定低生育水平,提高出生人口素质,扎实推进"人口信息化"工程。健全食品药品安全监管体系,加强专项整治,保障公众饮食用药安全。开展全民健身运动,发展竞技体育,推进体育产业发展。开展第二次全国地名普查。加强基层政权建设和民主管理,完成第九届村(居)委会换届选举。强化防灾减灾功能,开展综合减灾示范社区创建,加快气象灾害移动指挥系统建设。深化全民国防教育,加强国防后备力量建设,争创"双拥模范城"全国五连冠、全省七连冠,巩固和发展军政军民团结,推动军民融合深度发展。启动编制"十三五"规划。充分发挥统计、审计、物价、工商、消防、盐业、人民防空、民族宗教、外事侨务、涉台事务、驻外联络、新闻出版、档案、地方志、保密、编制、无线电管理、妇女儿童、老龄、残疾人、志愿者、红十字和慈善等工作在促进发展、保障民生、构建和谐中的积极作用。

加强社会治理。健全重大决策社会稳定风险评估机制和应急管理机制,提高突发公共事件防范处置能力。加强信访工作,高度重视网上信访,开展"大接访"活动,畅通诉求渠道,实行诉访分离,有效解决群众合理诉求。贯彻落实新《安全生产法》,严格安全生产责任制,深入开展隐患排查治理,建立健全事故隐患排查治理体系和重大事故隐患挂牌督办机制,坚决遏制重特大安全事故的发生。推进法治九江建设,制定出台《法治九江建设纲要》,开展"六五"普法验收。加强医患等重点领域和行业人民调解组织建设。继续实施"天网"工程、"封城计划",健全社会治安防控体系,强化公共安全管理,严厉打击各种违法犯罪,切实增强公众安全感,全力维护国家安全。强化环境保护。严格执行《环境保护法》,加快生态文明先行示范区建设,保护好九江的青山绿水,努力让天更蓝、地更绿、水更净、空气更清新。坚持源头严防,加强修河等重要饮用水水源地保护,加强长江河道和鄱阳湖采砂统一管理;强化土壤污染源头综合整治,抓好土壤重金属污染和矿山治理修复;加强森林资源保护管理,提升森林质量和生态功能。坚持过程严管,健全环境安全应急处理体系和重点污染源在线监控体系,加快城镇污水收集管网和工业园区污水处理设施建设,加强环境敏感区的生态保护;继续实施 PM2.5 实时监测与发布,加大工业污染、农业面源污染和城乡生活污染减排与治理力度,完成减排任务。坚持后果严惩,加强环境监管执法,继续开展环保专项整治行动,严厉查处各类环境违法违纪行为。倡导生态理念,大力发展绿色低碳经济,抓好资源节约集约利用,推进生态与经济协调发展。

三、加强政府自身建设全面依法治国,对政府自身建设提出了新的更高要求。强化宪法意识和法治观念,加快转变政府职能,规范行政行为,提高行政能力,建设法治政府。

(一)依法完善决策机制。按照公众参与、专家论证、风险评估、合法性审查、集体讨论决定的法定程序,规范重大行政决策行为。积极探索和引进第三方评估模式,建立决策后评估和纠错制度。推行政府法律顾问制度,健全重大行政决策合法性审查制度,强化重大决策终身责任追究制度及责任倒查机制,推进决策的科学化、民主化、法制化。自觉接受市人大及其常委会法律监督和政协民主监督,主动接受司法监督、党内监督和行政监察,虚心接受社会舆论、新闻媒体和群众监督。认真办理人大代表建议议案和政协提案。

(二)依法高效履行职责。按照"职权法定、权责一致"原则和"法定职责必须为、法无授权不可为"要求,推行政府权力清单、责任清单和负面清单管理,落实行政纠错问责制,依法规范行政行为。全面推行重点领域和关键环节的信息公开,推进行政服务标准化和网上审批系统建设,确保行政审批事项全部入网运行,提高行政服务效率。加强中介组织清理、整顿和监管,推进中介服务机构与主管部门、挂靠单位彻底脱钩。坚持勤勉理政,建立主体明确、层级清晰、具体量化的岗责体系,明确目标进度,强化过程监管,依法高效抓好落实。

(三)依法规范执法行为。加快推进行政执法体制改革,整合行政执法力量,逐步建立跨部门的市场监管综合执法机构。严格执行重大执法决定法制审核、行政执法人员持证上岗和资格管理制度,实行执法全过程记录。完善执法程序,明确操作流程,推行行政裁量权基准制度,全面落实行政执法责任制和责任追究制度。坚决排除对执法活动的干预,禁止野蛮、粗暴执法,切实做到严格、规范、公正、文明执法。严格执行市政府工作规则,推行行政复议委员会制度,按照法定程序和规章制度办事,推进政府工作的制度化、规范化。

(四)依法强化权力制约。加强公务员队伍建设,继续巩固和扩大党的群众路线教育实践活动成果,严格执行党的政治纪律、财经纪律和组织纪律。按照"谁主管、谁负责"的原则,认真落实党风廉政建设主体责任。实行公共资金、国有资产、国有资源和领导干部履行经济责任情况审计全覆盖,保障审计机关依法独立行使审计监督权,加快形成科学有效的权力运行制约和监督体系。严格落实"八项规定"和"约法三章",坚决反对"四风",严控"三公"经费和一般性开支,模范遵守《廉政准则》,严肃查处为政不廉行为,着力打造为民务实清廉政府。

各位代表,目标凝聚人心,实干铸就辉煌!让我们紧密团结在以习近平同志为总书记的党中央周围,在省委、省政府和市委的正确领导下,保持定力,真抓实干,为加快做大九江步伐、奋力开创"双核"发展新征程作出新的更大贡献!

名词解释

1. 老城区八大类改造提升工程:指边街小巷整治、主次道路改造提升、街景美化亮化、森林城市创建、市政管网完善、公厕建设、交通设施及门牌路牌完善、长虹立交桥改造提升等八大工程。

2. 庐山西海"一路三中心":指湖滨大道、庐山西海接待中心、巾口码头服务中心、巾口游客服务中心及相应的生活配套服务设施项目。

3. "万村千乡"市场工程:指从2005年起在全国实施的农村现代流通网络建设工程。通过连锁经营的形式,建立和改造现有农村商业网点,逐步形成以城区店为龙头、乡镇店为骨干、村级店为基础的农村现代流通网络。

4. "三品一标":指无公害农产品、绿色食品、有机农产品和农产品地理标志。

5. "森林十创":指为加快森林城市创建步伐,省绿化委员会在全省开展的"森林乡镇""森林村庄""森林园区""森林社区""森林街道""森林单位""森林小区""森林校园""森林营区"和"森林公园(湿地公园)"等十项创建活动。

6. "三无"人员:指无劳动能力、无生活来源、无法定赡养人的特殊困难群体。

7. "先看病、后付费"模式:指我市从2012年率先在全省推行的一项医疗保险制度,参合农民在住院时免交押金,凭相关证件与医院签订《住院治疗费用结算协议书》,出院时一次性结清费用的医疗模式。

8. 文化四馆:即文化馆、图书馆、美术馆、博物馆。

9. "天网"工程:指为满足城市治安防控和城市管理需要,利用GIS地图、图像采集、传输、控制、显示等设备和控制软件,对固定区域进行实时监控和信息记录的视频系统。

10. "封城计划":指结合天网视频,利用科技信息化手段,在九江市中心城区的进、出城口建设的信息化采集点,实现对特定时间、区域及目标用户综合查询,形成对特定区域的事件预警,为刑事侦察工作提供重要线索、为打击犯罪提供强有力的手段。

11. "六个一"的工作机制:指一个产业一名领导、一个责任单位、一个研究团队、一支招商队伍、一套优惠政策和一张工作时间表的推进机制。

12. 财园信贷通:指以财政存量资金为保证金,撬动银行贷款,帮助解决工业园区中小微企业流动资金贷款难问题。

13. "拆四建二":指拆除城区高速公路九江南、泊水湖、新港和荷花垄四个收费站,外移新建两个收费站(九景高速上新港绕城高速入口至新港收费站之间、昌九高速上沙河至九江南收费站之间)。

14. "财政惠农信贷通":指省、设区市、县三级财政,按 2:1:2 的比例筹集资金,存入合作银行,作为贷款风险补偿金。合作银行按照不低于财政风险补偿金的 8 倍放大贷款额度,向新型农业经营主体发放一年期以内无抵押、无担保贷款的一种融资模式。

15.旅游发展"五个一"的目标:即到 2017 年,旅游总人次达到 1 亿人次、旅游总收入达到 1000 亿元,打造旅游项目 100 个、总投资突破 1000 亿元,创建 100 个 3A 级景区(点)。

中华人民共和国
2014 年国民经济和社会发展统计公报[1]

中华人民共和国国家统计局

2015 年 2 月 24 日

2014 年,面对复杂多变的国际环境和艰巨繁重的国内发展改革稳定任务,党中央、国务院团结带领全国各族人民,牢牢把握国内外发展大势,坚持稳中求进工作总基调,全力推进改革开放,着力创新宏观调控,奋力激发市场活力,努力培育创新动力,国民经济在新常态下平稳运行,结构调整出现积极变化,发展质量不断提高,民生事业持续改善,实现了经济社会持续稳定发展。

一、综合

年末全国大陆总人口为 136782 万人,比上年末增加 710 万人,其中城镇常住人口为 74916 万人,占总人口比重为 54.77%。全年出生人口 1687 万人,出生率为 12.37‰;死亡人口 977 万人,死亡率为 7.16‰;自然增长率为 5.21‰。全国人户分离的人口[2]为 2.98 亿人,其中流动人口[3]为 2.53 亿人。

表 1 2014 年年末人口数及其构成

单位:万人

指标	年末数	比重%
全国总人口	136782	100.0
其中:城镇	74916	54.77
乡村	61866	45.23
其中:男性	70079	51.2
女性	66703	48.8
其中:0-15 岁[4](含不满 16 周岁)	23957	17.5
16-59 岁(含不满 60 周岁)	91583	67.0
60 周岁及以上	21242	15.5
其中:65 周岁及以上	13755	10.1

国民经济稳定增长。初步核算,全年国内生产总值[5]636463 亿元,比上年增长 7.4%。其中,第一产业增加值 58332 亿元,增长 4.1%;第二产业增加值 271392 亿元,增长 7.3%;第三产业增加值 306739 亿元,增长 8.1%。第一产业增加值占国内生产总值的比重为 9.2%,第二产业增加值比重为 42.6%,第三产业增加值比重为 48.2%。

图 1 2010-2014 年国内生产总值及增长速度

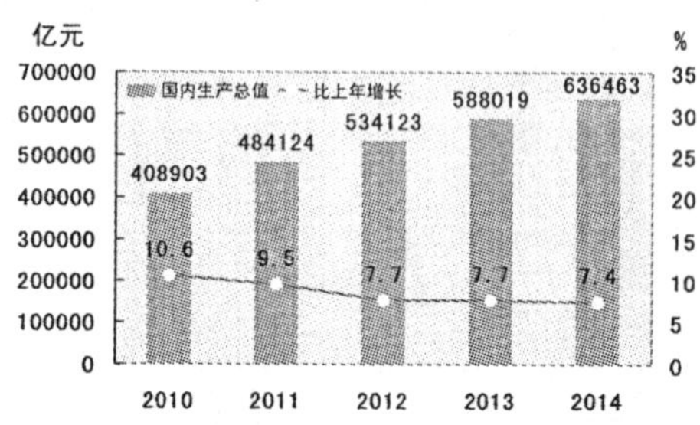

就业继续增加。年末全国就业人员 77253 万人,其中城镇就业人员 39310 万人。全年城镇新增就业 1322 万人。年末城镇登记失业率为 4.09%。全国农民工[6]总量为 27395 万人,比上年增长 1.9%。其中,外出农民工 16821 万人,增长 1.3%;本地农民工 10574 万人,增长 2.8%。

图 2 2010-2014 年城镇新增就业人数

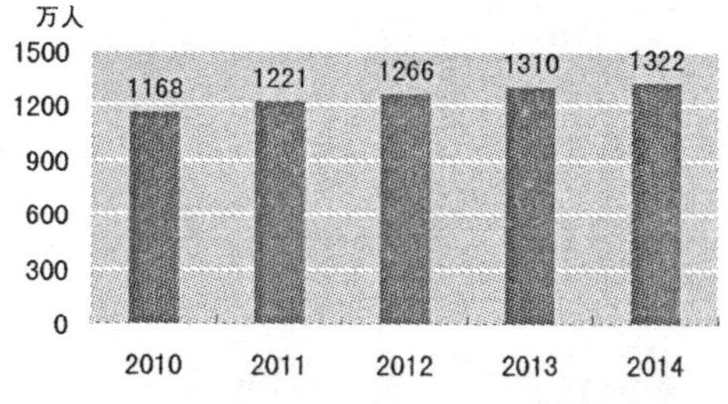

劳动生产率稳步提高。全年国家全员劳动生产率[7]为 72313 元/人,比上年提高 7.0%。

图 3 2010-2014 年国家全员劳动生产率

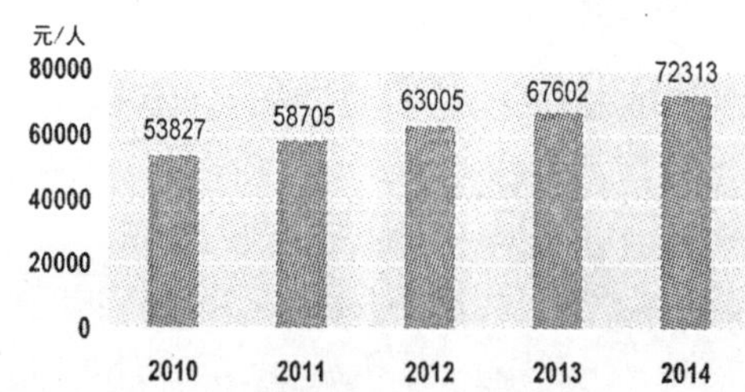

价格水平涨幅较低。全年居民消费价格比上年上涨2.0%,其中食品价格上涨3.1%。固定资产投资价格上涨0.5%。工业生产者出厂价格下降1.9%。工业生产者购进价格下降2.2%。农产品生产者价格[8]下降0.2%。

图4 2014年居民消费价格月度涨跌幅度

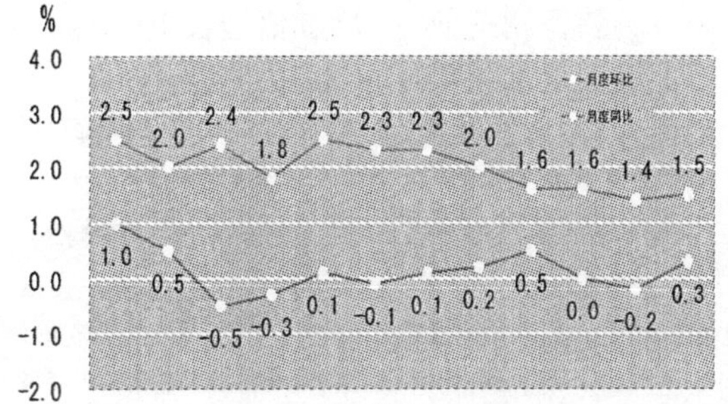

表2 2014年居民消费价格比上年涨跌幅度

单位:%

指标	全国	城市	农村
居民消费价格	2.0	2.1	1.8
其中:食品	3.1	3.3	2.6
烟酒及用品	-0.6	-0.7	-0.5
衣着	2.4	2.4	2.4
家庭设备用品及维修服务	1.2	1.2	1.2
医疗保健和个人用品	1.3	1.2	1.5
交通和通信	-0.1	-0.2	0.0
娱乐教育文化用品及服务	1.9	1.9	1.7
居住[9]	2.0	2.1	1.9

70个大中城市新建商品住宅销售价格月同比上涨城市个数上半年各月均为69个,下半年月同比上涨城市个数逐月减少,12月份为2个,月同比价格下降城市个数增加至68个。

图5 2014年新建商品住宅月同比价格上涨、持平、下降城市个数变化情况

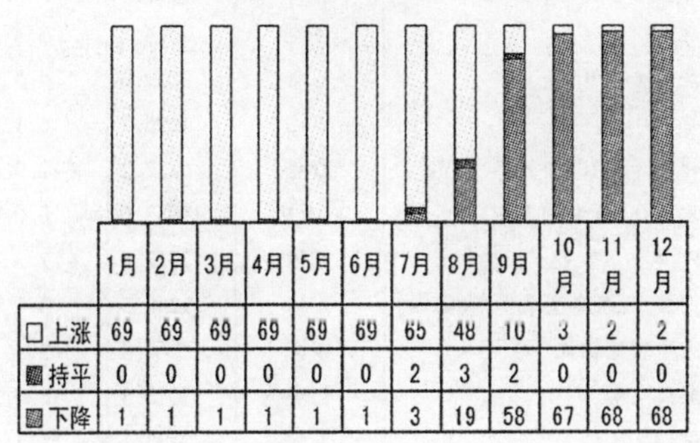

	1月	2月	3月	4月	5月	6月	7月	8月	9月	10月	11月	12月
上涨	69	69	69	69	69	69	65	48	10	3	2	2
持平	0	0	0	0	0	0	2	3	2	0	0	0
下降	1	1	1	1	1	1	3	19	58	67	68	68

财政收入稳定增长。全年全国一般公共财政收入140350亿元,比上年增加11140亿元,增长8.6%,其中税收收入119158亿元,增加8627亿元,增长7.8%。

图6 2010－2014年全国一般公共财政收入

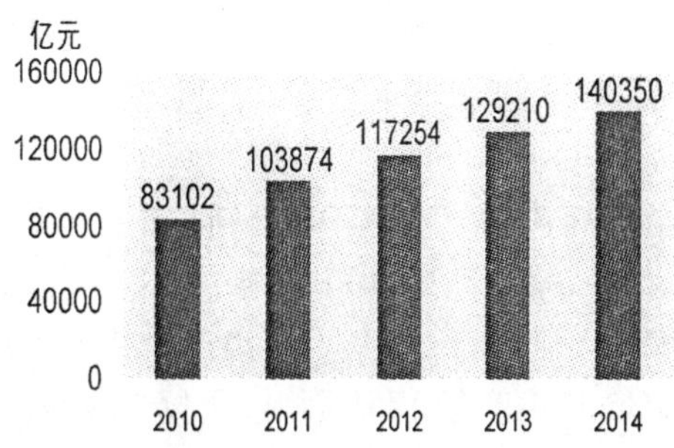

注:图中2010年至2013年数据为全国一般公共财政收入决算数,2014年为执行数。

外汇储备略有增加。年末国家外汇储备38430亿美元,比上年末增加217亿美元。全年人民币平均汇率为1美元兑6.1428元人民币,比上年升值0.8%。

图7 2010－2014年末国家外汇储备

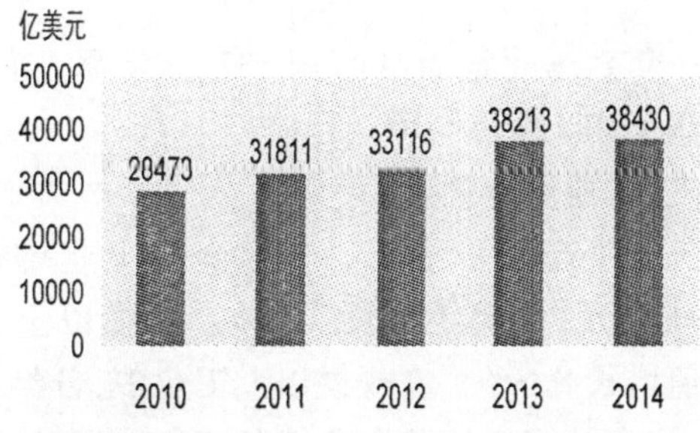

二、农业

全年粮食种植面积11274万公顷,比上年增加78万公顷。棉花种植面积422万公顷,减少13万公顷。油料种植面积1408万公顷,增加6万公顷。糖料种植面积191万公顷,减少9万公顷。

粮食再获丰收。全年粮食产量60710万吨,比上年增加516万吨,增产0.9%。其中,夏粮产量13660万吨,增产3.6%;早稻产量3401万吨,减产0.4%;秋粮产量43649万吨,增产0.1%。全年谷物产量55727万吨,比上年增产0.8%。其中,稻谷产量20643万吨,增产1.4%;小麦产量12617万吨,增产3.5%;玉米产量21567万吨,减产1.3%。

图8 2010－2014年粮食产量

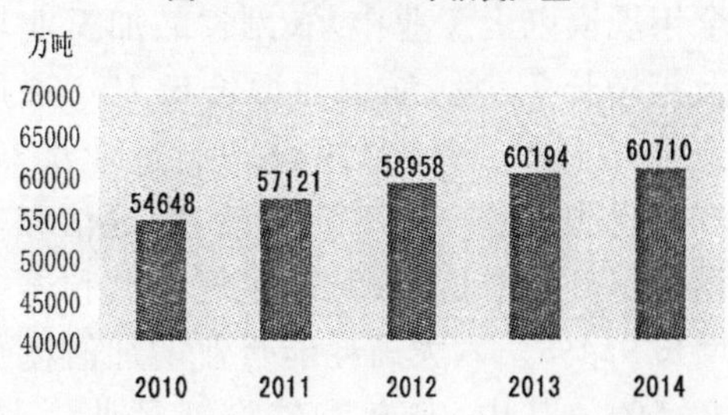

全年棉花产量 616 万吨,比上年减产 2.2%。油料产量 3517 万吨,与上年持平。糖料产量 13403 万吨,减产 2.5%。茶叶产量 209 万吨,增产 8.7%。

全年肉类总产量 8707 万吨,比上年增长 2.0%。其中,猪肉产量 5671 万吨,增长 3.2%;牛肉产量 689 万吨,增长 2.4%;羊肉产量 428 万吨,增长 4.9%;禽肉产量 1751 万吨,下降 2.7%。禽蛋产量 2894 万吨,增长 0.6%。牛奶产量 3725 万吨,增长 5.5%。年末生猪存栏 46583 万头,下降 1.7%;生猪出栏 73510 万头,增长 2.7%。

全年水产品产量 6450 万吨,比上年增长 4.5%。其中,养殖水产品产量 4762 万吨,增长 4.9%;捕捞水产品产量 1688 万吨,增长 3.5%。

全年木材产量 8178 万立方米,比上年下降 3.1%。

全年新增耕地灌溉面积 132 万公顷,新增节水灌溉面积 223 万公顷。

三、工业和建筑业

工业生产平稳增长。全年全部工业增加值 227991 亿元,比上年增长 7.0%。规模以上工业增加值增长 8.3%。在规模以上工业中,分经济类型看,国有及国有控股企业增长 4.9%;集体企业增长 1.7%,股份制企业增长 9.7%,外商及港澳台商投资企业增长 6.3%;私营企业增长 10.2%。分门类看,采矿业增长 4.5%,制造业增长 9.4%,电力、热力、燃气及水生产和供应业增长 3.2%。

图 9　2010－2014 年全部工业增加值及增长速度

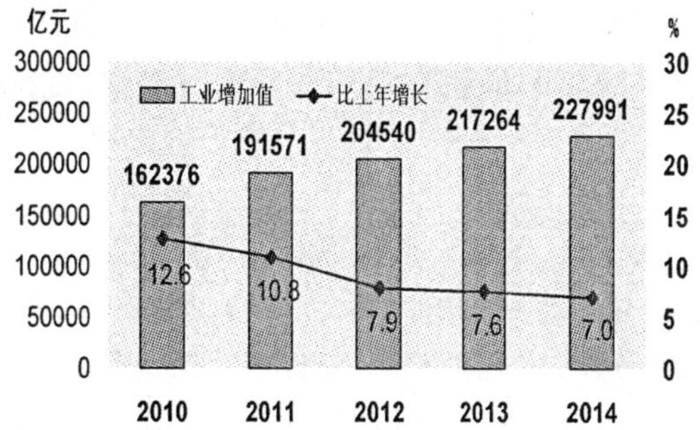

全年规模以上工业中,农副食品加工业增加值比上年增长 7.7%,纺织业增长 6.7%,通用设备制造业增长 9.1%,专用设备制造业增长 6.9%,汽车制造业增长 11.8%,计算机、通信和其他电子设备制造业增长 12.2%,电气机械和器材制造业增长 9.4%。六大高耗能行业增加值比上年增长 7.5%。其中,非金属矿物制品业增长 9.3%,化学原料和化学制品制造业增长 10.3%,有色金属冶炼和压延加工业增长 12.4%,黑色金属冶炼和压延加工业增长 6.2%,电力、热力生产和供应业增长 2.2%,石油加工、炼焦和核燃料加工业增长 5.4%。高技术制造业[10]增加值比上年增长 12.3%,占规模以上工业增加值的比重为 10.6%。装备制造业[11]增加值增长 10.5%,占规模以上工业增加值的比重为 30.4%。

表 3　2014 年主要工业产品产量及其增长速度[12]

产品名称	单位	产量	比上年增长%
纱	万吨	3379.2	5.6
布	亿米	893.7	-0.4
化学纤维	万吨	4389.8	5.5
成品糖	万吨	1642.7	3.1
卷烟	亿支	26098.5	1.9
彩色电视机	万台	14128.9	10.9
其中:液晶电视机	万台	13865.9	13.3
家用电冰箱	万台	8796.1	-5.0
房间空气调节器	万台	14463.3	10.7
一次能源生产总量	亿吨标准煤	36.0	0.5
原煤	亿吨	38.7	-2.5
原油	万吨	21142.9	0.7
天然气[13]	亿立方米	1301.6	7
发电量	亿千瓦小时	56495.8	4.0
其中:火电	亿千瓦小时	42337.3	-0.3
水电	亿千瓦小时	10643.4	15.7
核电	亿千瓦小时	1325.4	18.8
粗钢	万吨	82269.8	1.2
钢材[14]	万吨	112557.2	4.0
十种有色金属	万吨	4380.1	7.4
其中:精炼铜(电解铜)	万吨	764.4	15.0
原铝(电解铝)	万吨	2435.8	10.3
氧化铝	万吨	4777.3	7.3
水泥	亿吨	24.8	2.3
硫酸(折 100%)	万吨	8846.3	8.5
纯碱	万吨	2514.2	3.4
烧碱(折 100%)	万吨	3059.0	4.5
乙烯	万吨	1696.7	6.1
化肥(折 100%)	万吨	6887.2	-2.0
发电机组(发电设备)	万千瓦	15053.0	6.0
汽车	万辆	2372.5	7.3
其中:基本型乘用车(轿车)	万辆	1248.3	3.1
大中型拖拉机	万台	64.4	-3.3
集成电路	亿块	1015.5	12.4
程控交换机	万线	3123.1	15.7
移动通信手持机	万台	162719.8	6.8
微型计算机设备	万台	35079.6	-0.8

年末全国发电装机容量 136019 万千瓦,比上年末增长 8.7%。其中[15],火电装机容量 91569 万千瓦,增长 5.9%;水电装机容量 30183 万千瓦,

增长7.9%;核电装机容量1988万千瓦,增长36.1%;并网风电装机容量9581万千瓦,增长25.6%;并网太阳能发电装机容量2652万千瓦,增长67.0%。

全年规模以上工业企业实现利润64715亿元,比上年增长3.3%,其中国有及国有控股企业14007亿元,下降5.7%;集体企业538亿元,增长0.4%,股份制企业42963亿元,增长1.6%,外商及港澳台商投资企业15972亿元,增长9.5%;私营企业22323亿元,增长4.9%。

全年全社会建筑业增加值44725亿元,比上年增长8.9%。全国具有资质等级的总承包和专业承包建筑业企业实现利润6913亿元,增长13.7%,其中国有及国有控股企业1639亿元,增长11.7%。

图10 2010－2014年建筑业增加值及增长速度

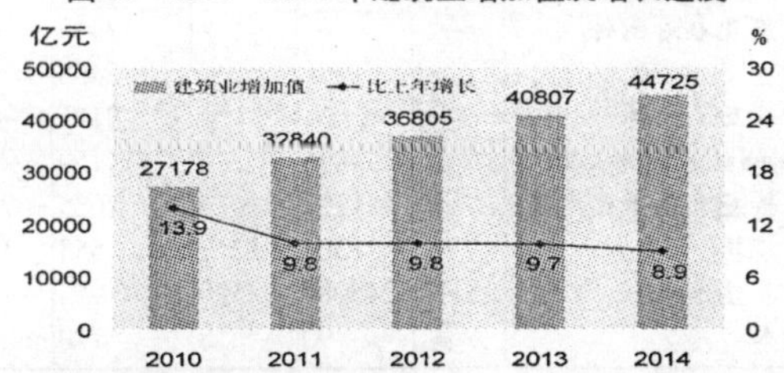

四、固定资产投资

固定资产投资增速放缓。全年全社会固定资产投资512761亿元,比上年增长15.3%[16],扣除价格因素,实际增长14.7%。其中,固定资产投资(不含农户)502005亿元,增长15.7%,农户投资10756亿元,增长2.0%。东部地区投资[17]206454亿元,比上年增长15.4%;中部地区投资124112亿元,增长17.6%;西部地区投资129171亿元,增长17.2%;东北地区投资46096亿元,增长2.7%。

图11 2010－2014年全社会固定资产投资

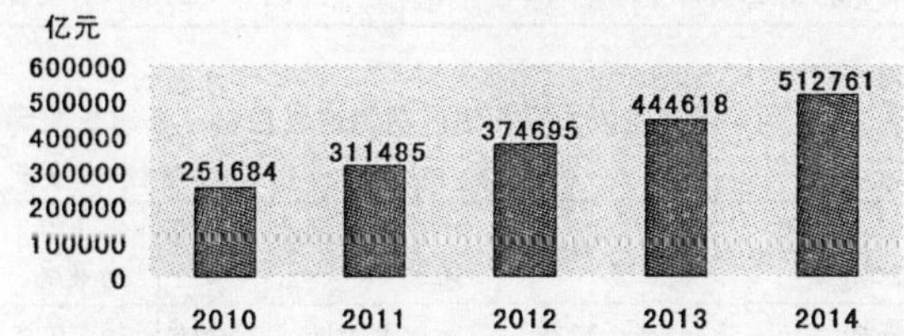

在固定资产投资(不含农户)中,第一产业投资11983亿元,比上年增长33.9%;第二产业投资208107亿元,增长13.2%;第三产业投资281915亿元,增长16.8%。民间固定资产投资[18]321576亿元,增长18.1%,占固定资产投资(不含农户)的比重为64.1%。

表4 2014年分行业固定资产投资(不含农户)及其增长速度

单位:亿元

行业	投资额	比上年增长%
总 计	**502005**	**15.7**
农、林、牧、渔业	14697	31.3
采矿业	14681	0.7
制造业	166918	13.5
电力、热力、燃气及水生产和供应业	22916	17.1
建筑业	4450	27.2
批发和零售业	15669	25.7
交通运输、仓储和邮政业	42984	18.6
住宿和餐饮业	6237	4.2
信息传输、软件和信息技术服务业	4187	38.6
金融业	1360	10.5
房地产业[19]	123690	11.1
租赁和商务服务业	7970	36.2
科学研究和技术服务业	4205	34.7
水利、环境和公共设施管理业	46274	23.6
居民服务、修理和其他服务业	2262	14.2
教育	6678	24.0
卫生和社会工作	3983	27.6
文化、体育和娱乐业	6192	18.9
公共管理、社会保障和社会组织	6652	13.6

表5 2014年固定资产投资新增主要生产能力

指标	单位	绝对数
新增220千伏及以上变电设备	万千伏安	22394
新建铁路投产里程	公里	8427
其中:高速铁路[20]	公里	5491
增、新建铁路复线投产里程	公里	7892
电气化铁路投产里程	公里	8653
新建公路里程	公里	65260
其中:高速公路	公里	7394
港口万吨级码头泊位新增吞吐能力	万吨	43553
新增民用运输机场	个	9
新增光缆线路长度	万公里	301

全年房地产开发投资95036亿元,比上年增长10.5%。其中,住宅投资64352亿元,增长9.2%;办公楼投资5641亿元,增长21.3%;商业营业用房投资14346亿元,增长20.1%。

全年全国城镇保障性安居工程基本建成住房511万套,新开工740万套。

表6 2014年房地产开发和销售主要指标完成情况及其增长速度

指标	单位	绝对数	比上年增长%
投资额	亿元	95036	10.5
其中:住宅	亿元	64352	9.2
其中:90平方米及以下	亿元	20335	4.6
房屋施工面积	万平方米	726482	9.2
其中:住宅	万平方米	515096	5.9
房屋新开工面积	万平方米	179592	－10.7
其中:住宅	万平方米	124877	－14.4
房屋竣工面积	万平方米	107459	5.9
其中:住宅	万平方米	80868	2.7
商品房销售面积	万平方米	120649	－7.6
其中:住宅	万平方米	105182	－9.1
本年到位资金	亿元	121991	－0.1
其中:国内贷款	亿元	21243	8.0
其中:个人按揭贷款	亿元	13665	－2.6

五、国内贸易

市场销售稳定增长。全年社会消费品零售总额[21]262394 亿元,比上年增长 12.0%,扣除价格因素,实际增长 10.9%。按经营地统计,城镇消费品零售额 226368 亿元,增长 11.8%;乡村消费品零售额 36027 亿元,增长 12.9%。按消费类型统计,商品零售额 234534 亿元,增长 12.2%;餐饮收入额 27860 亿元,增长 9.7%。

图 12　2010－2014 年社会消费品零售总额

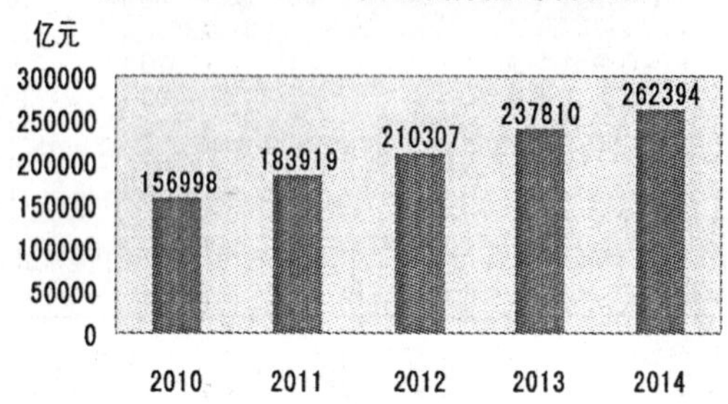

在限额以上企业商品零售额中,粮油、食品、饮料、烟酒类零售额比上年增长 11.1%,服装、鞋帽、针纺织品类增长 10.9%,化妆品类增长 10.0%,金银珠宝类与上年持平,日用品类增长 11.6%,家用电器和音像器材类增长 9.1%,中西药品类增长 15.0%,文化办公用品类增长 11.6%,家具类增长 13.9%,通讯器材类增长 32.7%,石油及制品类增长 6.6%,建筑及装潢材料类增长 13.9%,汽车类增长 7.7%。

全年网上零售额[22]27898 亿元,比上年增长 49.7%,其中限额以上单位网上零售额 4400 亿元,增长 56.2%。

六、对外经济[23]

全年货物进出口总额 264334 亿元,比上年增长 2.3%。其中,出口 143912 亿元,增长 4.9%;进口 120423 亿元,下降 0.6%。进出口差额(出口减进口)23489 亿元,比上年增加 7395 亿元。

图 13　2010－2014 年货物进出口总额

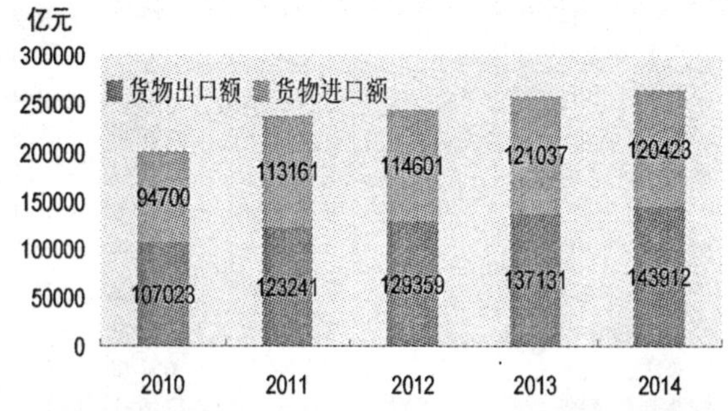

表 7　2014 年货物进出口总额及其增长速度

单位:亿美元

指标	绝对数	比上年增长%
货物进出口总额	264334	2.3
货物出口额	143912	4.9
其中:一般贸易	73944	9.6
加工贸易	54320	1.8
其中:机电产品	80527	2.6
高新技术产品	40570	-1.0
货物进口额	120423	-0.6
其中:一般贸易	68162	-1.0
加工贸易	32211	4.5
其中:机电产品	52509	0.7
高新技术产品	33876	-2.2
进出口差额(出口减进口)	23489	-

表 8　2014 年主要商品出口数量、金额及其增长速度

指标	单位	数量	比上年增长%	金额(亿美元)	比上年增长%
煤(包括褐煤)	万吨	574	-23.5	43	-35.5
钢材	万吨	9378	50.5	4350	31.6
纺织纱线、织物及制品	-	-	-	6888	3.8
服装及衣着附件	-	-	-	11445	4.2
鞋类	-	-	-	3455	9.7
家具及其零件	-	-	-	3195	-0.7
自动数据处理设备及其部件	万台	191836	2.6	11159	-1.3
手持或车载无线电话	万台	131199	10.6	7085	20.2
集装箱	万个	302	12.1	553	13.0
液晶显示板	万个	245080	-25.0	1952	-12.4
汽车	万辆	90	-2.8	770	3.5

表 9　2014 年主要商品进口数量、金额及其增长速度

指标	数量(万吨)	比上年增长%	金额(亿美元)	比上年增长%
谷物及谷物粉	1951	33.8	382	20.7
大豆	7140	12.7	2474	5.0
食用植物油	650	-19.7	364	-27.3
铁矿砂及其精矿	93251	13.8	5748	-12.8
氧化铝	528	37.7	118	35.5
煤(包括褐煤)	29122	-10.9	1366	-24.4
原油	30838	9.5	14017	2.8
成品油	3000	-24.2	1439	-27.7
初级形状的塑料	2535	3.0	3167	4.0
纸浆	1796	6.6	741	4.9
钢材	1443	2.5	1101	4.0
未锻轧铜及铜材	483	7.4	2188	0.8

表 10　2014 年对主要国家和地区货物进出口额及其增长速度

单位:亿美元

国家和地区	出口额	比上年增长%	进口额	比上年增长%
欧盟	22787	8.3	15031	9.7
美国	24328	6.4	9764	3.1
东盟	16712	10.3	12794	3.3
中国香港	22307	-6.6	792	-21.5
日本	9187	-1.4	10027	-0.5
韩国	6162	8.9	11677	2.8
中国台湾	2843	12.7	9337	-3.9
俄罗斯	3297	7.2	2555	3.7
印度	3331	10.7	1005	-4.6

全年服务进出口[24]总额6043亿美元,比上年增长12.6%。其中,服务出口2222亿美元,增长7.6%;服务进口3821亿美元,增长15.8%。服务进出口逆差1599亿美元。

全年非金融领域新设立外商直接投资企业23778家,比上年增长4.4%。实际使用外商直接投资金额7364亿元,按美元计价为1196亿美元,增长1.7%。

表11　2014年非金融领域外商直接投资及其增长速度

行业	企业数（家）	比上年增长%	实际使用金额（亿美元）	比上年增长%
总　计	**23778**	**4.4**	**1195.6**	**1.7**
其中:农、林、牧、渔业	719	-5.0	15.2	-15.4
制造业	5178	-20.4	399.4	-12.3
电力、燃气及水生产和供应业	208	4.0	22.0	-9.3
交通运输、仓储和邮政业	376	-6.2	44.6	5.7
信息传输、计算机服务和软件业	981	23.2	27.6	-4.4
批发和零售业	7978	8.6	94.6	-17.8
房地产业	446	-15.9	346.3	20.2
租赁和商务服务业	3963	18.0	124.9	20.5
居民服务和其他服务业	181	9.0	7.2	9.3

全年非金融领域对外直接投资额6321亿元,按美元计价为1029亿美元,比上年增长14.1%。

表12　2014年非金融领域对外直接投资额及其增长速度

行业	对外直接投资金额（亿美元）	比上年增长（%）
总　计	**1028.9**	**14.1**
其中:农、林、牧、渔业	17.4	19.2
采矿业	193.3	-4.1
制造业	69.6	-19.8
电力、热力、燃气及水生产和供应业	18.4	36.3
建筑业	70.2	7.5
批发和零售业	172.7	26.3
交通运输、仓储和邮政业	29.3	17.2
信息传输、软件和信息技术服务业	17	100
房地产业	30.9	45.8
租赁和商务服务业	372.5	26.5

全年对外承包工程业务完成营业额8748亿元,按美元计价为1424亿美元,比上年增长3.8%。对外劳务合作派出各类劳务人员56.2万人,增长6.6%。

七、交通、邮电和旅游

交通运输平稳增长。全年货物运输总量439亿吨,比上年增长7.1%。货物运输周转量184619亿吨公里,增长9.9%。全年规模以上港口完成货物吞吐量111.6亿吨,比上年增长4.8%,其中外贸货物吞吐量35.2亿吨,增长5.9%。规模以上港口集装箱吞吐量20093万标准箱,增长6.1%。

表13　2014年各种运输方式完成货物运输量及其增长速度

指标	单位	绝对数	比上年增长%
货物运输总量	亿吨	439.1	7.1
铁路	亿吨	38.1	-3.9
公路	亿吨	334.3	8.7
水运	亿吨	59.6	6.4
民航	万吨	593.3	5.7
管道	亿吨	6.9	5.2
货物运输周转量	亿吨公里	184619.2	9.9
铁路	亿吨公里	27530.2	-5.6
公路	亿吨公里	61139.1	9.7
水运	亿吨公里	91881.1	15.7
民航	亿吨公里	186.1	9.3
管道	亿吨公里	3882.7	10.9

全年旅客运输总量221亿人次,比上年增长3.9%。旅客运输周转量29994亿人公里,增长8.8%。

表14　2014年各种运输方式完成旅客运输量及其增长速度

指标	单位	绝对数	比上年增长%
旅客运输总量	亿人次	220.7	3.9
铁路	亿人次	23.6	11.9
公路	亿人次	190.5	2.8
水运	亿人次	2.6	12.3
民航	亿人次	3.9	10.6
旅客运输周转量	亿人公里	29994.2	8.8
铁路	亿人公里	11604.8	9.5
公路	亿人公里	11981.7	6.5
水运	亿人公里	74.4	8.9
民航	亿人公里	6333.3	12.0

年末全国民用汽车保有量达到15447万辆(包括三轮汽车和低速货车972万辆),比上年末增长12.4%,其中私人汽车保有量12584万辆,增长15.5%。民用轿车保有量8307万辆,增长16.6%,其中私人轿车7590万辆,增长18.4%。

邮电业务快速增长。全年完成邮电业务总量[25]21846亿元,比上年增长19.0%。其中,邮政业务总量3696亿元,增长35.6%;电信业务总量18150亿元,增长16.1%。邮政业全年完成邮政函件业务56.1亿件,包裹业务0.6亿件,快递业务量139.6亿件;快递业务收入2045亿元。电信业全年新增移动电话交换机容量[26]7980万户,达到204537万户。年末全国电话用户总数达到153552万户,其中固定电话用户24943万户,移动电话用户128609万户。固定电话普及率下降至18.3部/百人,移动电话普及率上升至94.5部/百人。固定互联网宽带接入用户[27]20048万户,比上年增加1157万户;移动宽带用户[28]58254万户,增加18093万户。互联网上网人数6.49亿人,增加3117万人,其中手机上网人数[29]5.57亿人,增加5672万人。互联网普及率达到47.9%。

图 14　2010－2014 年年末固定互联网宽带接入用户和移动宽带用户

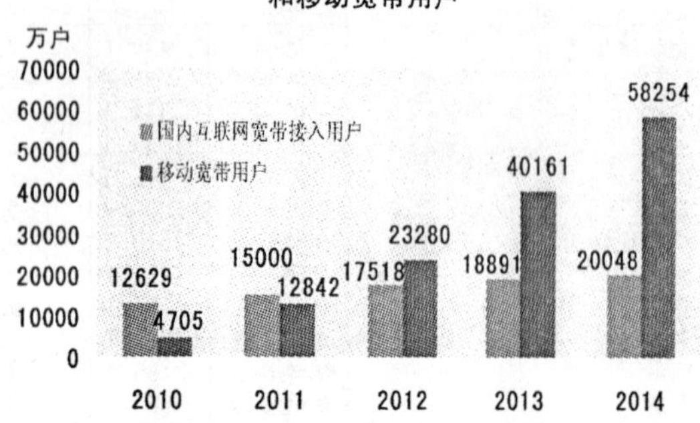

全年国内游客 36.1 亿人次，比上年增长 10.7%，国内旅游收入 30312 亿元，增长 15.4%。入境游客 12849 万人次，下降 0.5%。其中，外国人 2636 万人次，增长 0.3%；香港、澳门和台湾同胞 10213 万人次，下降 0.6%。在入境游客中，过夜游客 5562 万人次，与上年基本持平。国际旅游外汇收入 569 亿美元，增长 10.2%。国内居民出境 11659 万人次，增长 18.7%，其中因私出境 11003 万人次，增长 19.6%。

八、金融

金融市场运行总体平稳。年末广义货币供应量(M2)余额为 122.8 万亿元，比上年末增长 12.2%；狭义货币供应量(M1)余额为 34.8 万亿元，增长 3.2%；流通中货币(M0)余额为 6.0 万亿元，增长 2.9%。

全年社会融资规模[30]为 16.5 万亿元，按可比口径计算，比上年少 8598 亿元。年末全部金融机构本外币各项存款余额 117.4 万亿元，比年初增加 10.2 万亿元，其中人民币各项存款余额 113.9 万亿元，增加 9.5 万亿元。全部金融机构本外币各项贷款余额 86.8 万亿元，增加 10.2 万亿元，其中人民币各项贷款余额 81.7 万亿元，增加 9.8 万亿元。

表 15　2014 年年末全部金融机构本外币存贷款余额及其增长速度

单位：亿元

指标	年末数	比上年增长%
各项存款余额	1173735	9.6
其中：住户存款	506890	8.9
其中：人民币	502504	8.9
非金融企业存款	400420	5.4
各项贷款余额	867868	13.3
其中：境内短期贷款	336371	7.9
境内中长期贷款	471818	15.0

年末主要农村金融机构(农村信用社、农村合作银行、农村商业银行)人民币贷款余额 105742 亿元，比年初增加 14105 亿元。全部金融机构人民币消费贷款余额 153660 亿元，增加 23938 亿元。其中，个人短期消费贷款余额 32491 亿元，增加 5902 亿元；个人中长期消费贷款余额 121169 亿元，增加 18037 亿元。

全年上市公司通过境内市场累计筹资 8397 亿元，比上年增加 1512 亿元。其中，首次公开发行 A 股 125 只，筹资 669 亿元；A 股再筹资(包括配股、公开增发、非公开增发[31]、认股权证)4165 亿元，增加 1362 亿元；上市公司通过发行可转债、可分离债、公司债、中小企业私募债筹资 3563 亿元，减少 519 亿元。全年公开发行创业板股票 51 只，筹资 159 亿元。

全年发行公司信用类债券[32]5.15 万亿元，比上年增加 1.48 万亿元。

全年保险公司原保险保费收入[33]20235 亿元，比上年增长 17.5%。其中，寿险业务原保险保费收入 10902 亿元，健康险和意外伤害险业务原保险保费收入 2130 亿元，财产险业务原保险保费收入 7203 亿元。支付各类赔款及给付 7216 亿元。其中，寿险业务给付 2728 亿元，健康险和意外伤害险赔款及给付 700 亿元，财产险业务赔款 3788 亿元。

九、人民生活和社会保障

城乡居民收入继续增加。全年全国居民人均可支配收入 20167 元，比上年增长 10.1%，扣除价格因素，实际增长 8.0%。按常住地分，城镇居民人均可支配收入[34]28844 元，比上年增长 9.0%，扣除价格因素，实际增长 6.8%；城镇居民人均可支配收入中位数[35]为 26635 元，增长 10.3%。农村居民人均可支配收入 10489 元，比上年增长 11.2%，扣除价格因素，实际增长 9.2%；农村居民人均可支配收入中位数为 9497 元，增长 12.7%。全年农村居民人均纯收入为 9892 元。全国居民人均消费支出 14491 元，比上年增长 9.6%，扣除价格因素，实际增长 7.5%。按常住地分，城镇居民人均消费支出 19968 元，增长 8.0%，扣除价格因素，实际增长 5.8%；农村居民人均消费支出 8383 元，增长 12.0%，扣除价格因素，实际增长 10.0%。

图 15　2014 年按收入来源分的全国居民人均可支配收入及占比

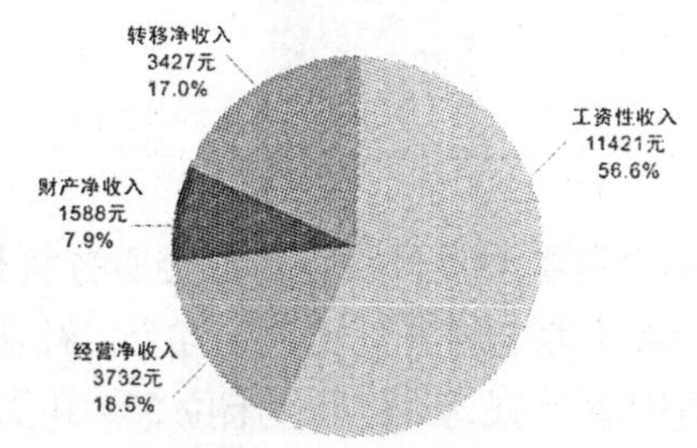

社会保障建设取得新进展。年末全国参加城镇职工基本养老保险人数 34115 万人，比上年末增加 1897 万人。参加城乡居民基本养老保险人数 50107 万人，增加 357 万人。参加基本医疗保险人数 59774 万人，增加 2702 万人。其中，参加职工基本医疗保险人数 28325 万人，增加 882 万人；参加居民基本医疗保险人数 31449 万人，增加 1820 万人。参加失业保险人数 17043 万人，增加 626 万人。年末全国领取失业保险金人数 207 万人。参加工伤保险人数 20621 万人，增加 703 万人，其中参加工伤保险的农民工 7362 万人，增加 98 万人。参加生育保险人数 17035 万人，增加 643 万人。按照年人均收入 2300 元（2010 年不变价）的农村扶贫标准计算，2014 年农村贫困人口为 7017 万人，比上年减少 1232 万人。

十、教育、科学技术和文化体育

教育科技和文化体育事业较快发展。全年研究生招生 62.1 万人，在学研究生 184.8 万人，毕业生 53.6 万人。普通本专科招生 721.4 万人，在校生 2547.7 万人，毕业生 659.4 万人。中等职业教育[36]招生 628.9 万人，在校生 1802.9 万人，毕业生 633.0 万人。普通高中招生 796.6 万人，在校生 2400.5 万人，毕业生 799.6 万人。初中招生 1447.8 万人，在校生 4384.6 万人，毕业生 1413.5 万人。普通小学招生 1658.4 万人，在校生 9451.1 万人，毕业生 1476.6 万人。特殊教育招生 7.1 万人，在校生 39.5 万人，毕业生 4.9 万人。幼儿园在园幼儿 4050.7 万人。

图 16　2010－2014 年普通本专科、中等职业教育及普通高中招生人数

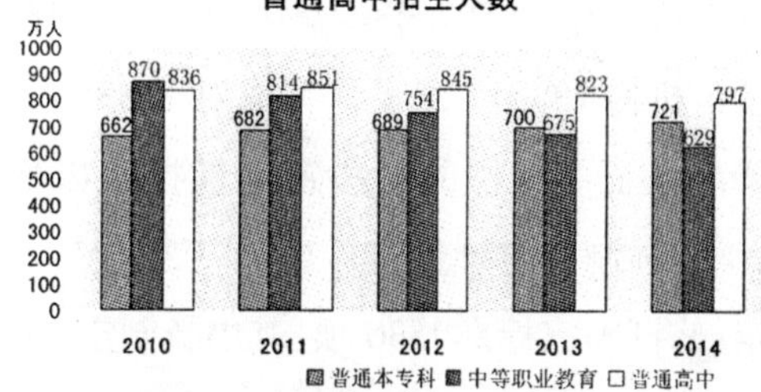

全年研究与试验发展（R&D）经费支出 13312 亿元，比上年增长 12.4%，与国内生产总值之比为 2.09%，其中基础研究经费 626 亿元。全年国家安排了 3997 项科技支撑计划课题，2129 项"863"计划课题。截至年底，累计建设国家工程研究中心 132 个，国家工程实验室 154 个，国家认定企业技术中心 1098 家。全年国家新兴产业创投计划[37]累计支持设立 213 家创业投资企业，资金总规模 574 亿元，投资创业企业 739 家。全年受理境内外专利申请 236.1 万件，授予专利权 130.3 万件。截至年底，有效专利 464.3 万件。全年共签订技术合同 29.7 万项，技术合同成交金额 8577 亿元，比上年增长 14.8%。

图 17　2010－2014 年研究与实验发展（R&D）经费支出

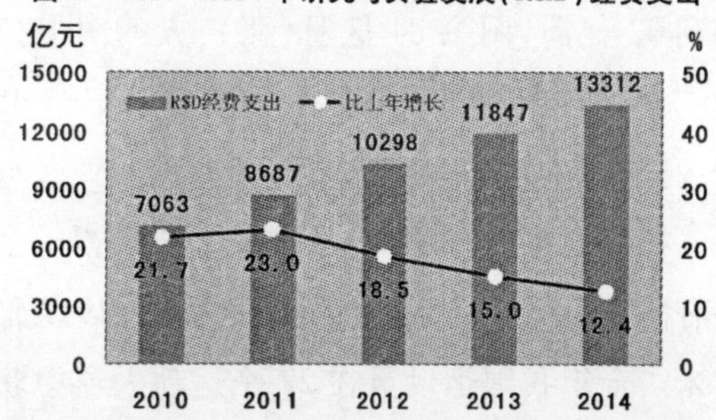

表 16　2014 年专利申请受理、授权和有效专利情况

指 标	专利数（万件）	比上年增长（%）
专利申请受理数	236.1	-0.7
其中：境内专利申请受理数	218.6	-1
其中：发明专利申请受理数	92.8	12.5
其中：境内发明专利	79	13.9
专利申请授权数	130.3	-0.8
其中：境内专利授权	119.2	-1.5
其中：发明专利授权	23.3	12.3
其中：境内发明专利	15.8	14.1
年末有效专利数	464.3	10.7
其中：境内有效专利	391.8	11.1
其中：有效发明专利	119.6	15.7
其中：境内有效发明专利	66.3	21.7

全年成功发射卫星 16 次。探月工程三期再入返回试验圆满完成。高分二号卫星成功发射。

年末全国共有产品检测实验室27051个，其中国家检测中心597个。全国现有产品质量、体系认证机构183个，已累计完成对118354个企业的产品认证。全国共有法定计量技术机构4056个，全年强制检定计量器具6162万台(件)。全年制定、修订国家标准1530项，其中新制定1067项。全国共有地震台站1687个，区域地震台网32个。全国共有海洋观测站79个。测绘地理信息部门公开出版地图1678种。

年末全国文化系统共有艺术表演团体2008个，博物馆2760个。全国共有公共图书馆3110个，总流通[38]52252万人次；文化馆3311个。有线电视用户2.31亿户，有线数字电视用户1.87亿户。年末广播节目综合人口覆盖率为98.0%，电视节目综合人口覆盖率为98.6%。全年生产电视剧429部15983集，电视动画片138496分钟。全年生产故事影片618部，科教、纪录、动画和特种影片[39]140部。出版各类报纸465亿份，各类期刊32亿册，图书84亿册(张)，人均图书拥有量[40]6.12册(张)。年末全国共有档案馆4246个，已开放各类档案12835万卷(件)。

根据第六次全国体育场地普查结果[41]，全国共有体育场地169.5万个，场地面积[42]19.9亿平方米。全年我国运动员在22个运动大项中获得98个世界冠军，共创10项世界纪录。全年我国残疾人运动员在19项国际赛事中获得122个世界冠军。

十一、卫生和社会服务

卫生和社会服务事业不断改善。年末全国共有医疗卫生机构982443个，其中医院25865个，乡镇卫生院36899个，社区卫生服务中心(站)34264个，诊所(卫生所、医务室)188415个，村卫生室646044个，疾病预防控制中心3491个，卫生监督所(中心)2975个。卫生技术人员739万人，其中执业医师和执业助理医师282万人，注册护士292万人。医疗卫生机构床位652万张，其中医院484万张，乡镇卫生院117万张。

图18 2010－2014年卫生技术人员人数

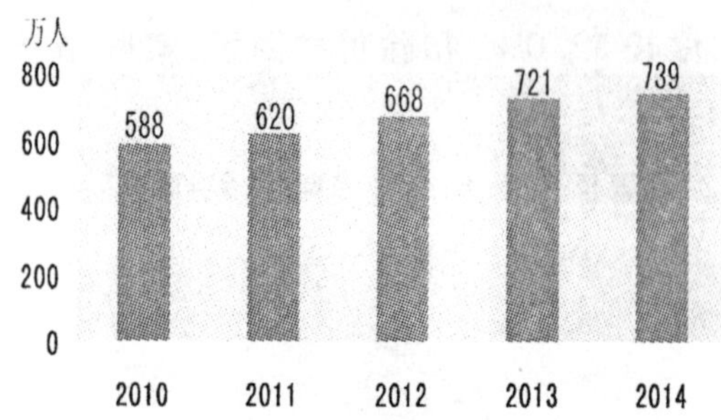

年末全国各类提供住宿的社会服务机构[43]3.8万个，其中养老服务机构3.4万个。社会服务床位[44]586.5万张，其中养老床位551.4万张。收留抚养和救助各类人员304.6万人，其中养老人员288.7万人。年末共有社区服务中心2.2万个，社区服务站11.4万个。年末全国共有1880.2万人享受城市居民最低生活保障，5209.0万人享受农村居民最低生活保障，农村五保供养[45]529.5万人。全年资助1310.9万城市困难群众参加医疗保险，资助4118.9万农村困难群众参加新型农村合作医疗。

十二、资源、环境和安全生产

全年全国国有建设用地供应总量[46]61万公顷，比上年下降16.5%。其中，工矿仓储用地15万公顷，下降29.9%；房地产用地[47]15万公顷，下降25.5%；基础设施等其他用地31万公顷，下降1.9%。

全年水资源总量28370亿立方米。全年平均降水量648毫米。年末全国监测的609座大型水库蓄水总量3663亿立方米，比上年末蓄水量增加7.0%。全年总用水量6220亿立方米，比上年增长0.6%。其中，生活用水增长2.7%，工业用水增长1.0%，农业用水增长0.1%，生态补水增长0.6%。万元国内生产总值用水量[48]112立方米，比上年下降6.3%。万元工业增加值用水量64立方米，下降5.6%。人均用水量456立方米，比上年增长0.1%。

全年完成造林面积603万公顷，其中人工造林427万公顷。林业重点工程完成造林面积200万公顷，占全部造林面积的33.2%。截至年底，自然保护区达到2729个，其中国家级自然保护区428个。新增水土流失治理面积5.4万平方公里，新增实施水土流失地区封育保护面积2.0万平方公里。

全年平均气温为10.1℃，共有5个台风登陆。

初步核算，全年能源消费总量42.6亿吨标准煤，比上年增长2.2%。煤炭消费量下降2.9%，原油消费量增长5.9%，天然气消费量增长8.6%，电力消费量增长3.8%。煤炭消费量占能源消费总量的66.0%，水电、风电、核电、天然气等清洁能源消费量占能源消费总量的16.9%。全国万元国内生产总值能耗下降4.8%。工业企业吨粗铜综合能耗同比下降3.76%，吨钢综合能耗下降1.65%，单位烧碱综合能耗下降2.33%，吨水泥综合能耗下降1.12%，每千瓦时火力发电标准煤耗下降0.67%。

十大流域[49]的702个水质监测断面中，Ⅰ～Ⅲ类水质断面比例占71.2%，劣Ⅴ类水质断面比例占9.0%。十大流域水质总体为轻度污染，水质保持稳定。

近岸海域301个海水水质监测点中，达到国家一、二类海水水质标准的监测点占66.8%，三类海水占7.0%，四类、劣四类海水占26.2%。

在按照《环境空气质量标准》（GB3095－2012）监测的161个城市中，城市空气质量达标的城市占9.9%，未达标的城市占90.1%。

在监测的319个城市中，城市区域声环境质量好的城市占1.3%，较好的占70.8%，一般的占27.3%，较差的占0.6%。

年末城市污水处理厂日处理能力达到12896万立方米，比上年末增长3.5%，城市污水处理率达到90.2%，提高0.8个百分点。城市集中供热面积59.1亿平方米，增长3.3%。城市建成区绿地率达到35.9%，提高0.2个百分点。

全年农作物受灾面积2489万公顷，其中绝收309万公顷。全年因洪涝和地质灾害造成直接经济损失1030亿元，因旱灾造成直接经济损失836亿元，因低温冷冻和雪灾造成直接经济损失129亿元，因海洋灾害造成直接经济损失136亿元。全年大陆地区共发生5级以上地震30次，成灾10次，造成直接经济损失356亿元。全年共发生森林火灾3703起，森林火灾受害森林面积1.9万公顷。

全年各类生产安全事故共死亡68061人。亿元国内生产总值生产安全事故死亡人数为0.107人，比上年下降13.7%；工矿商贸企业就业人员10万人生产安全事故死亡人数为1.328人，下降12.9%；道路交通事故万车死亡人数为2.22人，下降5.1%；煤矿百万吨死亡人数为0.255人，下降11.5%。

注释：

[1]本公报中数据均为初步统计数。各项统计数据均未包括香港特别行政区、澳门特别行政区和台湾省。部分数据因四舍五入的原因，存在着与分项合计不等的情况。

[2]人户分离的人口是指居住地与户口登记地所在的乡镇街道不一致且离开户口登记地半年以上的人口。

[3]流动人口是指人户分离人口中扣除市辖区内人户分离的人口。市辖区内人户分离的人口是指一个直辖市或地级市所辖区内和区与区之间，居住地和户口登记地不在同一乡镇街道的人口。

[4]2014年年末，0－14岁（含不满15周岁）人口为22558万人，15－59岁（含不满60周岁）人口为92982万人。

[5]国内生产总值、各产业增加值绝对数按现价计算，增长速度按不变价格计算；根据第三次全国经济普查结果和国家统计局2012年制定的《三次产业划分规定》对相关数据进行了修订。

[6]年度农民工数量包括年内在本乡镇以外从业6个月以上的外出农民工和在本乡镇内从事非农产业6个月以上的本地农民工两部分。

[7]国家全员劳动生产率为国内生产总值（以2010年不变价格计算）与全部就业人员的比率。

[8]农产品生产者价格是指农产品生产者直接出售其产品时的价格。

[9]居住类价格包括建房及装修材料、住房租金、自有住房和水电燃料等价格。

[10]高技术制造业包括医药制造业，航空、航天器及设备制造业，电子及通信设备制造业，计算机及办公设备制造业，医疗仪器设备及仪器仪表

制造业,信息化学品制造业。

[11]装备制造业包括金属制品业,通用设备制造业,专用设备制造业,汽车制造业,铁路、船舶、航空航天和其他运输设备制造业,电气机械和器材制造业,计算机、通信和其他电子设备制造业,仪器仪表制造业,金属制品、机械和设备修理业。

[12]根据第三次全国经济普查结果对相关数据进行了修订,其中2013年原煤产量由36.8亿吨修订为39.7亿吨。

[13]天然气包括气田天然气、油田天然气(分为油田气层气、油田伴生溶解气)和煤田天然气(也称煤层气)。

[14]钢材产量数据中含企业之间重复加工钢材约33400万吨。

[15]少量发电装机容量(如地热等)文中未列出。

[16]根据第三次全国经济普查结果,对2013年全社会固定资产投资数据进行了修订。

[17]固定资产投资按东部、中部、西部和东北地区计算的合计数据小于全国数据,是因为有部分跨地区的投资未计算在地区数据中。其中,东部地区是指北京、天津、河北、上海、江苏、浙江、福建、山东、广东和海南10省(市);中部地区是指山西、安徽、江西、河南、湖北和湖南6省;西部地区是指内蒙古、广西、重庆、四川、贵州、云南、西藏、陕西、甘肃、青海、宁夏和新疆12省(区、市);东北地区是指辽宁、吉林和黑龙江3省。

[18]民间固定资产投资是指具有集体、私营、个人性质的内资企事业单位以及由其控股(包括绝对控股和相对控股)的企业单位建造或购置固定资产的投资。

[19]房地产业投资除房地产开发投资外,还包括建设单位自建房屋以及物业管理、中介服务和其他房地产投资。

[20]高速铁路是指最高营运速度达到200公里/小时及以上的铁路。

[21]2014年社会消费品零售总额及相关数据均为快报数。

[22]网上零售额是指通过公共网络交易平台(包括自建网站和第三方平台)实现的商品和服务零售额。其中,网上零售额包括的服务类商品,以及少部分用于生产经营用或被转卖的商品不统计在社会消费品零售总额中。

[23]根据有关规定,货物贸易改用人民币计价。服务贸易、利用外资、对外投资和对外承包工程由于技术原因仍主要沿用美元计价。

[24]服务进出口按照《国际收支手册(第六版)》标准统计,不含政府服务,增速按可比口径计算。

[25]邮电业务总量按2010年不变价格计算。

[26]移动电话交换机容量是指移动电话交换机根据一定话务模型和交换机处理能力计算出来的最大同时服务用户的数量。

[27]固定互联网宽带接入用户是指报告期末在电信企业登记注册,通过xDSL、FTTx + LAN、FTTH/0以及其他宽带接入方式和普通专线接入公众互联网的用户。

[28]移动宽带用户是指报告期末在计费系统拥有使用信息,占用3G或4G网络资源的在网用户。

[29]手机上网人数是指过去半年通过手机接入并使用互联网的6周岁及以上中国居民数量。

[30]社会融资规模是指一定时期内实体经济从金融体系获得的资金总额,是增量概念。

[31]非公开增发又叫定向增发,不含资产认购部分。

[32]公司信用类债券包括非金融企业债务融资工具、企业债券以及公司债、可转债等。

[33]原保险保费收入是指保险企业确认的原保险合同保费收入。

[34]按一体化住户调查改革前的城镇住户调

查老口径推算，全年全国城镇居民人均可支配收入为29381元。

[35]人均收入中位数是指将所有调查户按人均收入水平从低到高(或从高到低)顺序排列，处于最中间位置调查户的人均收入。

[36]中等职业教育包括普通中专、成人中专、职业高中和技工学校，其中技工学校数据为2013年数据。

[37]国家新兴产业创投计划是指中央财政专项资金通过与地方政府资金、社会资本共同发起设立创业投资企业，或以股权投资模式直接投资创业企业等方式，培育和促进新兴产业发展的活动。

[38]总流通人次是指本年度内到图书馆场馆接受图书馆服务的总人次，包括借阅书刊、咨询问题以及参加各类读者活动等。

[39]特种影片是指那些采用与常规影院放映在技术、设备、节目方面不同的电影展示方式，如巨幕电影、立体电影、立体特效(4D)电影、动感电影、球幕电影等。

[40]人均图书拥有量是指在一年内全国平均每人能拥有的当年出版图书册数。

[41]数据为截至2013年底。

[42]场地面积是指可供训练、比赛、健身活动的场地有效面积，场地除包括比赛规定的尺寸外，还包括必要的安全区、缓冲区和无障碍地带。

[43]根据第三次全国经济普查，对提供住宿的社会服务机构、社区服务中心进行归类清理，2014年相应数据有所调整。

[44]社会服务床位数除收养性机构外，还包括救助类机构、社区类机构以及军休所、军供站等机构的床位。

[45]农村五保供养是指老年、残疾和未满16周岁的村民，无劳动能力、无生活来源又无法定赡养、抚养、扶养义务人，或者其法定赡养、抚养、扶养义务人无赡养、抚养、扶养能力的村民，在吃、穿、住、医、葬方面得到的生活照顾和物质帮助。

[46]国有建设用地供应总量是指报告期内市、县人民政府根据年度土地供应计划依法以出让、划拨、租赁等方式将土地使用权提供给单位或个人使用的国有建设用地总量。

[47]房地产用地是指商服用地和住宅用地的总和。

[48]万元国内生产总值用水量、万元工业增加值用水量和万元国内生产总值能耗按2010年不变价格计算。

[49]十大流域包括长江、黄河、珠江、松花江、淮河、海河、辽河、浙闽片河流、西北诸河和西南诸河。

资料来源：

本公报中城镇新增就业、登记失业率、社会保障数据来自人力资源社会保障部；财政数据来自财政部；外汇储备、汇率、货币金融、公司信用类债券数据来自人民银行；水产品产量数据来自农业部；木材产量、林业、森林火灾数据来自林业局；灌溉面积、水资源数据来自水利部；发电装机容量、新增220千伏及以上变电设备数据来自中电联；新建铁路投产里程、增新建铁路复线投产里程、电气化铁路投产里程、铁路运输数据来自铁路总公司；新建公路里程、港口万吨级码头泊位新增吞吐能力、公路运输、水运、港口货物吞吐量数据来自交通运输部；新增民用运输机场、民航数据来自民航局；新增光缆线路长度、电话交换机容量、电话用户、宽带用户、上网人数等通信数据来自工业和信息化部；保障性住房、城市污水处理、城市集中供热面积、建成区绿地率数据来自住房城乡建设部；货物进出口数据来自海关总署；服务进出口、外商直接投资、对外直接投资、对外承包工程、对外劳务合作等数据来自商务部；管道数据来自中石油、中石化、中海油；民用汽车、交通事故数据来自公安部；邮政业务数据来自邮政局；旅游数据来自旅游局、公安部;上市公司数据来自证监会;保险业数据来自保监会;教育数据来自教育部;安排科技计划课题、技术合同等数据来自科技部;国家工程研究中心、企业技术中心、新兴产业创投等数据来自发展改革委;专利数据来自知识产权局;发射卫星数据来自国防科工局;质量检验、国家标准制定修订等数据来自质检总局;地震数据来自地震局;海洋观测站、海洋灾害造成直接经济损失数据来自海洋局;测绘数据来自测绘地信局;艺术表演团体、博物馆、公共图书馆、文化馆数据来自文化部;广播电视、电影、报纸、期刊、图书数据来自新闻出版广电总局;档案数据来自档案局;体育数据来自体育总局;残疾人运动员数据来自中国残联;卫生数据来自卫生计生委;社会服务、低保和五保供养数据、农作物受灾面积、洪涝地质灾害造成直接经济损失、旱灾造成直接经济损失、低温冷冻和雪灾造成直接经济损失来自民政部;国有建设用地供应数据来自国土资源部;自然保护区、环境监测数据来自环境保护部;平均气温、登陆台风数据来自气象局;安全生产数据来自安全监管总局;其他数据均来自国家统计局。

江西省2014年国民经济和社会发展统计公报

江西省统计局

国家统计局江西调查总队

(2015年3月25日)

2014年,面对复杂严峻的国内外发展环境,在省委、省政府的坚强领导下,全省上下认真贯彻落实党的十八大、十八届三中、四中全会和习近平总书记系列重要讲话精神,按照"发展升级、小康提速、绿色崛起、实干兴赣"十六字方针,坚持稳中求进、改革创新,统筹做好稳增长、促改革、调结构、惠民生各项工作,全省经济在新常态下平稳运行,各项社会事业全面进步,较好地完成了年初确定的主要目标任务。

一、综合

经济运行稳中有进。初步核算,全年实现地区生产总值15708.6亿元,比上年增长9.7%。其中,第一产业增加值1683.7亿元,增长4.7%;第二产业增加值8388.3亿元,增长11.1%;第三产业增加值5636.6亿元,增长8.8%。三次产业对经济增长的贡献率分别为5.0%、65.8%和29.2%。人均生产总值34661元,增长9.2%。经济结构进一步优化。三次产业结构调整为10.7:53.4:35.9,第三产业占比较上年提高0.8个百分点。非公有制经济实现增加值9129.3亿元,增长10.3%,占GDP的比重为58.1%,比上年提高0.7个百分点。区域发展战略扎实推进。南昌临空经济区、共青先导区建设进展顺利,昌九一体化实力显著增强;国务院批复赣闽粤原中央苏区振兴发展规划,赣州综合保税区等重大平台获批设立,中央国家机关及有关单位对口支援工作扎实推进,苏区振兴发展步伐加快;扎实推进赣东北开放合作、赣西经济转型发展,支持抚州深化区域合作。

图1 2010－2014年地区生产总值及其增长速度

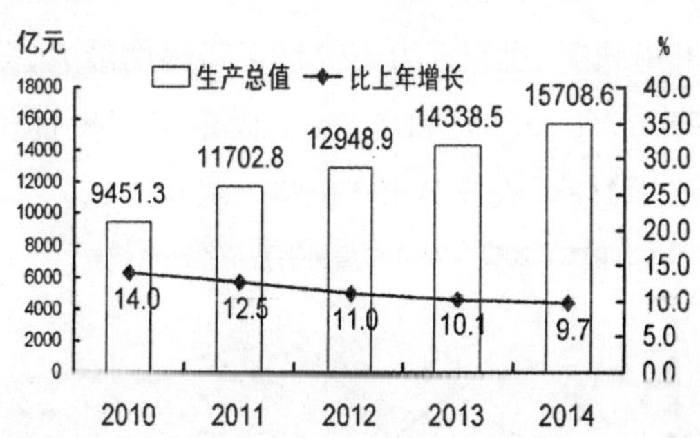

就业形势总体稳定。年末从业人员2603.3万人,比上年末增加14.6万人。全年城镇新增就业55.1万人。新增转移农村劳动力58.7万人。年末城镇登记失业率为3.3%。年末农民外出从业人员822.4万人。其中,省外务工553.5万人。

劳动生产率稳步提高。全年全员劳动生产率为60341元/人,比上年提高4952元/人。财政收入稳定增长。全年财政总收入2680.5亿元,比上年增长13.7%。其中,公共财政预算收入1881.5亿元,增长16.1%。财政总收入占生产总值的比重17.1%,比上年提高0.7个百分点;税收收入2179.8亿元,增长13.8%,占财政总收入的比重81.3%,比上年提高0.1个百分点。县域财力显著增强,所有县(市、区)财政总收入都超过6亿元,财政总收入超10亿元的县(市、区)77个,超30亿元的15个,超50亿元的3个。其中,南昌县突破80亿元,达87.3亿元。

财政支出结构不断优化。全年公共财政预算支出3882.2亿元,比上年增长11.9%。其中,科学技术支出57.6亿元,增长24.3%;社会保障和就业支出419.1亿元,增长10.6%;医疗卫生与计划生育支出334.7亿元,增长9.1%。

居民消费价格涨幅放缓。全年居民消费价格上涨2.3%,比上年回落0.2个百分点。其中,食品类价格上涨3.7%,对居民消费价格上涨的贡献率56.6%,衣着类价格上涨2.4%,居住类价格上涨2.5%。商品零售价格上涨1.2%。工业生产者出厂价格下降2.2%,其中冶金工业、煤炭及炼焦工业下降幅度最大,分别下降6.1%和5.8%。工业生产者购进价格下降1.6%,其中有色金属材料和电线类、燃料动力类价格下降幅度最大,分别下降5.2%、5.0%和2.2%。固定资产投资价格上涨0.1%。农产品生产价格上涨0.3%。

图2 2010－2014年居民消费价格涨跌幅度

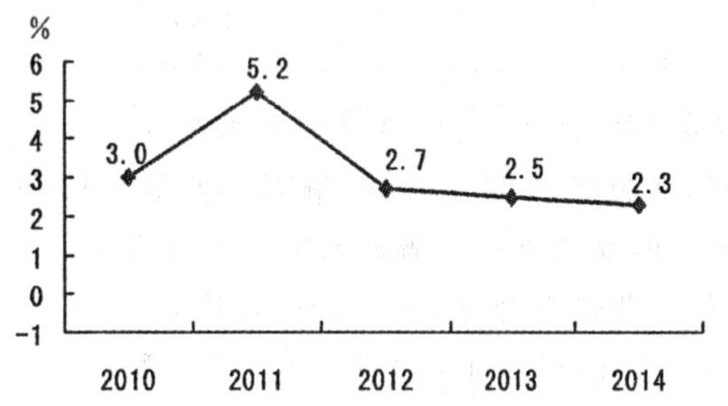

表1 2014年居民消费价格比上年涨跌幅度

单位:%

指标	全省	城市	农村
居民消费价格	2.3	2.4	2.2
食品	3.7	4.2	2.7
其中:粮食	3.0	2.7	3.9
烟酒	0.1		0.3
衣着	2.4	1.9	3.9
家庭设备用品及服务	-0.1	-0.4	0.7
医疗保健及个人用品	1.0	1.3	0.5
交通和通信	-0.3	-0.6	0.3
娱乐教育文化用品及服务	2.8	2.6	3.2
居住	2.5	2.3	2.8

二、农业

农业生产稳步发展。全年粮食总产量2143.5万吨,比上年增长1.3%,总产再创历史新高,实现"十一连丰"。其中,早稻820.1万吨,下降1.0%;中稻及一季晚稻272.5万吨,增长3.1%;二季晚稻932.6万吨,增长2.3%。全年粮食种植面积3697.3千公顷,增长0.2%;油料种植面积741.5千公顷,减少0.2%;棉花种植面积84.9千公顷,增长0.3%;蔬菜种植面积572.3千公顷,增长1.5%。

牧渔业较快发展。全年肉类总产量355.2万吨,比上年增长3.1%。年末生猪存栏1943.0万头,下降1.3%;生猪出栏3325.7万头,增长3.0%。全年牛奶产量12.8万吨,增长1.1%。禽蛋产量57.8万吨,增长1.6%。全年水产品产量253.8万吨,增长4.6%。

表2 2014年主要农产品产量及其增长速度

产品名称	产量(万吨)	比上年增长%
粮食	2143.5	1.3
其中:稻谷	2041.5	1.1
油料	121.7	2.1
其中:油菜籽	72.3	2.8
棉花	13.4	2.2
烟叶	5.9	16.5
茶叶	4.7	9.6
园林水果	420.8	-4.7
蔬菜	1312.4	4.4
肉类	355.2	3.1
水产品	253.8	4.6

农业现代化发展加快。全年854家省级以上龙头企业实现销售收入2798.5亿元,实现利润116.7亿元。全省规模以上农产品加工企业3298家,比上年增长3.9%;实现销售收入3116.7亿元,增长7.2%。农民专业合作组织3.5万个,成员达64.4万人。

农业生产条件持续改善。全年新增有效灌溉面积29.4千公顷,有效灌溉总面积2001.6千公顷;新增节水灌溉面积40.1千公顷。农用化肥施用量(折纯)142.9万吨,增长0.9%。

三、工业和建筑业

工业生产稳定增长。全年全部工业完成增加值6994.7亿元,比上年增长11.2%,占生产总值比重为44.5%。其中,规模以上工业增加值6833.7亿元,增长11.8%。分轻重工业看,规模以上轻工业增加值2471.5亿元,增长12.7%;重工业增加值4362.2亿元,增长11.3%。分企业类型看,规模以上国有企业增加值294.3亿元,增长5.1%;集体企业增加值22.2亿元,增长1.7%;股份合作企业增加值25.9亿元,增长6.8%;股份制企业增加值2638.4亿元,增长12.7%;私营企业增加值2781.9亿元,增长13.5%;外商及港澳台投资企业增加值1065.1亿元,增长10.2%。六大高耗能行业实现工业增加值2702.4亿元,增长10.3%,低于全省平均增速1.5个百分点。

图3　2010－2014年工业增加值及其增长速度

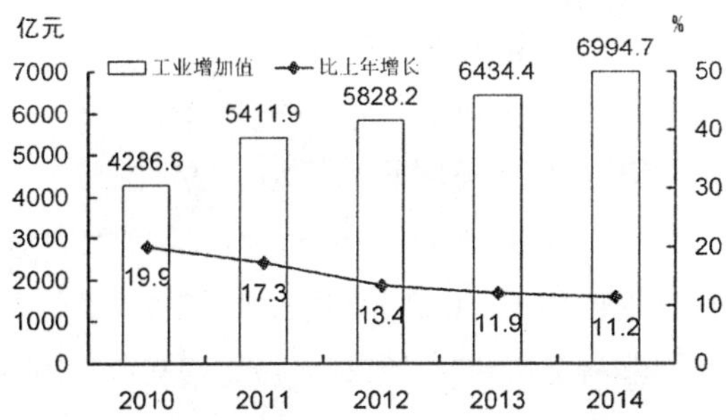

装备制造业增势较好。在规模以上工业中，全年装备制造业完成增加值1477.3亿元，占全省工业比重21.6%，比上年增长14.5%，高于全省平均水平2.7个百分点，拉动全省工业增长3.0个百分点，贡献率达25.6%。其中，汽车制造业实现增加值234.8亿元，增长14.1%；计算机、通信和其他电子设备制造业实现增加值330.8亿元，增长24.5%，对全省工业增长的贡献率分别达3.9%和8.5%。

表3　2014年规模以上工业主要产品产量及其增长速度

产品名称	单位	产量	比上年增长%
纱	万吨	157.4	-2.6
布	亿米	9.7	21.4
机制纸及纸板	万吨	154.5	-15.3
化学纤维	万吨	45.9	9.4
卷烟	亿支	676.5	5.9
彩色电视机	万台	19.6	-58.1
家用电冰箱	万台	109.5	7.9
房间空气调节器	万台	328.4	2.7
原煤	万吨	2261.4	-5.5
原油加工量	万吨	471.3	-9.2
发电量	亿千瓦小时	781.3	-1.3
火电	亿千瓦小时	729.2	-1.6
水电	亿千瓦小时	45.3	-0.6
粗钢	万吨	2235.3	3.6
钢材	万吨	2611.1	5.5
十种有色金属	万吨	165.1	6.5
其中：精炼铜	万吨	130.6	6.5
多晶硅	吨	1882.7	17.5
单晶硅	吨	342.3	6.6
水泥	万吨	9803.6	6.3
瓷质砖	亿平方米	11.3	24.0
硫酸	万吨	333.7	3.2
烧碱	万吨	7.6	-20.7
化肥（折100%）	万吨	134.7	23.0
化学农药	万吨	4.6	10.1
发电设备	万千瓦	37.6	7.6
汽车	万辆	46.2	25.4
其中：轿车	万辆	9.7	16.9
工业锅炉	蒸发量吨	1216	-19.7
金属切削机床	台	5775	5.9
移动通信手持机（手机）	万部	5570.5	-3.1

企业效益稳步提升。全年规模以上工业实现利税3358.7亿元，比上年增长14.4%，其中利润2043.9亿元，增长14.1%。38个行业全部实现盈利，其中增长20%以上的行业有15个。全年规模以上工业实现主营业务收入30537.1亿元，增长13.0%。主营业务收入过千亿元的行业11个，较上年增加2个。主营业务收入超过百亿元的企业14户，比上年增加1户。其中，江铜集团主营业务收入突破2千亿元，达到2078.5亿元，居全省首位。全年工业经济效益综合指数339.3%，同比提高13.4个百分点。

工业园区平稳发展。年末全省工业园区投产企业8966家；安置从业人数208.2万人。全年园区完成工业增加值5454.5亿元，增长12.0%；主营业务收入、利润、利税分别完成23226.7亿元、1663.4亿元和2747.6亿元，分别增长12.3%、16.7%和16.8%。年主营业务收入超百亿元的园区新增35家，总数71家，其中南昌高新技术产业开发区达1103.7亿元，居全省首位。

建筑业较快增长。全年共完成建筑业总产值4122.6亿元，比上年增长18.8%；全社会建筑业增加值1393.6亿元，比上年增长10.5%。

四、固定资产投资

固定资产投资较快增长。全年全社会固定资产投资15110.0亿元，比上年增长17.6%。其中，固定资产投资（不含农户）14677.0亿元，增长18.0%。分产业看，在固定资产投资中，第一产业投资315.8亿元，增长16.3%；第二产业投资7999.7亿元，增长11.1%，其中工业投资7935.5亿元，增长11.2%；第三产业投资6361.5亿元，增长28.1%。分投资主体看，在固定资产投资中，国有投资3326.0亿元，增长31.9%；非国有投资11351.0亿元，增长14.5%，其中民间投资10738.2亿元，增长15.2%。

表4　2014年分行业固定资产投资(不含农户)及其增长速度

行业	投资额(亿元)	比上年增长%
总　计	14677.0	18.0
第一产业	315.8	16.3
第二产业	7999.7	11.1
工业	7935.5	11.2
采矿业	285.1	13.0
制造业	7255.6	10.6
#化学原料及化学制品制造业	589.0	-1.5
非金属矿制品业	818.3	15.1
黑色金属冶炼和压延加工业	97.6	-8.7
有色金属冶炼和压延加工业	423.4	3.7
电气机械及器材制造业	590.8	16.4
计算机、通信和其他电子设备制造业	477.7	16.5
电力、热力、燃气及水生产和供应业	394.8	21.2
建筑业	80.6	5.9
第三产业	6361.5	28.1
批发和零售业	683.3	36.5
交通运输、仓储和邮政业	692.6	43.1
住宿和餐饮业	257.0	-5.4
信息传输、软件和信息技术服务业	73.7	52.4
金融业	33.7	7.1
房地产业	1937.6	12.4
租赁和商务服务业	270.7	69.0
科学研究和技术服务业	54.0	5.4
水利、环境和公共设施管理业	1488.5	44.7
居民服务、修理和其他服务业	68.8	0.3
教育	182.5	3.5
卫生和社会工作	104.6	20.3
文化、体育和娱乐业	250.7	75.0
公共管理、社会保障和社会组织	212.1	42.5

重大基础设施建设加快推进。全年新增高速公路通车里程180公里,通车总里程达4515公里,实现"县县通高速"。新增铁路营运里程588公里,达到3734公里。沪昆客专杭南长段建成通车,昌吉赣客专开工建设,江西进入高铁时代。

房地产投资稳定增长。全年房地产开发投资1322.5亿元,比上年增长12.6%。其中,住宅投资增长22.1%,商业营业用房投资增长29.3%,办公楼投资下降46.5%。商品房竣工面积1871.8万平方米,增长4.9%;商品房销售面积3067.2万平方米,下降3.2%;商品房销售额1621.8亿元,下降1.6%。

五、国内贸易

消费品市场总体平稳。全年社会消费品零售总额5129.2亿元,比上年增长12.7%。分城乡看,城镇消费品零售额4258.8亿元,增长12.5%;乡村消费品零售额870.4亿元,增长13.7%。限额以上批发零售业零售额1893.9亿元,增长13.9%。其中,汽车类零售额520.2亿元,增长16.2%;家具类零售额47.7亿元,增长23.2%;通讯器材类零售额17.1亿元,增长18.2%;家用电器和音像器材类零售额122.2亿元,增长18.4%;化妆品类零售额14.9亿元,增长36.0%;建筑及装潢材料类零售额28.2亿元,增长33.4%;电子出版物及音像制品类零售额8.5亿元,增长20.6%。

图4　2010-2014年社会消费品零售总额及其增长速度

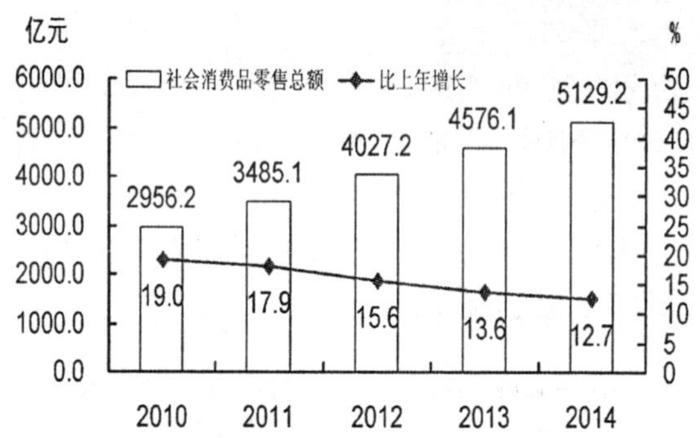

六、对外经济

对外贸易形势向好。全年进出口总额427.83亿美元,比上年增长16.4%,同比加快6.5个百分点。其中,出口320.38亿美元,增长13.7%;进口107.45亿美元,增长25.2%。在出口中,外商投资企业出口额68.51亿美元,增长8.0%;私营企业出口额227.68亿美元,增长11.0%;国有企业出口额23.72亿美元,增长88.5%。

图5　2010-2014年进出口总额

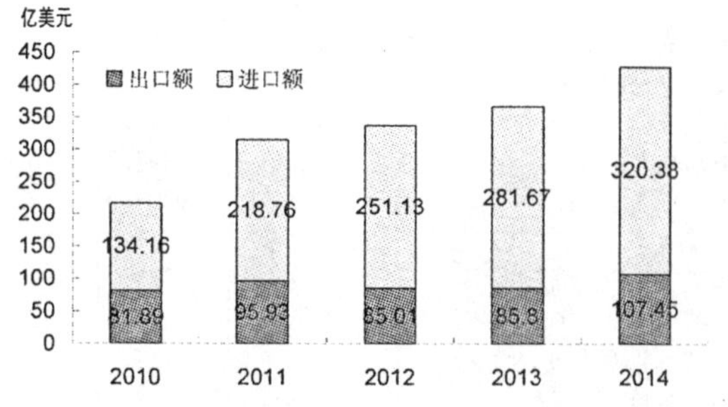

出口结构不断优化。全年机电产品出口129.09亿美元,比上年增长22.2%;高新技术产品出口52.54亿美元,增长53.2%。对韩国、香港、日本、俄罗斯联邦等国家或地区出口快速增长,分别为82.1%、49.1%、28.5%和26.7%。

表5 2014年进出口总额及其增长速度

指标	绝对数（亿美元）	比上年增长%
进出口总额	427.83	16.4
出口额	320.38	13.7
其中：一般贸易	256.57	9.7
加工贸易	48.43	18.8
其中：机电产品	129.09	22.2
其中：高新技术产品	52.54	53.2
进口额	107.45	25.2
其中：一般贸易	43.63	12.3
加工贸易	50.78	15.1
其中：机电产品	47.18	104.8
其中：高新技术产品	34.49	120.8

利用外资增速加快。全年新批外商投资企业822个，实际使用外商直接投资84.51亿美元，比上年增长11.9%，同比加快1.3个百分点。利用省外5000万元以上项目实际进资4540.5亿元，增长17.6%。截止2014年底，全省具有世界500强投资背景的外商投资企业62家。对外合作力度加大。全年对外承包工程合同项目209个，合同金额26.48亿美元，比上年增长30.2%，同比加快9.3个百分点；完成营业额28.51亿美元，增长25.5%，同比加快2.0个百分点。

七、交通、邮电和旅游

交通运输业基本平稳。全年铁路、公路、水运完成旅客运输量67798万人，比上年增长4.1%；完成货物运输量151767万吨，增长12.0%。机场旅客吞吐量930万人，增长9.6%。其中，昌北机场旅客吞吐量724万人，增长6.3%。

表6 2014年铁路、公路、水运完成客货运输量及其增长速度

指 标	单 位	绝对数	比上年增长%
旅客运输量	万人	67798	4.1
铁路	万人	7840	12.9
公路	万人	59676	3.0
水运	万人	282	36.5
旅客周转量	亿人公里	971.3	4.4
铁路	亿人公里	654.5	5.1
公路	亿人公里	316.5	2.9
水运	亿人公里	0.4	1.6
货物运输量	万吨	151767	12.0
铁路	万吨	4821	-5.0
公路	万吨	137784	13.6
水运	万吨	9162	5.6
货物周转量	亿吨公里	3830.0	4.6
铁路	亿吨公里	541.3	-12.5
公路	亿吨公里	3073.3	8.6
水运	亿吨公里	251.4	8.6

汽车保有量较快增长。年末民用汽车保有量296.5万辆，增长15.6%。年末民用轿车保有量154.3万辆，增长21.2%，其中私人轿车保有量139.3万辆，增长25.4%。

邮政电信业快速发展。全年完成邮电业务总量445.7亿元，比上年增长32.4%。其中，邮政业务量51.4亿元，电信业务量394.3亿元。年末固定电话用户577.4万户。全年新增移动电话用户131.6万户，年末移动电话用户总数为2938.5万户。3G移动电话用户1150.7万户，增长22.6%。固定互联网宽带接入用户434.2万户，比上年增加24.1万户；移动宽带用户1914.6万户，增加247.2万户。

旅游业发展进一步加快。全年接待国内旅游人数31134.5万人次，比上年增长25.3%，同比加快3.2个百分点；国内旅游收入2615.2亿元，增长40.3%，同比加快4.5个百分点。入境旅游者人数171.7万人次，增长4.9%；旅游外汇收入5.57亿美元，增长6.1%。

八、金融、证券和保险业

金融市场运行总体平稳。年末金融机构人民币各项存款余额21537.7亿元，比上年末增长10.8%。其中，单位存款余额9520.7亿元，增长10.3%；个人存款余额11048.3亿元，增长11.1%。年末金融机构人民币各项贷款余额15466.1亿元，增长19.4%。其中，短期贷款余额6436.1亿元，增长13.8%；中长期贷款余额8586.3亿元，增长20.9%。年末金融机构人民币消费贷款余额3255.5亿元，增长28.5%。为加大实体经济帮扶力度，对融资模式进行了创新，全年"财园信贷通"发放贷款229亿元，"财政惠农信贷通"发放贷款21.1亿元。

证券交易市场稳定发展。全年新增证券分公司5家、证券营业部107家、期货营业部3家。年末证券公司2家、期货公司1家、证券分公司11家、证券营业部239家、期货营业部30家。年末全省境内证券市场共有A股上市公司32家，全年6家上市公司资本市场融资65.4亿元。新三板企业实现融资突破，1家企业通过定向增发募集资金1.3亿元，3家挂牌企业提交了融资方案；4家企业

发行中小企业私募债融资5.5亿元,比上年增长1.8倍;4家企业引入私募股权投资基金5.6亿元。全年证券经营机构累计成交2.9万亿元,增长55.0%;期货经营机构共代理成交5.2万亿元,增长50.1%。

保险业发展加快发展。全年保险公司保费收入400.4亿元,比上年增长25.9%,同比加快8.9个百分点。其中,财产险保费收入138.8亿元,增长19.4%;寿险保费收入153.4亿元,增长6.4%;健康险保费收入29.5亿元,增长78.7%;意外伤害险收入9.5亿元,增长23.1%。支付各类赔款及给付142.1亿元,增长11.9%。其中,财产险赔款73.0亿元,增长9.5%;寿险给付57.4亿元,增长8.5%;健康险赔款和给付9.7亿元,增长71.0%;意外险赔款2.0亿元,增长12.8%。

九、教育和科学技术

教育事业较快发展。全年研究生教育在校研究生2.8万人。普通高校在校生91.6万人。普通高中、初中、小学在校生分别为90.5万人、175.0万人和413.0万人。特殊教育在校生2.0万人。幼儿园11448所,在园幼儿159.4万人。高等教育毛入学率34.5%,比上年提高2.5个百分点;高中阶段毛入学率84.5%,提高2.5个百分点;初中适龄人口入学率98.95%;小学适龄儿童入学率99.83%。

表7　2014年各类学校招生、在校生和毕业生人数

单位:万人

指　标	招生数	在校生数	毕业生数
研究生	1.0	2.8	0.8
普通高校	30.3	91.6	24.0
成人高校	6.7	19.9	4.5
中等职业学校	19.7	57.9	19.3
普通高中	31.6	90.5	27.7
普通初中	59.5	175.0	55.1
普通小学	69.5	413.0	59.7

科技创新能力进一步增强。全年研究与试验发展(R&D)经费支出157亿元,占GDP比重为1.0%,比上年提高0.05个百分点。新增国家重点实验室1家,省重点实验室18家;年末拥有国家重点实验室2家,省重点实验室90家。国家工程技术研究中心8家,省工程技术研究中心172家。全年通过省级科技主管部门鉴定的科技成果101项,获得国家级科学技术奖的科技成果7项,特别是时隔15年,1项科技成果获国家科技进步一等奖。全年受理专利申请25594件,比上年增长51.1%;授权专利13831件,增长38.7%,增幅居全国第一,南昌欧菲光获中国专利金奖。全年技术市场合同成交金额50.8亿元。高新技术产业增加值1700.4亿元,增长11.9%;占GDP的比重为10.8%,比上年提高1.0个百分点。

质量检验能力稳步提升。年末共有10个国家级产品质量检测中心,59个通过国家实验室认可的实验室。年末产品质量检验机构79个,法定计量技术机构243个,全年强制检定计量器具83.5万台件,开展省级产品质量监督抽查6547批次。全年共有581家企业获得3C证书。截止2014年底,发放工业产品生产许可证133张。年末拥有新一代天气雷达8部。全年测绘部门为经济社会发展提供各种基本比例尺地形图2892张,大地成果2598点,航摄成果6121片。

十、文化、卫生和体育

公共文化服务水平进一步提高。年末共有艺术表演团体82个,文化馆104个,公共图书馆113个,博物馆109个。广播电台10座,电视台10座,广播电视台82座。有线广播电视用户610.0万户,数字电视用户498.3万户。广播综合人口覆盖率97.5%;电视综合人口覆盖率98.6%。全年出版各类报纸12.2亿份,各类期刊7352万册,图书18950万册。

卫生事业平稳发展。年末共有各类医疗卫生机构38874个(含村卫生室)。其中,医院、卫生院2164个,妇幼保健院(所、站)112个,专科疾病防治院(所、站)110个,疾病预防控制中心110个,卫生监督所(中心)110个。卫生技术人员20万人。其中,执业医师和执业助理医师7万人,注册护士8万人。医院和卫生院床位18万张。

体育事业较快发展。年末共有青少年俱乐部138个,晨晚练健身活动点15153个。全民活动每天相对稳定人数39.8万人次。农民体育健身工程2232个,老区和贫困地区"雪炭工程"设施建设项目3个。全省体育健儿在国际和国内的重大比赛中共获得41枚金牌、36枚银牌和39枚铜牌。

十一、人口、人民生活和社会保障

人口增长处于较低水平。根据人口变动情况抽样调查统计,年末常住人口4542.2万人,比上年末增长0.4%。65岁及以上老年人口414.2万人,占总人口的比重为9.1%,比上年末提高0.3个百分点。全年出生人口60.0万人,出生率13.24‰;死亡人口28.4万人,死亡率6.26‰;自然增长率6.98‰。

表8 2014年人口数及其构成

单位:万人

指 标	年末数	比重%
常住人口	4542.2	100
其中:城镇	2281.1	50.2
乡村	2261.1	49.8
其中:男性	2334.7	51.4
女性	2207.5	48.6
其中:0-14岁	929.3	20.5
15-64岁	3198.6	70.4
65岁及以上	414.2	9.1

居民生活水平持续改善。根据城乡一体化住户抽样调查,全年居民人均可支配收入16734元,比上年增长10.8%。按常住地分,农村居民人均可支配收入10117元,比上年增长11.3%;城镇居民人均可支配收入24309元,增长9.9%。年末农村居民人均住房建筑面积50.2平方米,比上年末增加1.1平方米。城镇居民人均住房建筑面积41.0平方米,比上年末增加0.9平方米。

社会保障体系进一步完善。全年就业困难人员实现就业6.8万人。共发放小额担保贷款114.5亿元,扶持个人创业9.2万人次,带动就业44.7万人次。年末参加城镇基本养老保险人数783.9万人,比上年末增长3.9%。其中,参保职工562.8万人,参保离退休人员221.1万人。参加城镇职工医疗保险人数579.2万人,其中,职工381.5万人,退休人员197.7万人。开展新型农村合作医疗试点工作的县(市、区)96个,实现农村人口全覆盖,基金支出额125.1亿元。参加失业保险人数271.8万人,参加生育保险人数241.1万人。参加工伤保险人数461.2万人,其中参加工伤保险的农民工136.5万人。重大疾病免费救治工作顺利推进,全年免费救治大病患者12万例。向城市低保户发放低保金月人均补差270元;向农村低保户发放低保金月人均补差145元。为全省城乡561.1万名义务教育阶段公办学校学生全部免除学杂费和免费提供教课书。全年新开工保障性住房10.7万套,基本建成12.3万套。新开工棚户区改造22.4万套,基本建成13.8万套。发放廉租住房租赁补贴17万户,完成农村危旧房改造15.8万户。加大扶贫开发力度,全年完成扶贫移民搬迁8.0万人,减贫70万人。大力推进法治江西、平安江西建设,安全生产形势持续好转,社会保持和谐稳定。

社会福利事业健康发展。年末有各类收养性社会福利提供床位17.9万张,收养人数15.8万人,临时救济困难户5.6万人次。全年销售社会福利彩票61.5亿元,筹集福利彩票公益金18.6亿元。

十二、资源、环境与安全生产

生态建设成效显著。全年深入实施大气污染防治行动计划,南昌、九江空气质量优良率分别为80.5%、84.4%,其他设区市空气环境质量稳定在国家Ⅱ级。全省地表水监测断面水质达标率80.9%,设区市城区集中式饮用水源地达标率100%。完成植树造林210.2万亩,森林覆盖率63.1%。吉安、抚州成功创建国家森林城市。新增国家级自然保护区3处、国家级森林公园2处、国家级湿地公园13处。深入开展农村环境连片整治行动,农村面源污染防治取得新成效。启动排污权有偿使用和交易、环境污染强制责任保险试点。国家六部委批复江西省生态文明先行示范区建设实施方案,我省成为全国首批全境纳入生态文明先行示范区建设的省份。

水资源和气候基本稳定。全年平均降水量1667.8毫米,折合降水总量2784.3亿立方米,比上年增长13.9%;自产地表水资源量1597.4亿立方米,折合年径流深956.8毫米,增长13.7%。全年平均气温18.8℃,较常年偏高0.74℃;平均降水量为1697.6毫米,比常年略偏多;日照时数为1631.7小时,接近常年。

节能减排顺利推进。淘汰落后产能和技改工作取得积极进展,完成国家下达的老机动车及黄标车、燃煤锅炉淘汰任务,淘汰落后和过剩产能涉及7个行业80家企业,实现综合节能约150万吨标煤;安排节能技改资金8500万元,支持了方大特钢、万年青水泥等70多个企业节能技改项目和节能产品推广,帮助企业实现节能约50万吨标准煤。初步核算,万元生产总值综合能耗0.573吨标准煤,下降3.16%。全年化学需氧量排放量72.0万吨,下降1.96%;二氧化硫排放量53.4万吨,下降4.18%。单位生产总值能耗下降和主要污染物减排完成年度目标任务。

安全生产形势持续向好。全年生产安全事故3199起,比上年下降38.5%。其中,道路交通事故879起,工矿商贸事故155起,铁路交通事故74起,水上交通事故2起,火灾事故2079起,农业机械事故10起。全年生产安全事故死亡845人,比上年下降50.2%。其中,道路交通事故死亡591人,下降56.3%;工矿商贸事故死亡195人,下降16.7%;铁路交通事故死亡48人,与上年持平;水上交通事故死亡3人,下降25.0%;火灾事故死亡6人,下降90.1%;农业机械事故死亡2人。亿元生产总值生产安全事故死亡人数0.104人,下降9.6%。

注:

1. 本公报所列各项数据均为初步统计数。

2. 部分数据因四舍五入的原因,存在着与分项合计不等的情况。

3. 生产总值、各产业增加值绝对数按现价计算,增长速度按不变价格计算。

4. 全员劳动生产率为地区生产总值(现价)与全部就业人员的比率。

5. 六大高耗能行业分别为:化学原料和化学制品制造业、非金属矿物制品业、黑色金属冶炼和压延加工业、有色金属冶炼和压延加工业、石油加工炼焦和核燃料加工业、电力热力生产和供应业。

6. 固定资产投资(不含农户)统计范围为计划投资500万元及以上项目。

7. 邮电业务总量按2010年不变价格计算。

8. 万元生产总值能耗按2010年不变价格计算。

九江市2014年国民经济和社会发展统计公报

九江市统计局　国家统计局九江调查队

（2015年4月16日）

2014年，在市委、市政府的正确领导下，全市上下深入贯彻党的十八大和十八届三中、四中全会精神，主动适应经济发展新常态，紧紧围绕做大九江的目标，扎实推进沿江开放开发和昌九一体化，全力打好"工业总量翻番、门户形象提升、旅游转型升级"攻坚战，有效克服了经济下行的压力，经济社会发展保持了良好势头，较好地完成了年初确定的主要目标任务。

一、综合

据初步核算，2014年，全市实现地区生产总值（GDP）1779.96亿元，比上年增长10.3%。其中第一产业增加值136.72亿元，增长4.6%；第二产业增加值984.95亿元，增长11.0%；第三产业增加值658.29亿元，增长10.4%。三次产业对经济增长的贡献率分别为3.5%、63.5%和33.0%。人均生产总值37097元，增长9.9%。经济结构进一步优化。三次产业结构调整为7.7:55.3:37.0。第三产业占比较上年提高1.2个百分点。非公有制经济实现增加值1126.71亿元，增长10.5%，占GDP的比重为63.3%，比上年提高0.1个百分点。

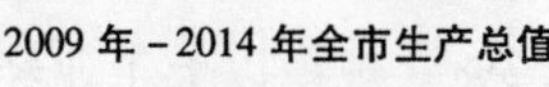

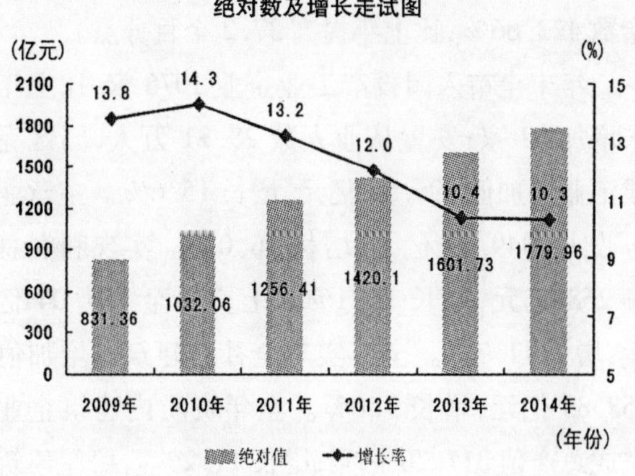

全年实现财政总收入328.53亿元，增长17.2%。其中，全年新增城镇就业6.23万人，城镇就业率95.5%。城乡私营企业从业人员和个体劳动者107.9万人。年末城镇登记失业率为4.5%。

财政收支稳定增长。全年实现财政总收入328.53亿元，比上年增长17.2%。其中，地方公共财政预算收入213.66亿元，增长21.3%。财政总收入占GDP比重达18.5%，比上年提高了1.0个百分点。全年税收收入276.06亿元，增长17.3%，占财政总收入比重84.0%。全年财政一般预算支出383.53亿元，增长13.4%。

居民消费价格上涨2.1%。其中食品类和衣着类，均上涨3.8%，居住类上涨3.2%，医疗保健和个人用品类上涨1.0%，家庭设备用品及维修服务类下降1.8%，交通和通信类下降0.7%。商品零售价格总指数上涨0.9%，工业生产者出厂价格指数下降1.1%，工业生产者购进价格指数下降1.8%。

表1　2014年居民消费价格指数以上年为100

项目	指数(%)
居民消费价格总指数	102.1
食品	103.8
#粮食	101.0
肉禽及其制品	99.9
蛋	108.9
水产品	101.0
烟酒	99.1
衣着	103.8
家庭设备用品及维修服务	98.2
医疗保健和个人用品	101.0
交通和通讯	99.3
娱乐教育文化用品及服务	99.2
居住	103.2

二、农业

全年粮食作物播种面积27.87万公顷，增长0.8%；粮食产量165.20万吨，增长2.7%。油料作物播种面积13.34万公顷，增长0.2%；油料产量22.80万吨,增长5.1%。棉花播种面积6.34万公顷,增长1.0%;棉花产量9.50万吨,增长3.9%。

表2　2014年主要农产品产量

单位:万吨

产品名称	产量	比上年增长%
粮食	165.20	2.7
谷物类	149.22	3.1
稻谷	143.05	3.1
小麦	1.72	3.6
棉花	9.50	3.9
油料	22.80	5.1
#油菜籽	20.64	5.8
花生	1.63	-4.7
茶叶	0.60	3.4
水果	13.72	5.7
蔬菜	92.74	4.5

全年完成人工造林面积1.59万公顷,零星植树838万株;年末实有封山育林面积45.45万公顷,成林抚育面积5.67万公顷。

全年肉类总产量21.76万吨,比上年增长2.7%。生猪出栏221.64万头,增长2.7%;生猪存栏128.03万头,下降1.1%。全年水产品产量42.31万吨,增长4.3%,其中特种水产品产量15.23万吨,增长6.9%。

全市规模以上农业企业472家,其中国家级龙头企业5家,省级龙头企业82家,市级龙头企业258家。实现销售收入750亿元,同比增长7.6%;其中加工企业实现销售收入650亿元,同比增长17.2%。培育了博莱、嘉盛粮油、仙客来等一批农业产业化龙头企业;规划建设了8个农产品加工园区,新增农产品江西著名商标33个,江西名牌2个,绿色有机食品7个,无公害农产品36个。农民专业合作社发展到3744家,农业产业化带动农户121万户(次),农户从事农业产业化经营户均增收2500元。

三、工业和建筑业

全年规模以上工业实现增加值945.53亿元,同比增长12.5%。十大产业集群完成工业增加值795.02亿元,增长12.8%,占全市规模以上工业增加值的比重为84.1%,对规模以上工业增长的贡献率达34.6%,拉动规模以上工业增长4.3个百分点。

表3　2014年规模以上工业增加值

单位:亿元

产品名称	产量	比上年增长%
规模以上工业	945.53	12.5
#轻工业	381.38	15.9
重工业	564.15	10.5
#国有及国有控股企业	96.98	2.3
#集体企业	2.36	6.9
股份制企业	370.21	14.4

全年发电量91.80亿千瓦时,增长1.1%;化学纤维37.36万吨,增长9.9%;纱89.76万吨,增长8.5%;水泥1980.45万吨,增长22.0%。

表4　2014年规模以上工业主要工业产品产量

产品名称	单位	绝对数	比上年增长%
原煤	万吨	76.92	32.2
发电量	万千瓦时	917967	1.1
啤酒	千升	179387	55.1
化学纤维	万吨	37.36	9.9
布	万米	2194	-15.3
纱	万吨	89.76	8.5
服装	万件	23501	-32.9
原油加工量	万吨	471.26	-9.2
汽油	万吨	162.02	1.7
烧碱	万吨	4.27	-5.1
塑料制品	万吨	8.97	-6.9
水泥	万吨	1980.45	22.0

全市规模以上工业产品销售率99.2%;实现主营业务收入4731.09亿元,增长19.8%;实现利税总额485.5亿元,增长15.3%;实现利润307.32亿元,增长15.3%。规模以上工业经济效益综合指数423.66%,比上年提高37.2个百分点。

年末全市入园投产工业企业1076家,比上年末增加42家;安置从业人数28.21万人,园区完成工业增加值895.54亿元,增长15.6%。主营业务收入3949.02亿元,增长16.0%。实现利润总额268亿元,增长17.1%。上交税金155.04亿元,增长11.3%。全年实现全社会建筑业增加值153.85亿元,增长7.0%。全年资质内建筑企业完成总产值311.20亿元,增长11.2%。房屋建筑施工面积1538.69万平方米,比上年减少49.39万平方米;房屋竣工面积888.69万平方米,比上年减少 189.27 万平方米。

四、固定资产投资

全年固定资产投资 1812.52 亿元，比上年增长 20.2%。分产业看，第一产业投资 15.02 亿元，增长 65.5%；第二产业投资 1249.98 亿元，增长 19.0%；第三产业投资 547.52 亿元，增长 22.1%。非国有投资 1565.38 亿元，增长 31.9%。全市亿元以上重大项目 603 个，完成投资 1481 亿元，增长 21.8%。其中亿元以上新开工项目 290 个，完成投资 822.13 亿元，增长 14.5%。全年房地产开发投资 129.18 亿元，增长 71.6%。商品房竣工面积 134.67 万平方米，同比下降 36.5%；商品房销售建筑面积 317.20 万平方米，增长 4.1%；商品房销售额 134.38 亿元，同比下降 8.9%。

表 5　2014 年固定资产投资　　单位：亿元

行业	投资额	比上年增长%
总　计	1812.52	20.2
农、林、牧、渔业	15.05	56.9
工业	1248.52	18.9
采矿业	31.69	14.5
制造业	1163.25	20.5
#化学原料及化学制品制造业	120.50	-4.6
非金属矿物制品业	133.76	14.6
黑色金属冶炼及压延加工业	4.95	16.8
有色金属冶炼及压延加工业	48.64	106.7
电气机械及器材制造业	96.93	32.4
通信设备、计算机及其他电子设备制造业	94.94	32.1
电力、燃气及水的生产和供应业	53.59	-5.6
交通运输、仓储和邮政业	58.98	4.3
批发和零售业	83.01	151.2
住宿和餐饮业	22.67	-0.2
房地产业	194.07	20.7
租赁和商务服务业	8.30	-4.9
水利、环境和公共设施管理业	85.38	-12.5
居民服务和其他服务业	5.16	-17.9
教育	7.83	-45.2
卫生和社会工作	2.78	0.7
文化、体育和娱乐业	27.34	66.7
公共管理和社会组织	42.78	80.1

五、国内贸易

全年实现社会消费品零售总额 496.4 亿元，比上年增长 13.9%。其中城镇实现社会消费品零售总额 292.89 亿元，增长 14.5%；乡村实现社会消费品零售总额 203.52 亿元，增长 13.2%。住宿餐饮业实现零售额 66.77 亿元，增长 19.0%；批发零售业实现零售额 429.64 亿元，增长 13.2%。

在限额以上批发零售业零售额中，汽车类实现零售额 39.60 亿元，比上年增长 33.4%；家用电器及音像器材类 7.43 亿元，增长 15.8%；粮油、食品、饮料、烟酒类 28.55 亿元，增长 21.0%；石油及制品类 60.38 亿元，增长 10.8%；金银珠宝类 3.37 亿元，增长 28.7%；服装、鞋帽、针纺织品类 10.57 亿元，增长 20.0%。

六、对外经济

全年进出口总额 57.73 亿美元，比上年增长 21.8%。其中出口 46.48 亿美元，增长 15.2%。

全年实际利用外资达 14.5 亿美元，增长 17.8%。引进省外 5000 万元以上项目资金 584.93 亿元，增长 22.8%。

七、交通、邮电和旅游

全年旅客运输量 10694 万人，下降 14.1%，其中，公路旅客运输量 9651 万人，下降 16.0%；铁路旅客运输量 989 万人，增长 8.3%。货物运输量 14096 万吨，比上年增长 5.2%，其中，公路货物运输量 11415 万吨，增长 4.2%；铁路货物运输量 1248 万吨，下降 1.0%。

表 6　2014 年交通运输业

指标	单位	绝对数	比上年增长%
旅客运输量	万人	10694	-14.1
铁路	万人	989	8.3
公路	万人	9651	-16.0
水运	万人	42	17.5
旅客周转量	亿人公里	88.47	7.7
铁路	亿人公里	41.26	14.3
公路	亿人公里	46.12	2.6
水运	亿人公里	0.05	23.9
货物运输量	万吨	14096	5.2
铁路	万吨	1248	-1.0
公路	万吨	11415	4.2
水运	万吨	1259	26.1
货物周转量	亿吨公里	381.33	-6.2
铁路	亿吨公里	44.84	6.9
公路	亿吨公里	255.63	1.9
水运	亿吨公里	80.8	-28.9

全年完成邮电业务总量29.62亿元,下降2.1%。年末城市电话用户38.60万户,下降1.4%;农村电话用户31.27万户,增长0.5%;移动电话用户326.86万户,增长1.0%。互联网用户达68.94万户,增长17.0%。

全年接待旅游总人数7516.35万人次,增长33.9%。其中境外游客33.36万人次,增长3.1%;国内游客7482.99万人次,增长34.1%。全年旅游总收入为623.18亿元,增长55.0%;其中外汇收入1.28亿美元,增长4.1%。

八、金融和保险业

年末全市金融机构人民币存款余额1864.54亿元,比年初增加105.50亿元,其中单位存款余额760.03亿元,比年初增加15.76亿元;个人存款余额1065.17亿元,比年初增加89.81亿元。金融机构各项贷款余额1219.24亿元,比年初增加163.19亿元,其中短期贷款余额为483.09亿元,比年初增加29.37亿元;中长期贷款为705.17亿元,比年初增加113.07亿元。

全年保险公司保费收入36.59亿元,增长26.8%。其中财产保险保费收入13.75亿元,增长22.8%;人寿保险保费收入22.84亿元,增长29.3%。赔款支出14亿元,增长27.4%。其中财产险赔款支出6.66亿元,增长18.9%;寿险赔款支出7.34亿元,增长36.2%。

九、教育和科学技术

全市共有普通高校7所,当年招生2.86万人,在校生8.32万人。各类中等、职业学校28所,在校生3.47万人。普通中学283所,在校生25.82万人,其中高中在校生10.03万人,初中在校生15.79万人。普通小学959所,在校生38.62万人。初中阶段适龄人口入学率为99.95%,小学学龄儿童入学率为100%。成人高等专业学校招生1.14万人,在校生3.10万人。

表7　2014年各类学校招生和在校生情况

单位:万人

指　标	招生数	在校生数	毕业生数
普通高校	2.86	8.32	2.43
成人高校	1.14	3.10	0.75
中等职业学校	1.19	3.47	1.16
普通高中	3.45	10.03	3.24
普通初中	5.42	15.79	5.03
普通小学	6.42	38.62	5.21

全市县以上独立研究开发机构16个。全市共组织实施市级以上各类科技计划项目273项,其中国家级13项,省级139项,市级121项,市本级科技三项经费投入1956万元,增长2.9%。全年受理专利申请2225件,授权专利1137件。全市高新技术产业增加值242.61亿元。

十、文化、卫生和体育

年末全市共有艺术表演团体5个,文化馆15个,公共图书馆15个,博物馆(纪念馆)17个。全市已建成千瓦中波发射台1座,千瓦调频发射台2座。全市广播电视台13个,有线电视用户68万户。广播人口覆盖率97.58%,电视人口覆盖率98.56%。

年末全市共有卫生机构2703个(含村卫生室),其中医院、卫生院259个,疾病预防控制中心17个,妇幼保健院(所、站)14个。医院、卫生院床位18362张。全市专业卫生技术人员23760人,其中医院、卫生院17866人,疾病预防控制中心480人,妇幼保健机构1830人。在医院、卫生院专业卫生技术人员中,有医师6077人,注册护士7979人。

年末共有青少年健身俱乐部38个,晨晚锻炼健身活动点414个。农民体育健身工程229个(其中,乡镇24个、行政村205个)。全民健身活动广泛开展,全年参加健身活动人数达450万人次。

十一、人口、人民生活和社会保障

根据人口变动情况抽样调查统计，年末常住人口480.69万人，比上年末增长0.36%。全年出生人口6.31万人，出生率13.16‰；死亡人口2.95万人，死亡率6.14‰；自然增长率7.02‰。

表8　2014年人口数及其构成

单位：万人

指　标	年末数	比重%
总人口	480.69	100.0
#城镇	236.02	49.1
乡村	244.67	50.9
#男性	244.15	50.8
女性	236.54	49.2

全年城镇居民人均可支配收入25077元，比上年增长10.2%；人均消费性支出15718元，增长12.8%。全年农村居民人均可支配收入10139元，增长11.3%。年末城镇居民人均居住面积42.29平方米，农村居民平均每人年末住房面积46.41平方米。

全市失业人员实现再就业2.72万人，其中"4050"人员再就业0.57万人。共发放小额担保贷款11.95亿元，新增转移农村劳动力就业5.87万人。年末，全市参加城镇职工基本养老保险人数77.9万人，比上年末减少0.9万人。参加城乡居民基本养老保险人数182.7万人，减少6.4万人。参加基本医疗保险人数139.7万人，减少2万人。其中，参加职工基本医疗保险人数60.1万人，增加0.1万人，参加居民基本医疗保险人数79.6万人，减少2.1万人。参加失业保险人数34万人，与去年持平。参加工伤保险人数62万人，增加12.97万人。参加生育保险人数18.5万人，增加2.75万人。年末，参加新型农村合作医疗人数362.73万人，参合率达到98.4%。全市新建公租房25524套。为13798户发放租赁补贴2492.86万元。

年末全市有各类社会福利机构床位2.41万张。国内公民办理收养登记65例，港、澳、台中国公民办理收养登记1例。全年销售社会福利彩票2.27亿元，接收社会捐赠1718.31万元。

十二、资源、环境与安全生产

2014年，全市自产地表水资源量148.47亿立方米，比上年增长15.3%。年平均降水量1574.8毫米，比上年增长18%。2座大型水库年末蓄水量52.61亿立方米，比上年末增加9.83亿立方米。

全市市、县级环境监测站17个，环境监察部门17个。城市环境空气质量73天为优，234天为良，46天为轻度污染，9天中度污染，3天重度污染。空气质量优良率为84.1%。

全市已批准国家级生态示范区2个。已建成自然保护区9个，其中国家级3个、省级6个。

全年共发生各类安全生产事故309起，死亡116人，事故起数增加1起，死亡人数减少9人。其中，道路交通事故289起，死亡103人，同比起数持平，死亡人数减少1人；煤矿事故4起，死亡6人，起数增加2起，死亡人数增加4人；非煤工矿商贸及其它16起，死亡17人，起数减少1起，死亡人数减少2人。

注：

1、本公报所列各项数据均为初步统计数。

2、部分数据因四舍五入的原因，存在着与分项合计不等的情况。

3、生产总值、各产业增加值绝对数按现价计算，增长速度按不变价格计算。

市 情 概 况

中国魅力城市九江——众水汇集的地方,一江一湖一山,赋予她其他城市无法企及的灵秀。浔阳江头,有春江花月的古雅;鄱阳湖边,有长天秋水的豪迈。地处南北动脉和黄金水道的交叉点,承东启西,引南接北,新时代的九省通衢 - - 九江。

【历史沿革】 九江市位于江西省北部。九江,集名山(庐山)、名江(长江)、名湖(鄱阳湖)于一体,是一座具有 2200 多年历史的江南文化名城和旅游城市。1992 年被国务院批准为长江沿岸开放城市。

九江,山拥千嶂,江环九派,"士高气清、富有佳境"。自古以来,就是舟车辐辏、商贾云集的通都大邑。九江地处赣、鄂、湘、皖四省交界处,襟江带湖,背倚庐山,市区处于万里长江和千里京九江铁路的交汇处,区位优势十分明显。

九江之称,最早见于《尚书·禹贡》中"九江孔殷"、"过九江至东陵"等记载。九江称谓的来历有两种,一是"九"为古代中国人认为的最大数字,"九江"的意思是"众水汇集的地方","九"是虚指;二是"以为湖汉九水(即赣江水、鄱水、余水、修水、淦水、盱水、蜀水、南水、彭水)入彭蠡泽也",即九条江河汇集的地方,"九"是实指。长江流经九江水域境内,与鄱阳湖和赣、鄂、皖三省毗连的河流汇集,百川归海,水势浩淼,江面壮阔。

九江开发历史较早。夏、商时期。九江属荆、扬二州之域,春秋时九江属吴之西境,楚之东境,因而有"吴头楚尾"之称。九江作为行政区划最早出现在秦代,秦始皇划天下为三十六郡,就有九江郡。此后九江又有江洲、柴桑、浔阳、汝南、湓城、德化等古称,但主要以九江、柴桑、浔阳、江洲著称于世。

九江全境东西长 270 公里,南北宽 140 公里,总面积 1.91 万平方公里,人口 480.69 万人,建成区面积 102.82 平方公里,市区人口 74.2 万人。辖九江县、武宁县、修水县、永修县、德安县、星子县、都昌县、湖口县、彭泽县等九县,瑞昌市、共青城市二市,浔阳、庐山二区,九江经济技术开发区、庐山风景名胜区管理局、庐山西海风景名胜区管委会和八里湖新区管委会。

【地理交通】 九江地处东经 113°57′ - 116°53′,北纬 28°47′ - 30°06′。地势东西高,中部低,南部略高,向北倾斜,平均海拔 32 米(市区海拔 20 米),修水九岭山九岭尖海拔 1794 米,为九江最高峰,庐山区蛤蟆石附近的鄱阳湖底,海拔 - 9.37 米,为全市最低处。全市山地占总面积的 16.4%,丘陵占 44.5%,湖泊占 18%,耕地 22.51 万公顷,俗称"六山二水分半田,半分道路和庄园"。

九江"途通五岭、势拒三江",具有"七省通衢"的战略地位。由于得舟楫之便,加上物产丰富,九江自古就是通都大邑,是人流和物流中心城市,是长江中游重要的物资集散地,曾是中国的"四大米市"、"三大茶市"之一。

长江是中国最大、最长的东西向水上大通道,京九铁路是我国最长、现代化程度最高的南北向陆上运输大通道,两条大动脉在九江市区交汇,九江成为承东启西、引南接北的黄金十字交汇点。

现代水陆空交通网络四通八达。九江港曾是长江流域十大港口之一,年客、货运量分居长江各港口第二位和第四位。铁路有京(北京)九、武(武汉)九、合(合肥)九、铜(铜陵)九四条铁路相交,公路有昌九、九景、大广、武吉四条高速公路以及

105、316国道穿境而过。九江机场已复航开通北京、上海、广州、厦门、成都航线。

在全国经济发展格局中,九江是东部沿海开发向中西部推进的过渡地带,是京九、长江两大经济开发带的交叉点,处于极为重要的位置。从长江流域的格局看,九江是宁、汉两大经济区的结合部,又是赣、鄂、湘、皖四省结合部;从京九沿线看,九江是唯一的水陆交通枢纽,沟通东西南北;从江西省的发展看,九江是唯一通江达海的外贸港口城市,是联结全省与长江开发带和沿海开放带的"北大门"。

【气候】 九江地处亚热带向北亚热带的过渡区,气候温和,四季分明,年平均气温16-17℃。本市雨量充沛,年降雨量为1300-1600毫米,雨量分配不均匀,年降水量的40-50%集中在第二季度。全年日照充足,太阳辐射的年总量均在102.3-114.1千卡/平方厘米。年日照时数均在1650-2100小时之间。年平均日照百分率为38-47%。年无霜期为239-266天,年平均雾日在16天以下,年平均湿度达75-80%。区域分布明显,垂直差异较大。

【自然资源】 矿产资源丰富:已发现的矿种有金属、非金属、能源矿产三大类80种,已探明储量的有44种,其中金、锑、锡、萤石储量居全省首位,铜居第二,钨居第三,石灰石、石英砂、大理石、花岗石、瓷土等蕴藏丰富,矿产潜在价值无穷。1990年起跨进全国"万两黄金市"之列,主要生产基地有瑞昌洋鸡山、修水土龙山金矿。

植物资源丰富:森林主要分布在西部九岭、幕阜山脉,面积达104.33万公顷,森林覆盖率50.4%,活立木蓄积量3188万立方米,毛竹6196万株,列为国家重点保护的珍稀树种37种,主要有南方红豆杉、樟木、杜仲、银杏、柳杉等。现有国家级森林公园6个,即:天花井森林公园、鄱阳湖口森林公园、马祖山森林公园、三叠泉森林公园、柘林湖森林公园和庐山山南森林公园。省级森林公园6个,分别是:龙宫洞森林公园、三尖源森林公园、秦山森林公园、莲花洞森林公园、义门陈森林公园、九岭山森林公园。

动物资源丰富:有候鸟类115种,两栖类11种,哺乳类20种。鄱阳湖候鸟自然保护区有越冬候鸟126种,其中白鹤840只,天鹅3000余只,占世界首位,被列国专家誉为中国的"第二长城";彭泽县桃红岭现有梅花鹿400余只以上。鱼类109种,名贵鱼类有中华鲟、鮰鱼、银鱼、虾虎鱼、彭泽鲫等,中华绒螯蟹也是特产之一。

水资源丰富:全年河川年径流深度777毫米,地表水资源212.47亿立方米,水资源总量217.04亿立方米,可开发的水力资源32.9万千瓦。长江过境长度151公里,年径流量8900亿立方米,直入长江的河流流域面积3904平方公里,万亩以上湖泊有10个,千亩以上31个,全省最大水库柘林水库库容达79.2亿立方米。鄱阳湖有53%的水域在九江境内,面积近20万公顷。

湿地资源丰富:天然江河湖泊湿地31.3万公顷,其中九江境内鄱阳湖湿地面积23万公顷,占国际重要湿地鄱阳湖湿地面积的61.7%。

【名胜古迹】 九江名山南峙,风光宜人,各种自然景观与人文景观交相辉映,自古以来就吸引历代文人学士来九江吟诗作对,或设坛讲学,或筑台修楼,留下了丰富的文化遗迹。

自然景观有:

庐山:位于市区东南,是保存国内第四纪冰川遗迹最典型、最集中的一个山体,是全国重点风景名胜区中驰名的避暑胜地,庐山风光,气吞河岳,险峻而幽奇,壮观而秀丽。名刹古寺,飞泉流瀑,摩崖石刻,茂林修竹,奇峰异石,藏奇纳胜。目前全山已开发风景点八十余处。主要景点有花径、锦绣谷、仙人洞、龙首崖、三宝树、含鄱口、五老峰、三叠泉等。庐山为国家首批"5A级风景名胜区","中国旅游胜地40佳"之一,1996年12月,联合国教科文组织世界遗产委员会批准庐山以"

世界文化景观"列入《世界遗产名录》。2004 年 2 月,庐山又被列入全球首批世界地质公园。

鄱阳湖:位于江西省北部,长江中游南岸,九江与南昌之间。它北索长江,西屏庐山,周围冈峦起伏。广阔的湖滨平原构成长江中游平原的一部分,海拔 20 多米。江西省在地貌上是一个朝北的凹形大斜面,东、南、西三面都有海拔 1000 米左右的大山环绕,中部凹下,鄱阳湖居于低洼中心,故江西境内全部河流都汇入鄱阳湖。

鄱阳湖湖面范围北起湖口,南达三阳,长达 110 千米,西起关城,东达波阳,宽约 70 千米。南宽北狭,形似葫芦。葫芦的中狭处以都昌和吴城的松门山为界,川北称北湖,由于它位于整个湖体的西北,又称西鄱湖;川南称南湖,又称东鄱湖。葫芦的长颈是一条狭长的通往长江的港道,它是因沿湖口－－星子大断裂带而形成的。港道两岸山丘直立,长约 50 千米,宽 3.5～6.5 千米,每年由此注入长江的水量相当于当地长江水量的 1/5,对长江下游水势有很大影响。

鄱阳湖湖面水位的涨落,随着季节的变化而变化,湖面的伸缩范围在 1000 平方千米左右。湖水最大量在 3－－7 月份,这是由于江西境内春夏两季降水最多的缘故。秋冬两季,湖面可缩小 1/7 至 1/6,仅剩几条航道,湖滩出露,绿草繁茂,形成坦荡的湖滨区,成为湖区人民打草沤肥、牧放牲畜、割草为薪的生产基地。

鄱阳湖湖面辽阔,容积量大,赣、修、抚、信、饶五河之水通过它调蓄后注入长江,滞洪期可达一个月之久。鄱阳湖除调节长江水量的蓄洪功能外,它还是江西省内河出入长江的通道。一年四季,湖上运输至为繁忙,成为长江中下游物资集散的水路交通枢纽。

庐山西海:地处南昌、武汉、长沙、合肥四个省会城市的十字交汇地,位于江西省北部、庐山西麓、昌九工业走廊中段,地跨永修、武宁两县。风景区交通便利,105、316 国道和即将修建的永武高速公路贯穿全境;福银高速、大广高速、京九铁路擦肩而过,九江机场、昌北机场分列两翼。距南昌市区 80 公里、九江市区 86 公里、庐山 88 公里,武汉市区 280 公里、长沙市区 320 公里,合肥市区 430 公里。云居山－柘林湖(庐山西海)是2005 年 12 月 31 日经国务院批准的国家重点风景名胜区,景区规划总面积 680 平方公里。由莲花城景区、青石湖景区、桃花溪景区、鹿角尖景区、百湾迷宫景区、红岩潭景区这六大景区组成。

庐山西海湖区水域面积 248.2 平方公里,总容量为 80 亿立方米,平均水深 45 米,能见度 11 米,大气负氧离子含量 15 万个/立方厘米,属国家一级水质、一级空气。湖内千岛落珠,山水交融,有 3 亩以上岛屿 1667 个,5 亩以上岛屿 997 个。庐山西海环湖地貌各异,古迹甚多:有千仞壁立的悬崖、直泻入湖的飞瀑、诱人欲浴的温泉、天赐独特的黄荆大瀑布、天葬坟、朝天筒、6 亿年前自然形成的重 5 吨的"人鹤共舞"奇石、6.5 亿年前原始类水母化石群、有明朝尚书魏源墓、乾隆游江南留下的石刻、三国吴王文化遗址。

庐山西海有着丰厚的文化底蕴。一代高僧虚云长老历经四朝五帝、挑战生命极限;明朝兵部、礼部、吏部尚书魏源公正清廉、刚正不阿;"武宁采茶戏" 享誉全国,"锄山鼓" 历史悠久;吴王葬母孝传天下,桃花仙女浪漫纯情,诸如此类,举不胜举。

云居山:云居山素有小庐山之称,海拔 1143 米。莲花城中真如禅寺是中国佛教曹洞宗发祥地,被誉为"中国佛教协会领袖的摇篮"。这里历代高僧辈出,新中国佛教协会首任名誉会长虚云长老、第七任会长一诚大师都曾担任过该寺的方丈,第三任会长赵朴初曾是虚云长老的秘书,现任中日佛教协会会长传印大和尚在真如禅寺受虚云老和尚受具足戒。真如禅寺于 1988 年被列为全国三大样板丛林之一,农禅并重,禅风严谨,被中外广大佛教弟子敬奉为世界坐禅中心。被誉为人间仙境的百花谷景区,自然风光秀丽,气候宜人。沿途奇山异石,鲜花吐艳,溪水瀑布,空气清新,植被繁茂,有2000多种天然植物。景区人文景观荟萃,古寺牌楼、僧侣塔林、摩崖石刻等比比皆是。盛夏酷暑时节,山上平均气温仅为22度,是避暑休闲的天堂。

龙宫洞:位于彭泽乌龙山下,是八个大小溶洞相通的洞组,全长2700余米,洞幽深宽广,奇石异境,有地下河、水晶宫、鼓乐厅和东、西二宫,洞中的钟乳、石柱、石笋、石幔、石花千姿百态,地下河可泛舟漫游,尽情观赏。

石钟山:座落在湖口县,它锁湖插江,形势险要。全山分上下二石钟山,尤以下石钟山闻名。山上有"江天一览楼"、"怀苏亭"、"芸芍斋"、"听涛眺雨"等胜景并有石碑石刻200余帧。山下有深洞,洞中水石相搏,声若洪钟,石钟山由此而取名。宋代著名诗人苏东坡写下了流传旷古的《石钟山记》。三国时周瑜,明代朱元璋,清代石达开、曾国藩,近代李烈钧等曾驻兵于此。

吴城候鸟区:属于鄱阳湖候鸟保护区,位于永修县吴城镇。由以吴城为中心的"大湖池"、"中湖池"、"蚌湖池"、"沙湖"、"象湖"等湖汊组成,是世界著名珍禽--天鹅、鹤、丹顶鹤等候鸟越冬的栖息地,人称"天鹅湖"。1983年经省政府批准为候鸟保护区。此外,还有彭泽桃红岭梅花鹿自然保护区、庐山自然保护区等。

人文景观有:

东林寺:位于市区东南面,为晋代慧远大师创建,系佛教"净土宗"的发源地。寺内有"神运殿"、"三笑堂"、"十八高贤堂"。寺外有"山木池"、"六朝松"。寺前有"虎溪水"、寺后有"聪明泉"。还有"柳公权残碑"、"李北海残碑"、"王阳明游东林寺碑"等石刻。该寺四周群山环抱,被称为中国佛教八大丛林之一。

能仁寺:位于市区庾亮南路,建于南唐梁武帝年间,原名承天院。明弘治二年,改名能仁寺。寺内有"山门殿"、"天山殿"、"大雄宝殿"、"铁佛殿"、"藏经楼"和"大胜塔"等,此外还有双阳桥、铁佛、石船、雨穿石等景物,是全市最大的古建筑群。此寺屡建屡毁,现存建筑除宝塔外,均为清同治年间重建。

真如寺:位于永修县云居山莲花城。始建于唐于唐宪宗元和初年,原名"云居禅院",后因宋真宗亲书"真如禅院"的匾匾额,易为今名,属省级文物保护单位,是全国重点对外开放的寺庙之一。

烟水亭:位于市区甘棠湖中,唐代白居易任江州司马时建亭于此,后人名为"浸月亭"。北宋周敦颐又建一亭于甘棠湖中,名"烟水亭",后两亭俱毁。现亭为晚清古怀和尚募修,是一组亭榭相依,曲径通幽的古建筑群,亭内有船厅、翠照轩、镜波楼、纯阳民等。相传此亭为三国名将周瑜的点将台,现设周瑜史迹陈列室。

浔阳楼:浔阳楼座落在市区东北滨临长江口,该楼因九江古称浔阳而得名。初为民间酒楼,自施耐庵的《水浒传》描述了宋江在浔阳楼醉题反诗的故事广为流传而享有盛名。浔阳楼始建于年代虽无证可靠,但一些史料表明,浔阳楼自唐贞元年(公元785年)于清康熙(公元1662-1722年)尚存,且颇俱规模。1986年,九江市人民政府拨款重建,该楼占地面积2000平方米,主楼面积500平方米,楼高21米,为钢筋混凝土仿木结构。三层三檐、青甍黛瓦、四周迴廊。"浔阳楼"金字匾额为全国政协副主席赵朴初题书,正门有"世间无比酒,天下有名楼"对联,一楼大厅有著名书法家王个簃书写的"逝者如斯"横匾,整座楼挂有楹联14对、大理石瓷板壁画2幅,另有水浒人物画像及名人书画等,是我市新开辟的一个文化旅游景点。

琵琶亭:位于市区江滨。相传为白居易"浔阳江头夜送客"之处,后人在此建造"琵琶亭",咸丰三年遭兵毁。1988年3月,九江市人民政府在长江大桥引桥东侧重建琵琶亭,该亭面对长江,背倚琵琶湖,占地3300平方米,系仿唐代园林式建筑,亭高20米,双层重檐,悬挂着刘海粟大师题写的"琵琶亭"金字大匾额,亭台前面巨大石碑上,雕该着毛泽东同志手书《琵琶行》长诗,亭院正中矗立着白乐天汉白玉塑像,亭院两侧建有碑廊,镶嵌着历代诗人题咏琵琶亭的56块诗赋碑刻。

白鹿洞书院:位于庐山五老峰南麓的后屏山之南。唐李渤始建"庐山国学"于此,北宋初扩展为书院,名"自鹿洞书院",与岳麓、睢阳、石鼓并称为"天下四大书院",后遭兵火。宋代朱熹重修书院,并在此讲学。

浪井:位于市区西园路浪井巷8号,西汉大将灌婴所凿,后湮没。三国孙权重开,取名为"瑞井",因井与江通,"每遇江涛汹涌,人闻井中有涛声",故又名浪井,宣统二年有一姓夏的人立碑题"浪井"二字,至今尚存。

【名优特产】 九江得天独厚的自然条件产生了品种繁多、风味殊绝的土特名优产品,远销海外,深受欢迎,现略举几种:

宁红茶:"宁红"茶,历史悠史,品质精良,素以条索秀锋颖,金毫显露,香高醇浓,鲜爽而驰名中外,清朝光绪年间曾被列为贡品。新中国成立后,宁红茶多次获奖,1983年获经贸部颁发的"荣誉证书",1984年荣获国家农牧渔业部"金杯奖",1988年获首届食品博览会金奖。

庐山云雾茶:庐山云雾茶素以"香馨、味厚、色翠、汤清"为特色,明清两代曾列为贡品,1951年开始进入国际市场。1985年12月获得国家优质产品银质奖,1988年获首届食品博览会金奖。

九江陈年封缸酒:是以优质糯米为原料,采用先进工艺酿制而成。酒呈琥珀色,晶莹透亮,香气浓郁,柔和爽口,独具风格,多次获奖。

庐山"三石":即庐山石耳、石鱼、石鸡。石耳野生,附着在悬崖绝壁上,形状扁平如人耳,故称"石耳"。石耳烹调佐餐,滑脆可口,鲜美甘香,具有较高的营养价值。石鱼,是一种名贵的水产珍品,因生产在石涧和因瀑布造成的潭穴中,故名"石鱼"。石鸡,并非是"鸡",属棘蛙类,因肉质细嫩,肥美如鸡而得名。

星子金星砚:金星砚是星子县传统工艺品,迄今有1600余年的历史,据传第一方金星砚是东晋田园诗人陶渊明亲手刻琢而成。南唐中主李碌隐读秀峰,专用此砚,收为珍藏。宋徽宗皇帝酷爱丹青,得此砚大悦,称为"砚中之魁"而闻名天下,故又名金星宋砚。此砚石质坚韧,刚柔兼备,石色清莹,远销日本、东南亚等国家。

鄱阳湖银鱼:鄱阳湖银鱼形体细长光滑,头扁口大,晒干后,似雪白银条,故称"银鱼"。银鱼是淡水鱼类中之珍品,营养丰富,是上等滋补品。

吴城大板瓜子:因产于永修县吴城镇而得名。其粒大、瓣平、壳薄、肉厚、味香。久食不饱不腻,可助消化。畅销国内和东南亚等地。

武宁猕猴桃:"猕猴桃",又名杨桃、仙桃、藤梨、芝麻桃等。猕猴桃含有丰富的维生素C,比柑桔高三到十倍,比梨和苹果高三十倍左右,同时含有有多种氨基酸和微量元素,是目前世界上唯一没有受到污染的水果。据医学临床试验,猕猴桃具有:滋补强身,清热利尿,生津润燥,祛风活血,散於消肿和健胃,催奶,止血等多种功效。1987年,国家正式将猕猴桃列入《中国药典》。湖口豆豉:"湖口豆豉"分甜豆豉、汁豆豉、五香豆豉三种,其中五香豆豉最为人们喜爱。它以上等黑豆为原料,并用清澈见底的鄱阳湖水洗去黑豆霉衣,加上传统精湛的制作工艺,使其色、香、味俱佳。它是餐厅、家庭必备的调味品之一。

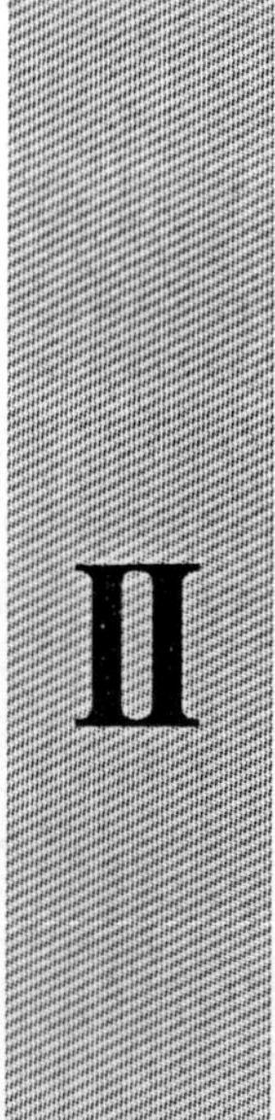

社会经济统计资料

SHEHUIJINGJITONGJIZILIAO

1

综　合

- 全市面积 19078 平方公里，人口 480.69 万人。
- 全市辖 9 县 2 市、2 区 1 局和九江开发区管委会、庐山西海风景名胜区管委会、八里湖新区管委会，辖 181 个乡镇，14 个街道办事处。
- 2014 年，全市生产总值 1779.96 亿元，其中第一产业增加值 131.38 亿元，第二产业增加值 984.95 亿元，第三产业增加值 663.63 亿元。

1-1 主要年份国民经济主要指标

指　　标	单位	1978年	1980年	1985年	1990年	1995年	2000年	2013年	2014年
一、年末总人口	万人	339.93	349.53	372.50	405.23	436.69	448.83	478.94	480.69
二、年末社会从业人数	万人	112.25	116.94	164.89	189.60	222.61	246.31	309.53	310.02
#职工人数	万人	28.25	31.06	39.79	44.24	49.56	35.25	39.13	42.27
三、九江市生产总值	亿元	8.49	11.34	20.77	39.75	143.08	213.12	1613.96	1779.96
四、农业									
1.农林牧渔业产值	亿元	4.88	16.51	11.80	25.55	66.27	61.99	220.54	233.81
2.主要农产品产量									
粮　食	万吨	90.05	98.93	133.89	137.00	95.93	107.96	160.8	165.2
棉　花	万吨	1.71	2.42	4.04	3.77	6.95	3.93	9.14	9.50
油料折油	吨	8355	5500	19956	37219	47313	42048	74040	77056
茶　叶	吨	1836	2000	2507	3115	2475	2123	5780	6001
水　果	万吨	0.12	0.37	0.26	0.97	0.85	1.06	12.98	13.72
水产品	万吨	0.99	1.21	2.08	4.63	18.17	19.67	40.57	42.31
猪、牛、羊肉	万吨	3.45	3.52	5.71	9.62	16.34	13.06	21.19	21.76
猪年末存栏	万头	123.16	133.41	170.65	200.40	225.27	137.34	129.45	128.03
当年出栏肉猪	万头	65.55	70.64	101.23	143.71	234.03	172.53	215.72	221.64
五、工业									
1.工业总产值	亿元	7.49	10.18	23.47	55.45	233.93	227.35	3806.39	4866.35
2.主要工业产品产量									
纱	万吨	1.28	1.93	2.11	2.63	3.44	4.47	82.58	89.76
布	万米	4245	6434	5369	7317	6027	3892	2589	2194
机制纸及纸板	万吨	0.92	1.12	2.49	2.34	2.28	2.09	33.67	45.79
原油加工量	万吨		10.43	83.37	155.10	230.56	327.40	519.18	471.26
原　煤	万吨	27.06	19.75	22.93	26.90	41.43	15.12	58.17	77.00
发电量	亿千瓦小时	6.76	8.88	23.58	25.16	43.23	38.36	89.61	91.80

1-1 续表1

指　　标	单位	1978年	1980年	1985年	1990年	1995年	2000年	2013年	2014年
烧　　碱	万吨	2.04	2.40	2.49	2.63	4.03	6.74	4.50	4.27
水　　泥	万吨	19.52	22.58	32.86	48.66	97.13	154.50	1623.60	1980.00
3.规模以上工业企业财务指标									
固定资产原价	亿元	8.56	10.92	23.35	37.27	94.74	194.64	1541.40	1826.14
固定资产净值	亿元	6.72	8.44	18.38	26.52	67.37	134.41	760.82	879.13
流动资产年平均余额	亿元				18.11	58.42	92.77	593.56	633.86
利税总额	亿元	0.91	1.05	2.85	3.63	9.13	7.12	411.52	485.50
六、运输、邮电									
1.货物运输量	万吨	706	549	1131	1722	2714	1810	13398	14096
铁　　路	万吨	109	99	150	150	212	308	1261	1248
公　　路	万吨	106	139	457	1185	1943	1256	10952	11415
水　　路	万吨	491	472	506	378	545	239	998	1259
管　　道	万吨			17	9	14	7	187	174
2.旅客运输量	万人	1051	1541	3149	3585	5806	4184	12452	10694
铁　　路	万人	216	241	291	194	184	296	913	989
公　　路	万人	559	951	2464	3081	5168	3718	11491	9651
水　　路	万人	276	349	394	308	453	171	36	42
3.邮电业务总量	亿元	0.04	0.04	0.08	0.34	1.58	9.37	30.25	29.62
七、固定资产投资									
1.完成投资额	亿元	1.36	1.73	2.88	4.49	31.19	44.77	1507.78	1812.22
国有单位	亿元	1.35	1.71	2.84	4.46	25.40	27.41	318.92	244.97
集体单位及其他	亿元	0.01	0.02	0.05	0.03	5.78	17.37	1188.86	1567.25
2.新增固定资产	亿元	0.90	2.04	1.57	3.34	16.32	28.82	1039.51	1129.92
3.房地产开发投资	亿元				0.21	1.42	1.45	75.29	129.18

1-1续表2

指 标	单位	1978年	1980年	1985年	1990年	1995年	2000年	2013年	2014年
八、贸 易									
1.社会消费品零售总额	亿元	3.89	6.31	10.40	17.95	45.98	63.18	449.51	512.22
2.实际利用外资	万美元			262	24	4208	3031	123107	145006
3.旅 游									
国际旅游人数	万人次			1.14	0.78	1.58	3.08	32.37	33.37
旅游外汇收入	万元			64	140	3635	5800	74992	78323
九、财 政									
财政总收入	亿元	0.78	1.16	1.97	3.89	13.28	20.50	280.20	328.53
地方公共财政预算收入	亿元	0.78	1.16	1.97	3.89	6.37	10.50	176.15	213.66
财政支出	亿元	0.89	1.30	2.30	4.40	9.67	20.75	338.20	383.53
十、物价指数(以上年价格为100)									
商品零售价格总指数	%	101.9	103.5	109.9	103.5	113.8	101.2	100.9	100.9
居民消费价格总指数	%	101.8	103.4	109.4	104.3	117.7	104.1	102.5	102.1
十一、教育、文化、卫生									
高等学校在校学生数	人	938	1277	2501	3363	5378	17075	79596	83172
中等专业学校在校学生数	人	2866	3792	6608	7933	9600	8303	18739	21699
普通中学在校学生数	万人	18.36	17.32	18.39	20.61	22.70	31.75	26.20	25.82
小学在校学生数	万人	55.42	57.07	62.15	53.12	49.94	45.89	39.35	38.62
图书馆藏书量	万册	58.70	75.00	118.30	128.08	132.39	133.20	195.60	201.00
卫生机构数	个	617	675	682	706	669	409	815	814
卫生技术人员数	人	7822	9435	11372	13227	13656	12108	22139	22895
#医 生	人	3705	3936	4891	6215	6549	5366	8370	8145
病床数	张	9067	10418	12000	13224	12985	12235	20841	22001
十二、人民生活									
在岗职工年平均工资	元	518	689	952	1633	3767	6236	39383	44403
城镇居民人均可支配收入	元	217	502	601	1107	3513	5081	22758	25077
农村居民人均可支配收入	元	136	164	351	642	1493	1851	9113	10139
城乡居民储蓄存款年末余额	亿元	0.41	0.82	3.38	12.84	60.60	115.15	963.44	1046.28

1-2 主要年份国民经济主要指标发展速度

指　　标	2014年为下列各年%					平均每年递增%			
	1978年	1990年	1995年	2000年	2013年	1979年-2014年	1991年-2014年	1996年-2014年	2001年-2014年
一、年末总人口	141.4	118.6	110.1	107.1	100.4	1.0	0.7	0.5	0.5
二、年末社会从业人数	276.2	163.5	139.3	125.9	100.2	2.9	2.1	1.8	1.7
#职工人数	149.6	95.5	85.3	119.9	108.0	1.1	-0.2	-0.8	1.3
三、九江市生产总值	4297.9	1637.1	791.3	553.9	110.3	11.0	12.4	11.5	13.0
四、农　业									
主要产品产量									
粮　食	183.5	120.6	172.2	153.0	102.7	1.7	0.8	2.9	3.1
棉　花	555.6	252.0	136.7	241.7	103.9	4.9	3.9	1.7	6.5
油料折油	922.3	207.0	162.9	183.3	104.1	6.4	3.1	2.6	4.4
茶　叶	326.9	192.6	242.5	282.7	103.8	3.3	2.8	4.8	7.7
水　果	11433.3	1414.4	1614.1	1294.3	105.7	14.1	11.7	15.8	20.1
水产品	4273.7	913.8	232.9	215.1	104.3	11.0	9.7	4.5	5.6
猪、牛、羊肉	630.7	226.2	133.2	166.6	102.6	5.2	3.5	1.5	3.7
猪年末存栏	104.0	63.9	56.8	93.2	98.9	0.1	-1.8	-2.9	-0.5
当年出栏肉猪	338.1	154.2	94.7	128.5	102.7	3.4	1.8	-0.3	1.8
五、工　业									
主要产品产量									
纱	7012.5	3412.9	2609.3	2008.1	108.7	12.5	15.8	18.7	23.9
布	51.7	30.0	36.4	56.4	84.7	-1.8	-4.9	-5.2	-4.0
机制纸及纸板	4977.2	1956.8	2008.3	2190.9	136.0	11.5	13.2	17.1	24.7
原油加工量		303.7	204.3	143.9	90.7		4.7	3.8	2.6
原　煤	284.6	286.2	185.9	509.3	132.4	2.9	4.5	3.3	12.3
发电量	1358.0	364.9	212.4	239.3	102.4	7.5	5.5	4.0	6.4

1-2续表1

指 标	2014年为下列各年%					平均每年递增%			
	1978年	1990年	1995年	2000年	2013年	1979年-2014年	1991年-2014年	1996年-2014年	2001年-2014年
烧 碱	209.3	162.4	106.0	63.4	94.9	2.1	2.0	0.3	-3.2
水 泥	10143.4	4069.1	2038.5	1281.6	122.0	13.7	16.7	17.2	20.0
规模以上工业企业财务指标									
固定资产原价	21333.4	4899.8	1927.5	938.2	118.5	16.1	17.6	16.9	17.3
固定资产净值	13082.3	3315.0	1304.9	654.1	115.6	14.5	15.7	14.5	14.4
流动资产年平均余额		3500.1	1085.0	683.3	106.8		16.0	13.4	14.7
利税总额	53351.6	13374.7	5317.6	6818.8	118.0	19.1	22.6	23.3	35.2
六、运输、邮电									
1.货物运输量	1996.6	818.6	519.4	778.8	105.2	8.7	9.2	9.1	15.8
铁 路	1145.0	832.0	588.7	405.2	99.0	7.0	9.2	9.8	10.5
公 路	10768.9	963.3	587.5	908.8	104.2	13.9	9.9	9.8	17.1
水 路	256.4	333.1	231.0	526.8	126.2	2.7	5.1	4.5	12.6
管 道		1933.3	1242.9	2485.7	93.0		13.1	14.2	25.8
2.旅客运输量	1017.5	298.3	184.2	255.6	85.9	6.7	4.7	3.3	6.9
铁 路	457.9	509.8	537.5	334.1	108.3	4.3	7.0	9.3	9.0
公 路	1726.5	313.2	186.7	259.6	84.0	8.2	4.9	3.3	7.1
水 路	15.2	13.6	9.3	24.6	116.7	-5.1	-8.0	-11.8	-9.5
3.邮电业务总量	74050.0	8711.8	1874.7	316.1	97.9	20.1	20.5	16.7	8.6
七、固定资产投资									
1.完成投资额	133251.5	40361.2	5810.3	4047.8	120.2	22.1	28.4	23.8	30.3
国有单位	18145.9	5492.6	964.4	893.7	76.8	15.5	18.2	12.7	16.9
集体单位及其他	15672500.0	5224166.7	27115.1	9022.7	131.8	39.4	57.2	34.3	37.9
2.新增固定资产	125546.7	33829.9	6923.5	3920.6	108.7	21.9	27.5	25.0	30.0
3.房地产开发投资		61514.3	9097.2	8909.0	171.6		30.7	26.8	37.8

1－2 续表2

指　　标	2014 年为下列各年%					平均每年递增%			
	1978 年	1990 年	1995 年	2000 年	2013 年	1979 年－2014 年	1991 年－2014 年	1996 年－2014 年	2001 年－2014 年
八、贸　易									
1. 社会消费品零售总额	13167.6	2853.6	1114.0	810.7	113.9	14.5	15.0	13.5	16.1
2. 实际利用外资		604191.7	3446.0	4784.1	117.8		43.7	20.5	31.8
3. 旅游									
国际旅游人数		4278.2	2112.0	1083.4	103.1		16.9	17.4	18.6
旅游外汇收入		55945.0	2154.7	1350.4	104.4		30.2	17.5	20.4
九、财　政									
财政总收入	42119.2	8445.5	2473.9	1602.6	117.2	18.3	20.3	18.4	21.9
地方公共财政预算收入	27392.3	5492.5	3354.2	2034.9	121.3	16.9	18.2	20.3	24.0
地方财政支出	43093.3	8716.6	3966.2	1848.3	113.4	18.4	20.5	21.4	23.2
十、教育、文化、卫生									
高等学校在校学生数	8867.0	2473.1	1546.5	487.1	104.5	13.3	14.3	15.5	12.0
中等专业学校在校学生	757.1	273.5	226.0	261.3	115.8	5.8	4.3	4.4	7.1
普通中学在校学生	140.6	125.3	113.7	81.3	98.5	1.0	0.9	0.7	-1.5
小学在校学生数	69.7	72.7	77.3	84.2	98.1	-1.0	-1.3	-1.3	-1.2
图书馆藏书量	342.4	156.9	151.8	150.9	102.8	3.5	1.9	2.2	3.0
卫生机构数	131.9	115.3	121.7	199.0	99.9	0.8	0.6	1.0	5.0
卫生技术人员数	292.7	173.1	167.7	189.1	103.4	3.0	2.3	2.8	4.7
#医　生	219.8	131.1	124.4	151.8	97.3	2.2	1.1	1.2	3.0
病 床 数	242.6	166.4	169.4	179.8	105.6	2.5	2.1	2.8	4.3
十一、人民生活									
在岗职工平均工资	8572.0	2719.1	1178.7	712.0	112.7	13.2	14.8	13.9	15.1
城镇居民人均可支配收入	11556.2	2265.3	713.8	493.5	110.2	14.1	13.9	10.9	12.1
农村居民人均可支配收入	7455.1	1579.3	679.1	547.8	111.3	12.7	12.2	10.6	12.9
城乡居民储蓄存款年末余额	255190.2	8148.6	1726.5	908.6	108.6	24.3	20.1	16.2	17.1

1-3 九 江 一 日

指　　标	单位	1978年	1980年	1985年	1990年	1995年	2000年	2013年	2014年
一、生产总值	万元	232	330	569	1089	3974	5839	44218	48766
二、农业总产值	万元	134	182	323	700	1841	1698	6042	6406
三、工业总产值	万元	205	293	643	1519	6489	6229	104285	133325
四、地方公共财政预算收入	万元	21	33	54	107	177	288	4826	5854
五、主要工业产品产量									
纱	吨	35.0	52.8	57.9	72.0	102.0	122.3	2262.5	2459.2
布	万米	11.6	17.6	14.7	20.1	17.1	10.7	7.1	6.0
原油加工量	吨		285	2284	4249	6404	8970	14224	12904
原　煤	吨	741	541	628	737	1151	415	1594	2110
烧　碱	吨	56	52	68	72	112	185	123	117
水　泥	吨	535	619	900	1333	2968	4233	44482	54247
六、主要农产品产量									
粮　食	吨	2467	2710	3668	3780	2665	2958	4405	4526
棉　花	吨	47	66	111	103	193	108	250	260
油料折油	吨	23	15	55	102	131	115	203	211
苎　麻	千克	1110	1918	8041	4682	9647	9049	5008	3814
茶　叶	吨	5.0	5.5	6.9	8.5	6.9	5.8	15.8	16.4
水　果	吨	3.5	10.2	12.7	26.5	23.5	28.9	355.6	375.9
蚕　茧	千克	16	44	693	1573	7147	9611	11923	11932
水产品	吨	27.2	33.0	57.0	126.8	504.7	539.1	1111.5	1159.2
猪牛羊肉	吨	94.5	96.4	156.6	263.6	45.9	357.8	580.8	596.2
当年出栏肉猪	头	1796	1935	2773	3937	6501	4727	5910	6072

1－3 续表

指　　标	单位	1978 年	1985 年	1990 年	1995 年	2000 年	2013 年	2014 年
七、消费品零售额	万元	109	285	492	1277	1731	12315	14033
八、主要能源物资消费量								
原　煤	吨	1739	3880	5078	7136	6869	19464	20002
柴　油	吨	2	49	29	60	24	181	152
汽　油	吨	10	57	60	67	8	11	9
电　力	万千瓦小时		178	268	451	512	3217	2893
九、其他经济活动								
货物运输量	吨	17778	30498	46942	75389	49479	367068	386192
#铁　路	吨	2995	4114	4125	5889	8438	34548	34192
公　路	吨	1325	12524	32461	53972	34411	300055	312740
水　路	吨	13458	13860	10356	15139	6438	27343	34493
旅客运输量	人次	28797	86270	98185	161306	114630	341151	292986
#铁　路	人次	5902	7963	5336	5111	8110	25014	27096
公　路	人次	15323	67515	84411	143583	101863	314822	264411
水　路	人次	7572	10792	8438	12583	4685	986	1151
固定资产投资	万元	37	79	117	866	1227	41309	49650
房地产开发房屋竣工面积	平方米	252	593	366	3173	3548	5812	3690
十、人口变动与婚姻								
出　生	人	237	145	196	128	163	233	344
死　亡	人	69	59	65	51	67	141	66
结　婚	对			74	91	98	138	136
离　婚	对			3	3	4	27	29

注：出生、死亡人数 1995 年后为抽样调查数。

1-4 主要年份主要指标每人年平均水平

指　　标	单位	1978 年	1980 年	1985 年	1990 年	1995 年	2000 年	2013 年	2014 年
一、生产总值(当年价格)	元	252	330	561	989	3372	4771	33756	37097
二、农林牧渔业总产值	元	145	182	319	363	1562	1385	4613	4873
三、工业总产值	元	222	293	634	1379	5513	5079	79610	101420
四、地方公共财政预算收入	元	23	33	53	97	150	235	3684	4453
五、主要农产品产量									
粮　　食	千克	264.47	284.93	361.91	343.24	231.75	241.20	336.30	344.30
棉　　花	千克	5.07	6.97	10.93	9.38	16.38	8.78	19.12	19.80
油料折油	千克	2.48	1.58	5.39	9.26	11.15	9.39	15.49	16.07
茶　　叶	千克	0.55	0.58	0.68	0.78	0.58	0.47	1.21	1.25
水　　果	千克	0.38	1.07	1.25	2.41	1.99	2.36	27.15	28.59
水 产 品	千克	2.95	3.47	5.63	11.51	42.82	43.97	84.85	88.18
猪牛羊肉	千克	10.25	10.13	15.45	23.92	38.51	29.18	44.34	45.35
六、主要工业产品产量									
纱	千克	3.80	5.56	5.72	6.54	8.65	9.98	172.70	187.07
布	米	12.61	18.53	14.51	18.20	14.53	8.70	5.41	4.57
原油加工量	千克		30.35	225.18	385.90	543.36	729.45	1085.86	981.62
原　　煤	千克	80.37	56.89	61.98	66.93	97.64	33.80	121.66	160.48
烧　　碱	千克	6.06	6.93	5.09	6.54	9.50	15.06	9.41	8.90
水　　泥	千克	57.98	65.03	88.82	121.07	251.80	345.18	3395.73	4126.55
七、商　　业									
社会消费品零售额	元	94	128	250	432	1084	1412	9401	10675
八、人民生活									
职工年平均工资	元	518	689	952	1633	3767	6236	39383	44403
城市居民人均年可支配收入	元	217	502	601	1106	3513	5081	22758	25077
农村住户人均年纯收入	元	136	164	351	642	1493	1851	9113	10139
城乡居民储蓄存款年末余额	元	12	24	91	319	1428	2573	20116	21766

1-5 主要年份生产总值

(按当年价格计算)　　单位:万元

年份	生产总值	第一产业	第二产业	第三产业	人均生产总值(元/人)
1978	84901	34906	32816	17179	252
1979	106783	50228	37073	19482	312
1980	113445	52142	41809	19494	330
1981	121320	56018	42919	22383	345
1982	145263	75386	44922	24955	408
1983	153762	68936	58629	26197	426
1984	174643	82106	62513	30025	478
1985	207716	91792	82818	33106	561
1986	236488	103200	87821	45467	631
1987	264441	104641	104230	55570	695
1988	328216	100975	147157	80084	846
1989	350346	129211	131448	89687	886
1990	397467	172265	133954	91248	989
1991	502507	176871	186325	139311	1233
1992	609409	194352	231792	183265	1481
1993	787720	239385	317247	231088	1897
1994	1107116	409026	410698	287392	2639
1995	1430763	443598	582093	405072	3372
1996	1700533	479624	699657	521252	3934
1997	1929646	534028	773801	621817	4351
1998	1701469	322683	757963	620823	3797
1999	1919469	390819	839550	689100	4241
2000	2131237	430901	959387	740949	4717
2001	2322018	464690	1063220	794108	5158
2002	2632728	499962	1222279	910487	5814
2003	3076242	598255	1466032	1011955	6760
2004	3602200	624500	1789100	1188600	7874
2005	4289161	720579	2148325	1420257	9325
2006	5062201	781853	2628587	1651761	10952
2007	5925614	811200	3155211	1959203	12754
2008	7248728	838574	3813682	2596472	15514
2009	8313636	920000	4410953	2982683	17699
2010	10320647	980356	5797054	3543237	21862
2011	12564149	1076917	7359410	4127822	26464
2012	14201046	1182912	8088391	4929743	29785
2013	16139600	1254618	9005644	5879338	33756
2014	17799599	1313805	9849505	6636289	37097

注:2013 年 GDP 为经济普查后的调整数,2013 年一产服务业调整到三产。

1-6 历年生产总值构成

（以生产总值为100）

年　份	第一产业	第二产业	工业	建筑业	第三产业	#交通运输仓储和邮政业	批发零售住宿餐饮	金融保险业
1978	41.1	38.7			20.2			
1979	47.0	34.7			18.3			
1980	46.0	36.9						
1981	46.2	35.4			18.4			
1982	51.9	30.9			17.2			
1983	44.8	38.1			17.1			
1984	47.0	35.8			17.2			
1985	44.2	39.9			15.9			
1986	43.6	39.6	33.3	6.3	19.2	3.3	5.9	2.2
1987	39.6	39.4	32.6	6.8	21.0	3.5	6.2	3.7
1988	30.8	44.8	38.1	6.7	24.4	3.9	6.1	3.4
1989	36.9	37.5	33.4	4.1	25.6	3.7	7.1	2.7
1990	43.3	33.7	29.3	4.4	23.0	3.4	6.1	2.8
1991	35.2	37.1	30.2	6.9	27.7	4.8	5.7	3.7
1992	31.9	38.0	30.6	7.4	30.1	5.3	6.0	4.4
1993	30.4	40.3	32.6	7.7	29.3	5.8	6.0	4.3
1994	36.9	37.2	30.7	6.5	25.9	4.5	4.9	4.2
1995	31.0	40.7	34.2	6.5	28.3	4.9	6.5	4.3
1996	28.2	41.1	31.8	9.3	30.7	5.2	6.6	4.3
1997	27.7	40.1	30.8	9.3	32.2	6.0	7.0	4.3
1998	19.0	44.5	34.1	10.4	36.5	7.2	11.2	5.0
1999	20.4	43.7	31.9	11.8	35.9	7.3	10.4	4.7
2000	20.2	45.0	32.4	12.6	34.8	7.3	10.0	4.1
2001	20.0	45.8	32.4	13.4	34.2	7.7	10.0	2.6
2002	19.0	46.4	33.0	13.4	34.6	8.1	10.0	2.2
2003	19.4	47.7	32.5	15.2	32.9	7.4	9.6	1.6
2004	17.3	49.7	34.8	14.9	33.0	8.0	9.6	1.1
2005	16.8	50.1	35.3	14.8	33.1	8.0	9.5	1.0
2006	15.4	51.9	37.8	14.1	32.7	8.6	9.2	1.0
2007	13.7	53.2	41.2	12.0	33.1	8.8	9.3	0.9
2008	11.6	52.6	41.1	11.5	35.8	7.2	10.1	0.7
2009	11.0	53.1	42.3	10.8	35.9	7.0	10.4	0.8
2010	9.5	56.2	46.4	9.8	34.3	6.6	10.1	0.7
2011	8.6	58.6	49.2	9.4	32.8	5.5	9.5	0.7
2012	8.3	57.0	47.9	9.1	34.7	5.8	10.7	1.1
2013	7.8	55.8	46.9	8.9	36.4	5.6	11.0	1.9
2014	7.4	55.3	46.7	8.6	37.3	5.3	11.0	2.0

1-7 生 产 总 值

指 标	绝对值(万元)		构成(%)	
	2013 年	2014 年	2013 年	2014 年
全市生产总值	16139600	17799599	100.0	100.0
第 一 产 业	1254618	1313805	7.8	7.4
第 二 产 业	9005644	9849505	55.8	55.3
工 业	7567240	8311054	46.9	46.7
建 筑 业	1438404	1538451	8.9	8.6
第 三 产 业	5879338	6636289	36.4	37.3
交通运输仓储和邮政业	902169	939190	5.6	5.3
信息业	456148	447740	2.8	2.5
批发和零售业	1278264	1395665	7.9	7.8
住宿和餐饮业	498773	555038	3.1	3.1
金融保险业	310543	354182	1.9	2.0
房地产业	592524	655190	3.7	3.7
其他服务业	1795010	2235915	11.1	12.6
农、林、牧、渔服务业	45907	53369	0.3	0.3

1-8 生产总值生产、分配及使用情况

(2014 年)　　单位:万元

指 标	实际	指标	实际
1. 总 产 出	57880652	1. 总 消 费	8231894
2. 中间投入	40081053	居民消费	6274259
3. 固定资产折旧	2845226	政府消费	1957635
4. 劳动者报酬	6424298	2. 总 投 资	9407989
5. 生产税净额	2474835	固定资本形成	8295702
6. 营业盈余	6055240	存货增加	1112287
		3. 货物和服务净流出	159716
生产总值	**17799599**	**生产总值的使用**	**159716**

1-9 生产总值指数

年 份	以1978年为100				以上年为100			
	生产总值	第一产业	第二产业	第三产业	生产总值	第一产业	第二产业	第三产业
1978	100.0	100.0	100.0	100.0	112.0	98.2	130.8	113.3
1979	105.1	106.9	102.6	103.4	105.1	106.9	102.6	103.4
1980	113.9	99.4	121.3	119.2	108.4	93.0	118.2	115.3
1981	121.8	106.5	124.1	131.4	106.9	107.1	102.3	110.2
1982	141.9	127.9	133.2	149.9	116.5	120.1	107.4	114.1
1983	149.5	115.5	146.6	165.3	105.4	90.3	110.0	110.3
1984	164.8	134.2	156.5	179.4	110.2	116.2	106.8	108.5
1985	188.2	144.6	170.5	216.4	114.2	107.8	108.9	120.6
1986	198.7	150.1	187.9	253.8	105.6	103.8	110.2	117.3
1987	206.1	152.7	220.4	273.1	103.7	101.7	117.3	107.6
1988	231.0	137.4	254.7	323.3	112.1	90.0	115.6	118.4
1989	246.5	145.9	227.5	367.0	106.7	106.2	89.3	113.5
1990	262.5	153.8	246.4	402.2	106.5	105.4	108.3	109.6
1991	292.2	165.1	298.3	460.5	111.3	107.3	121.1	114.5
1992	337.8	174.5	371.1	535.6	115.6	105.7	124.4	116.3
1993	397.9	183.2	486.2	605.2	117.8	105.0	131.0	113.0
1994	471.9	194.5	624.7	722.6	118.6	106.2	128.5	119.4
1995	543.2	193.0	767.8	865.7	115.1	99.2	122.9	119.8
1996	616.5	202.8	874.5	1039.7	113.5	105.1	113.9	120.1
1997	690.5	221.1	970.7	1201.9	112.0	109.0	111.0	115.6
1998	616.6	134.4	939.7	1188.7	89.3	60.8	96.8	98.9
1999	705.4	168.2	1062.7	1326.6	114.4	125.1	113.1	111.6
2000	775.9	173.7	1193.5	1459.2	110.0	103.3	112.3	110.0
2001	848.1	183.6	1292.5	1654.7	109.3	105.7	108.3	113.4
2002	959.2	195.9	1483.8	1901.3	113.1	106.7	114.8	114.9
2003	1103.1	208.5	1783.5	2146.6	115.0	106.4	120.2	112.9
2004	1270.8	223.5	2115.3	2466.4	115.2	107.2	118.6	114.9
2005	1466.5	237.5	2487.6	2883.2	115.4	106.3	117.6	116.9
2006	1667.4	253.9	2880.6	3289.8	113.7	106.9	115.8	114.1
2007	1902.5	266.6	3364.6	3763.5	114.1	105.0	116.8	114.4
2008	2140.3	275.2	3886.1	4200.0	112.5	103.2	115.5	111.6
2009	2435.6	293.9	4488.4	4783.9	113.8	106.8	115.5	113.9
2010	2783.9	305.1	5251.4	5453.6	114.3	103.8	117.0	114.0
2011	3151.4	317.9	6065.4	6091.7	113.2	104.2	115.5	111.7
2012	3529.6	331.3	6860.0	6834.9	112.0	104.2	113.1	112.2
2013	3896.6	344.5	7683.2	7450.0	110.4	104.0	112.0	109.0
2014	4297.9	362.4	8528.4	8209.9	110.3	105.2	111.0	110.2

1-10 各县(市、区)生产总值及构成

(2014 年)

地区	生产总值	第一产业	第二产业	#工业	第三产业	#交通运输仓储和邮政业	批发零售业	住宿餐饮业	金融保险业	人均生产总值(元/人)	增速(%)
一、绝对数(万元)											
全市	17799599	1313805	9849505	8311054	6636289	939189	1395665	555038	354182	37097	10.3
浔阳区	3497619	4746	1294810	1020566	2198063	266266	688404	119444	88753	111181	9.0
庐山区	2408435	46560	1207442	901546	1154433	285133	189495	131230	44580	90916	9.3
开发区	1541610	22295	1082729	941212	436586	23483	77743	33509	20750	109599	10.3
九江县	910434	116043	542108	468844	252283	31409	35559	7765	15680	30565	10.4
武宁县	880944	133787	459443	397316	287714	37503	60439	67095	19877	24109	9.2
修水县	1221296	166288	619022	501285	435986	68662	79561	38371	26168	16286	9.4
永修县	1154645	134879	763571	698371	256195	38646	49127	15928	19844	31537	9.2
德安县	785014	52232	544533	487615	188249	42200	23223	11456	12763	50149	10.6
星子县	622246	57130	284120	252838	280996	56961	45701	45892	11530	24976	10.4
都昌县	850909	173152	410433	313991	267324	28642	26345	7174	18903	11721	9.4
湖口县	1029371	105094	760526	695144	163751	21959	19023	7661	16680	36768	11.0
彭泽县	693065	151493	393092	330998	148480	22233	29686	7050	12880	19356	10.0
瑞昌市	1401081	128805	955410	869350	316866	37963	32792	17616	33210	32989	10.5
共青城市	747728	22980	583890	484408	140858	3730	30872	31248	12713	88877	10.5
二、构成(%)											
全市	100.0	7.4	55.3	46.7	37.3	5.3	7.8	3.1	2.0		
浔阳区	100.0	0.1	37.0	29.2	62.9	7.6	19.7	3.4	2.5		
庐山区	100.0	1.9	50.1	37.4	47.9	11.8	7.9	5.4	1.9		
开发区	100.0	1.4	70.2	61.1	28.3	1.5	5.0	2.2	1.3		
九江县	100.0	12.7	59.5	51.5	27.7	3.4	3.9	0.9	1.7		
武宁县	100.0	15.2	52.2	45.1	32.7	4.3	6.9	7.6	2.3		
修水县	100.0	13.6	50.7	41.0	35.7	5.6	6.5	3.1	2.1		
永修县	100.0	11.7	66.1	60.5	22.2	3.3	4.3	1.4	1.7		
德安县	100.0	6.7	69.4	62.1	24.0	5.4	3.0	1.5	1.6		
星子县	100.0	9.2	45.7	40.6	45.2	9.2	7.3	7.4	1.9		
都昌县	100.0	20.3	48.2	36.9	31.4	3.4	3.1	0.8	2.2		
湖口县	100.0	10.2	73.9	67.5	15.9	2.1	1.8	0.7	1.6		
彭泽县	100.0	21.9	56.7	47.8	21.4	3.2	4.3	1.0	1.9		
瑞昌市	100.0	9.2	68.2	62.0	22.6	2.7	2.3	1.3	2.4		
共青城市	100.0	3.1	78.1	64.8	18.8	0.5	4.1	4.2	1.7		

注:本表按当年价格计算。

主要统计指标解释

地区生产总值(GDP) 指一个国家(或地区)所有常住单位在一定时期内生产活动的最终成果。它不仅能够反映物质生产的发展情况,而且能够反映各种劳务的增长情况,能够全面反映国民经济和社会发展的规模和水平。从生产角度来说,是国民经济各部门的增加值之和;从分配角度来说,是这些部门劳动者报酬、生产税净额、营业盈余和固定资产折旧四个项目之和;从使用角度来说,是最终使用于消费、资本形成以及净出口的产品和劳务之和。在实际核算中,国内生产总值有三种计算方法,即生产法、收入法和支出法。三种方法分别从不同的方面反映国内生产总值及其构成。

劳动者报酬 指劳动者从事生产活动所获得的全部报酬。包括劳动者获得的各种形式的工资、奖金和津贴,既包括货币形式的,也包括实物形式的;还包括劳动者所享受的公费医疗和医药卫生费、上下班交通补贴和单位支付的社会保险费等。对于个体经济来说,其所有者所获得的劳动报酬和经营利润不易区分,这两部分统一作为劳动者报酬处理。

生产税净额 指生产税减生产补贴后的余额。生产税指政府对生产单位生产、销售和从事经营活动以及因从事生产活动使用某些生产要素(如固定资产、土地、劳动力)所征收的各种税、附加费和规费。生产补贴与生产税相反,指政府对生产单位的单方面收入转移,因此视为负生产税,包括政策亏损补贴、粮食系统价格补贴、外贸企业出口退税收入等。

固定资产折旧 指一定时期内为弥补固定资产损耗按照核定的固定资产折旧率提取的固定资产折旧,或按国民经济核算统一规定的折旧率虚拟计算的固定资产折旧。它反映了固定资产在当期生产中的转移价值。各类企业和企业化管理的事业单位的固定资产折旧是指实际计提并计入成本费用中的折旧费;不计提折旧的政府机关、非企业化管理的事业单位和居民住房的固定资产折旧是按照统一规定的折旧率和固定资产原值计算的虚拟折旧。原则上,固定资产折旧应按固定资产的重置价值计算,但是目前我国尚不具备对全社会固定资产进行重估价的基础,所以暂时只能采用上述办法。

营业盈余 指常住单位创造的增加值扣除劳动者报酬、生产税净额和固定资产折旧后的余额。它相当于企业的营业利润加上生产补贴,但要扣除从利润中开支的工资和福利等。

最终消费 指常住单位在一定时期内对于货物和服务的全部最终消费支出,也就是常住单位为满足物质、文化和精神生活的需要,从本国经济领土和国外购买的货物和服务的支出。不包括非常住单位在本国经济领土内的消费支出。最终消费分为居民消费和政府消费。

居民消费 指常住住户对货物和服务的全部最终消费支出。居民消费按市场价格计算,即按居民支付的购买者价格计算。购买者价格是购买者取得货物所支付的价格,包括购买者支付的运输和商业费用。居民消费除了直接以货币形式购买货物和服务的消费之外,还包括以其他方式获得的货物和服务的消费支出,即所谓的虚拟消费支出。居民虚拟消费支出包括以下几种类型:单位以实物报酬及实物转移的形式提供给劳动者的货物和服务;住户生产并由本住户消费了的货物和服务,其中的服务仅指住户的自有住房服务;金融机构提供的金融媒介服务;保险公司提供的保险服务。

政府消费 指政府部门为全社会提供公共服务的消费支出和免费或以较低价格向住户提供的货物和服务的净支出。前者等于政府服务的产出价格减去政府单位所获得的经营收入的价格,政府服务的产出价值等于它的经常性业务支出加上固定资产折旧;后者等于政府部门免费或以较低价格向住户提供的货物和服务的市场价值减去向住户收取的价值。

资本形成总额 指常住单位在一定时期内获得的减去处置的固定资产加存货的变动,包括固定资本形成总额和存货增加。

固定资本形成总额 指常住单位在一定时期内购置、转入和自产自用的固定资产,扣除固定资产的销售和转出后的价值,可分为有形固定资本形成总额和无形固定资本形成总额。有形固定资本形成总额包括一定时期内完成的建筑工程、安装工程和设备工器具购置(减处置)价值,以及土地改良、新增役、种、奶、毛、娱乐用牲畜和新增经济林木价值。无形固定资本形成总额包括矿藏的勘探、计算机软件、娱乐和文学艺术品原件等获得减处置。

存货增加 指常住单位在一定时期内存货实物量变动的市场价值,即期末价值减期初价值的差额。存货增加可以是正值,也可以是负值;正值表示存货上升,负值表示存货下降。它包括生产单位购进的原材料、燃料和储备物资等存货,以及生产单位生产的产成品、在制品和半成品等存货。

货物和服务净出口 指货物和服务出口减货物和服务进口的差额。出口包括常住单位向非常住单位出售和无偿转让的各种货物和服务的价值;进口包括常住单位从非常住单位购买或无偿得到的各种货物和服务的价值。由于服务活动的提供与使用同时发生,因此服务的进出口业务并不发生出入境现象,一般把常住单位从国外得到的服务作为进口,非常住单位从本国得到的服务作为出口。货物的出口和进口都按离岸价格计算。在计算地区货物和服务净出口时,还包括地区间货物和服务的流入流出。用公式表示:

货物和服务净出口(净流出)=货物和服务出口(流出)—进口(流入)

三次产业 是根据社会生产活动历史发展的顺序对产业结构的划分,产品直接取自自然界的部门称为第一产业,对初级产品进行再加工的部门称为第二产业,为生产和消费提供各种服务的部门称为第三产业。它是世界上较为通用的产业结构分类,但各国的划分不尽一致。

我国的三次产业划分是:

第一产业:农业(包括农业、林业、牧业和渔业,不含农、林、牧、渔服务业)。

第二产业:工业(包括采掘业,制造业,电力、煤气及水的生产和供应业)和建筑业。

第三产业:除第一、第二产业以外的其他各业。

现行价格(或称当年价格) 指报告期的实际价格,如工业品的出厂价格,农副产品的收购价格,商业的零售价格等。它反映当年的实际情况,使国民经济各项指标互相衔接,便于对生产、流通、分配、消费之间进行综合平衡。

可比价格 指计算各种总量指标所采用的扣除了价格变动因素的价格,可进行不同时期总量指标的对比。按可比价格计算总量指标有两种方法:一种是直接用产品产量乘某一年的不变价格计算;另一种是用价格指数进行缩减。

平均增长速度 我国计算平均增长速度有两种方法:一种是习惯上经常使用的"水平法",又称几何平均法,是以间隔期最后一年的水平同基期水平对比来计算平均每年增长(或下降)速度;另一种是"累计法",又称代数平均法或方程法,是以间隔期内各年水平的总和同基期水平对比来计算平均每年增长(或下降)速度。在一般正常情况下,两种方法计算的平均每年增长速度比较接近;但在经济发展不平衡、出现大起大落时,两种方法计算的结果差别较大。

平均增长速度,除固定资产投资用"累计法"计算外,其余均用"水平法"计算。从某年到某年平均增长速度的年份,均不包括基期年在内。

2

人　口

● 2014 年末，根据人口变动情况抽样调查统计，全市常住总人口 480.69 万人，人口密度 252 人/平方公里。

2-1 主要年份户数和人口数

指　　标	单位	1978 年	1980 年	1988 年	1990 年	1995 年	2000 年	2003 年	2005 年
年末总户数	万户	69.28	71.76	90.76	94.74	107.22	114.54	123.88	133.36
年末总人口数	万人	339.93	349.53	392.11	405.23	426.91	446.83	460.82	466.20
#男	万人	176.24	180.80	203.31	209.96	219.04	231.38	238.88	242.67
女	万人	163.69	168.73	188.72	195.27	207.87	215.38	211.93	223.53
#非农业人口	万人	49.44	53.44	67.69	71.19	82.51	96.09	109.83	122.83
农业人口	万人	290.49	296.09	324.42	334.04	344.40	350.74	358.99	343.37
年平均人口	万人	336.67	347.50	387.82	401.93	424.30	447.59	457.96	465.51
人口出生率	‰	25.69	18.37	12.86	17.69	10.86	13.29	11.39	19.04
人口死亡率	‰	7.51	6.73	5.04	5.85	4.34	5.47	2.99	6.31
人口自然增长率	‰	18.18	11.64	7.82	11.84	6.52	7.82	8.40	12.73
人口密度	人/平方公里	181	186	208	215	227	237	245	248

指　　标	单位	2007 年	2008 年	2009 年	2010 年	2011 年	2012 年	2013 年	2014 年
年末总户数	万户	144.68	150.08	153.54	156.85	162.36	164.47	165.91	168.01
年末总人口数	万人	479.58	484.67	491.04	497.91	502.43	508.61	508.09	513.13
#男	万人	249.74	252.09	255.38	259.15	261.02	264.17	264.49	267.01
女	万人	229.84	232.58	235.66	238.76	241.42	244.44	243.6	246.12
#非农业人口	万人	129.06	133.10	133.61	135.57	137.14	138.68	139.17	139.5
农业人口	万人	350.52	351.57	357.43	362.34	365.29	369.93	368.92	373.63
年平均人口	万人	476.13	482.13	487.86	494.48	500.17	505.52	508.35	510.61
人口出生率	‰	16.39	15.01	13.93	17.06	15.76	17.36	16.73	24.6
人口死亡率	‰	4.53	3.46	3.42	6.89	3.12	4.20	10.13	4.71
人口自然增长率	‰	11.86	11.55	10.51	10.17	12.64	13.16	6.60	19.89
人口密度	人/平方公里	255	257	260	264	266	269	270	269

注:本表为公安年报数。

2-2 人口自然变动情况

指　标	单位	1978 年	1980 年	1985 年	1990 年	1995 年	2000 年	2003 年	2005 年
年末人口	万人	339.93	349.53	372.20	405.23	436.69	448.83	456.14	461.14
年平均人口	万人	336.60	347.50	369.95	401.93	434.26	446.69	455.08	459.96
人口出生率	‰	25.69	18.37	14.27	17.69	18.41	15.54	14.10	13.84
人口死亡率	‰	7.51	6.73	5.77	5.85	7.20	6.03	6.01	6.27
人口自然增长率	‰	18.18	11.64	8.50	11.84	11.21	9.51	8.09	7.57
人口密度	人/平方公里	181	186	198	215	232	238	242	245

指　标	单位	2007 年	2008 年	2009 年	2010 年	2011 年	2012 年	2013 年	2014 年
年末人口	万人	465.96	468.50	470.90	473.25	476.27	477.31	478.94	480.69
年平均人口	万人	464.62	467.23	469.70	472.07	474.76	476.79	478.13	479.82
人口出生率	‰	13.60	13.68	13.64	13.51	13.49	13.23	13.12	13.16
人口死亡率	‰	6.00	6.01	5.97	6.06	5.98	6.09	6.18	6.14
人口自然增长率	‰	7.60	7.67	7.67	7.45	7.51	7.14	6.94	7.02
人口密度	人/平方公里	248	249	250	251	253	254	254	252

2-3 各县(市、区)户数和人口数

(2014 年末)

地 区	总户数(万户)	总人口(万人)	按性别分		按农业、非农业分		平均每户人口数(人)	人口密度(人/平方公里)
			男	女	农业人口	非农业人口		
全市合计	**168.01**	**513.13**	**267.01**	**246.12**	**373.63**	**139.50**	**3.05**	**269**
市 区	24.53	66.15	33.35	32.80	16.13	50.02	2.70	1104
#庐山区	8.06	22.59	11.63	10.95	11.72	10.87	2.80	411
浔阳区	10.71	28.82	14.32	14.50	0.13	28.69	2.69	5882
九江开发区	5.04	12.89	6.46	6.42	4.09	8.80	2.56	
庐山管理局	0.72	1.86	0.93	0.92	0.20	1.66	2.58	
九江县	12	33.16	17.51	15.65	25.30	7.86	2.76	362
武宁县	12.18	40.13	20.68	19.45	32.09	8.04	3.30	115
修水县	23.43	86.48	45.16	41.32	76.27	10.21	3.69	192
永修县	14.77	39.89	20.86	19.03	28.34	11.55	2.70	195
德安县	6.02	17.39	8.99	8.41	12.01	5.39	2.89	200
星子县	8.07	27.69	14.60	13.08	23.16	4.53	3.43	383
都昌县	26.73	81.05	42.67	38.37	68.34	12.71	3.03	364
湖口县	8.87	29.87	15.58	14.29	22.69	7.18	3.37	443
彭泽县	13.26	38.20	19.71	18.49	31.31	6.89	2.88	249
瑞昌市	15.02	45.91	24.18	21.73	34.12	11.78	3.06	324
共青城市	3.13	7.21	3.72	3.49	3.87	3.35	2.30	1127

2-4 各县(市、区)人口自然变动情况

(2014 年)

地 区	年平均人口(万人)	出生		死亡		自然变动	
		人数(人)	率(‰)	人数(人)	率(‰)	人数(人)	率(‰)
全市合计	**510.61**	**125607**	**24.60**	**24025**	**4.71**	**101582**	**19.89**
市 区	65.77	9999	15.20	2297	3.49	7702	11.71
#庐山区	22.43	4286	19.11	578	2.58	3708	16.53
浔阳区	28.78	3194	11.10	1009	3.51	2185	7.59
九江开发区	12.70	2323	18.29	621	4.89	1702	13.40
庐山管理局	1.86	196	10.55	89	4.79	107	5.76
九江县	33.19	7820	23.56	3196	9.63	4624	13.93
武宁县	39.77	9390	23.61	1462	3.68	7928	19.93
修水县	85.43	25289	29.60	2508	2.94	22781	26.67
永修县	39.69	8161	20.56	2585	6.51	5576	14.05
德安县	17.43	4832	27.73	762	4.37	4070	23.35
星子县	27.25	12693	46.57	807	2.96	11886	43.61
都昌县	80.50	18250	22.67	1636	2.03	16614	20.64
湖口县	29.67	4669	15.74	791	2.67	3878	13.07
彭泽县	39.04	8105	20.76	4218	10.80	3887	9.96
瑞昌市	45.73	14033	30.69	3591	7.85	10442	22.83
共青城市	7.13	2366	33.20	172	2.41	2194	30.78

注:本表中数据为公安年报数据。

2-5 各县(市、区)人口数

(2014 年末)

地　　区	总人口(万人)	按性别分		城镇化率(%)	6岁及以上人口平均受教育年限(年)
		男	女		
全市合计	**480.69**	**244.15**	**236.54**	**49.1**	**9.18**
#庐山区	26.55	13.48	13.07	75.7	10.28
浔阳区	31.53	15.83	15.70	99.55	10.68
九江开发区	14.09	7.12	6.97	74.48	9.24
庐山管理局	2.03	1.03	1.00	99.44	9.29
九江县	29.84	15.13	14.71	44.12	9.28
武宁县	36.61	18.63	17.98	44.5	9.21
修水县	75.12	38.08	37.03	37.91	8.64
永修县	36.68	18.71	17.97	49.68	8.91
德安县	15.68	8.00	7.68	50.39	8.92
星子县	24.96	12.75	12.21	45.48	8.71
都昌县	72.72	36.78	35.94	31.83	8.43
湖口县	28.05	14.34	13.71	42.9	9.31
彭泽县	35.87	18.22	17.65	44.75	8.63
瑞昌市	42.54	21.74	20.81	45.94	9.19
共青城市	8.42	4.30	4.12	69.29	9.14

2-6 各县(市、区)人口自然变动情况

(2014 年)

地　　区	年平均人口(万人)	出生率(‰)	死亡率(‰)	自然变动率(‰)
全市合计	**479.82**	**13.16**	**6.14**	**7.02**
#庐山区	26.49	11.7	6.13	5.57
浔阳区	31.46	10.15	6.03	4.12
九江开发区	14.07	12.17	5.98	6.19
庐山管理局	2.02	10.16	6.04	4.12
九江县	29.79	13.66	6.19	7.47
武宁县	36.54	13.74	6.19	7.55
修水县	74.99	13.45	6.15	7.30
永修县	36.61	13.49	6.17	7.32
德安县	15.65	13.52	6.14	7.38
星子县	24.91	13.55	6.14	7.41
都昌县	72.59	13.47	6.15	7.32
湖口县	28.00	13.41	6.14	7.27
彭泽县	35.81	13.75	6.14	7.61
瑞昌市	42.47	13.61	6.15	7.46
共青城市	8.41	12.95	6.13	6.82

注:本页数据为人口变动抽样调查数据。

2-7 育龄妇女节育情况

(2014 年)

地　区	已婚育龄妇女人数（人）	采取节育措施育龄妇女人数（人）	节育率（%）
全市合计	**1083391**	**902139**	**83.27**
庐山区	44713	37082	82.93
浔阳区	57285	51024	89.07
九江开发区	28493	24244	85.09
庐山管理局	3775	3275	86.75
九江县	67630	56629	83.73
武宁县	82310	64714	78.62
修水县	185961	152400	81.95
永修县	81499	67676	83.04
德安县	38200	31460	82.36
星子县	58243	50860	87.32
都昌县	175337	146854	83.76
湖口县	64678	54180	83.77
彭泽县	79584	64728	81.33
瑞昌市	99136	83017	83.74
共青城市	16547	13996	84.58

2-8 计划生育情况

(2014 年)

地　区	现有一孩育龄妇女人数（人）	领取独生子女证人数（人）	独生子女领证率（%）
全市合计	**426697**	**157576**	**36.93**
庐山区	25818	7787	30.16
浔阳区	44743	34759	77.69
九江开发区	16902	9007	53.29
庐山管理局	2736	1214	44.37
九江县	25612	7493	29.26
武宁县	34097	12296	36.06
修水县	60859	16120	26.49
永修县	29775	10501	35.27
德安县	17184	6238	36.30
星子县	16012	4070	25.42
都昌县	47588	7629	16.03
湖口县	24749	7820	31.60
彭泽县	33973	15158	44.62
瑞昌市	39185	14877	37.97
共青城市	7464	2607	34.93

主要统计指标解释

常住人口　指实际经常居住在某地域一定时间的人口。

主要包括：

①户籍在本市且现居住本市的人；

②户籍在外市现在本市居住且离开户籍登记地半年以上的人；

③调查时居住在本市，但在任何地方都没有登记常住户口，如手续户口、迁移证、出生证、退伍证、劳改劳教释证等尚未办理常住户口登记的人，即所谓的“口袋户口”的人口；

④户籍在本市现在国外工作、学习和居住的人员。

户籍人口　指公民依照《中华人民共和国户口登记条例》已在其经常居住地的公安户籍管理机关登记了常住户口的人。这类人口不管其是否外出，也不管外出时间长短，只要在某地注册有常住户口，则为该地区的户籍人口。

人口密度　指一定时点一定地区的人口数与该地区的土地面积之比，通常以每平方公里的居民人数来表示。

人口出生率　指在一定时期内(通常为一年)一定地区的出生人数与同期平均人数(或期中人数)之比，一般用千分率表示。

计算公式：人口出生率 =(年出生人数/年平均人数)×1000‰

人口死亡率　指一定时期内(通常为一年)，一定地区的死亡人数与同期平均人数(或期中人数)之比；一般用千分率表示。

计算公式为：人口死亡率 =(年死亡人数/年平均人数)×1000‰

人口自然增长率　指在一定时期内(通常为一年)人口自然增加数(出生人数减死亡人数)与该时期内平均人数(或期中人数)之比，一般用千分率表示。

计算公式：人口自然增长率 =〔(本年出生人数 - 本年死亡人数)/年平均人数〕×1000‰

人口自然增长率 = 人口出生率 - 人口死亡率

3

就业人员和职工工资

- 2014 年末，全市社会从业人员 310.02 万人，其中城镇从业人员 116.07 万人，乡村从业人员 193.95 万人。
- 2014 年末，全市在岗职工人数 42.27 万人，在岗职工工资总额 185.79 亿元，在岗职工年平均工资 44403 元。

3-1 主要年份劳动力资源总数

（年末数） 单位：万人

年份	劳动力资源总数	社会从业人员	职工人数	#国有单位	城镇集体单位	其他单位	劳动力资源总数占人口数(%)	劳动力资源利用率(%)
1978	159.22	112.25	28.25	24.01	4.24		46.8	70.5
1980	161.74	116.94	30.06	26.08	4.98		46.3	72.3
1985	209.59	181.88	40.10	32.01	8.09		56.3	86.8
1988	231.38	187.78	43.70	35.08	8.61	0.01	59.0	81.2
1990	236.21	189.60	44.24	36.18	8.01	0.05	58.3	80.3
1991	240.92	194.86	45.85	37.60	8.19	0.06	57.9	80.8
1992	248.24	198.56	46.75	38.37	8.21	0.17	60.1	80.0
1993	250.27	201.97	47.41	39.55	7.45	0.41	60.0	80.7
1994	252.19	211.07	47.45	39.98	7.45	0.54	60.1	83.7
1995	257.02	222.61	49.56	41.31	7.34	0.91	58.9	86.6
1996	262.50	226.39	48.75	41.28	6.90	0.57	59.5	86.2
1997	268.36	231.34	49.31	41.31	7.48	0.52	61.3	86.2
1998	273.10	236.51	38.45	29.08	4.54	4.82	61.6	86.6
1999	280.24	242.43	35.93	27.75	4.19	3.99	62.5	86.6
2000	287.50	246.81	35.25	26.90	4.20	4.15	64.3	85.8
2001	293.61	251.01	34.23	26.09	3.85	4.29	65.3	85.5
2002	301.50	257.80	32.47	25.78	2.98	3.71	67.1	85.5
2003	312.87	271.17	31.15	22.83	2.21	6.10	67.7	86.7
2004	323.73	279.61	31.69	22.69	1.95	7.05	69.9	86.4
2005	334.75	289.83	33.26	23.48	2.36	7.42	71.8	86.6
2006	343.25	295.05	34.65	23.71	2.44	8.50	73.1	86.0
2007	339.71	302.72	31.76	21.89	1.88	7.98	71.9	89.1
2008	344.20	307.26	29.57	18.75	1.93	8.89	72.4	89.3
2009	346.76	307.87	29.79	18.58	1.87	9.35	72.4	88.8
2010	348.95	308.25	30.71	18.93	1.99	9.78	73.8	88.3
2011	342.10	308.80	34.71	19.54	2.62	12.55	72.1	90.3
2012	341.95	309.15	38.19	19.80	2.94	15.45	71.6	90.4
2013	338.50	309.53	39.13	18.13	2.72	18.28	70.7	91.4
2014	339.78	310.02	42.27	18.36	2.92	20.99	70.7	91.2

注：自2012年起，职工人数含劳务派遣人员。

3-2 主要年份按三次产业划分的社会从业人员和构成

(年末数)

年　份	合计	第一产业	第二产业	第三产业
一、绝对数(万人)				
1978	112.25	86.66	14.59	11.00
1980	116.94	90.86	14.38	11.70
1985	181.88	118.80	29.62	33.46
1990	189.60	123.26	31.86	38.48
1995	222.61	124.63	43.09	54.89
2000	246.81	114.74	42.08	89.99
2001	251.01	119.38	41.24	90.39
2002	257.80	127.44	45.97	84.39
2003	271.17	127.07	54.71	89.39
2004	279.61	126.40	59.61	93.60
2005	289.83	131.53	64.42	93.88
2006	295.05	121.86	72.52	100.67
2007	302.72	122.14	77.19	103.39
2008	307.26	123.62	75.90	107.74
2009	307.87	120.65	77.75	109.47
2010	308.25	113.23	88.57	106.45
2011	308.80	106.19	96.22	106.38
2012	309.15	98.16	102.99	108.00
2013	309.53	95.54	107.99	106.00
2014	310.02	94.71	107.95	107.36
二、构成(%)				
1978	100	74.10	15.40	10.50
1980	100	73.00	15.50	11.50
1985	100	66.50	16.90	16.60
1990	100	65.00	16.80	18.20
1995	100	56.00	19.30	24.70
2000	100	46.50	17.00	36.50
2001	100	47.60	16.40	36.00
2002	100	49.40	17.80	32.80
2003	100	46.90	20.20	32.90
2004	100	45.20	21.30	33.50
2005	100	45.40	22.20	32.40
2006	100	41.30	24.60	34.10
2007	100	40.30	25.50	34.20
2008	100	40.23	24.70	35.07
2009	100	39.20	25.20	35.60
2010	100	36.70	28.70	34.60
2011	100	34.39	31.16	34.45
2012	100	31.75	33.31	34.93
2013	100	30.87	34.89	34.24
2014	100	30.55	34.82	34.63

3-3 社会从业人员

（2014年末） 单位:万人

行业	合计	城镇	乡村
总计	**310.02**	**116.07**	**193.95**
农林牧渔业	94.71	1.92	92.79
采矿业	1.66	0.99	0.67
制造业	73.76	41.18	32.58
电力、燃气及水的生产和供应业	1.61	1.28	0.33
建筑业	30.92	11.69	19.23
交通运输、仓储和邮政业	39.51	27.54	11.97
信息传输、计算机服务业	14.75	2.62	12.13
批发和零售业	9.90	5.25	4.65
住宿和餐饮业	2.21	0.63	1.58
金融业	1.31	1.20	0.11
房地产业	4.04	0.99	3.05
租赁和商务服务业	7.23	1.19	6.04
科研、技术和地质勘探业	1.49	0.90	0.59
水利、环境和公共设施管理业	1.09	0.84	0.25
居民服务和其他服务业	11.63	4.08	7.55
教育	5.21	5.15	0.06
卫生、社会保障和社会福利业	2.55	2.55	
文化、体育和娱乐业	1.01	0.64	0.37
公共管理和社会组织	5.43	5.43	

3-4 私营企业从业人员情况

(2014 年末) 单位:人

行　业	合计	#城镇
合　计	**633187**	**251176**
农、林、牧、渔业	47781	8152
采 矿 业	6183	688
制 造 业	217881	58966
电力、燃气及水的生产和供应业	4108	895
建 筑 业	74329	36678
批发和零售业	64676	53368
交通运输、仓储和邮政业	42229	16286
住宿和餐饮业	28937	13731
信息传输、计算机服务和软件业	14281	2907
金 融 业	1098	1034
房 地 产 业	34104	9473
租赁和商务服务业	59461	33015
科学研究、技术服务和地质勘查业	6707	2711
水利、环境和公共设施管理业	3378	834
居民服务和其他服务业	23308	8829
教育	585	542
卫生、社会保障和社会福利业	460	407
文化、体育和娱乐业	3681	2660

3-5 个体工商业从业人员情况

(2014 年末) 单位:人

行　业	合计	#城镇
合　计	**445332**	**283798**
农、林、牧、渔业	25701	8540
采 矿 业	1610	407
制 造 业	54840	29665
电力、燃气及水的生产和供应业	393	58
建 筑 业	1290	657
批发和零售业	252500	159850
交通运输、仓储和邮政业	7037	5470
住宿和餐饮业	45421	37333
信息传输、计算机服务和软件业	3136	1371
房 地 产 业	225	212
租赁和商务服务业	4158	2644
科学研究、技术服务和地质勘查业	1296	902
水利、环境和公共设施管理业	23	9
居民服务和其他服务业	43052	32848
教育	157	142
卫生、社会保障和社会福利业	1313	1095
文化、体育和娱乐业	2755	2361
其 他 行 业	425	234

3-6 在岗职工年末人数

单位:人

分类	2013年	2014年	2014年比2013年增长%
总计	**391296**	**422724**	**8.0**
一、按经济类型分组			
国有单位	181339	183551	1.2
城镇集体单位	27215	29195	7.3
其他单位	182742	209978	14.9
二、按企业、事业、机关分组			
企业	256144	282878	10.4
事业	88198	92692	5.1
机关	45250	46307	2.3
民间非盈利组织	225	5	-97.8
其他	1479	842	-43.1
三、按国民经济行业分组			
农、从、牧、渔业	7623	7481	-1.9
采矿业	3474	3645	4.9
制造业	125506	146352	16.6
电力、燃气及水的生产和供应业	10081	10998	9.1
建筑业	58980	57859	-1.9
批发和零售业	12068	12936	7.2
交通运输、仓储和邮政业	12896	15249	18.3
住宿和餐饮业	4566	4672	2.3
信息传输、计算机服务和软件业	4344	4445	2.3
金融业	10525	11065	5.1
房地产业	4152	5831	40.4
租赁和商务服务业	8816	7360	-16.5
科学研究、技术服务和地质勘查业	6664	6361	-4.6
水利、环境和公共设施管理业	4820	5049	4.8
居民服务和其他服务业	968	960	-0.8
教育	44958	48926	8.8
卫生、社会保障和社会福利业	18055	19818	9.8
文化、体育和娱乐业	3272	3382	3.4
公共管理和社会组织	49528	50335	1.6
四、按地区分组			
市区	122770	128007	4.3
#市直	56469	54962	-2.7
庐山区	19897	19794	-0.5
浔阳区	19323	20580	6.5
九江开发区	22194	27733	25.0
庐山管理局	4887	4938	1.04
九江县	25223	24855	-1.5
武宁县	12626	12857	1.8
修水县	27445	30365	10.6
永修县	38798	40977	5.6
德安县	18428	19537	6.0
星子县	19136	19746	3.2
都昌县	28859	29840	3.4
湖口县	26772	38142	42.5
彭泽县	21351	22357	4.7
瑞昌市	30882	33258	7.7
共青城市	19006	22783	19.9

3-7 各种分组的在岗职工人数

(2014 年末) 单位:人

分类	合计	国有	城镇集体	其他
总计	**422724**	**183551**	**29195**	**209978**
一、按企业、事业、机关分组				
企业	282878	47409	26523	208946
事业	92692	89872	2553	267
机关	46307	46197	110	
民间非盈利组织	5	5		
其他	842	68	9	765
二、按国民经济行业分组				
农、林、牧、渔业	7481	7436	45	
#农业	3803	3803		
林业	2292	2292		
畜牧业	235	235		
渔业	562	562		
农、林、牧、渔服务业	589	544	45	
采矿业	3645	599	474	2572
#煤炭开采与洗选业	395	346	49	
黑色金属矿采选业	285			285
有色金属矿采选业	2081		425	1656
非金属矿采选业	719	88		631
其他采矿业	165	165		
制造业	146352	8539	3302	134511
#农副食品加工业	5317	496	183	4638
食品制造业	1485	305	49	1131
饮料制造业	2072	334	39	1699
纺织业	15369	135	45	15189
纺织服装、鞋、帽制造业	19368	261	183	18924
皮革、毛皮、羽毛(绒)及其制品业	2193	180	64	1949
木材加工及木竹、藤、棕、草制品业	1516	202	39	1275
家具制造业	909	312	30	567
造纸及纸制品业	2160	682	57	1421
印刷业和记录媒介的复制	1289	119	91	1079
文教体育用品制造业	6192	192	53	5947
石油加工、炼焦及核燃料加工业	3694			3694
化学原料及化学制品制造业	10867	1935	50	8882
医药制造业	3062	199		2863

3－7 续表 1

分　类	合计	国有	城镇集体	其他
化学纤维制造业	3256			3256
塑料制品业	1621		26	1595
非金属矿物制品业	10715	291	353	10071
黑色金属冶炼及压延加工业	7653	255		7398
有色金属冶炼及压延加工业	10563			10563
金属制品业	2336	656		1680
通用设备制造业	3403		88	3315
专用设备制造业	2778	537		2241
汽车制造业	3175	206		2969
铁路、船舶、航空航天和其他运输设备	4958			4958
电气机械及器材制造业	8555	271	341	7943
通信设备、计算机及其他电子设备制造业	8126	270		7856
仪器仪表及文化、办公用机械制造业	1041	546		495
其他制造业	2390	155	1452	783
废弃资源和废旧材料回收加工业	289		159	130
电力、燃气及水的生产和供应业	10998	6197		4801
#电力、热力的生产和供应业	8806	5572		3234
燃气生产和供应业	266	19		247
水的生产和供应业	1926	606		1320
建　筑　业	57859	8856	19485	29518
#房屋建筑业	43746	6489	17922	19335
土木工程建筑业	12937	1852	1563	9522
建筑安装业	633	435		198
建筑装饰业	543	80		463
批发和零售业	12936	2828	1418	8690
#批发业	4187	2163	930	1094
零售业	8749	665	488	7596
交通运输、仓储和邮政业	15249	7079	685	7485
#铁路运输业	13		13	
道路运输业	8149	4714		3435
水上运输业	4131		536	3595
装卸搬运和其他运输服务业	528	39	90	399
仓储业	270	168	46	56
邮政业	2158	2158		

3-7 续表2

分　类	合计	国有	城镇集体	其他
住宿和餐饮业	4672	1524	44	3104
# 住宿业	4069	1258		2811
餐饮业	603	266	44	293
信息传输、计算机服务和软件业	4445	1151	91	3203
# 电信、广播电视和卫星传输服务	4341	1114	91	3136
互联网和相关服务	22	22		
软件和信息技术服务业	82	15		67
金 融 业	11065	5256	1836	3973
# 货币金融服务业	8705	4404	1836	2465
资本市场服务	25			25
保险业	2297	814		1483
其他金融活动	38	38		
房地产业	5831	472	28	5331
# 房地产开发经营	4880	282		4598
物业管理	767	89		678
房地产中介服务	3	3		
租赁和商务服务业	7360	3760	150	3450
# 商务服务业	7360	3760	150	3450
科学研究、技术服务和地质勘查业	6361	5591	38	732
# 研究与试验发展	1232	1181		51
专业技术服务业	2755	2117	38	600
科技推广和应用服务	2374	2293		81
水利、环境和公共设施管理业	5049	3310	754	985
# 水利管理业	711	711		
生态保护和环境治理业	421	332		89
公共设施管理业	3917	2267	754	896
居民服务、修理和其他服务业	960	727	84	149
# 居民服务业	299	176	78	45
机动车、电子产品和日用产品修理业	199	138		61
其他服务业	462	413	6	43

3 –7 续表 3

分　类	合计	国有	城镇集体	其他
教　　育	48926	48011	15	900
#初等教育	20606	20606		
中等教育	16074	15324		750
高等教育	3579	3579		
卫生、社会保障和社会福利业	19818	18926	746	146
#卫生	19570	18683	741	146
社会工作	248	243	5	
文化、体育和娱乐业	3382	2957		425
#新闻和出版业	374	238		136
广播、电视、电影和影视录音制作业	1539	1539		
文化艺术业	1115	1115		
体育	320	49		271
娱乐业	34	16		18
公共管理、社会保障和社会组织	50335	50332		3
#中国共产党机关	2140	2140		
国家机构	46105	46105		
人民政协和民主党派	781	781		
社会保障	484	484		
群众社团、社会团体和其他成员组织	825	822		3
三、按地区分组				
市　　区	128007	61712	9620	56675
#市　　直	54962	36668	3523	14771
庐 山 区	19794	6987	4639	8168
浔 阳 区	20580	6631	1286	12663
九江开发区	27733	7059	150	20524
庐山管理局	4938	4367	22	549
九 江 县	24855	10846	2480	11529
武 宁 县	12857	8213	462	4182
修 水 县	30365	14337	369	15659
水 修 县	40977	24549	2895	13533
德 安 县	19537	5890	2612	11035
星 子 县	19746	6669	722	12355
都 昌 县	29840	15683	835	13322
湖 口 县	38142	8569	6579	22994
彭 泽 县	22357	10236	2273	9848
瑞 昌 市	33258	11621	348	21289
共 青 城 市	22783	5226		17557

3-8 在岗职工工资总额

单位:万元

分类	2013年	2014年	2014年比2013年增长%
总计	**1521908**	**1857875**	**22.1**
一、按经济类型分组			
国有单位	743158	848896	14.2
城镇集体单位	84288	109371	29.8
其他单位	694461	899609	29.5
二、按企业、事业、机关分组			
企业	963498	1209010	25.5
事业	361833	432737	19.6
机关	191608	213390	11.4
民间非盈利组织	609	20	-96.7
其他	4360	2718	-37.7
三、按国民经济行业分组			
农、林、牧、渔业	20211	28093	39.0
采矿业	13174	15823	20.1
制造业	454989	617718	35.8
电力、燃气及水的生产和供应业	51551	66417	28.8
建筑业	193891	210933	8.8
批发和零售业	47000	53670	14.2
交通运输、仓储和邮政业	49419	64618	30.8
住宿和餐饮业	13807	15123	9.5
信息传输、计算机服务和软件业	23322	24248	4.0
金融业	68916	79490	15.3
房地产业	14163	24045	69.8
租赁和商务服务业	34205	29973	-12.4
科学研究、技术服务和地质勘查业	29852	32598	9.2
水利、环境和公共设施管理业	14120	17462	23.7
居民服务和其他服务业	2959	3603	21.7
教育	187855	225752	20.2
卫生、社会保障和社会福利业	83187	105824	27.2
文化、体育和娱乐业	11381	12842	12.8
公共管理和社会组织	207907	229644	10.5
四、按地区分组			
市区	580982	655196	12.8
#市直	303123	320017	5.6
庐山区	74935	86101	14.9
浔阳区	90879	105313	15.9
九江开发区	92904	120364	29.6
庐山管理局	19143	23401	22.2
九江县	92636	100191	8.2
武宁县	50438	58115	15.2
修水县	97640	115788	18.6
永修县	138541	170419	23.0
德安县	63706	80654	26.6
星子县	61770	73397	18.8
都昌县	79482	95064	19.6
湖口县	107587	177301	64.8
彭泽县	64096	79486	24.0
瑞昌市	116803	150654	29.0
共青城市	68227	101610	48.9

3-9 各种分组的在岗职工工资总额

（2014 年）　　单位：万元

分　类	合计	国有	城镇集体	其他
总　　计	**1857875**	**848896**	**109371**	**899609**
一、按企业、事业、机关分组				
企　　业	1209010	212581	100347	896082
事　　业	432737	423032	8588	1117
机　　关	213390	212991	400	
民间非营利组织	20	20		
其 他	2718	273	36	2409
二、按国民经济行业分组				
农、林、牧、渔业	28093	27918	175	
#农　　业	15177	15177		
林　　业	8542	8542		
畜 牧 业	894	894		
渔　　业	1711	1711		
农、林、牧、渔服务业	1769	1594	175	
采 矿 业	15823	2613	1812	11398
#煤炭开采与洗选业	1860	1613	247	
黑色金属矿采选业	1411			1411
有色金属矿采业	9602		1565	8037
非金属矿采选业	2288	339		1950
其他采矿业	661	661		
制 造 业	617718	34147	12669	570902
#农副食品加工业	18409	1553	500	16357
食品制造业	6533	1143	138	5252
酒、饮料制造业	6614	1335	134	5145
纺 织 业	59559	425	133	59001
纺织服装、鞋、帽制造业	69234	885	481	67869
皮革、毛皮、羽毛(绒)及其制品业	7257	608	143	6506
木材加工及木、竹、藤、棕、草制品业	5923	1539	134	4250
家具制造业	3162	1285	169	1708
造纸及纸制品业	10212	2473	138	7600
印刷业和记录媒介的复制	4505	484	227	3794
文教、工美、体育和娱乐用品制造业	21588	809	114	20664
石油加工、炼焦及核燃料加工业	29235			29235
化学原料及化学制品造业	48639	7400	164	41075
医药制造业	12642	1042		11600

3－9续表1

分 类	合计	国有	城镇集体	其他
化学纤维制造业	13508			13508
塑料制品业	6394		115	6279
非金属矿物制品业	46328	1231	2115	42982
黑色金属冶炼及压延加工业	42900	922		41978
有色金属冶炼及压延加工业	52340			52340
金属制品业	11731	2875		8856
通用设备制造业	13739		229	13510
专用设备制造业	9898	2374		7524
汽车制造业	16053	878		15175
铁路、船舶、航空航天和其他运输设备	22395			22395
电气机械及器材制造业	30588	1027	851	28710
通信设备、计算机及其他电子设备制造业	31872	364		31509
仪器仪表及文化、办公用机械制造业	5123	2739		2384
其他制造业	10904	757	6705	3442
废弃资源和废旧材料回收加工业	435		180	255
电力、燃气及水的生产和供应业	66417	37955		28462
# 电力、热力的生产和供应业	56566	35915		20651
燃气生产和供应业	957	125		832
水的生产和供应业	8895	1916		6980
建 筑 业	210933	27089	70015	113830
# 房屋建筑业	148166	22301	64844	61021
土木工程建筑业	58938	3836	5171	49931
建筑安装业	1808	751		1057
建筑装饰业	2021	201		1820
批发和零售业	53670	19305	4218	30147
#批 发 业	24094	16760	2706	4629
零 售 业	29576	2545	1513	25518
交通运输、仓储和邮政业	64618	29651	2392	32575
#铁路运输业	33		33	
道路运输业	30319	18832		11488
水上运输业	21486		2015	19471
装卸搬运和其他运输服务业	1599	131	180	1289
仓 储 业	1239	747	165	327
邮 政 业	9942	9942		

3－9 续表2

分　类	合计	国有	城镇集体	其他
住宿和餐饮业	15123	5770	80	9274
#住　宿　业	13442	4854		8588
餐　饮　业	1681	916	80	686
信息传输、计算机服务和软件业	24248	4215	331	19703
#电信、广播电视和卫星传输服务	23982	4167	331	19485
互联网和相关服务	29	29		
软件和信息技术服务业	237	19		218
金　融　业	79490	35835	11676	31980
#货币金融服务业	66394	30496	11676	24222
资本市场服务	75			75
保　险　业	12884	5201		7683
其他金融活动	138	138		
房地产业	24045	1995	104	21946
# 房地产开发经营	21073	1281		19792
物业管理	2296	333		1963
房地产中介服务	15	15		
租赁和商务服务业	29973	13752	521	15701
#商务服务业	29973	13752	521	15701
科学研究、技术服务和地质勘查业	32598	27511	650	4437
# 研究与试验发展	5161	4977		184
专业技术服务	15121	10489	650	3982
科技推广和应用服务业	12316	12044		271
水利、环境和公共设施管理业	17462	13212	1590	2660
# 水利管理业	3397	3397		
生态保护和环境治理业	2070	1740		330
公共设施管理业	11995	8075	1590	2331
居民服务和其他服务业	3603	2850	302	451
# 居民服务业	1083	686	284	113
机动车、电子产品和日用产品修理业	688	475		212
其他服务业	1833	1688	18	126
教育	225752	221687	63	4002

3－9 续表 3

分　类	合计	国有	城镇集体	其他
# 初等教育	89192	89192		
中等教育	69810	66405		3405
高等教育	30754	30754		
卫生、社会保障和社会福利业	105824	102538	2774	512
# 卫生	104792	101530	2750	512
社会工作	1033	1008	24	
文化、体育和娱乐业	12842	11228		1615
# 新闻和出版业	1605	997		608
广播、电视、电影和影视录音制作业	5170	5170		
文化艺术业	4749	4749		
体育	1181	235		946
娱乐业	138	77		61
公共管理和社会组织	229644	229627		16
# 中国共产党机关	10282	10282		
国家机构	208783	208783		
人民政协和民主党派	4560	4560		
社会保障	2031	2031		
群众社团、社会团体和宗教组织	3987	3971		16
三、按地区分组				
市　　区	655196	344167	35746	275283
#市　　直	320017	226296	10760	82961
庐 山 区	86101	33055	20417	32629
浔 阳 区	105313	33910	3965	67438
九江开发区	120364	29547	521	90297
庐山管理局	23401	21360	84	1958
九 江 县	100191	41733	12487	45970
武 宁 县	58115	41021	1701	15393
修 水 县	115788	53761	1321	60706
永 修 县	170419	99904	11139	59376
德 安 县	80654	27759	7448	45447
星 子 县	73397	26449	2446	44502
都 昌 县	95064	51492	2485	41087
湖 口 县	177301	36916	25114	115272
彭 泽 县	79486	41759	7350	30377
瑞 昌 市	150654	60873	2133	87648
共 青 城 市	101610	23063		78547

3-10 在岗职工平均工资

单位:元

分　　类	2013年	2014年	2014年比2013年增长%
总　　计	**39383**	**44403**	**12.7**
一、按经济类型分组			
国有单位	41246	46381	12.4
城镇集体单位	34689	39497	13.9
其他单位	38140	43314	13.6
二、按企业、企业、机关分组			
企　　业	38191	43344	13.5
事　　业	41357	46858	13.3
机　　关	42600	46100	8.2
民间非盈利组织	27936	39800	42.5
其　　他	29678	32510	9.5
三、按国民经济行业分组			
农、林、牧、渔业	26643	37861	42.1
采　矿　业	38263	45067	17.8
制　造　业	36458	42614	16.9
电力、燃气及水的生产和供应业	50427	59992	19.0
建　筑　业	35009	37760	7.9
批发和零售业	37712	41802	10.8
交通运输、仓储和邮政业	38288	42448	10.9
住宿和餐饮业	28981	31369	8.2
信息传输、计算机服务和软件业	53577	54417	1.6
金　融　业	65948	72428	9.8
房地产业	34875	42400	21.6
租赁和商务服务业	38676	41629	7.6
科学研究、技术服务和地质勘查业	45182	51400	13.8
水利、环境和公共设施管理业	29473	34703	17.7
居民服务和其他服务业	31992	38532	20.4
教育	42421	46323	9.2
卫生、社会保障和社会福利业	46372	53819	16.1
文化、体育和娱乐	34836	37938	8.9
公共管理和社会组织	42127	45640	8.3
四、按地区分组			
市　　区	43785	48745	11.3
#市　　直	53679	59258	10.4
庐　山　区	37716	43688	15.8
浔　阳　区	47158	51315	8.8
九江开发区	42285	43426	2.7
庐山管理局	38088	46038	20.9
九　江　县	37808	41497	9.8
武　宁　县	40496	45670	12.8
修　水　县	35983	38923	8.2
永　修　县	36000	41645	15.7
德　安　县	35047	41835	19.4
星　子　县	32241	37329	15.8
都　昌　县	27751	32232	16.1
湖　口　县	39920	46795	17.2
彭　泽　县	30278	35737	18.0
瑞　昌　市	38290	46236	20.8
共青城市	35232	44693	26.9

3-11 各种分组的在岗职工平均工资

(2014年) 单位:元

分类	合计	国有	城镇集体	其他
总计	**44403**	**46381**	**39497**	**43314**
一、按企业、事业、机关分组				
企业	43344	44984	40129	43358
事业	46858	47257	33468	41843
机关	46100	46123	36336	
民间非盈利组织	39800	39800		
其他	32510	40162	39556	31740
二、按国民经济行业分组				
农、林、牧、渔业	37861	37855	38889	
# 农业	40013	40013		
林业	37089	37089		
畜牧业	39729	39729		
渔业	31004	31004		
农、林、牧、渔服务业	32336	31749	38889	
采矿业	45067	46324	39739	45757
# 煤炭开采与洗选业	50970	51057	50408	
黑色金属矿采选业	49336			49336
有色金属矿采选业	46887		38455	48978
非金属矿采选业	35205	39360		34571
其他采矿业	40790	40790		
制造业	42614	40387	40425	42806
# 农副食品加工业	35739	34272	38130	35816
食品制造业	44621	39265	39314	46154
酒、饮料制造业	31049	39982	40455	29181
纺织业	39256	41706	40182	39237
纺织服装、鞋、帽制造业	36474	41726	31868	36451
皮革、毛皮、羽毛(绒)及其制品业	33848	40547	24288	33621
木材加工及木、竹、藤、棕、草制品业	34758	40500	38143	32974
家具制造业	35097	41064	40262	31278
造纸及纸制品业	48955	39573	39543	53298
印刷业和记录媒介的复制	36773	39309	32913	36729
文教体育用品制造业	34712	41492	38100	34475
石油加工、炼焦及核燃料加工业	78421			78421
化学原料及化学制品制造业	46549	41225	32700	47740
医药制造业	40702	41361		40644

3－11 续表 1

分　类	合计	国有	城镇集体	其他
化学纤维制造业	41346			41346
塑料制品业	41174		38467	41227
非金属矿物制品业	42766	40212	37567	43138
黑色金属冶炼及压延加工业	55519	36157		56180
有色金属冶炼及压延加工业	49654			49654
金属制品业	49790	41307		53347
通用设备制造业	41672		25753	42114
专用设备制造业	36415	44370		34465
汽车制造业	50672	40634		51406
铁路、船舶、航空航天和其他运输设备	44989			44989
电气机械及器材制造业	36216	40609	25491	36531
计算机、通信和其他电子设备制造业	39276	13467		40164
仪器仪表制造业	51383	53085		49557
其他制造业	47407	41372	49850	44582
废弃资源综合利用业	21735		25671	19615
电力、燃气及水的生产和供应业	59992	60737		59026
# 电力、热力的生产和供应业	63901	64065		63619
燃气生产和供应业	37810	65579		35556
水的生产和供应业	45244	30697		52008
建筑业	37760	31133	38447	39321
# 房屋建筑业	35225	33939	38683	32581
土木工程建筑业	46426	22366	35713	52382
建筑安装业	32004	22415		45970
建筑装饰业	37563	25125		39736
批发和零售业	41802	67217	31222	34989
# 批发业	57000	76632	28569	42349
零售业	34342	37158	37441	33920
交通运输、仓储和邮政业	42448	41551	33041	44241
铁路运输业	25000		25000	
道路运输业	37202	39687		33738
水上运输业	51975		34624	54818
装卸搬运和其他运输服务业	34175	34421	22500	36817
仓储业	45374	44470	33592	58393
邮政业	45500	45500		

3－11 续表2

分　类	合计	国有	城镇集体	其他
住宿和餐饮业	31369	35097	18068	29600
住宿业	32181	35485		30572
餐饮业	26104	33174	18068	21173
信息传输、计算机服务和软件业	54417	36815	36330	61188
电信、广播电视和卫星传输服务	55105	37605	36330	61797
互联网和相关服务	13364	13364		
软件和信息技术服务业	28915	12867		32507
金融业	72428	68178	63594	82358
货币金融服务业	76836	69026	63594	101475
资本市场服务	32565			32565
保险业	56608	64772		52157
其他金融活动	39314	39314		
房地产业	42400	45034	37071	42204
# 房地产开发经营	44543	50837		44189
物业管理	30336	36637		29474
房地产中介服务	49667	49667		
租赁和商务服务业	41629	37127	35189	46895
# 商务服务业	41629	37127	35189	46895
科学研究、技术服务和地质勘查业	51400	49373	171105	60613
# 研究与试验发展	41752	42000		36000
专业技术服务	55410	50164	171105	66365
科技交流和推广服务业	51812	52458		33506
水利、环境和公共设施管理业	34703	39989	21082	27314
# 水利管理	47783	47783		
生态保护和环境治理业	48814	51946		37022
公共设施管理业	30781	35760	21082	26338
居民服务和其他服务业	38532	39855	37259	32468
# 居民服务业	38254	42098	37813	25067
机动车、电子产品和日用产品修理业	34727	34701		34787
其他服务业	40363	40675	30333	38273
教育	46323	46343	42067	45324

3－11 续表 3

分　类	合计	国有	城镇集体	其他
# 初等教育	43664	43664		
中等教育	43406	43272		46199
高等教育	85403	85403		
卫生、社会保障和社会福利业	53819	54594	37739	35055
# 卫生	53977	54769	37664	35055
社会工作	41466	41320	48600	
文化、体育和娱乐业	37938	37931		37988
# 新闻和出版业	44209	43925		44684
广播、电视、电影和影视录音制作业	33636	33636		
文化艺术业	42362	42362		
体育	35785	39881		34893
娱乐业	40529	47875		34000
公共管理和社会组织	45640	45640		54000
# 中国共产党机关	49195	49195		
国家机构	45241	45241		
人民政协和民主党派	59303	59303		
社会保障	41872	41872		
群众社团、社会团体和宗教组织	48450	48429		54000
三、按地区分组				
市　区	48745	50502	37648	44955
# 市　直	59258	65868	39663	51715
庐 山 区	43688	47330	44357	40178
浔 阳 区	51315	50725	31097	53680
九江开发区	43426	41122	35169	44298
庐山管理局	46038	47466	37955	34904
九 江 县	41497	38768	54340	41486
武 宁 县	45670	50506	37633	37083
修 水 县	38923	37767	35799	41911
永 修 县	41645	40580	38305	44327
德 安 县	41835	47321	30203	41515
星 子 县	37329	39755	33976	36213
都 昌 县	32232	33107	30603	31295
湖 口 县	46795	43151	40169	49940
彭 泽 县	35737	40812	32321	31201
瑞 昌 市	46236	53095	61299	42197
共青城市	44693	44148		44856

3-12 工业分行业在岗职工人数和在岗职工平均工资

(2014年) 单位:人、万元、元

分 类	在岗职工人 数	在岗职工工资总额	在岗职工平均工资
总 计	**160995**	**699958**	**49224**
一、按行业分组			
采 矿 业	3645	15823	45067
# 煤炭开采与洗选业	395	1860	50970
黑色金属矿采选业	285	1411	49336
有色金属矿采选业	2081	9602	46887
非金属矿采选业	719	2288	35205
其他采矿业	165	661	40790
制造业	146352	617718	42614
# 农副食品加工业	5317	18409	35739
食品制造业	1485	6533	44621
饮料制造业	2072	6614	31049
纺织业	15369	59559	39256
纺织服装、鞋、帽制造业	19368	69234	36474
皮革、毛皮、羽毛(绒)及其制品业	2193	7257	33848
木材加工及木、竹、藤、棕、草制品业	1516	5923	34758
家具制造业	909	3162	35097
造纸及纸制品业	2160	10212	48955
印刷业和记录媒介的复制	1289	4505	36773
文教教育用品制造业	6192	21588	34712
石油加工、炼焦及核燃料加工业	3694	29235	78421
化学原料及化学制品制造业	10867	48639	46549
医药制造业	3062	12642	40702
化学纤维制造业	3256	13508	41346
橡胶和塑料制品业	1621	6394	41174
非金属矿物制造业	10715	46328	42766
黑色金属冶炼及压延加工业	7653	42900	55519
有色金属冶炼及压延加工业	10563	52340	49654
金属制品业	2336	11731	49790

3－12 续表

分 类	在岗职工人 数	在岗职工工资总额	在岗职工平均工资
通用设备制造业	3403	13739	41672
专用设备制造业	2778	9898	36415
汽车制造业	3175	16053	50672
铁路、船舶、航空航天和其他运输设备	4958	22395	44989
电气机械及器材制造业	8555	30588	36216
通信设备、计算机及其他电子设备制造业	8126	31872	39276
仪器仪表制造业	1041	5123	51383
其他制造业	2390	10904	47407
废弃资源和废旧材料回收加工业	289	435	21735
电力、燃气及水的生产和供应业	10998	66417	59992
# 电力、热力的生产和供应业	8806	56566	63901
燃气生产和供应业	266	957	37810
水的生产和供应业	1926	8895	45244
二、按地区分组			
市 区	28491	147563	53970
# 市 直	1055	10931	85899
庐 山 区	6024	23556	44648
浔 阳 区	7182	52213	72370
九江开发区	14106	60559	41371
庐山管理局	124	304	25564
九 江 县	9563	38426	68787
武 宁 县	3241	12991	41799
修 水 县	12792	50724	47307
永 修 县	17700	77480	42876
德 安 县	10681	42534	56896
星 子 县	10041	36966	39782
都 昌 县	10147	31121	21930
湖 口 县	22137	113662	44432
彭 泽 县	7083	23771	43216
瑞 昌 市	15031	60475	45552
共 青 城 市	14088	64245	56173

3－13 单位从业人员年末人数

单位:人

分　类	2013 年	2014 年	2014 年比 2013 年增长%
总　　计	**425436**	**454424**	**6.8**
一、按经济类型分组			
国有单位	200581	200516	
城镇集体单位	31022	34130	10.0
其他单位	193833	219778	13.4
二、按企业、事业、机关分组			
企　业	275867	300901	9.1
事　业	99838	102988	3.2
机　关	47911	49686	3.7
民间非盈利组织	225	5	-97.8
其　他	1595	844	-47.1
三、按国民经济行业分组			
农、林、牧、渔业	7712	7556	-2.0
采矿业	3546	3668	3.4
制造业	127853	148888	16.5
电力、燃气及水的生产和供应业	10743	11629	8.2
建筑业	69472	68743	-1.0
批发和零售业	12188	13060	7.2
交通运输、仓储和邮政业	14608	16432	12.5
住宿和餐饮业	4728	4835	2.3
信息传输、计算机服务和软件业	4662	4725	1.4
金融业	11752	12026	2.3
房地产业	4386	5958	35.8
租赁和商务服务业	11404	8454	-25.9
科学研究、技术服务和地质勘查业	7139	6867	-3.8
水利、环境和公共设施管理业	7186	7510	4.5
居民服务和其他服务业	1036	1050	1.4
教育	47584	51308	7.8
卫生、社会保障和社会福利业	22932	23740	3.5
文化、教育和娱乐业	3530	3630	2.8
公共管理和社会组织	52975	54345	2.6
四、按地区分组			
市　　区	136366	138612	1.6
# 市　　直	62127	59632	-4.0
庐 山 区	21371	21086	-1.3
浔 阳 区	21977	22935	4.4
九江开发区	25801	29818	15.6
庐山管理局	5090	5141	1.0
九 江 县	25949	25632	-1.2
武 宁 县	14990	15150	1.1
修 水 县	31294	34363	9.8
永 修 县	39710	41955	5.7
德 安 县	19280	20434	6.0
星 子 县	19748	20408	3.3
都 昌 县	33445	34461	3.0
湖 口 县	28909	41479	43.5
彭 泽 县	23439	24329	3.8
瑞 昌 市	32068	34605	7.9
共青城市	20238	22996	13.6

3-14 各种分组的单位从业人员人数

（2014 年末） 单位：人

分　类	合计	国有	城镇集体	其他
总　　计	**454424**	**200516**	**34130**	**219778**
一、按企业、事业、机关分组				
企　　业	300901	50746	31411	218744
事　　业	102988	100130	2591	267
机　　关	49686	49567	119	
民间非盈利组织	5	5		
其　　他	844	68	9	767
二、按国民经济行业分组				
农、林、牧、渔业	7556	7506	50	
采　矿　业	3668	607	474	2587
制　造　业	148888	8575	3660	136653
电力、燃气及水的生产和供应业	11629	6397		5232
建筑业	68743	10042	23717	34984
批发和零售业	13060	2895	1439	8726
交通运输、仓储和邮政业	16432	7686	776	7970
住宿和餐饮业	4835	1539	112	3184
信息传输、计算机服务和软件业	4725	1246	91	3388
金融业	12026	5793	1901	4332
房地产业	5958	479	29	5450
租赁和商务服务业	8454	4452	171	3831
科学研究、技术服务和地质勘查业	6867	6011	52	804
水利、环境和公共设施管理业	7510	5741	775	994
居民服务和其他服务业	1050	808	88	154
教育	51308	50387	15	906
卫生、社会保障和社会福利业	23740	22809	780	151
文化、体育和娱乐业	3630	3201		429
公共管理和社会组织	54345	54342		3
三、按地区分组				
市　　区	138612	68170	10324	60118
#市　　直	59632	39773	3893	15966
庐　山　区	21086	8020	4784	8282
浔　阳　区	22935	8169	1458	13308
九江开发区	29818	7649	166	22003
庐山管理局	5141	4559	23	559
九　江　县	25632	10852	2480	12300
武　宁　县	15150	9501	473	5176
修　水　县	34363	16965	369	17029
永　修　县	41955	24881	3048	14026
德　安　县	20434	6557	2612	11265
星　子　县	20408	6913	786	12709
都　昌　县	34461	17855	2240	14366
湖　口　县	41479	9772	8533	23174
彭　泽　县	24329	11290	2917	10122
瑞　昌　市	34605	12533	348	21724
共青城市	22996	5227		17769

3-15 各种分组的单位从业人员女性人数

(2014年末)　　单位:人

分　类	合计	国有	城镇集体	其他
总　　计	**170002**	**71091**	**7216**	**91695**
一、按企业、事业、机关分组				
企　　业	112867	15833	6033	91001
事　　业	43719	42515	1131	73
机　　关	12762	12719	43	
民间非盈利组织	2	2		
其　　他	652	22	9	621
二、按行业分组				
农、林、牧、渔业	2168	2153	15	
采 矿 业	693	120	38	535
制 造 业	68888	2526	918	65444
电力、燃气及水的生产和供应业	3489	1974		1515
建 筑 业	11197	1913	3173	6111
批发和零售业	7165	1048	730	5387
交通运输、仓储和邮政业	4721	2616	296	1809
住宿和餐饮业	2875	683	74	2118
信息传输、计算机服务和软件业	1991	335	28	1628
金 融 业	5519	2573	776	2170
房地产业	2305	174	7	2124
租赁和商务服务业	2507	1137	60	1310
科学研究、技术服务和地质勘查业	2099	1863	16	220
水利、环境和公共设施管理业	3813	2605	510	698
居民服务和其他服务业	418	281	62	75
教育	20252	19983	10	259
卫生、社会保障和社会福利业	14453	13851	503	99
文化、体育和娱乐业	1396	1206		190
公共管理和社会组织	14053	14050		3
三、按地区分组				
市　　区	53708	25904	1880	25924
#市　　直	25367	14697	587	10083
庐 山 区	6409	2848	832	2729
浔 阳 区	7481	3081	383	4017
九江开发区	12599	3683	73	8843
庐山管理局	1852	1595	5	252
九 江 县	9780	3472	165	6143
武 宁 县	5069	3409	96	1564
修 水 县	13017	5542	165	7310
永 修 县	13492	8532	1208	3752
德 安 县	8087	2599	85	5403
星 子 县	6937	2901	362	3674
都 昌 县	13281	5790	695	6796
湖 口 县	12591	3520	1842	7229
彭 泽 县	8863	3585	625	4653
瑞 昌 市	14023	4472	93	9458
共青城市	11154	1365		9789

3-16 单位从业人员劳动报酬

单位:万元

分　类	2013 年	2014 年	2014 年比 2013 年增长%
总　计	**1604083**	**1945204**	**21.3**
一、按经济类型分组			
国有单位	780402	887856	13.8
城镇集体单位	94946	123325	29.9
其他单位	729405	934023	28.1
二、按企业、企业、机关分组			
企　业	1018928	1267395	24.4
事　业	383416	454650	18.6
机　关	196462	220407	12.2
民间非盈利组织	609	20	-96.7
其　他	4668	2733	-41.5
三、按国民经济行业分组			
农、林、牧、渔业	20359	28216	38.6
采矿业	13412	15897	18.5
制造业	462142	626782	35.6
电力、燃气及水的生产和供应业	53865	69222	28.5
建筑业	226519	245287	8.3
批发和零售业	47247	54134	14.6
交通运输、仓储和邮政业	52615	67518	28.3
住宿和餐饮业	14132	15417	9.1
信息传输、计算机服务和软件业	24039	25063	4.3
金融业	71727	82035	14.4
房地产业	14649	24787	69.2
租赁和商务服务业	38964	33994	-12.8
科学研究、技术服务和地质勘查业	31106	33881	8.9
水利、环境和公共设施管理业	17481	21523	23.1
居民服务和其他服务业	3211	3965	23.5
教育	191987	229627	19.6
卫生、社会保障和社会福利业	94731	116900	23.4
文化、体育和娱乐业	11882	13329	12.2
公共管理和社会组织	214019	237627	11.0
四、按地区分组			
市　区	612015	687088	12.3
#市　直	316813	334531	5.6
庐山区	77906	89559	15.0
浔阳区	95906	109999	14.7
九江开发区	101817	129108	26.8
庐山管理局	19574	23892	22.1
九江县	94272	103098	9.4
武宁县	55844	63742	14.1
修水县	105275	124349	18.1
永修县	140410	173331	23.4
德安县	65501	82839	26.5
星子县	63830	75168	17.8
都昌县	91311	106763	16.9
湖口县	113139	186692	65.0
彭泽县	68837	84234	22.4
瑞昌市	120000	154067	28.4
共青城市	73650	103834	41.0

3-17 单位从业人员平均劳动报酬

单位:元

分　类	2013 年	2014 年	2014 年比 2013 年增长%
总　　计	**38200**	**43200**	**13.1**
一、按经济类型分组			
国有单位	39221	44378	13.1
城镇集体单位	33804	37763	11.7
其他单位	37763	42934	13.7
二、按企业、事业、机关分组			
企　业	37502	42648	13.7
事　业	38803	44318	14.2
机　关	41271	44378	7.5
民间非盈利组织	27936	39800	42.5
其　他	29434	32418	10.1
三、按国民经济行业分组			
农、林、牧、渔业	26620	37797	42.0
采矿业	38199	44945	17.7
制造业	36328	42466	16.9
电力、燃气及水的生产和供应业	50125	59144	18.0
建筑业	34365	36736	6.9
批发和零售业	37611	41712	10.9
交通运输、仓储和邮政业	36840	41734	13.3
住宿和餐饮业	28642	30958	8.1
信息传输、计算机服务和软件业	51942	52920	1.9
金融业	61759	68804	11.4
房地产业	34083	41771	22.6
租赁和商务服务业	34345	40116	16.8
科学研究、技术服务和地质勘查业	43799	49324	12.6
水利、环境和公共设施管理业	24469	28708	17.3
居民服务和其他服务业	32046	38679	20.7
教育	40912	44910	9.8
卫生、社会保障和社会福利业	41655	49711	19.3
文化、体育和娱乐业	33698	36677	8.8
公共管理和社会组织	40548	43739	7.9
四、按地区分组			
市　　区	41824	47247	13.0
# 市　　直	50994	56973	11.7
庐 山 区	36629	42700	16.6
浔 阳 区	44200	48502	9.7
九江开发区	39942	42913	7.4
庐山管理局	37354	45147	20.9
九 江 县	37453	41241	10.1
武 宁 县	37753	42443	12.4
修 水 县	34088	36907	8.3
永 修 县	35647	41347	16.0
德 安 县	34423	41085	19.4
星 子 县	32272	36949	14.5
都 昌 县	27440	31394	14.4
湖 口 县	39176	45207	15.4
彭 泽 县	29646	34774	17.3
瑞 昌 市	37820	45394	20.0
共 青 城 市	35408	45214	27.7

3－18 城镇就业和再就业主要指标

指　标	单位	2013 年	2014 年
新增就业人数	万人	6.33	6.23
下岗失业人员再就业	万人	2.73	2.72
"4050"再就业	万人	0.59	0.57
城镇登记失业率	%	4.5	4.5

3－19 社会保障主要指标

指　标	单位	2013 年	2014 年
养老保险			
参保职工人数	万人	52.16	77.9
征缴基金	万元	223420	259810
失业保险			
参保职工人数	万人	34	34
征缴基金	万元	7798	10945
医疗保险			
参保职工人数	万人	50.29	60.1
征缴基金	万元	89190	100166

主要统计指标解释

劳动力资源　指全部人口中可能或已经参加社会劳动的人口,即一定劳动年龄以上有劳动能力的人。

社会从业人员　指在劳动年龄内,有劳动能力,参加社会劳动并取得劳动报酬或经营收入的人员。

单位从业人员　指在各级国家机关、政党机关、社会团体及企业、事业单位中工作,取得工资或其他形式的劳动报酬的全部人员。包括在岗职工和其他从业人员。不包括离开本单位仍保留劳动关系的职工。各单位的从业人员反映了各单位实际参加生产或工作的全部劳动力。

城镇私营和个体从业人员　城镇私营从业人员指在工商管理部门注册登记,其经营地址设在县城关镇(含城关镇)以上的私营企业从业人员;包括私营企业投资者和雇工。城镇个体从业人员指在工商管理部门注册登记,并持有城镇户口或在城镇长期居住,经批准从事个体工商经营的从业人员;包括个体经营者和在个体工商户劳动的家庭帮工和雇工。

在岗职工　在本单位工作并由单位支付工资的人员,包括有工作岗位但由于学习、参军、出国援外、派出外单位以及按国家规定休病、伤、产假、哺乳假暂未工作仍由单位支付工资的人员,还包括派往多种经营单位工作但仍由原单位支付工资的人员。不包括反聘的离退休人员、民办教师和在各单位工作的外方人员和港澳台人员。

单位其他从业人员　指按劳动统计规定不作为在岗职工统计,但实际参加本单位生产或工作并取得劳动报酬的人员。包括再就业的离退休人员、民办教师以及在各单位工作的外方人员和港澳台人员、兼职人员、借用的外单位人员和从事第二职业人员。单位从业人员劳动报酬 指在岗职工工资总额和其他从业人员劳动报酬两项之和,不包括不在岗职工生活费。

在岗职工工资总额　指各单位在一定时期内直接支付给本单位在岗职工的全部劳动报酬总额。

其他从业人员劳动报酬　指各单位在一定时期内直接支付给本单位其他从业人员的全部劳动报酬。

在岗职工平均工资　指在企业、事业、机关单位的在岗职工在一定时期内平均每人所得的货币工资额。

$$\text{在岗职工平均工资}=\frac{\text{报告期实际支付的全部在岗职工工资总额}}{\text{报告期全部在岗职工平均人数}}$$

4

固定资产投资

- 2014 年,全市固定资产投资 1812.22 亿元,其中工业投资 1248.22 亿元。
- 2014 年,全市新增固定资产 1129.92 亿元,固定资产交付使用率 62.4%。
- 2014 年,全市固定资产投资建设项目 1041 个,其中全部建成投产项目 617 个,建成项目投产率 59.3%。

4-1 固定资产投资

指　　标	单位	2013 年	2014 年	2014 年比 2013 年增长%
一、固定资产投资完成额	**万元**	**15077751**	**18122162**	**20.2**
# 工业	万元	10501363	12482246	18.9
# 住宅	万元	798223	1124033	40.8
1、按登记注册类型分				
内资企业	万元	14001992	17035930	21.7
国有企业	万元	3189180	2449704	-23.2
集体企业	万元	20576	9960	-51.6
股份合作企业	万元	140038	78000	-44.3
联营企业	万元	5200	20682	297.7
有限责任公司	万元	4351407	5756994	32.3
股份有限公司	万元	728968	385329	-47.1
私营企业	万元	5502920	8279605	50.5
其他企业	万元	63703	55656	-12.6
港、澳、台商投资企业	万元	789172	952176	20.7
外商投资企业	万元	256752	102961	-59.9
个体经营		29835	31095	4.2
2、按建设性质分	万元			
# 新建	万元	12730564	16859667	32.4
扩建	万元	758194	418720	-44.8
改建和技术改造		1386095	802623	-42.1
3、按投资构成分	万元			
建筑工程	万元	9263361	11895237	28.4
安装工程	万元	513651	795873	54.9
设备工器具购置	万元	4016180	4032897	0.4
其他费用		1284559	1398155	8.8
5、按产业分	万元			
第一产业	万元	90751	150197	65.5
第二产业	万元	10501363	12496764	19.0
第三产业	万元	4485637	5475201	22.1

4－1续表

指　　标	单位	2013年	2014年	2014年比2013年增长%
二、其他主要指标				
本年资金来源合计	万元	17613784	22274195	26.5
1、上年末结余资金	万元	799696	1079527	35.0
2、本年资金来源小计	万元	16814088	21194668	26.1
(1)国家预算内资金	万元	965163	653808	-32.3
(2)国内贷款	万元	394149	504994	28.1
(3)债券	万元		350001	
(4)利用外资	万元	175072	46218	-73.6
(5)自筹资金	万元	14795149	18834352	27.3
(6)其他资金来源	万元	484555	805295	66.2
本年新增固定资产	平方米	10395070	11299172	8.7
本年施工房屋面积	平方米	20452173	23999390	17.3
# 住宅	平方米	7976374	9388283	17.7
本年竣工房屋面积	平方米	3993646	3700292	-7.3
# 住宅		2400831	1279136	-46.7

4-2 分行业固定资产投资

指 标	2013 年	2014 年	2014 年比 2013 年增长%
总 计	**15077751**	**18122162**	**20.2**
按国民经济行业分			
农、林、牧、渔业	95909	150477	56.9
采矿业	276829	376659	36.1
黑色金属矿采选业	4000	11876	196.9
有色金属矿采选业	107551	37000	-65.6
非金属矿采选业	165278	268016	62.2
制造业	9657175	11569724	19.8
黑色金属冶炼和压延加工业	187316	421670	125.1
有色金属冶炼和压延加工业	235305	486427	106.7
金属制品业	285916	343463	20.1
通用设备制造业	106020	212152	100.1
专用设备制造业	100050	245020	144.9
汽车制造业	277610	403717	45.4
电气机械及器材制造业	85640	111142	29.8
计算机、通信和其他电子设备制造业	718441	949386	32.1
仪器仪表制造业	13774	57526	317.6
电力、热力、燃气及水生产和供应业	567359	535863	-5.6
批发和零售业	330488	830148	151.2
交通运输、仓储和邮政业	565218	589752	4.3
住宿和餐饮业	227179	226661	-0.2
信息传输、软件和信息技术服务业	7672	88026	1047.4
房地产业	1607287	1940677	20.7
租赁和商务服务业	87267	82992	-4.9
科学研究和技术服务业	44330	3988	-91.0
水利、环境和公共设施管理业	976155	853844	-12.5
居民服务、修理和其他服务业	959700	51561	-94.6
教育	142831	78258	-45.2
卫生和社会工作	27565	27767	0.7
社会工作	500	11565	2213.0
文化、体育和娱乐业	164037	273403	66.7
公共管理、社会保障和社会组织	237619	427844	80.1

4-3 按各行业登记注册类型分固定资产投资(一)

(2014 年)　　单位:万元

行业	本年合计	内资企业	国有企业	集体企业	股份合作企业	有限责任公司
二、本年完成投资	**18122162**	**17035930**	**2449704**	**9960**	**78000**	**5756994**
(一)农、林、牧、渔业	150477	143913				43779
农业	127729	121165				41379
农、林、牧、渔服务业	280	280				
(二)采矿业	376659	360074				131367
有色金属矿采选业	37000	37000				
非金属矿采选业	268016	251431				71600
(三)制造业	11569724	10581650	15860			3825237
农副食品加工业	421670	201670				76208
食品制造业	287477	287477				112300
酒、饮料和精制茶制造业	248019	248019				8530
纺织业	829235	813735				313934
纺织服装、服饰业	648749	648749				427981
皮革、毛皮、羽毛及其制品和制鞋业	679877	669077				342886
木材加工及木、竹、藤、棕、草制品业	249646	249646				166550
家具制造业	275892	275892				243092
造纸和纸制品业	191026	58942				49618
文教、美工、体育和娱乐用品制造业	185875	111247				88937
石油加工、炼焦和核燃料加工业	250131	250131				11920
化学原料和化学制品制造业	1145235	959457				149977
医药制造业	225164	191868				8500
橡胶和塑料制品业	255274	255274				146269
非金属矿制品业	1337574	1332074	6260			519837
黑色金属冶炼和压延加工业	49450	49450				2090
有色金属冶炼和压延加工业	486427	486427				14323
金属制品业	343463	343463				65235
通用设备制造业	212152	205952				33622
专用设备制造业	245020	245020	9600			69450
汽车制造业	403717	403717				64050
铁路、船舶、航空航天和其他运输设备制造业	111142	111142				57360
电气机械及器材制造业	969333	694695				273031
计算机、通信和其他电子设备制造业	949386	919736				535535
仪器仪表制造业	57526	57526				12726
其他制造业	94830	94830				23440
废弃资源综合利用业	157545	157545				7836

4－3 续表

行　　业	本年合计	内资企业				
			国有企业	集体企业	股份合作企　业	有限责任公　司
(四)电力、热力、燃气及水生产和供应业	535863	535863	224020			212620
(六)批发和零售业	830148	830148	2413	550		200363
(七)交通运输、仓储和邮政业	589752	579442	357456			34825
(八)住宿和餐饮业	226661	208561	45282	1410		120189
(九)信息传输、软件和信息技术服务业	88026	88026				88026
(十一)房地产业	1940677	1929288	585469	8000		753044
房地产开发投资	1291834	1280445	9704			747225
房地产业	648843	648843	575765	8000		5819
(十二)租赁和商务服务业	82992	82992	4750			69208
商务服务业	82992	82992	4750			69208
(十三)科学研究和技术服务业	3988	3988	1000			2988
研究和试验发展	1000	1000	1000			
(十四)水利、环境和公共设施管理业	853844	822844	575079		78000	129534
水利管理业	11536	11536	11536			
生态保护和环境治理业	3500	3500	3500			
公共设施管理业	838808	807808	560043		78000	129534
(十五)居民服务、修理和其他服务业	51561	47351	300			14991
居民服务业	22140	22140	300			
机动车、电子产品和日用产品修理业	29421	25211				14991
(十六)教育	78258	78258	68958			4500
(十七)卫生和社会工作	27767	27767	16202			
社会工作	11565	11565				
(十八)文化、体育和娱乐业	273403	273403	110553			126323
文化艺术业	52782	52782	52782			
娱乐业	162850	162850				126323
(十九)公共管理、社会保障和社会组织	427844	427844	427844			

4-4 按各行业登记注册类型分固定资产投资(二)

(2014年) 单位:万元

行业	内资企业			外商投资	个体经营
	股份有限公司	私营	其他内资		
二、本年完成投资	**385329**	**8279605**	**55656**	**102961**	**31095**
(一)农、林、牧、渔业		92218	7916		
农业		71870	7916		
农、林、牧、渔服务业		280			
(二)采矿业	5000	223707			16585
有色金属矿采选业	5000	32000			
非金属矿采选业		179831			16585
(三)制造业	372733	6341920	25900	41868	10300
农副食品加工业		125462			
食品制造业		175177			
酒、饮料和精制茶制造业		239489			
纺织业		488401	11400	15500	
纺织服装、服饰业		217768	3000		
皮革、毛皮、羽毛及其制品和制鞋业		320191	6000		4800
木材加工及木、竹、藤、棕、草制品业		83096			
家具制造业		32800			
造纸和纸制品业		9324			
文教、美工、体育和娱乐用品制造业		22310			
石油加工、炼焦和核燃料加工业	233889	4322			
化学原料和化学制品制造业	4889	804591		18568	
医药制造业	42971	140397			
橡胶和塑料制品业		103505	5500		
非金属矿制品业		805977			5500
黑色金属冶炼和压延加工业		47360			
有色金属冶炼和压延加工业		472104			
金属制品业		278228			
通用设备制造业		172330			
专用设备制造业		165970			
汽车制造业	90984	248683			

4－4 续表

行　　业	内资企业			外商投资	个体经营
	股　份有限公司	私营	其他内资		
铁路、船舶、航空航天和其他运输设备制造业		53782			
电气机械及器材制造业		421664			
计算机、通信和其他电子设备制造业		384201		7800	
仪器仪表制造业		44800			
其他制造业		71390			
废弃资源综合利用业		149709			
(四)电力、热力、燃气及水生产和供应业		80771			
(六)批发和零售业		626822			
(七)交通运输、仓储和邮政业		187161		10310	
(八)住宿和餐饮业		41680		18100	
(九)信息传输、软件和信息技术服务业					
(十一)房地产业	7596	572949		1683	
房地产开发投资	7596	515920		1683	
房地产业		57029			
(十二)租赁和商务服务业		9034			
商务服务业		9034			
(十三)科学研究和技术服务业					
研究和试验发展					
(十四)水利、环境和公共设施管理业		40231		31000	
水利管理业					
生态保护和环境治理业					
公共设施管理业		40231		31000	
(十五)居民服务、修理和其他服务业		10220	21840		4210
居民服务业			21840		
机动车、电子产品和日用产品修理业		10220			4210
(十六)教育		4800			
(十七)卫生和社会工作		11565			
社会工作		11565			
(十八)文化、体育和娱乐业		36527			
文化艺术业					
娱乐业		36527			
(十九)公共管理、社会保障和社会组织					

4-5 各县(市、区)固定资产投资

(2014年) 单位:万元

地 区	固定资产投资	#工业投资
全市合计	**18122162**	**12482246**
浔阳区	842726	234689
庐山区	2377666	1170889
九江开发区	1711311	1475746
庐山管理局	33122	
九江县	1013346	748500
武宁县	1082808	597148
修水县	1314152	1115906
永修县	1749391	1444713
德安县	821282	689218
星子县	607497	390617
都昌县	738359	531052
湖口县	1651402	917313
彭泽县	1084143	985271
瑞昌市	1878913	1352387
共青城市	1216044	828797

4-6 分行业资金来源情况

(2014 年) 单位:万元

行业	资金来源合计	资金来源小计	国家预算内资金	利用外资	自筹资金	其他资金来源
合计	**22274195**	**21194668**	**653808**	**46218**	**18834352**	**805295**
4、按国民经济行业分						
(一)农、林、牧、渔业	171550	161916			161916	
(二)采矿业	422992	422992			412992	5000
(三)制造业	13518259	13138336	51001	24568	12573932	28701
(四)电力、燃气及水的生产和供应业	621249	621249	19656		576593	
(五)建筑业	18000	18000			18000	
(六)批发零售业	966935	946275			946275	
(七)交通运输	629626	591228	66563		511665	
(八)住宿餐营业	270536	268973	33000		235973	
(九)信息传输软件业	112000	112000			112000	
(十一)房地产业	3283767	2737133	90928		1522750	771594
(十二)租赁和商务服务业	104284	104284			104284	
(十三)科学研究、技术服务和地质勘查业	4088	4081			4081	
(十四)水利、环境和公共设施管理业	1155893	1097243	240889	19800	836554	
(十五)居民服务和其他服务业	77192	59472			59472	
(十六)教育	84400	84000			84000	
(十七)卫生、社会保障和社会福利业	41702	36052	19500		16552	
(十八)文化、体育和娱乐业	295435	295147	29000	1850	264297	
(十九)公共管理和社会组织	496287	496287	103271		393016	

4-7 固定资产投资施工及投产项目个数

(2014 年)　　单位:个

指　　标	施工项目个　数	投产项目个　数
合　　计	**1040**	**617**
(一)农、林、牧、渔业	20	13
农业	13	7
林业	1	1
畜牧业	5	4
农、林、牧、渔服务业	1	1
(二)采矿业	38	29
煤炭开采和洗选业	1	
黑色金属矿采选业	2	2
有色金属矿采选业	4	4
非金属矿采选业	31	23
(三)制造业	646	393
农副食品加工业	18	12
食品制造业	11	6
酒、饮料和精制茶制造业	14	12
纺织业	48	32
纺织服装、服饰业	59	36
皮革、毛皮、羽毛及其制品和制鞋业	40	23
木材加工及木、竹、藤、棕、草制品业	8	7
家具制造业	12	6
造纸和纸制品业	7	2
印刷业和记录媒介的复制	4	2
文教、美工、体育和娱乐用品制造业	11	5
石油加工、炼焦和核燃料加工业	5	1
化学原料和化学制品制造业	67	35
医药制造业	21	16
化学纤维制造业	1	
橡胶和塑料制品业	19	11
非金属矿制品业	92	61
黑色金属冶炼和压延加工业	4	2
有色金属冶炼和压延加工业	11	5
金属制品业	18	12
通用设备制造业	21	6
专用设备制造业	22	19

4－7 续表

指　　标	施工项目 个　　数	投产项目 个　　数
汽车制造业	25	14
铁路、船舶、航空航天和其他运输设备制造业	7	6
电气机械及器材制造业	40	24
计算机、通信和其他电子设备制造业	38	28
仪器仪表制造业	8	4
其他制造业	9	3
废弃资源综合利用业	6	3
（四）电力、热力、燃气及水生产和供应业	29	17
电力、热力的生产和供应业	11	7
燃气生产和供应业	4	1
水的生产和供应业	14	9
（六）批发和零售业	19	7
批发业	11	4
零售业	8	3
（七）交通运输、仓储和邮政业	23	15
道路运输业	13	8
水上运输业	3	2
装卸搬运和运输代理业	1	1
仓储业	6	4
（八）住宿和餐饮业	24	15
住宿业	19	10
餐饮业	5	5
（十一）房地产业	71	34
（十二）租赁和商务服务业	4	1
商务服务业	4	1
（十三）科学研究和技术服务业	2	2
研究和试验发展	1	1
科技交流和推广服务业	1	1
（十四）水利、环境和公共设施管理业	90	51
水利管理业	6	6
生态保护和环境治理业	1	1
公共设施管理业	83	44
（十五）居民服务、修理和其他服务业	6	2
居民服务业	2	2
机动车、电子产品和日用产品修理业	4	
（十六）教育	11	8
（十七）卫生和社会工作	9	6
卫生	8	6
社会工作	1	
（十八）文化、体育和娱乐业	16	5
广播、电视、电影和影视录音制作业	1	1
文化艺术业	5	1
体育	3	3
娱乐业	7	
（十九）公共管理、社会保障和社会组织	30	19
国家机构	30	19
体育	3	3

4-8 各县(市、区)工业投资

(2014 年)

地　　区	工业投资	采矿业	制造业	电力、燃气及水的生产和供应业
总　　计	**12482246**	**376659**	**11569724**	**535863**
浔 阳 区	234689		234689	
庐 山 区	1170889		1170889	
九江开发区	1475746		1475746	
庐山管理局				
九 江 县	748500		748500	
武 宁 县	597148	56905	539298	945
修 水 县	1115906	55000	902030	158876
永 修 县	1444713	6685	1374533	63495
德 安 县	689218	91336	523882	74000
星 子 县	390617		382526	8091
都 昌 县	531052		499141	31911
湖 口 县	917313	3500	906613	7200
彭 泽 县	985271	86866	799584	98821
瑞 昌 市	1352387	76367	1192226	83794
共 青 城 市	828797		820067	8730

主要统计指标解释

固定资产投资额 是以货币表现的建造和购置固定资产的工作量，它是反映固定资产投资规模、速度、比例关系和使用方向的综合指标。

固定资产投资分为全社会固定资产投资和固定资产投资两个口径。全社会固定资产投资的统计范围包括国有经济单位投资、城乡集体所有制单位投资、其他所有制单位投资和城乡个人投资。固定资产投资的统计范围包括国有经济单位投资、城镇集体所有制单位投资和其他所有制单位投资。按照管理渠道，全社会固定资产投资总额为基本建设、更新改造、房地产开发投资和其他固定资产四个部分。

基本建设投资 指企业、事业、行政单位以扩大生产能力或工程效益为主要的新建、扩建、改建和恢复工程以及设备购置等有关活动。其综合范围为总投资500万元以上（含500万元）的基本建设项目。基本建设投资额是以货币表现的基本建设工作量，是反映一定时期内基本建设规模和建设进度的综合指标。

更新改造措施投资 指企事业单位利用自有的基本折旧基金、国家更新改造拨款和国内外技术改造贷款等资金，对原有设施进行技术改造和更新，以及相应配套的辅助性生产、生活福利设施等工程（不包括大修理和维护工程）的投资额。其目的是要在技术进步的前提下，通过采取新技术、新工艺、新设备、新材料，努力提高产品质量、增加品种，促进产品升级换代，降低能源和原材料消耗，增强资源综合利用和污染治理等，提高社会综合经济效益和实现以内涵为主的扩大再生产。其综合范围为总投资500万元以上（含500万元）的更新改造项目。更新改造措施投资额是以货币表现的更新改造措施完成的工作量。

其他固定资产投资 指不划分基本建设和更新改造的固定资产投资，包括国有经济单位按规定不纳入基本建设计划和更新改造措施计划管理，总投资在500万元以上（含500万元）的固定资产投资。即：用油田维护费和石油开发基金进行的油田维护和开发工程；矿山、森林等采掘、采伐工业用维持简单再生产费用进行的开拓延伸工程；交通部门用养路费对原有公路、桥梁进行的改建工程和商业部门用简易建筑费建造的仓库工程。还包括城镇集体所有制及其它经济类型企业、事业单位建造和购置固定资产投资在500万元以上未列入基本建设计划和更新计划的项目的固定资产投资。

固定资产投资按构成分组：

建筑工程 指各种房屋建筑物的建造工程，又称建筑工程量。这部分投资额必须兴工动料，通过施工才能实现。建筑工程包括各种房屋的建造，设备基础及各种窑炉的砌筑和金属结构工程，为施工而进行的建筑场地布置、地质勘探、平整场地、施工用水、电、气、路和清理绿化等。矿井的开凿、铁路、公路、桥梁、水利及防空、地下建筑等特殊工程。

安装工程 指各种设备、装置的安装工程，又称安装工作量。在安装工程投资额中，不包括被安装设备本身的价值。安装工程包括生产、动力、起重、运输、传动和医疗试验等各种需安装设备的装配与设备相连的工作台、梯子栏杆以及管线敷设、保温、油漆、防腐和单机试运系统联动无负簧试运（不包括投料试运）。

设备、工具、器具购置 指购置和自制达到固定资产标准的设备、工具、器具的价值。但新建单位、扩建单位的新建车间，按照设计和计划要求购置或自制的全部设备、工具、器具，不论是否达到固定资产标准均计入"设备、工具、器具购置"中。

其他费用 是指在固定资产建造和购置过程中发生的，除上述几项内容以外的各种应分摊计入固定资产的费用。其中土地购置费是指建设项目通过划拨方式或出让方式取得土地使用权而支付的各项费用。包括通过划拨方式取得土地使用权所支付的土地补偿费、附着物和青苗补偿费、安置补偿费及土地征收管理费等(计入新增固定资产);以及通过出让方式取得土地使用权所支付的出让金(不计入新增固定资产)。有些项目中的土地购置费,在做预算时费用比较高,而在实际建设过程中,政府给予了特殊政策,以优惠价出让土地,在统计中应按实际发生额进行统计。旧建筑物购置费是指购置已使用过的各种旧房屋及其他建筑物的费用(单纯购置房屋建筑物不纳入固定资产投资统计)。

固定资产投资按建设性质分组 是反映固定资产投资使用方向,研究各类性质的比重和对比分析投资效果。

具体包括:

新建 一般指从无到有"平地起家"新开始建设的企事业和行政单位及新建输电线路、输油管道、铁路、公路等独立工程。有的项目原有基础很小,经扩大建设后,其新增加的固定资产价值(原值)超过原有固定资产价值三倍以上的也应算为新建。

扩建 指为扩大原有产品生产能力或新的产品能力,在厂内或其他地点增建主要生产车间(或主要工程),独立的生产线等。事业单位和行政单位在原单位增建业务用房,也作为扩建。

改建或更新 现有企事业单位为了技术进步对现有设施、工艺条件进行技术改造或更新(包括相应配套的辅助性生产、生活设施建设)。有的还充分发挥现有的生产能力,进行填平补齐而增建不直接增加本单位主要产品生产能力的车间等,也属于改建。

新增固定资产 指报告期内交付使用的固定资产价值,包括建成投入生产或交付使用的工程投资和达到固定资产标准的设备、工具器具的投资以及有关的摊入费用和属于增加固定资产价值的其他建设费用。

5

对外经济贸易

- 2014 年,全市外贸出口商品总额 464781 万美元。
- 2014 年,全市批准外资项目 144 个,实际利用外资 145006 万美元。

5-1 主要商品直接进出口额

（2014 年，按类别分） 单位：万元

指 标	出口额	进口额
总 计	**464781**	**112516**
电容器	46838	52636
纺织服装	87728	1531
服装及衣着附件	58636	466
高新技术产品	40359	13676
纺织纱线、织物及制品	29091	1065
塑料制品	22970	41
灯具、照明装置及类似品	22560	19
家具及其零件	21227	4
鞋类	18906	33
陶瓷产品	15835	104
纸浆		14408
集成电路	7272	6619
箱包及类似容器	13643	90
电视摄像机、数字照相机及视频摄录一体机	12238	42
照相机	11718	16
二极管及类似半导体器件	6128	4605

5-2 进出口商品直接进出口额

(2014年,按出口国别及地区分) 单位:万美元

国别及地区	出口额	进口额	国别及地区	出口额	进口额
合　　计	464781	112516	多米尼加共和国	59	
阿尔巴尼亚	50		俄罗斯联邦	3224	24
阿尔及利亚	802		厄瓜多尔	364	
阿根廷	799		法国	6741	97
阿拉伯联合酋长国	11551	9	法属波利尼西亚	6	
阿鲁巴岛	1		法属圭亚那	2	
阿曼	540		菲律宾	3239	1395
阿塞拜疆	16		斐济	26	
埃及	2219	1	芬兰	388	138
埃塞俄比亚	49		佛得角	46	
爱尔兰	252	10	冈比亚	48	
爱沙尼亚	82		刚果(布)	130	
安哥拉	2846		刚果(金)	154	
奥地利	494	17	哥伦比亚	864	
澳大利亚	5007	5263	哥斯达黎加	54	
澳门	430		格林纳达	25	
巴巴多斯	2		格鲁吉亚	344	
巴布亚新几内亚	44		古巴	5	
巴哈马	18		圭亚那	22	
巴基斯坦	3759	12	哈萨克斯坦	315	
巴拉圭	47		海地	11	
巴勒斯坦	261		韩国	8163	1759
巴林	629		荷兰	16249	63
巴拿马	1500		洪都拉斯	43	
巴西	3633	12700	吉布提	211	
白俄罗斯	16		吉尔吉斯斯坦	36	
保加利亚	135	1	几内亚	282	
贝宁	290		加拿大	4350	561
比利时	3036	4	加纳	2881	
冰岛	1		加蓬	20	
波多黎各	33		柬埔寨	385	27
波黑		5	捷克	720	2
波兰	1271	1	津巴布韦	4	
玻利维亚			喀麦隆	804	
伯利兹	4		卡塔尔	813	28
博茨瓦那	3		科摩罗	58	
不丹	41		科特迪瓦共和国	328	
布基纳法索		134	科威特	1200	
布隆迪		264	克罗地亚	107	1
朝鲜	249	266	肯尼亚	1331	
赤道几内亚	2		库腊索岛	1	
大洋洲其他国家(地区)	83		拉脱维亚	116	
丹麦	588	129	莱索托	29	
德国	13021	1130	老挝	49	
东帝汶	11		黎巴嫩	1706	
多哥	1181		立陶宛	564	
多米尼加	29		利比里亚	85	

5－2 续表

国别及地区	出口额	进口额	国别及地区	出口额	进口额
利比亚	199		斯里兰卡	1408	1
留尼汪	16		斯洛伐克	61	
卢森堡	16		斯洛文尼亚	927	
卢旺达		1746	苏丹	178	
罗马尼亚	603	26	苏里南	75	
马达加斯加	439		索马里	45	
马尔代夫	66		台湾省	4982	57075
马耳他	984		泰国	7239	667
马拉维	28		坦桑尼亚	2363	23
马来西亚	30719	5586	特立尼达和多巴哥	69	
马里	50	81	突尼斯	223	7
马绍尔群岛共和国	1		图瓦卢	10	
毛里求斯	128		土耳其	4236	13
毛里塔尼亚	51		土库曼斯坦	16	
美国	42585	3523	瓦努阿图	10	
蒙古	17		危地马拉	256	
孟加拉国	6206		委内瑞拉	347	
秘鲁	656	44	文莱	1303	
缅甸	625	118	乌干达	450	
摩尔多瓦	33		乌克兰	441	
摩洛哥	727	1	乌拉圭	352	
莫桑比克	1635	370	乌兹别克斯坦	313	
墨西哥	2058	8	西班牙	4811	151
纳米比亚	25		希腊	404	1
南非	3120	255	香港	85724	22
尼泊尔	52		新加坡	23552	235
尼加拉瓜	85		新喀里多尼亚	7	
尼日尔	468		新西兰	607	329
尼日利亚	6954	775	匈牙利	290	8
挪威	396	66	叙利亚	264	
帕劳共和国	1		牙买加	168	
葡萄牙	367	18	亚美尼亚	18	
日本	13042	1814	也门共和国	674	
瑞典	1037	472	伊拉克	475	
瑞士	302	299	伊朗	4926	
萨尔瓦多	52		以色列	1633	26
萨摩亚	10		意大利	5105	262
塞尔维亚	79		印度	20026	1517
塞拉利昂		33	印度尼西亚	25001	2199
塞内加尔	310		英国	11137	1217
塞浦路斯	617		约旦	1115	
塞舌尔	24		越南	13395	437
沙特阿拉伯	12116	277	赞比亚	6	
圣卢西亚	16		乍得	24	
圣马力诺	1		智利	1570	

5-3 主要年份外贸进出口商品总值

年份	按人民币计算(万元)				按美元计算(万美元)			
	进出口总额	出口总额	进口总额	差额出超(+)入超(-)	进出口总额	出口总额	进口总额	差额出超(+)入超(-)
1990	17338	9450	7888	1562	3870	2107	1763	344
1992	22699	10967	11732	-765	4127	1994	2133	-139
1993	93594	18554	75040	-56486	16420	3255	13165	-9910
1994	120927	43120	77807	-34687	14210	5067	9145	-4076
1995	191719	41899	149820	-107921	23057	5039	18018	-12979
1996	71455	41160	32095	10865	8609	4959	3650	1309
1997	74376	48372	26004	22368	8961	5828	3133	2695
1998	42330	24053	18277	5777	5100	2898	2202	696
1999	53859	18111	35748	-17637	6489	2182	4307	-2125
2000	64773	31448	33325	-1877	7804	3789	4015	-226
2001	94071	28692	65379	-36687	11334	3457	7877	-4420
2002	147682	35026	112656	-77630	17793	4220	13573	-9353
2003	200192	41392	158800	-117408	24185	5000	19185	-14185
2004	152296	71823	80473	-8650	18401	8678	9723	-1045
2005	155912	94674	61239	33435	19380	11768	7612	4156
2006	188900	117577	71323	46254	23691	14746	8945	5801
2008	332141	182619	149522	33097	47928	26352	21576	4776
2009	484657	315737	168926	146811	70960	46228	24733	21495
2010	1201563	802589	398974	403615	181505	121237	60268	60969
2011	2385413	1654657	730756	923901	378637	262644	115993	146651
2012	2803150	2186052	617098	1568953	452121	352589	99532	253057
2013	2909591	2475724	433867	2041857	474060	403370	70690	332680
2014	3532480	2844000	688480	2155520	577297	464781	112516	352265

5-4 主要年份利用外资情况

单位:万美元

年　份	协议(合同)外资		实际利用外　资
	项目(个)	金额	
1985	5	421	262
1990	8	2011	24
1992	88	8761	2544
1993	144	14147	3064
1994	74	7101	3903
1995	60	6253	4208
1997	42	13904	7000
1998	24	1371	7002
1999	19	2216	3728
2000	39	3083	3031
2005	111	54555	32292
2006	146	54182	34143
2007	130	66785	41342
2008	88	55774	43649
2009	172	59012	52072
2010	173	102966	66535
2011	141	108034	77258
2012	119	136785	98826
2013	140	173098	123107
2014	144	224297	145006

5-5 分县(市、区)利用外资情况

(2014 年)　　单位:万美元

指　　标	批准外资项目(个)	合同外资金额	实际利用外资
全　　市	**144**	**224297**	**145006**
浔阳区	10	8733	7762
庐山区	5	8741	10068
九江开发区	29	34094	19063
九江县	7	8373	9058
武宁县	7	4713	8020
修水县	8	7856	8891
永修县	12	15446	10801
德安县	13	15287	10456
星子县	4	3110	7504
都昌县	16	9578	8030
湖口县	10	36943	9601
彭泽县	9	8440	10344
瑞昌市	2	15186	17261
共青城市	12	47797	10015

5-6 分县(市、区)外贸出口额

单位:万美元

指　　标	2013 年	2014 年	2014 年比 2013 年增长%
全　市	**403370**	**464781**	**15.2**
庐山区	30312	29209	-3.6
浔阳区	26609	26292	-1.2
开发区	70135	98587	40.6
九江县	20190	22380	10.8
武宁县	15044	18547	23.3
修水县	31035	37111	19.6
永修县	22068	27647	25.3
德安县	17710	22045	24.5
星子县	21590	18085	-16.2
都昌县	19442	23933	23.1
湖口县	35037	35887	2.4
彭泽县	22113	26257	18.7
瑞昌市	36723	38368	4.5
共青城市	35358	40426	14.3

主要统计指标解释

利用外资 包括三部分,一是对外借款;二是客商直接投资;三是客商其他投资。外资包括现金、实物、工业产权或专有技术等。对外借款指由我国政府、部门、企业(不含外资企业)和中国银行等单位向境外借入的外资,借款按不同渠道划分为:①外国政府贷款;②国际金融组织贷款;③外国银行商业贷款;④买方信贷;⑤其他:包括对外发行债券、股票等。

客商直接投资 指外国企业和经济组织或个人(包括华侨、港澳台同胞)以及我国在境外注册的企业,按我国有关政策、法规,用现汇、实物、技术等在我国境内开办独资企业、合资企业、合作经营企业或合作开发资源的投资。

客商其他投资 凡不属上述两类方式吸收的外资,均列入本类。主要有:①补偿贸易;②加工装配客商作价提供设备;③国际租赁;④其他。凡是本年内实际投资,不论是执行本年签订的或是执行过去几年签订的协议均应计算在内。

外商直接投资协议(合同)外资额 指按直接投资项目协议(合同)规定,外方认缴的出资额,包括外方直接注入资金、提供设备和外方承诺的企业对外借款金额。

实际利用外资 指根据投资协议(合同)实际执行的投资额。贷款按实际提取或拨交的使用数;客商直接投资项目(合同)的实际投资额;外商其他投资按到货数计算。

口岸进出口总额 指实际进出我国国境的货物总金额。进出口货物的贸易方式以海关监管方式为基础,分为:一般贸易;国家间、国际组织无偿援助和增资;华侨、港澳台同胞、外藉华人捐赠的物资;补偿贸易;来料加工装配贸易;进料加工贸易;寄售、代销贸易;边境小额贸易;来料加工装配进口的设备;对外承包工程出口货物;租赁贸易商投资企业作为投资进口的设备、物品;来料加工贸易;易货贸易;免税外汇商品;保税区进出境货物;保税仓库进出境货物以及其它。

能　源

- 2014 年，全市规模以上工业能源生产总量 748.40 万吨标准煤。
- 2014 年，规模以上工业增加值综合能耗 0.8606 吨标准煤/万元。
- 2014 年，万元 GDP 能耗 0.6961 吨标准煤/万元。

6-1 主要年份能源生产量

指　标	单位	1995 年	2000 年	2005 年	2010 年	2012 年	2013 年	2014 年
生产总量	**万吨标准煤**	**259.80**	**369.78**	**543.15**	**866.31**	**707.26**	**747.30**	**748.40**
原　煤	万吨	48.91	15.13	13.60	88.20	84.23	58.17	76.92
燃料油	万吨	43.27	54.27	40.00	20.89	4.29	5.38	1.40
汽　油	万吨	64.56	82.51	86.00	108.59	130.61	159.33	162.02
煤　油	万吨	2.12	4.44	5.00		3.24	2.19	24.35
柴　油	万吨	83.17	127.09	133.00	190.85	229.01	204.73	179.61
液化石油气	万吨	6.94	16.92	27.00	24.27	26.18	31.45	26.51
电　力	亿千瓦小时	43.18	38.36	83.25	75.27	55.44	89.61	91.80

6-2 工业企业能源购进、消费与库存情况

(2014 年)

能源名称	计量单位	年初库存量	购进量		消费量			年末库存量
			实物量	金额（万元）	合计	工业生产消费	非工业生产消费	
原煤	吨	372174	7447679	429974	7300803	7300601	202	601718
煤制品	吨		11772	1445	10331	10331		1441
焦炭	吨	69869	1904853	230964	1928470	1928470		46060
高炉煤气	万立方米		26988	1639	674365	674365		
转炉煤气	万立方米				61614	61614		
发生炉煤气	万立方米		21103	8644	21103	21103		
天然气(气态)	万立方米		7606	26203	8427	8422	4	1
液化天然气(液态)	吨		79	57	79	79		
原油	吨	69929	4738100	2538574	4717280	4717280		90748
汽油	吨	23	3080	2384	3346	2062	1315	17
煤油	吨		57	56	552	552		
柴油	吨	693	53683	33581	55492	53955	1537	407
燃料油	吨		60	36	60	60		
液化石油气	吨		1964	1006	2723	1964	759	
炼厂干气	吨		2033	432	170006	170006		
润滑油	吨	26	34	35	52	52		8
石蜡	吨		127	95	127	127		
溶剂油	吨	2	45	41	44	44		3
石油焦	吨	1469	4995	565	38392	38392		101
其它石油制品	吨		361681	184983	717035	717035		
热力	百万千焦		2762335	22221	8554653	8552243	2409	
电力	万千瓦时		828118	597947	1055923	1047502	8421	
煤矸石用于燃料	吨				70	70		
生物质废料用于燃料	吨		8004	284	8364	8364		
余热余压	百万千焦				7583431	7583431		
其他燃料	吨标准煤		2536	154	4695	4695		

6-3 规模以上工业主要能源分行业消费量

(2014 年)

指　　标	原煤（吨）	焦炭（吨）	原油（吨）	汽油（吨）	柴油（吨）	燃料油（吨）	电　　力（万千瓦小时）
合　　计	**7300803**	**1928470**	**4717280**	**3346**	**55492**	**60**	**1055923**
煤炭开采和洗选业							582
黑色金属矿采选业	7927			13	15		1723
有色金属矿采选业	14481			25	115		12737
非金属矿采选业	68143	290		38	36204		5650
农副食品加工业	34428			70	156		9464
食品制造业	12859			52	12		2663
饮料制造业	19317			93	18		7971
纺织业	37939			162	102		85222
纺织服装、鞋、帽制造业	2217			352	148		18332
皮革、毛皮、羽毛(绒)等	1440			21	4		3270
木材加工及木、竹、藤等	1782			43	630		11087
家具制造业	460			5	5		2977
造纸及纸制品业	280732			17	8		33912
印刷业和记录媒介的复制	7898			140	127		2637
文教体育用品制造业	1026			47	48		12671
石油加工炼焦及核燃料	177805		4717280	117	156		39669
化学原料及化学制品制造	415997			62	180		120107
医药制造业	22713			305	349		8741
化学纤维制造业	565520			14	150		50672
橡胶和塑料制品业	10159			113	8		10069
非金属矿物制品业	2150382			277	12223		229129
黑色金属冶炼及压延	674130	1910151			342		143402
有色金属冶炼及压延	107482	17724		294	264		83159
金属制品业				20		60	11685
通用设备制造业	1050	305		67	167		7231
专用设备制造业				5	867		4684
汽车制造业				74.06	3.45		8126.89
交通运输设备制造业	54			111	1743		8534
电气机械及器材制造业	9712			130	552		58135
通信设备、计算机及其他				18	5		4757
仪器仪表及文化、办公用				17			1367
工艺品及其他制造业				3	2		1653
废弃资源和废旧材料回收	121			6			582
电力、热力的生产和供应	2675029			433	819		41334
燃气生产和供应业				46			347
水的生产和供应业				156	69		11642

6-4 规模以上工业能源分行业消费量

（2014 年）　　　　单位：吨标准煤

指　　标	合计	工业生产消费	非工业生产消费
总　　计	**8136963**	**8120841**	**16121**
煤炭开采和洗选业	715	715	
黑色金属矿采选业	7820	7820	
有色金属矿采选业	25765	25330	436
非金属矿采选业	120508	120487	21
农副食品加工业	41294	41185	110
食品制造业	13291	13232	59
饮料制造业	26041	25693	347
纺织业	133402	133121	282
纺织服装、鞋、帽制造业	24803	24737	66
皮革、毛皮、羽毛(绒)等	5079	5074	5
木材加工及木、竹、藤等	21559	21559	
家具制造业	4101	4101	
造纸及纸制品业	210144	210133	11
印刷业和记录媒介的复制	9895	9872	22
文教体育用品制造业	16365	16286	79
石油加工炼焦及核燃料	820405	819083	1322
化学原料及化学制品制造	453179	452988	191
医药制造业	30109	29185	924
化学纤维制造业	393739	385604	8135
橡胶和塑料制品业	17361	17336	26
非金属矿物制品业	1878196	1876402	1794
黑色金属冶炼及压延	2329541	2329541	
有色金属冶炼及压延	218118	218095	22
金属制品业	34542	34480	63
通用设备制造业	10089	9902	187
专用设备制造业	7027	7027	
汽车制造业	10387	10308	79
交通运输设备制造业	13934	13552	382
电气机械及器材制造业	80188	79996	192
通信设备、计算机及其他	5910	5891	19
仪器仪表及文化、办公用	1676	1646	30
工艺品及其他制造业	2036	2035	1
废弃资源和废旧材料回收	802	793	9
电力、热力的生产和供应	1154501	1153994	507
燃气生产和供应业	495	495	
水的生产和供应业	13946	13143	803

6-5 规模以上工业分县(市、区)综合能源产值能耗变动情况

指　　标	2013年			2014年			产值能耗变动幅度(+-%)
	综合能源消费量(吨标准煤)	工业总产值(万元)	产值能耗(吨标准煤/万元)	综合能源消费量(吨标准煤)	工业总产值(万元)	产值能耗(吨标准煤/万元)	
全市合计	**7911826**	**35156906**	**0.23**	**8136963**	**45601570**	**0.18**	**-21.74**
浔阳区	2167757	3787588	0.57	1978986	3454548	0.57	
庐山区	269131	3184719	0.08	245942	3813867	0.06	-25.00
九江开发区	321344	3775606	0.09	274947	4901860	0.06	-33.33
九江县	334634	1820524	0.18	325342	2499140	0.13	-27.78
武宁县	64613	2082282	0.03	63747	2713584	0.02	-33.33
修水县	198426	2153116	0.09	199817	3131609	0.06	-33.33
永修县	342384	2917154	0.12	298182	4000528	0.07	-41.67
德安县	195539	2435872	0.08	200466	3412733	0.06	-25.00
星子县	14681	1504736	0.01	15909	2016379	0.01	
都昌县	58415	1476036	0.04	30724	2030931	0.02	-50.00
湖口县	2572022	2427504	1.06	2757715	3351048	0.82	-22.64
彭泽县	298061	1781166	0.17	295853	2483603	0.12	-29.41
瑞昌市	1044825	3198606	0.33	1421346	4108954	0.35	6.06
共青城市	29994	2611997	0.01	27986	3682788	0.01	

6-6 各县(市、区)规模以上工业主要能源消费量

(2014 年)

指　　标	原煤（吨）	焦炭（吨）	原油（吨）	汽油（吨）	柴油（吨）	燃料油（吨）	液化石油气（吨）	炼厂干气（吨）	其他石油制品（吨）	热力（百万千焦）	电力（万千瓦时）
全市合计	**7300803**	**1928470**	**4717280**	**3346**	**55492**	**60**	**2723**	**170006**	**717035**	**8554653**	**1055923**
浔阳区	2852834		4717280	382	1238		759	170006	717035	1917611	84280
庐山区	155129			282	938	60	66			2561454	61700
九江开发区	242986			21	88		40				87200
九江县	346635	42		263	3993						59108
武宁县	957	591		312	681						50500
修水县	190456			626	751		30				47318
永修县	204724			55	35528					1942340	73066
德安县	188620			130	2085						51596
星子县				98	103						12118
都昌县	3460	590		289	2450		32				18715
湖口县	1018690	1891736		94	1530		31			16680	276749
彭泽县	352852			121	907						37587
瑞昌市	1729334	35512		170	4874		1766			2116568	182334
共青城市	14127			503	326						13651

6-7 各县(市、区)规模以上工业增加值能耗

单位:吨标准煤/万元

地 区	规上工业增加值能耗	2014年比2013年增长%	六大高耗能行业能耗占规上工业能耗比重%
全市合计	**0.8606**	**-19.26**	**84.23**
浔阳区	3.0300	-4.40	99.28
庐山区	0.2755	-10.10	39.16
九江开发区	0.3224	-19.10	27.25
九江县	0.8341	-14.60	84.20
武宁县	0.1327	-17.10	26.22
修水县	0.3579	-15.20	52.65
永修县	0.6228	-29.10	73.78
德安县	0.3924	-28.40	59.20
星子县	0.0453	-18.40	14.47
都昌县	0.2157	-29.80	7.49
湖口县	3.7207	1.20	93.94
彭泽县	0.8326	-25.30	87.09
瑞昌市	1.5050	-11.80	79.49
共青城市	0.0468	-27.50	2.86

6-8 各县(市、区)万元GDP能耗

单位:吨标准煤/万元

地 区	2013年	2014年	2014年比2013年增长%
全市合计	**0.7612**	**0.6961**	**-5.78**
浔阳区	1.2679	1.2299	-2.99
庐山区	0.1664	0.1608	-3.39
九江开发区	0.2825	0.2662	-5.75
九江县	0.6155	0.5890	-4.30
武宁县	0.2957	0.2765	-6.50
修水县	0.4023	0.3842	-4.49
永修县	0.7397	0.7061	-4.55
德安县	0.5618	0.5364	-4.53
星子县	0.2225	0.2077	-6.68
都昌县	0.3922	0.3657	-6.76
湖口县	2.7186	2.4774	-8.87
彭泽县	0.7510	0.7175	-4.45
瑞昌市	1.0920	1.0262	-6.03
共青城市	0.1149	0.1077	-5.13

主要统计指标解释

能源生产总量　指一定时期内地区一次能源生产量的总和，是观察地区能源生产水平、规模、构成和发展速度的总量指标。一次能源生产量包括原煤、原油、天然气、水电及其他动力能（如风能、地热能等）发电量。不包括低热值燃料生产量、生物质能、太阳能等的利用和由一次能源加工转换而成的二次能源产量。

能源消费总量　指一定时期内地区物质生产部门、非物质生产部门和生活消费的各种能源的总和。是观察能源消费水平、构成和增长速度的总量指标。能源消费总量包括原煤和原油及其制品、天然气、电力。不包括低热值燃料、生物质和太阳能等的利用。能源消费总量分为三部分，即终端能源消费量、能源加工转换损失量和损失量。

（一）终端能源消费量 指一定时期内地区物质生产部门，非物质生产部门和生活消费的各种能源在扣除了用于加工转换二次能源消费量和损失量以后的数量。

（二）能源加工转换损失量 指一定时期内地区投入加工转换的各种能源数量之和与产出各种能源产品之和的差额。它是观察能源在加工转换过程中损失量变化的指标。

（三）能源损失量 指一定时期内能源在输送、分配、储存过程中发生的损失和由于客观原因造成的各种损失量。不包括各种气体能源放空、放散量。

能源生产弹性系数　是研究能源生产量的增长与国民经济增长之间关系的指标。计算公式：

$$能源生产弹性系数=\frac{能源生产总量年平均增长速度}{国民经济年平均增长速度}$$

电力生产弹性系数　是研究电力生产量的增长与国民经济增长之间关系的指标。一般来说，电力的发展应快于国民经济的发展，也就是说电力应超前发展。其计算公式为：

$$电力生产弹性系数=\frac{电力生产量年平均增长速度}{国民经济年平均增长速度}$$

能源消费弹性系数　是反映能源消费增长速度与国民经济增长速度之间比例关系的指标。其计算公式为：

$$能源消费弹性系数=\frac{能源消费量年平均增长速度}{国民经济年平均增长速度}$$

电力消费弹性系数　是反映电力消费增长速度与国民经济增长速度之间比例关系的指标。其计算公式为：

$$电力消费弹性系数=\frac{电力消费量年平均增长速度}{国民经济年平均增长速度}$$

7

财　政

● 2014 年，全市财政总收入 328.53 亿元，比上年增长 17.2%，其中地方公共财政预算收入 213.66 亿元，比上年增长 21.3%；全市财政支出 384.02 亿元，比上年增长 13.5%。

7-1 主要年份地方公共财政预算收入及财政支出

单位:万元

年 份	地方公共财政预算收入	财政支出
1978	7778	8884
1980	11595	13018
1981	13015	12999
1982	12671	14110
1983	12112	15463
1984	15403	16596
1985	19704	22657
1986	22941	30016
1987	26544	32442
1988	30075	36149
1989	35599	43960
1990	38889	44051
1991	40846	48830
1992	44147	54686
1993	53050	61750
1994	50530	73024
1995	63715	96706
1996	77516	116257
1997	89111	128504
1998	85058	145880
1999	98492	228771
2000	105040	207506
2001	107964	252977
2002	126283	318483
2003	152926	310578
2004	188059	384650
2005	224542	521068
2006	260377	579964
2007	320749	780938
2008	384210	1044200
2009	524566	1346264
2010	710634	1665230
2011	1010299	2252232
2012	1418709	2980139
2013	1761519	3382022
2014	2136612	3835284

7-2 财政收入

单位:万元

指　　标	2013 年	2014 年	2014 年比 2013 年增长%
财政总收入	**2802013**	**3285327**	**17.2**
# 上划中央两税	804644	907757	12.8
入库中央所得税	235850	240958	2.2
地方公共财政预算收入	**1761519**	**2136612**	**21.3**
# 税收收入	**1313881**	**1611910**	**22.7**
国内增值税	148459	217849	46.7
营业税	422851	520269	23.0
企业所得税	133717	126043	-5.7
个人所得税	23516	34595	47.1
资源税	69533	82857	19.2
城市维护建设税	49701	66279	33.4
房产税	27896	37748	35.3
印花税	12222	16867	38.0
城镇土地使用税	49740	53966	8.5
土地增值税	85556	145696	70.3
车船税	7142	8361	17.1
耕地占用税	108439	114941	6.0
契税	175061	186439	6.5
# 非税收入	**447638**	**524702**	**17.2**
专项收入	38980	50315	29.1
行政事业性收费收入	135334	160865	18.9
罚没收入	82421	109524	32.9
国有资本经营收入	11503	5378	-53.2
国有资源(资产)有偿使用收入	156427	186380	19.1
其他收入	22973	12240	-46.7

7-3 财 政 支 出

单位:万元

指 标	2013年	2014年	2014年比2013年增长%
公共财政预算支出	**3382022**	**3835284**	**13.4**
# 一般公共服务	343920	400322	16.4
国防	6740	9872	46.5
公共安全	143807	153365	6.6
教育	650635	715781	10.0
科学技术	38203	47498	24.3
文化体育与传媒	43382	45456	4.8
社会保障和就业	391997	445533	13.7
医疗卫生	277288	369034	33.1
节能环保	76022	77657	2.2
城乡社区事务	266695	301230	12.9
农林水事务	456637	572563	25.4
交通运输	60432	55930	-7.4
资源勘探电力信息等事务	139369	109190	-21.7
商业服务业等事务	33144	33644	1.5
金融监管支出	3257	1602	-59.4
国土资源气象等事务	17679	22336	31.5
住房保障支出	324784	261210	-19.1
粮油物资储备管理事务	7237	9945	37.4
其他支出	100794	203116	101.5

7-4 各县(市、区)地方公共财政预算收入

单位:万元

地　　区	2013年	2014年	2014年比2013年增长%
全市合计	**1761519**	**2136612**	**21.3**
市本级	207313	264192	27.4
浔阳区	105658	126226	19.5
庐山区	134199	164005	22.2
九江开发区	130512	135540	3.9
庐山管理局	57698	75318	30.5
九江县	98430	120633	22.6
武宁县	93537	108610	16.1
修水县	128173	159054	24.1
永修县	112313	143819	28.1
德安县	83697	106139	26.8
星子县	76089	87857	15.5
都昌县	80019	99941	24.9
湖口县	131324	149704	14.0
彭泽县	83865	112570	34.2
瑞昌市	150967	182141	20.6
共青城市	87725	100863	15.0

7-5 各县(市、区)财政支出

单位:万元

地　　区	2013年	2014年	2014年比2013年增长%
全市合计	**3382022**	**3835284**	**13.4**
市本级	593969	620867	4.5
浔阳区	108606	123483	13.7
庐山区	150213	155230	3.3
九江开发区	147209	172357	17.1
庐山管理局	74766	95140	27.3
九江县	183894	198639	8.0
武宁县	188689	247441	31.1
修水县	336792	385557	14.5
永修县	238750	290603	21.7
德安县	139873	174270	24.6
星子县	137669	168585	22.5
都昌县	283990	307539	8.3
湖口县	208649	232157	11.3
彭泽县	198543	219472	10.5
瑞昌市	256898	286808	11.6
共青城市	133512	157136	17.7

7-6 主要年份各县(市、区)财政总收入

单位:万元

地区	2000年	2002年	2003年	2004年	2005年	2006年	2007年
全市合计	**205150**	**231785**	**286023**	**350802**	**398130**	**458538**	**575185**
浔阳区	12706	17016	20844	26198	33052	38650	42035
庐山区	6520	8494	10193	13011	16331	20016	26099
九江开发区	2652	4032	6628	10533	10665	13221	20170
庐山管理局	3323	5069	4699	8689	10001	12503	14845
九江县	6136	7625	9413	12266	15610	20088	26218
武宁县	8013	10225	13087	16427	20038	22048	26612
修水县	11213	14370	17977	22690	30695	37016	50059
永修县	9268	13211	16869	19163	26167	32877	40069
德安县	4604	6010	8120	11449	14382	16706	20149
星子县	3988	5199	6851	9034	11422	13474	16540
都昌县	7357	10004	12005	14546	17503	20168	21617
湖口县	5745	6732	8379	10483	13416	16166	23002
彭泽县	5341	7106	8673	10464	12607	15601	17500
瑞昌市	10424	13868	17157	23565	28770	34008	38245
共青城市	1480	2249	2894	4114	6042	7490	10019

地区	2008年	2009年	2010年	2011年	2012年	2013年	2014年
全市合计	**661678**	**861926**	**1167006**	**1618036**	**2208576**	**2802013**	**3285327**
浔阳区	45040	70848	100260	134465	161602	206252	222791
庐山区	34166	52399	72399	111008	151088	202000	233905
九江开发区	28071	50021	75900	156847	200199	210815	260568
庐山管理局	17224	21589	27011	37310	50367	59525	76435
九江县	32188	38188	50169	71841	100388	125100	148492
武宁县	31408	40033	54371	75319	100103	126022	144552
修水县	52016	55016	75046	106236	140068	184819	210398
永修县	45115	57208	67216	90777	120780	151049	185266
德安县	23378	31593	45979	67069	86564	110758	133008
星子县	20010	26048	41743	50188	70336	104268	114977
都昌县	25017	32338	46490	63061	81241	102128	124568
湖口县	38036	60166	100518	140898	165313	200303	227183
彭泽县	21500	31506	46056	64497	90016	117171	152326
瑞昌市	48282	63537	93630	126600	168169	206968	237669
共青城市	14031	20219	35022	54470	81488	109719	131806

主要统计指标解释

财政收入　指国家可直接支配的财力,主要包括税收收入和其他收入两大类。1994年我国统一实行分税制财政体制,按税种分为上划中央收入和地方财政收入。上划中央收入包括:增值税的75%和消费税的100%等;地方财政收入包括:增值税的25%、营业税(不含银行总行、铁道、保险总公司的营业税)、地方企业交纳的企业所得税、外商投资企业和外国企业所得税、个人所得税、土地使用税、固定资产投资方向调节税、城市维护建设税(不含银行总行、铁道、保险总公司集中交纳的部分)、资源税(不包括海洋石油资源税)、房产税、车船使用税、印花税、屠宰税、农牧业税、耕地占用税、契税、遗产和赠与税、土地增值税、国有土地有偿使用收入以及基金收入等。地方财政收入加上划中央收入为全市财政收入。需要指出的是,1994年以后地方财政收入与以前实行的总额分成财政体制下的地方财政收入在内容和范围上有一定差别,从2002年1月1日起,我国所得税收入分配方式又有重大改革,2002年所得税收人中央分享50%,地方分享50%。因此,历年数据不完全可比。

一般预算财政收入　是通过一定的形式和程序,由各级财政部门组织并纳入预算管理的各项收入,也就是会计制度改革以前所称的"预算收入"。

基金预算收入　是按规定收取,转入或通过当年财政安排,由财政管理并具有指定用途的政府性基金预算收入等。一般预算财政支出是各级财政部门对集中的一般预算收入有计划地分配和使用而安排的支出。

财政支出　国家财政将筹集起来的资金进行分配使用,以满足经济建设和各项事业的需要,主要包括一般公共服务、外交、国防、教育、公共安全、科学技术、文化体育与传媒、社会保障和就业、医疗卫生、环境保护、城乡社区事务、农林水事务、交通运输、工业商业金融等事务和其他支出等科目。

基金预算支出　是各级财政部门用基金预算收入安排的支出。

8

价格指数

- 2014 年，居民消费价格上涨 2.1%；商品零售价格上涨 0.9%。
- 2014 年，工业生产者出厂价格下降 1.1%；工业生产者购进价格下降 1.8%。

8-1 主要年份市区居民消费价格类指数

（以上年价格为100）　　单位:%

类　别	1978年	1980年	1985年	1990年	1995年	2000年	2005年
居民消费价格总指数	**101.8**	**103.4**	**109.4**	**104.3**	**117.7**	**104.1**	**102.6**
一、食品	103.7	106.3	112.9	101.9	123.1	101.4	104.4
肉禽及其制品	100.0	126.8	126.0	98.0	123.1	104.2	101.3
蛋					118.4	4.0	108.3
水产品	100.0	140.6	136.0	97.1	115.1	101.5	106.8
鲜菜	163.0	92.7	123.2	111.8	155.6	125.1	117.0
二、烟酒及用品							101.3
三、衣着	100.0	99.3	103.6	111.1	114.0	102.8	94.5
四、家庭设备用品及维修服务	100.0	101.1	103.9	104.4	105.1	98.6	98.7
五、医疗保健和个人用品	100.0	101.1	115.0	108.9	113.7	98.4	102.5
六、交通和通讯					101.0	91.5	97.8
七、娱乐教育文化用品及服务	100.0	100.0	100.8	97.5	108.8	102.1	100.5
八、居住				105.5	104.5	105.4	108.5

类　别	2008年	2009年	2010年	2011年	2012年	2013年	2014年
居民消费价格总指数	**105.7**	**100.0**	**103.2**	**105.1**	**102.8**	**102.5**	**102.1**
一、食品	113.3	104.7	107.2	112.1	105.6	105.0	103.8
肉禽及其制品	121.4	91.5	101.9	123.0	103.4	104.6	99.9
蛋	103.5	106.2	110.5	116.1	96.7	108.9	108.9
水产品	124.2	111.5	106.9	109.0	110.4	105.2	101.0
鲜菜	109.5	128.0	124.4	99.1	118.1	106.4	95.9
二、烟酒及用品	100.9	101.0	100.3	102.1	104.0	100.6	99.1
三、衣着	95.4	96.4	98.7	101.0	101.1	104.0	103.8
四、家庭设备用品及维修服务	104.8	101.9	97.9	101.2	98.1	99.4	98.2
五、医疗保健和个人用品	102.7	99.5	103.0	105.2	103.7	99.1	101.0
六、交通和通讯	98.2	97.0	92.7	99.8	99.8	98.7	99.3
七、娱乐教育文化用品及服务	100.2	98.2	101.6	101.5	100.4	99.1	99.2
八、居住	104.4	94.4	107.0	102.0	102.3	104.4	103.2

8-2 市区商品零售物价类指数

(2014 年) 单位:%

类　　别	以1995年价格为100	以2000年价格为100	以2010年价格为100
商品零售价格总指数	**141.1**	**125.4**	**107.7**
一、食品类	254.2	206.2	130.5
二、饮料、烟酒	130.7	124.6	109.9
三、服装、鞋帽类	89.8	80.4	109.1
四、纺织品类	104.6	94.6	119.4
五、家用电器及音像器材	60.0	58.8	66.1
六、文化办公用品			86.7
七、日用品	119.7	110.6	103.5
八、体育娱乐用品			88.1
九、交通、通讯用品			83.9
十、家具			98.6
十一、化妆品类	104.2	98.6	97.5
十二、金银珠宝类	183.2	172.1	100.2
十三、中西药品及医疗保健用品类	117.9	101.3	112.4
十四、书报杂志及电子出版物类	116.9	99.5	100.1
十五、燃料类	212.2	245.4	98.8
十六、建筑材料及五金电料类	123.4	123.0	112.7

8-3 市区居民消费价格类指数

(2014 年) 单位:%

类　　别	以1995年价格为100	以2000年价格为100	以2010年价格为100
居民消费价格总指数	**161.2**	**137.2**	**113.6**
一、食品	251.0	209.2	130.6
肉禽及其制品	274.7	241.3	139.1
水产品	263.5	185.6	126.1
鲜菜	333.8	271.4	126.7
二、烟酒		105.0	105.7
三、衣着	94.8	80.0	108.5
四、家庭设备用品及维修服务	106.0	94.1	96.9
五、医疗保健和个人用品	134.7	108.1	109.9
六、交通和通讯	79.7	74.6	97.0
七、娱乐教育文化用品及服务	111.6	105.2	101.7
八、居住	153.7	152.4	111.6

8-4 主要年份市区居民消费价格及商品零售价格总指数

（以上年价格为100） 单位:%

年份	居民消费价格总指数	商品零售价格总指数	年份	居民消费价格总指数	商品零售价格总指数
1978	101.8	101.9	2002	98.9	98.5
1979	99.1	99.0	2004	103.4	102.3
1980	103.4	103.5	2005	102.6	101.2
1983	101.6	101.6	2007	104.2	103.1
1985	109.4	109.9	2008	105.7	105.7
1986	108.6	108.7	2009	100.0	99.7
1988	125.1	126.6	2010	103.2	102.6
1990	104.3	103.5	2011	105.1	104.3
1995	117.7	113.8	2012	102.8	101.8
1997	103.4	100.0	2013	102.5	100.9
2000	104.1	101.2	2014	102.1	100.9

8-5 不同基期年份的消费及零售价格指数

单位:%

年份	居民消费价格总指数	商品零售价格总指数
以1978年价格为100	661.5	470.8
以1980年价格为100	646.4	459.2
以1985年价格为100	575.3	409.9
以1990年价格为100	323.0	228.1
以1995年价格为100	161.2	141.1
以2000年价格为100	137.2	125.4
以2005年价格为100	136.8	124.5
以2007年价格为100	123.3	116.8
以2008年价格为100	116.7	110.6
以2009年价格为100	116.7	110.9
以2010年价格为100	113.6	107.7
以2011年价格为100	107.6	103.6
以2012年价格为100	104.7	101.8
以2013年价格为100	102.1	100.9

8-6 市区居民消费价格类指数

(2014年,以上年价格为100)　　单位:%

类　别	指数	类　别	指数
居民消费价格总指数	102.1	衣着加工服务	105.2
非食品价格指数	101.2	四、家庭设备用品及维修服务	98.2
服务项目价格指数	102.2	耐用消费品	95.1
工业品价格指数	100.5	# 家具	99.7
扣除鲜菜鲜果总指数	101.4	家庭设备	93.3
消费品价格指数	102.1	室内装饰品	93.6
一、食品	103.8	床上用品	101.0
粮食	101.0	家庭日用杂品	99.1
淀粉	101.1	家庭服务及加工维修服务	106.8
干豆类及豆制品	105.4	五、医疗保健和个人用品	101.0
油脂	93.4	医疗保健	100.4
肉禽及其制品	99.9	# 医疗器具及用品	100.0
# 食用畜肉及副产品	98.4	中药材及中成药	103.4
禽	105.4	西药	96.7
肉禽加工制品	102.5	保健器具及用品	100.9
蛋	108.9	医疗保健服务	100.0
# 鲜蛋	110.7	个人用品及服务	102.2
水产品	101.0	# 化妆美容用品	100.4
# 鱼	98.9	清洁化妆用品	100.7
淡水鱼	98.5	个人饰品	96.5
其它水产品	105.4	个人服务	112.1
菜	97.3	六、交通和通讯	99.3
# 鲜菜	95.9	交通	100.2
调味品	101.5	# 交通工具	100.7
糖	103.2	车用燃料及零配件	98.0
茶及饮料	103.5	车辆使用及维修	102.2
# 茶叶	99.9	市区公共交通	101.1
饮料	105.2	城市间交通	98.7
干鲜瓜果	125.7	通信	98.6
# 鲜果	133.7	# 通信工具	87.9
糕点饼干面包	103.1	通信服务	100.0
液体乳及乳制品	107.9	七、娱乐教育文化用品及服务	99.2
在外用膳食品	106.2	文娱用耐用消费品及服务	93.4
其它食品	99.7	教育	100.1
二、烟酒	99.1	# 教材及参考书	99.8
烟草	100.0	教育服务	100.2
酒	97.8	文化娱乐类	99.6
三、衣着	103.8	# 文化娱乐用品	99.3
服装	103.8	书报杂志	100.0
# 男式服装	102.6	文娱费	99.6
女式服装	104.8	旅游	98.9
儿童服装	102.7	八、居住	103.2
衣着材料	106.3	建房及装修材料	100.1
鞋袜帽	103.4	住房租金	108.1
# 鞋	103.9	自有住房	104.4
袜子	99.9	水、电、燃料	102.5
帽子	100.8		

8-7 市区商品零售价格类指数

(2014年,以上年价格为100) 单位:%

类别	指数	类别	指数
商品零售价格总指数	100.9	帽子	100.8
一、食品类	103.5	其它	107.2
粮食	101.2	四、纺织品类	103.6
淀粉	101.1	衣着材料	106.4
干豆类及豆制品	105.4	床上用品	101.1
油脂	93.4	五、家用电器及音像器材	93.9
肉禽及其制品	99.8	家庭设备	93.2
# 食用畜肉及副产品	98.2	文娱用耐用消费品	95.9
禽	105.4	音像器材类	92.6
肉禽加工制品	102.5	六、文化办公用品	97.3
蛋	109.1	七、日用品	99.4
# 鲜蛋	110.7	日用百货	99.9
水产品	101.0	日用杂品	97.9
# 鱼	98.9	洗涤用品	100.2
淡水鱼	98.5	其它日用品	99.1
# 其它水产品	105.5	八、体育娱乐用品	99.6
菜	97.7	体育用品	100.1
# 鲜菜	95.9	娱乐用品	99.2
调味品	101.6	九、交通、通信用品	97.3
糖	103.7	交通运输机械	100.1
干鲜瓜果	125.3	通信器材类	91.9
# 鲜果	133.7	十、家具	99.7
糕点饼干面包	105.7	十一、化妆品类	100.0
液体乳及乳制品	107.6	十二、金银珠宝类	92.2
在外用膳食品	106.1	十三、中西药品及医疗保健用品类	100.4
其它食品	99.7	医疗器具及用品	100.0
二、饮料、烟酒	99.8	中药材及中成药	103.4
茶及饮料	103.0	西药	96.7
# 茶叶	99.9	保健器具及用品	100.8
饮料	104.7	十四、书报杂志及电子出版物类	99.3
烟草	100.0	教材及参考书	99.6
酒	97.8	书报杂志	100.0
三、服装、鞋帽类	103.8	电子音像制品	96.2
服装	103.6	十五、燃料类	100.9
# 男式服装	102.7	煤炭及制品类	107.9
女式服装	104.7	石油及制品类	99.7
儿童服装	102.7	十六、建筑材料及五金电料类	99.4
鞋袜帽	103.4	建筑装璜材料	99.1
# 鞋	103.9	五金电料类	101.0
袜子	99.9		

8-8 工业生产者出厂价格指数

(以上年价格为100)

类　别	2013年	2014年
全部工业品	100.0	98.9
按轻重工业分		
轻工业	100.0	100.1
以农产品为原料	10.6	101.2
以非农产品为原料	98.3	96.7
重工业	100.0	98.4
采　掘	98.9	93.8
原　料	100.5	98.3
加　工	99.4	99.5
按生产生活资料		
生产资料	99.6	98.4
采　掘	98.9	93.8
原　料	100.1	97.9
加　工	99.1	99.7
生活资料	101.8	101.2
食　品	100.1	99.6
衣　着	102.9	103.8
一般日用品	102.8	98.2
耐用消费品	100.0	100.0

8-9 工业生产者出厂价格指数

(按工业部门分组,以上年价格为100)

按工业部门分组	2013年	2014年
冶金工业	94.3	95.7
电力工业	101.4	98.5
煤炭及炼焦工业	93.9	92.3
石油工业	99.2	97.5
化学工业	104.1	98.4
机械工业	99.5	99.7
建筑材料工业	100.6	99.6
森林工业	105.4	104.0
食品工业	100.0	99.8
纺织工业	97.6	99.4
缝纫工业	103.1	103.8
皮革工业	99.1	101.5
造纸工业	100.2	100.0
文教艺术用品工业	101.9	100.0
其它工业	103.6	97.1

8-10 工业生产者购进价格指数

(以上年价格为100)

分组名称	2013年	2014年
全部原材料	98.5	98.2
(一)燃料、动力类	96.9	97.0
(二)黑色金属材料类	96.1	94.7
其中:钢　材	96.4	94.5
其　它	90.7	97.5
(三)有色金属材料和电线类	96.6	98.2
(四)化工原料类	98.0	98.5
(五)木材及纸浆类	104.8	104.8
(六)建筑材料及非金属矿类	101.8	102.3
(七)其它工业原材料及半成品类	101.3	101.6
(八)农副产品类	99.3	98.4
(九)纺织原料类	102.2	100.4

8-11 工业生产者出厂价格指数

(按新行业分组,以上年价格为100)

按新行业分组	2013年	2014年
煤炭开采和洗选业	83.9	92.3
有色金属矿采选业	99.1	89.8
非金属矿采选业	101.3	98.8
农副食品加工业	101.2	98.6
食品制造业	100.1	100.6
饮料制造业	100.5	100.8
纺织业	98.1	99.4
纺织服装、鞋、帽制造业	103.4	104.6
皮革、毛皮、羽毛(绒)及其制品业	99.8	101.1
木材加工及木、竹、藤、棕、草制品业	109.3	106.7
家具制造业	100.0	100.0
造纸及纸制品业	100.2	100.0
印刷业和记录媒介的复制	100.0	100.0
文教体育用品制造业	103.1	100.0
石油加工、炼焦及核燃料加工业	99.1	97.5
化学原料及化学制品制造业	109.3	100.3
医药制造业	101.0	99.6
化学纤维制造业	91.0	89.4
橡胶制品业	100.0	98.9
塑料制品业	98.1	99.7
非金属矿物制品业	100.5	99.8
黑色金属冶炼及压延加工业	88.3	99.0
有色金属冶炼及压延加工业	94.9	95.2
金属制品业	97.5	98.6
通用设备制造业	95.4	100.3
专用设备制造业	100.0	100.0
交通运输设备制造业	99.9	99.5
电气机械及器材制造业	101.0	100.0
通信设备、计算机及其他电子设备制造业	100.0	100.0
仪器仪表及文化、办公用机械制造业	99.8	100.0
工艺品及其他制造业	104.5	96.0
电力、热力的生产和供应业	101.4	98.5
燃气生产和供应业	101.6	100.2
水的生产和供应业	100.0	101.1

8-12 市区住宅销售价格类指数

(2014年,以上年同期价格为100) 单位:%

类别	1月	2月	3月	4月	5月	6月
新建住宅销售价格同比指数	106.6	105.7	105.2	104.9	103.4	102.0
一、保障性住房						
二、新建商品住宅	106.9	106.0	105.5	105.1	103.5	102.1
(一)90平方米以下	107.3	106.1	105.7	105.4	103.6	102.0
(二)90-144平方米	107.0	106.3	105.8	105.4	103.9	102.7
(三)144平方米以上	105.6	104.4	104.1	103.3	102.0	100.6
二手住宅	103.8	102.8	101.9	101.6	101.1	100.9
一、90平方米以下	104.3	103.2	102.0	101.9	101.6	101.2
二、90-144平方米	103.0	102.4	102.2	101.8	102.7	101.1
三、144平方米以上	103.3	101.0	99.3	98.7	97.8	97.7

类别	7月	8月	9月	10月	11月	12月
新建住宅销售价格同比指数	101.3	99.9	98.8	97.6	96.5	95.7
一、保障性住房						
二、新建商品住宅	101.4	99.9	98.7	97.4	96.3	95.5
(一)90平方米以下	101.1	99.3	98.2	96.8	95.7	95.1
(二)90-144平方米	101.8	100.4	99.1	97.9	96.7	95.7
(三)144平方米以上	100.7	99.9	98.8	97.4	96.7	95.7
二手住宅	100.5	99.3	98.8	97.5	96.5	96.0
一、90平方米以下	100.8	99.6	99.2	97.7	96.7	96.2
二、90-144平方米	100.8	99.7	99.1	98.1	97.1	96.5
三、144平方米以上	97.2	95.5	94.8	93.6	93.0	92.2

主要统计指标解释

城市商品零售价格指数 是反映本市市场零售物价水平变运趋势和程度的相对数。按现行分类有食品、饮料烟酒、服装鞋帽、纺织品、家用电器及音像器材、文化办公用品、日用品、体育娱乐用品、交通通信用品、家具、化妆品、金银珠宝、中西药品及医疗保健用品、书报杂志及电子出版物、燃料、建筑材料及五金电料十六个大类,229 个基本分类的商品零售价格。以实际调查的综合平均价格,按加权算术平均公式计算。权数是社会商品零售额中各类商品零售额的构成比重。

城市居民消费价格指数 是反映城市居民购买生活消费品和支付服务收费的价格变动趋势和变动程度的相对数。调查范围和内容是居民用于日常生活消费品的全部商品和服务项目价格。包括食品、烟酒及用品、衣着、家庭设备用品及维修服务、医疗保健和个人用品、交通和通讯、娱乐教育文化用品及服务、居住等八大类商品及服务项目价格。既包括居民从商店、工厂、集市所购买商品的价格,也包括从餐饮行业购买商品的价格。该指数以实际调查的综合平均单价和根据住户调查有关资料确定的权数,按加权算术平均公式计算。

工业生产者出厂价格指数 是反映全部工业产品出厂价格总水平的变动趋势和程度的相对数。它是反映某一时期生产领域价格变动情况的重要经济指标,也是制定有关经济政策和国民经济核算的重要依据。

工业生产者购进价格指数 是工业企业通过各种形式购进的主要原材料、燃料、动力价格水平变动趋势和程度的相对数。工业生产者购进价格是反映工业企业作为生产投入,而从物资交易市场和能源、原材料生产企业购买原材料、燃料和动力产品时,所支付的价格水平变动趋势和程度的统计指标,是扣除工业企业物质消耗成本中的价格变动影响的重要依据。

房屋销售价格指数 是以翔实的数据资料反映本市房地产市场的价格变化趋势,服务于各级党政决策,服务于国民经济核算,服务于企业和社会公众的信息需求,引导和促进房地产业持续、健康发展;同时满足国民经济宏观调控及预警和完善我国价格统计指标体系的需要。按房屋类型分,房屋销售包括新建房销售和二手房销售两大类。其中,新建房大类包括住宅、非住宅两个中类。二手房大类包括住宅、非住宅两个中类。

房屋租赁、物业管理价格指数 是科学地计算各种房地产价格,准确反映房地产价格变动幅度和市场发展趋势。按房屋类型分,房屋租赁价格包括住宅和非住宅两大类,其中,住宅包括经济适用房、廉租房和商品住宅三个中类;非住宅包括办公楼、商业营业用房和其他三个中类。物业管理价格包括住宅和非住宅两个大类,其中,住宅包括经济适用房和商品住宅两个中类;非住宅包括办公楼、商业营业用房和其他三个中类。

9

人民生活

- 2014 年,城镇居民人均可支配收入 25077 元,农村居民人均纯收入 10139 元。
- 2014 年,城镇居民人均居住面积 41.91 平方米,农村居民人均住房面积 45.67 平方米。

9-1 主要年份人民物质文化生活情况

类别	单位	1978年	1990年	1995年	2000年	2005年	2010年	2013年	2014年
一、城乡居民每人年收入									
职工年平均工资	元	518	1633	3767	6236	12223	24744	39383	44403
城市居民可支配收入	元	217	1106	3513	5081	8713	15764	22758	25077
农村居民纯收入	元	136	642	1493	1851	3269	5588	9113	10139
二、居民平均消费水平	元	145	601	1588	2331	3619	7743	11396	13076
城市居民	元	292	1139	2565	4161	5830	12404	16204	17929
农村居民	元	120	481	1215	1840	2326	4295	7016	8527
三、社会消费品零售总额	亿元		17.95	45.98	63.18	121.25	284.08	449.51	512.22
四、平均每人居住面积									
城市居民	平方米		9.77	11.57	13.2	20.93	32.12	37.19	41.91
农村居民	平方米	7.82	19.9	22.57	27.31	35.89	40.84	47	46.57
五、交通									
城市居民每百户拥有摩托车	辆			4	3	7	16	28	48
农村居民每百户拥有摩托车	辆		0.1	1.9	15.7	38	60	69	78
六、通讯电信									
每万人拥有移动电话	部				381	2055	5615	6765	6803
每万人拥有固定电话	部	39.9	71.7	291	999	2160	1820	1664	1541
城市居民每百户拥有家用电脑	台				4	23	67	69	59
七、文化									
城市居民每百户拥有彩色电视机	台		42	79	110	132	151	139	134
农村居民每百户拥有电视机	台		47	89	113	122	121	123	124
八、教育									
每万人拥有大学生	人	2.8	8.4	15.8	38.1	168	173	166	173
九、卫生									
每万人拥有医院床位	张	22.6	25.8	30.6	16.9	22.5	18.1	28	30
每万人拥有医生	人	11	15.1	15.4	12	10.2	12.8	17.5	17
十、就业									
城市每一就业者赡养人数	人		1.70	1.77	2.02	1.81	1.69	1.69	1.68
农村每一就业者赡养人数	人	2.50	1.82	1.7	1.52	1.41	1.35	1.54	1.68
十一、储蓄									
平均每人储蓄存款余额	元	12	319	1428	2573	5359	12273	20116	21766

9-2 主要年份城镇居民家庭基本情况

指　标	单位	1978 年	1980 年	1985 年	1990 年	1995 年
调查户数	户		50	100	100	100
户均家庭人口	人		4.62	4.08	3.54	2.87
户均就业人口	人		2.10	2.33	2.08	1.62
就业面	%		45.45	57.05	58.78	56.57
每一就业者赡养人数(含本人)	人		2.20	1.75	1.70	1.77
人均实际收入	元		510	655	1197	3887
人均可支配收入	元	217	502	601	1106	3513
人均实际支出	元	292	450	605	1038	3367
人均生活消费支出	元		418	557	946	3044
人均居住面积	平方米			8.68	9.77	11.57

指　标	单位	2000 年	2005 年	2010 年	2013 年	2014 年
调查户数	户	100	100	100	259	437
户均家庭人口	人	3.02	2.86	2.62	3.04	3.20
户均就业人口	人	1.51	1.58	1.55	1.80	1.91
就业面	%	49.53	55.24	59.16	59.40	56.68
每一就业者赡养人数(含本人)	人	2.02	1.81	1.69	1.69	1.68
人均实际收入	元	5102	9268	16722	23362	26960
人均可支配收入	元	5081	8713	15764	22758	25077
人均实际支出	元	4911	7259	14670	18076	20031
人均生活消费支出	元	3975	5810	10823	13937	15718
人均居住面积	平方米	13.20	20.93	32.12	37.19	41.91

9-3 全省各设区市城镇居民人均可支配收入

单位:元

地　区	2013 年	2014 年	2014 年比 2013 年	
			增加额	增长(%)
全　省	**22120**	**24309**	**2189**	**9.9**
南昌市	26446	29091	2645	10.0
景德镇市	24262	26625	2363	9.7
萍乡市	23761	26019	2258	9.5
九江市	22758	25077	2319	10.2
新余市	25030	27626	2596	10.4
鹰潭市	22339	24591	2252	10.1
赣州市	20797	22935	2138	10.3
吉安市	22530	24797	2267	10.1
宜春市	21106	23221	2115	10.0
抚州市	21070	23101	2031	9.6
上饶市	22445	24656	2211	9.9

9-4 各县(市、区)城镇居民人均可支配收入

单位:元

地　区	2013 年	2014 年	2014 年比 2013 年	
			增加额	增长(%)
全　市	**22758**	**25077**	**2319**	**10.2**
庐山区	25363	27950	2587	10.2
浔阳区	25642	28206	2564	10.0
开发区	28270	25700	2570	10.0
九江县	21469	23868	2399	11.2
武宁县	21085	23151	2066	9.8
修水县	18317	20185	1868	10.2
永修县	21617	23908	2291	10.6
德安县	21744	24135	2388	11.0
星子县	18626	20478	1852	9.9
都昌县	17337	18984	1647	9.5
湖口县	21939	24350	2411	11.0
彭泽县	20782	22881	2099	10.1
瑞昌市	21316	23554	2238	10.5
共青城市	23637	26101	2464	10.4

9-5 城镇居民人均可支配收入及构成

单位:元

指标	2013年	2014年	2014年比2013年增长%
可支配收入	**22757.50**	**25077.04**	**10.2**
(一)工资性收入	14676.78	17807.85	21.3
1、工资	12424.47	16309.64	31.3
2、实物福利	25.16	31.14	23.8
3、其他	2227.15	1467.07	34.1
(二)经营净收入	2818.20	2825.34	0.3
1、第一产业经营净收入	898.50	618.75	-31.1
2、第二产业经营净收入	217.72	358.10	64.5
3、第二产业经营净收入	1701.99	1848.49	8.6
(三)财产净收入	1949.77	1955.11	0.3
1、利息净收入	141.91	268.98	89.5
2、红利收入	280.88	294.07	4.7
3、储蓄性保险净收益	4.92	8.09	64.4
4、出租房屋财产性收入	136.54	147.98	8.4
5、其他财产净收入	22.36	94.20	321.2
6、房屋虚拟租金	1265.89	1109.71	-12.3
(四)转移净收入	4075.35	3808.21	-6.6
1、养老金或离退休金	2233.36	2247.27	0.6
2、社会救济和补助	23.23	29.26	25.9
3、政策性生活补助	5.76	15.30	165.5
4、家庭外出从业人员寄回带回收入	1119.16	427.79	-61.8
5、赡养收入	369.29	282.18	-23.6
6、经常性捐赠收入	41.60	38.02	-8.6
7、现金政策性惠农补助	13.15	30.07	128.8

9-6 城镇居民人均生活消费支出及构成

单位:元

指　　标	2013 年	2014 年	2014 年比 2013 年增长%
生活消费支出	**13936.73**	**15717.74**	**12.8**
(一)食品烟酒	4681.90	5273.64	12.6
1、食品	3615.42	3863.25	6.9
2、烟酒	491.41	584.37	18.9
3、饮食服务	575.08	744.84	29.5
(二)衣着	1276.71	1629.47	27.6
1、衣类	1015.70	1298.95	27.9
2、鞋类	261.01	330.52	26.6
(三)居住	3275.87	3599.36	9.9
1、租赁房房租	99.91	80.73	-19.2
2、住房维修及管理	256.46	527.77	104.2
3、水电燃料及其他	849.28	882.50	3.9
(四)生活用品及服务	726.91	994.44	36.8
1、家具及室内装饰品	67.68	43.87	-35.2
2、家用器具	175.81	271.58	54.5
3、家用纺织品	75.51	138.42	85.8
4、个人用品	57.12	107.93	88.9
5、家庭服务	29.56	30.04	1.6
(五)交通通信	1780.70	1757.14	-1.3
1、交通	1178.78	997.31	-15.4
2、通信	601.91	759.83	26.2
(六)教育文化娱乐	1255.62	1596.97	27.2
1、教育	793.41	932.57	17.5
2、.文化娱乐	462.21	664.40	43.7
(七)医疗保健	602.13	466.04	-22.6
1、医疗器具及药品	148.96	198.69	33.4
2、.医疗服务	369.29	282.18	-23.6
(八)其他用品和服务	336.90	400.68	18.9
1、其他用品	222.57	199.07	-10.6
2、其他服务	114.33	201.62	76.3

9-7 城镇居民人均食品消费支出

单位:元

指　　标	2013 年	2014 年	2014 年比 2013 年增长%
食品烟酒消费	**4681.90**	**5273.64**	**12.6**
(一)食品	**3863.25**	**3615.42**	**6.9**
1、谷　　物	597.20	603.32	-1.0
2、薯　　类	37.56	22.32	68.3
3、豆　　类	48.12	60.16	25.0
4、食 用 油	207.64	212.66	2.4
5、蔬菜和食用菌	741.84	704.78	-5.0
6、肉　　类	743.11	766.77	3.2
7、禽　　类	126.50	163.94	29.6
8、水产品类	243.89	284.74	16.7
9、蛋　　类	90.05	99.13	10.1
10、奶　　类	174.02	223.92	28.7
11 、干鲜瓜果类	274.33	357.96	30.5
12、糖果糕点类	109.11	142.54	30.6
(二)烟酒	491.41	584.37	18.9
1、烟　　草	350.34	391.15	11.6
2、酒　　类	141.07	193.23	37.0
(三)饮食服务	575.08	744.84	29.5
1、食堂用餐	28.45	55.28	94.3
2、其他在外饮食	538.20	664.05	23.4
3、食品加工服务费	8.43	25.51	202.6

9-8 百户城镇居民年末耐用消费品拥有量

指 标	单位	2013 年	2014 年
家用汽车	辆	10	19
摩托车	辆	28	48
助力车	辆	34	37
洗衣机	台	89	79
电冰箱	台	93	88
彩色电视机	台	139	134
家用电脑	台	69	59
组合音响	套	10	8
摄像机	台	4	4
照相机	台	34	25
洗碗机	台	1	1
中高档乐器	架	3	3
空调器	台	123	116
淋浴热水器	台	93	88
微波炉	台	64	54
消毒碗柜	台	13	9
健身器材	台	4	3
移动电话	部	215	215

注:2014 年起城乡结合部纳入城镇居民调查范围。

9-9 全省各设区市农村居民人均可支配收入

单位:元

地区	2013 年	2014 年	2014 年比 2013 年	
			增加额	增长(%)
全省	**9089**	**10117**	**1028**	**11.3**
南昌市	11184	12414	1230	11.0
景德镇市	10363	11547	1184	11.4
萍乡市	11487	12769	1282	11.2
九江市	9113	10139	1026	11.3
新余市	11564	12831	1267	11.0
鹰潭市	10176	11350	1174	11.5
赣州市	6224	6946	722	11.6
吉安市	8311	9262	951	11.4
宜春市	9434	10526	1092	11.6
抚州市	9376	10410	1034	11.0
上饶市	8196	9102	906	11.1

9-10 各县(市、区)农村居民人均可支配收入

单位:元

地区	2013 年	2014 年	2014 年比 2013 年	
			增加额	增长(%)
全市	**9113**	**10139**	**1026**	**11.3**
庐山区	12747	14058	1311	10.3
浔阳区	13477	14852	1375	10.2
开发区	13098	14460	1370	10.4
九江县	9861	10956	1095	11.1
武宁县	9655	10707	1052	10.9
修水县	5815	6689	874	15.0
永修县	10361	11521	1160	11.2
德安县	10356	11526	1170	11.3
星子县	8797	9738	941	10.7
都昌县	4942	5461	519	10.5
湖口县	10005	11166	1161	11.6
彭泽县	9689	10745	1056	10.9
瑞昌市	9928	11050	1122	11.3
共青城市	11918	13139	1221	10.7

9-11 农村居民人均可支配收入及构成

单位:元

指　　标	2013 年	2014 年	2014 年比 2013 年增长%
可支配收入	**9113.13**	**10139.12**	**11.3**
(一)工资性收入	4198.73	4784.18	13.9
1、工资	2317.68	3383.37	46.0
2、实物福利		0.42	
3、其他	1400.81	1880.63	-25.5
(二)经营净收入	2654.13	3248.46	22.4
1、第一产业经营净收入	1830.70	2239.22	22.3
2、第二产业经营净收入	278.18	294.57	5.9
3、第二产业经营净收入	545.25	714.67	31.1
(三)财产净收入	139.39	169.94	21.9
1、利息净收入	21.95	16.67	-24.1
2、红利收入	69.86	60.87	-12.9
3、储蓄性保险净收益	0.83	0.19	-76.9
4、出租房屋财产性收入	6.22	12.56	101.9
5、其他财产净收入	14.12	69.09	389.2
(四)转移净收入	2121.88	1936.55	-8.7
1、养老金或离退休金	237.22	250.64	5.7
2、社会救济和补助	40.21	47.73	18.7
3、政策性生活补助	7.74	18.89	143.9
4、家庭外出从业人员寄回带回收入	1862.55	1306.46	-29.9
5、赡养收入	105.51	184.92	75.3
6、经常性捐赠收入	6.04	5.95	-1.6
7、现金政策性惠农补助	76.71	88.69	15.6

9-12 农村居民人均生活消费支出及构成

单位:元

指　　标	2013 年	2014 年	2014 年比 2013 年增长%
生活消费支出	7142.94	7921.52	10.9
(一)食品烟酒	2732.19	2954.93	8.2
1、食品	2192.56	2308.72	5.3
2、烟酒	345.63	420.99	21.8
3、饮食服务	194.00	174.31	-10.2
(二)衣着	425.20	429.11	8.0
1、衣类	324.51	348.92	7.5
2、鞋类	100.69	110.18	9.4
(三)居住	1717.37	1882.91	9.6
1、租赁房房租	18.63	12.83	-31.2
2、住房维修及管理	195.08	232.36	19.1
3、水电燃料及其他	447.59	488.97	9.2
(四)生活用品及服务	436.08	479.68	10.0
1、家具及室内装饰品	59.30	57.34	-3.3
2、家用器具	150.69	138.14	-8.3
3、家用纺织品	30.45	55.56	82.5
4、个人用品	13.08	20.57	57.3
5、家庭服务	19.85	12.61	-36.5
(五)交通通信	715.27	770.72	7.8
1、交通	434.35	441.91	1.7
2、通信	280.92	328.81	17.1
(六)教育文化娱乐	548.73	699.72	27.5
1、教育	401.10	495.04	23.4
2、. 文化娱乐	147.63	204.68	38.6
(七)医疗保健	438.48	522.69	19.2
1、医疗器具及药品	130.11	125.97	-3.2
2、. 医疗服务	308.36	396.72	28.7
(八)其他用品和服务	129.62	151.77	17.1
1、其他用品	82.82	100.52	21.4
2、其他服务	46.80	51.25	9.5

9-13 农村居民人均食品消费支出

单位:元

指　　标	2013年	2014年	2014年比2013年增长%
食品烟酒消费	**2732.19**	**2954.93**	**8.2**
(一)食品	2192.56	2308.72	5.3
1、谷　　物	384.88	360.40	-6.4
2、薯　　类	89.87	91.52	1.8
3、豆　　类	24.83	32.74	31.9
4、食 用 油	160.18	167.96	4.9
5、蔬菜和食用菌	351.96	361.05	2.6
6、肉　　类	582.60	587.06	0.8
7、禽　　类	63.38	104.43	64.8
8、水产品类	106.14	115.91	9.2
9、蛋　　类	62.08	105.31	69.6
10、奶　　类	102.07	125.73	23.2
11、干鲜瓜果类	91.44	106.94	17.0
12、糖果糕点类	49.70	55.34	11.3
(二)烟　　酒	345.63	420.99	21.8
1、烟　　草	231.87	281.15	21.3
2、酒　　类	113.76	139.84	22.9
(三)饮食服务	194.00	174.31	-10.1
1、食堂用餐	7.98	9.27	16.2
2、其他在外饮食	178.17	155.78	-12.6
3、食品加工服务费	7.85	9.26	18.0

9-14 百户农村居民年末耐用消费品拥有量

单位:元

指　标	单位	2013 年	2014 年
家用汽车	辆	11	12
摩托车	辆	69	78
助力车	辆		36
洗衣机	台	51	50
电冰箱	台	81	82
彩色电视机	台	123	124
家用电脑	台	24	26
组合音响	套		7
摄像机	台	1	1
照相机	台	7	7
洗碗机	台		2
中高档乐器	架	1	1
空调器	台	62	63
淋浴热水器	台	65	63
微波炉	台	20	20
消毒碗柜	台		3
健身器材	台		1
移动电话	部	213	224

主要统计指标解释

可支配收入　指调查户在调查期内获得的、可用于最终消费支出和储蓄的总和，即调查户可以用来自由支配的收入。它包含工资性收入、经营净收入、财产净收入、转移净收入和自有住房折算净租金。

计算公式为：可支配收入 = 工资性收入 + 经营净收入 + 财产净收入 + 转移净收入 + 自有住房折算净租金

工资性收入　指就业人员通过各种途径获得的全部劳动报酬和各种福利。

经营净收入　指住户或住户成员从事生产经营活动所获得的净收入。

财产净收入　指住户或住户成员将其所拥有的金融资产和自然资源交由其他机构单位、住户或个人支配而获得的回报并扣除相关的费用之后得到的净收入。

转移性收入　指国家、单位、社会团体对住户的各种经常性转移支付和住户之间的经常性收入转移。

自有住房折算净租金　指现有住房产权为自有住房的住户为自身消费提供住房服务的折算价值扣除缴纳的各种税费后得到的净租金。

消费支出　指住户用于满足家庭日常生活消费需要的全部支出，包括食品烟酒、衣着、居住、生活用品及服务、交通通信、教育文化娱乐、医疗保健、其他用品及服务八大类。

10

城市建设和环境保护

- 2014 年,市区水厂日综合生产能力 34 万吨,全年供水总量 8212 万吨,生活用水人口 65.9 万人。
- 2014 年末,市区公交营运车辆 984 辆,公共汽车载客数 15626 万人次,年末共有出租汽车 2620 辆。
- 2014 年,工业废水排放总量 10739 万吨,工业废气排放总量 2936 亿标立方米,工业烟(粉)尘排放量 50286 吨,工业固体废物产生量 977 万吨。
- 2014 年末,全市有国家级自然保护区 2 个,省级自然保护区 7 个,国家级生态示范区 2 个。

10-1 城市公用事业基本情况

指　　标	单位	2013 年	2014 年	2014 年比 2013 年增长%
水厂综合生产能力	万吨/日	34	34	
全年供水总量	万吨	8188	8212	0.3
# 生活用水	万吨	3207	3252	1.4
生活用水人口	万人	65.4	65.9	0.8
液化石油气供气总量	吨	15151	15300	0.9
# 家庭用量	吨	10700	10200	-4.7
天然气供气总量	万立方米	3238	4323	33.5
用天然气人口	万人	25	30	20.0
年末实有公共汽车营运车辆	辆	837	984	17.6
全年公共汽车客运人数	万人次	26006	15626	-39.9
年末实有出租汽车数	辆	2621	2620	
年末实有铺装道路面积	万平方米	1499	1530	2.1
城市排水管道总长度	公里	1101	1144	3.9
建成区园林绿地面积	公顷	4964	5011	0.9
城市建成区土地面积	平方公里	100.23	102.82	2.6
生活垃圾粪便清运量	万吨	21.8	22.2	1.8

注:由于建成区面积扩大,以上指标数据为中心城区。

10－2 环境保护情况

指　　标	单位	2013 年	2014 年	2014 年比 2013 年增长%
一、工业废水				
工业废水排放总量	万吨	11050	10739	－2.8
其中:直接排入环境	万吨	10868	10568	－2.8
工业废水处理量	万吨	9147	8869	－3.0
二、工业废气				
工业废气排放总量	万标立方米	27396470	29361983	7.2
二氧化硫排放量	吨	93820	79681	－15.1
氮氧化物排放量	吨	58560	55595	－5.1
烟(粉)尘排放量	吨	34946	50286	43.9
三、工业固体废物				
工业固体废物产生量	万吨	989	977	－1.2
工业固体废物综合利用量	万吨	474	592	24.9

10－3 污染治理项目建设情况

（2014 年）

指　　标	单位	2014 年	指　　标	单位	2014 年
一、汇总工业企业数	个	17	四、施工项目本年投资来源合计	万元	36661
			# 企业自筹	万元	36639
二、本年施工项目总数	个	22	五、本年竣工项目数	个	17
# 废水治理项目	个	6	# 废水治理项目	个	4
废气治理项目	个	11	废气治理项目	个	5
三、施工项目本年完成投资额	万元	36661	六、本年竣工项目新增设计处理能力		
# 废水治理项目	万元	3978	# 治理废水	吨/日	5990
废气治理项目	万元	31812	治理废水	万标立方米/时	443

10－4 生活及其他污染情况

（2014 年）

指　　标	单位	2014 年
一、基本情况		
城镇人口总数	万人	243
污水处理厂数	座	13
煤炭消费总量	万吨	822
# 工业煤炭消费量	万吨	801
生活及其他煤炭消费量	万吨	20
生活及其他煤炭含硫量	%	2
生活及其他煤炭灰份	%	21
二、污染排放情况		
城镇生活污水中化学需氧量产生量	吨	79980
城镇生活污水中化学需氧量排放量	吨	43400
城镇生活污水中氨氮产生量	吨	6221
城镇生活污水中氨氮排放量	吨	5454
生活及其他二氧化硫排放量	吨	6888
生活及其他烟尘排放量	吨	2313

10-5 各县(市、区)工业污染排放及处理利用情况

(2014年)

地区	汇总工业企业数(个)	工业废水排放量(万吨)	工业废气排放量(亿标立方米)	二氧化硫排放量(吨)	烟尘排放量(吨)	工业固体废物产生量(万吨)	工业固体废物综合利用量(万吨)
全市合计	**635**	**10739**	**2936**	**79681**	**50285**	**977**	**592**
#庐山区	59	2050	205	10477	2763	29	26
浔阳区	6	321	337	9691	1375	82	82
九江县	46	304	98	1998	1991	262	20
武宁县	40	496	11	1538	276	12	6
修水县	54	449	40	2675	1151	46	32
永修县	53	721	77	7297	1542	10	10
德安县	37	224	48	2240	1629	30	8
星子县	17	99	3	329	119	0.1	0.1
都昌县	50	372	33	1297	981	11	11
湖口县	43	2816	1089	30514	25508	294	293
彭泽县	71	892	128	1892	3429	4	3
瑞昌市	141	1968	859	8817	9295	196	99
共青城市	18	25	8	911	225	1.7	1.7

10－6　国家级、省级自然保护区

（2014年）

名　　称	地点	面　积（公顷）	批准机关	主要保护内容	级别	建区时间	主管部门
江西省桃红岭梅花鹿国家级自然保护区	彭泽县中部	12500	国务院	野生梅花鹿南方亚种	国家级	2001.6	林业部门
江西省鄱阳湖国家级自然保护区	永修吴城	22400	国务院	候鸟与湿地	国家级	1985	林业部门
江西省都昌候鸟自然保护区	都昌所属鄱阳湖湖区	41100	省政府	白鹤等候鸟	省级	2004.1	其他部门
江西省庐山自然保护区	庐　山	30459	省政府	森林植被、野生动植物、第四纪冰川遗迹、自然历史文化遗迹	省级	1981.8	林业部门
江西省云居山自然保护区	永修县	2480	省政府	中亚热带常绿阔叶林森林生态系统	省级	1997.10	林业部门
江西省修河源五梅山自然保护区	修水县	14485	省政府	珍惜动植物	省级	2007.9	林业部门
江西省江豚自然保护区	都昌	6800	省政府	动物	省级	2004	林业部门
江西省武宁伊山自然保护区	武宁县	11340	省政府	森林	省级	2011	林业部门
江西省瑞昌南方红豆杉自然保护区	瑞昌市	2500	省政府	植物	省级	2011	林业部门

主要统计指标解释

工业废水排放量　指经过企业厂区所有排放口排到企业外部的工业废水量。包括生产废水、外排的直接冷却水、超标排放的矿井地下水和与工业废水混排的厂区生活污水,不包括外排的间接冷却水(清污不分流的间接冷却水应计算在内)。

工业废水排放达标量　指报告期内废水中各项污染物指标都达到国家或地方排放标准的外排工业废水量,包括未经处理外排达标的,经废水处理设施处理后达标排放的,以及经污水处理厂处理后达标排放的。

工业废水排放达标率　指工业废水排放达标量占工业废水排放量的百分率,计算公式为:

工业废水排放达标率 = 工业废水排放达标量/工业废水排放量 ×100%

化学需氧量(COD) 测量有机和无机物质化学所消耗氧的质量浓度的水污染指数。

工业废气排放量　指报告期内企业厂区内燃料燃烧和生产工艺过程中产生的各种排入大气的含有污染物的气体的总量,以标准状态(273K,101325Pa)计算。测算公式为:

工业废气排放量 = 燃料燃烧过程中废气排放量 + 生产工艺过程中废气排放量

工业 S02 排放量　指报告期内企业在燃料燃烧和生产工艺过程中排入大气的 S02 总量。

工业烟尘排放量　指企业厂区内燃料燃烧过程中产生的烟气中夹带的颗粒物排放量。

工业粉尘排放量　指企业在生产工艺过程中排放的能在空气中悬浮一定时间的固体颗粒物排放量。如钢铁企业的耐火材料粉尘、焦化企业的筛焦系统粉尘、烧结机的粉尘、石灰窑的粉尘、建材企业的水泥粉尘等。不包括电厂排入大气的烟尘。

工业固体废物产生量　指报告期内企业在生产过程中产生的固体状、半固体状和高浓度液体状废弃物的总量,包括危险废物、冶炼废渣、粉煤灰、炉渣、煤矸石、尾矿、放射性废物和其他废物等;不包括矿山开采的剥离废石和掘进废石(煤矸石和呈酸性或碱性的废石除外)。酸性或碱性废石指采掘的废石其流经水、雨淋水的 PH 值小于 4 或 PH 值大于 10.5 者。

工业固体废物综合利用量　指报告期内企业通过回收、加工、循环、交换等方式,从固体废物中提取或者使其转化为可以利用的资源、能源和其他原材料的固体废物量(包括当年利用往年的工业固体废物贮存量),如用作农业肥料、生产建筑材料、筑路等。综合利用量由原产生固体废物的单位统计。

工业固体废物综合利用率　指工业固体废物综合利用量占工业固体废物产生量(包括综合利用往年贮存量)的百分率。计算公式为:

工业固体废物综合利用率 = 工业固体废物综合利用量/工业固体废物产生量 + 综合利用往年贮存量 ×100%

工业固体废物排放量　指报告期内企业将所产生的固体废物排到固体废物污染防治设施、场所以外的数量,不包括矿山开采的剥离废石和掘进废石(煤矸石和呈酸性或碱性的废石除外)。

"三废"综合利用产品产值　指报告期内利用"三废"作为主要原料生产的产品价值(现行价);已经销售或准备销售的应计算产品价值,留作生产自用的不应计算产品价值。

自然保护区　指对有代表性的自然生态系统、珍稀濒危野生动植物物种的天然分布区、水源涵养区、有特殊意义的自然历史遗迹等保护对象所在陆地、陆地水体或海域,依法划出一定面积进行特殊保护和管理的区域。以县及县以上各级人民政府正式批准建立的自然保护区为准(包括"六五"以前由部门或"革委会"批准且现仍存在的自然保护区)。风景名胜区、文物保护区不计在内。

生态示范区　指省级以上环境保护行政主管部门批准,以省、地、县政府为主按批准的生态示范区建设规划实施的行政区域。包括已经过国家或省级环境保护行政主管部门验收的和正在开展试点工作的。

11

农　业

- 2014 年，全市 181 个乡镇，乡镇总户数 92.31 万户，总人口 378.67 万人，其中乡镇从业人员 190.61 万人。
- 2014 年，全市农业总产值 233.81 亿元，其中种植业产值 103.18 亿元。
- 2014 年，全市农业商品产值 162.50 亿元，农业商品率 69.5%。
- 2014 年，全市粮食总产量 165.20 万吨，棉花产量 9.50 万吨，油料产量 22.81 万吨，肉类总产量 21.76 万吨，水产品总量 42.31 万吨。

11－1　农村乡(镇)组织情况

指　　标	单位	2013年	2014年
一、乡(镇)政府	个	181	181
# 镇政府	个	101	102
二、村民委员会	个	1739	1751
三、村民小组	个	23395	23453
四、乡村总户数	万户	92.10	92.31
五、乡村总人口	万人	376.76	378.67
六、乡村从业从员	万人	187.46	190.61
# 女劳动力	万人	87.69	89.07

11－2　各县(市、区)乡(镇)组织情况

(2014年末)

地　　区	乡(镇)政府个数(个)	#镇政府	村民委员会(个)	村民小组(个)	乡镇总户数(户)	乡镇总人口(人)
全市合计	**181**	**102**	**1751**	**23453**	**923103**	**3786715**
浔阳区			9	51	3263	12279
庐山区	7	6	59	567	30410	113969
九江开发区	1		19	115	8461	45044
庐山管理局	1	1	2	17	598	1794
九江县	11	7	100	1711	71582	288978
武宁县	19	8	183	1932	79627	315941
修水县	36	19	361	5777	168855	740860
永修县	15	11	146	1589	74804	297264
德安县	13	5	88	990	29388	119640
星子县	10	7	73	838	53039	227528
都昌县	24	12	259	4352	174966	704520
湖口县	12	6	122	1612	55466	218487
彭泽县	13	10	150	1700	77444	319304
瑞昌市	16	8	157	1998	83508	334497
共青城市	3	2	23	204	11692	46610

11-3 各县(市、区)乡(镇)劳动力

(2014年末)

单位:人

地　区	乡村从业人员合计	#男	#女	农业	外出(离乡)的从业人员
全市合计	**1906103**	**1015441**	**890662**	**885965**	**911633**
浔阳区	6753	3435	3318	1595	176
庐山区	52123	26314	25809	22188	10554
九江开发区	24774	13612	11162	7290	7031
庐山管理局	939	500	439	487	230
九江县	155945	81701	74244	56072	85472
武宁县	154873	82930	71943	91880	64925
修水县	368986	201760	167226	180105	174744
永修县	152010	79172	72838	93900	80130
德安县	61194	32736	28458	27458	25536
星子县	113201	60396	52805	46332	48750
都昌县	349012	182670	166342	160898	172906
湖口县	110453	57402	53051	50808	57466
彭泽县	167828	89694	78134	74373	85775
瑞昌市	162378	89223	73155	61652	91046
共青城市	25634	13896	11738	10927	6892

11-4　主要年份农业总产值和商品产值

单位:万元

指　　标	1978年	1985年	1990年	1995年	2000年	2010年	2012年	2013年	2014年
农业总产值	**42836**	**117954**	**255474**	**662700**	**619902**	**1657157**	**2000138**	**2205375**	**2338051**
种植业产值	31457	74028	153458	343837	315437	768921	910320	989440	1031794
林业产值	2649	6849	21522	32159	31697	91010	112791	129397	141744
牧业产值	5556	23394	64320	185186	142742	351509	433733	460804	504516
副业产值	2491	9408							
渔业产值	683	4275	16174	101518	130026	402088	491845	565349	590264
农林牧渔服务业产值						43629	51449	60385	69733
农业商品产值	**9450**	**58217**	**139423**	**418125**	**365177**	**1159469**	**1346650**	**1557878**	**1624900**
农业商品率(%)	**22.1**	**49.4**	**54.6**	**63.1**	**58.9**	**70.0**	**67.3**	**70.6**	**69.5**

11-5 历年农业总产值指数

(以上年为100)

年 份	农业总产值	种植业产值	林业产值	牧业产值	副业产值	渔业产值	农林牧渔服务业产值
1978	99.7	95.4	139.8	104.1	125.6	100.7	
1979	120.9	124.0	85.1	121.6	111.4	104.2	
1980	93.1	84.9	89.5	109.9	145.6	152.9	
1981	107.3	113.3	120.1	96.8	70.6	105.3	
1982	121.1	120.4	88.0	124.5	149.7	120.9	
1983	90.5	81.6	112.9	97.8	147.7	133.9	
1984	123.3	131.5	137.3	112.3	92.5	97.4	
1985	109.4	104.5	115.7	131.9	110.2	105.4	
1986	104.0	101.2	100.1	111.1	105.6	132.6	
1987	103.9	105.9	89.4	101.6	98.9	112.5	
1988	90.5	81.6	96.5	106.1	115.1	112.9	
1989	114.9	117.9	115.8	109.3	102.9	120.8	
1990	106.5	106.8	107.5	103.8	109.0	108.2	
1991	108.7	107.8	105.6	105.7		130.4	
1992	106.9	100.4	109.7	106.7		149.9	
1993	105.1	99.5	85.0	108.1		142.8	
1994	114.6	112.5	105.7	118.3		120.9	
1995	99.7	87.8	97.9	108.9		124.5	
1996	106.7	109.9	101.2	96.0		114.3	
1997	109.2	107.7	90.6	113.4		113.8	
1998	68.0	64.4	102.9	61.6		73.2	
1999	115.7	119.6	76.4	114.0		123.5	
2000	103.4	110.0	94.8	98.8		97.8	
2001	106.4	107.0	110.9	100.0		109.4	
2002	107.4	96.9	114.0	102.6		128.7	
2003	106.0	100.4	115.7	95.3		113.2	105.3
2004	110.5	109.6	96.3	111.4		113.0	122.2
2005	114.1	108.8	117.4	110.8		121.1	107.1
2006	103.8	108.5	98.1	97.9		103.6	89.4
2007	108.7	104.7	110.1	111.8		113.2	101.7
2008	109.2	119.8	108.6	104.0		109.0	107.5
2010	106.7	108.1	103.7	105.6		105.8	107.7
2011	104.2	103.4	103.3	109.6		101.6	102.2
2012	104.3	103.2	104.7	104.5		106.3	101.8
2013	104.0	104.7	105.3	103.2		103.0	105.8
2014	104.6	103.5	108.9	104.9		104.3	108.8

11-6 历年农业总产值指数

（以1952年为100）

年 份	农业总产值	种植业产值	林业产值	牧业产值	副业产值	渔业产值
1978	180.2	206.4	354.2	253.7	46.5	229.4
1979	216.8	256.0	301.5	308.5	51.8	312.1
1980	200.5	217.3	270.0	339.2	75.4	476.9
1981	215.1	246.1	324.1	328.3	53.2	502.2
1982	260.5	296.4	285.2	408.8	79.7	607.4
1983	235.9	241.0	322.1	400.0	117.7	813.5
1984	290.7	317.0	442.3	449.1	108.9	792.0
1985	318.2	331.3	511.8	592.3	119.9	834.6
1986	331.0	335.3	512.4	658.3	126.7	1107.0
1987	365.4	355.0	458.3	668.7	125.4	1245.8
1988	311.2	289.8	442.4	709.3	144.3	1406.1
1989	357.6	341.8	512.3	775.0	148.5	1699.0
1990	380.8	366.8	550.6	804.3	161.8	1838.5
1991	413.9	395.4	581.4	850.1	165.4	2397.8
1992	442.4	397.0	637.8	907.1	161.6	3594.3
1993	456.0	395.0	542.1	980.6		5132.7
1994	532.9	444.4	573.0	1160.0		6205.4
1995	531.3	390.2	561.0	1263.2		7725.7
1996	566.9	428.8	567.7	1212.7		8830.5
1997	619.1	461.8	514.3	1375.2		10049.1
1998	421.0	297.4	529.2	847.1		735.6
1999	487.1	355.7	404.3	965.7		908.5
2000	503.7	391.3	383.3	954.1		888.5
2001	535.9	418.6	425.3	954.7		972.0
2002	575.6	405.6	484.8	979.5		1251.0
2003	610.1	407.2	560.9	933.5		1416.3
2004	674.2	446.3	540.1	1039.9		1600.4
2005	768.6	485.6	634.1	1152.2		1938.1
2006	797.8	526.9	622.1	1128.0		2007.9
2007	867.2	551.7	698.1	1261.1		2272.9
2008	947.0	660.9	758.1	1311.5		2477.5
2010	1111.5	777.3	990.5	1623.2		2665.8
2011	1158.2	803.7	1023.2	1779.0		2708.4
2012	1208.0	829.5	1071.3	1859.0		2879.0
2013	1256.3	868.5	1128.1	1918.5		2965.4
2014	1314.1	898.9	1228.5	2012.5		3092.9

11-7 农业分项产值

(2014年)

指　　标	按当年价格计算	
	绝对数(万元)	构成(%)
农、林、牧、渔业总产值	**2338051**	**100.0**
一、农业产值	**1031794**	**44.1**
1.谷物及其他作物	757558	32.4
谷　　物	399291	17.1
#小　　麦	3746	0.2
稻　　谷	359258	15.4
玉　　米	12473	0.5
薯　　类	27944	1.2
油　　料	105807	4.5
#花　　生	10910	0.5
油 菜 籽	88014	3.8
豆　　类	11435	0.5
#大　　豆	6717	0.3
棉　　花	189790	8.1
麻　　类	1268	0.1
糖　　类	2433	0.1
其他农作物	19590	0.8
#饲料作物	6627	0.3
2、蔬菜及园艺作物	202364	8.7
蔬菜(含菜用瓜)	198882	8.5
花　　卉	565	
其他园艺作物	299	
3、水果、坚果、饮料和香料作物	59057	2.5
水果、坚果(含果用瓜)	47639	2.0
#梨	8930	0.4
柑　　桔	12444	0.5
坚　　果	583	
茶及其他饮料	10835	0.5
#茶	10835	0.5
4、中药材	12815	0.5
二、林业产值	**141744**	**6.1**
1.林木的培育和种植	79712	3.4
育 种 育 苗	17292	0.7

11－7 续表

指　　标	按当年价格计算	
	绝对数（万元）	构成（%）
造　　林	30185	1.3
抚育和管理	32235	1.4
2. 竹木采运	34496	1.5
村及村以下	10994	0.5
3. 林产品	27536	1.2
三、牧业产值	**504516**	**21.6**
（一）牲畜饲养	24084	1.0
1. 牛的饲养	13843	0.6
2. 羊的饲养	9681	0.4
3. 其他牲畜饲养	12	
4. 奶产品	296	
5. 其他牲畜副产品	252	
（二）猪的饲养	376949	16.1
（三）家禽的饲养	89558	3.8
1. 肉禽	37129	1.6
2. 禽蛋	52429	2.2
（四）其他畜牧业	13485	0.6
#:蚕茧	7887	0.3
兔	1208	0.1
四、渔业产值	**590264**	**25.2**
#:养殖	504056	21.6
（一）鱼　类	417479	17.9
（二）虾蟹类	130217	5.6
（三）贝　类	11796	0.5
（四）其　他	30772	1.3
五、农林牧渔服务业产值	**69733**	**3.0**

11-8 各县(市、区)农林牧渔业产值

(2014年)

单位:万元

地　　区	农林牧渔业总产值	农业产值	林业产值	牧业产值	渔业产值	农林牧渔服务业产值
全市合计	**2338051**	**1031794**	**141744**	**504516**	**590264**	**69733**
浔阳区	9399	194		1249	4600	3356
庐山区	75799	27121	12157	20063	15461	997
九江开发区	40419	14631	67	2634	6070	17017
庐山管理局	3758	1673	443	435	484	723
九江县	221404	80777	11667	41106	81700	6154
武宁县	228521	93760	28142	53479	51453	1687
修水县	241678	108228	23900	86933	16649	5968
永修县	255261	121947	10216	35932	77366	9800
德安县	98101	38922	7631	40482	9120	1946
星子县	118280	42350	5180	27977	41573	1200
都昌县	317107	176624	2363	55029	81795	1296
湖口县	178325	87126	4410	25066	60523	1200
彭泽县	299031	131922	24245	51530	81149	10185
瑞昌市	215437	97419	11052	50537	48380	8049
共青城市	35531	9100	271	12064	13941	155

11-9 各县(市、区)粮食作物和多种经营产值

(2014年)

地　　区	绝对数(万元)			构成(%)		
	农业总产值	粮食作物产值	多种经营产值	农业总产值	粮食作物产值	多种经营产值
全市合计	**2338051**	**438670**	**1899381**	**100**	**18.8**	**81.2**
庐山区	75799	7778	68021	100	10.3	89.7
九江开发区	40419	1139	39280	100	2.8	97.2
庐山管理局	3758	229	3529	100	6.1	93.9
九江县	221404	17501	203903	100	7.9	92.1
武宁县	228521	40373	188148	100	17.7	82.3
修水县	241678	64519	177159	100	26.7	73.3
永修县	255261	58181	197080	100	22.8	77.2
德安县	98101	12596	85505	100	12.8	87.2
星子县	118280	19411	98869	100	16.4	83.6
都昌县	317107	122143	194964	100	38.5	61.5
湖口县	178325	29815	148510	100	16.7	83.3
彭泽县	299031	32146	266885	100	10.8	89.2
瑞昌市	215437	27853	187584	100	12.9	87.1
共青城市	35531	4986	30545	100	14.0	86.0

11－10 农林牧渔业商品产值和商品率

(2014 年)

指　　标	农林牧渔业商品产值（万元）	农林牧渔业商品率(%)
总　　计	**1624900**	**69.5**
按经济分		
# 粮食作物	246754	56.3
多种经营	1378146	72.6
按行业分		
农　业	659498	63.9
林　业	84704	59.8
牧　业	378921	75.1
渔　业	463037	78.4
农林牧渔服务业	38740	

11－11 各县(市、区)农林牧渔业商品产值和商品率

(2014 年)

地　区	农林牧渔业商品产值（万元）	农业商品产值	林业商品产值	牧业商品产值	渔业商品产值	农林牧渔服务业商品产值	商品率(%)
全市合计	**1624900**	**659498**	**84704**	**378921**	**463037**	**38740**	**69.5**
浔阳区	6294	119		875	3220	2080	67.0
庐山区	55332	20085	7803	15472	11246	726	73.0
九江开发区	36635	12537	57	2239	5160	16642	90.6
庐山管理局	2704	1171	309	356	348	520	72.0
九江县	182915	52794	8816	39960	80722	623	82.6
武宁县	147228	59804	21843	33334	30969	1278	64.4
修水县	153190	67872	11725	60179	13414		63.4
永修县	183768	87801	7356	25871	55704	7036	72.0
德安县	59178	21635	1487	27202	7048	1806	60.3
星子县	76950	25862	2045	19311	29732		65.1
都昌县	197384	85749	803	46231	64165	436	62.2
湖口县	124009	42793	1051	22285	57880		69.5
彭泽县	207231	100168	15096	32442	52025	7500	69.3
瑞昌市	168303	74946	6147	44790	42420		78.1
共青城市	23779	6162	166	8374	8984	93	66.9

11-12 主要年份主要农产品产量

年份	粮食（万吨）	棉花（吨）	油料折油（含油茶籽）（吨）	油料合计（吨）	油菜籽（万吨）	花生（吨）	芝麻（吨）
1978	90.04	17069	8355	20073	1.58	1975	2340
1980	98.93	24197	5492	14892	1.07	2485	1690
1985	133.89	40443	19956	56721	4.11	9964	5679
1990	137.96	37695	37219	111862	9.57	12525	3598
1995	95.93	69516	47313	145609	13.01	11659	3769
2000	107.96	39291	42048	128337	10.72	16855	3979
2005	126.78	58738	35968	108156	9.20	13311	2824
2006	134.72	66919	36254	111457	9.28	15114	3452
2007	137.17	71356	37600	117499	9.94	14307	3565
2008	144.98	82058	43421	135352	11.61	15387	3495
2009	153.48	91173	55714	175895	15.52	16304	4057
2010	153.47	96130	60714	191381	17.04	16660	4289
2011	155.56	104510	67973	207070	18.04	17360	4611
2012	158.32	107611	70269	209131	18.71	17403	4676
2013	160.80	91442	74040	217008	19.50	17147	4812
2014	165.20	94988	77056	228073	20.64	16266	5442

年份	茶叶（吨）	水果（吨）	蚕茧（吨）	出栏肉猪（万头）	肉类总产量（吨）	水产品总产量（吨）
1978	1836	1268	6	65.55	34500	9920
1980	2018	3724	16	70.64	35165	12051
1985	2507	4641	253	101.23	57141	20811
1990	3115	9675	574	143.71	96152	46268
1995	2475	8450	2573	234.03	163080	181697
2000	2123	10555	3508	172.53	130604	196790
2005	2416	44279	4498	160.51	135936	287336
2006	2468	78484	4499	158.72	131346	297755
2007	2844	90036	4711	159.62	138151	330773
2008	2970	106707	3488	171.64	145518	347059
2009	4079	116604	4122	189.59	179165	349139
2010	5337	112045	4380	198.94	189705	369373
2011	5703	120751	4380	204.59	199081	378116
2012	5675	128184	4440	211.68	206287	397175
2013	5780	129829	4352	215.72	211989	405679
2014	6001	137245	4355	221.64	217645	423079

11－13 农作物播种面积和产量

（2014 年） 单位：公顷、吨

品 名	播种面积			单位播种面积产量（千克/公顷）		总产量		
	2013 年	2014 年	增长%	2013 年	2014 年	2013 年	2014 年	增长%
一、粮食作物	276624	278742	0.8	5813	5926	1607970	1651935	2.7
（一）谷 物	241592	243166	0.7	5993	6137	1447876	1492213	3.1
稻 谷	221922	222349	0.2	6251	6434	1387281	1430485	3.1
#早 稻	68554	67215	-2.0	5533	5718	379279	384362	1.3
中稻及一季晚	84131	86307	2.6	6854	7003	576661	604405	4.8
二季晚稻	69237	68827	-0.6	6230	6418	431341	441718	2.4
小 麦	7368	7689	4.4	2249	2231	16571	17151	3.5
玉 米	10533	12118	15.1	3895	3512	41023	42562	3.8
（二）豆 类	12536	13613	8.6	2006	1914	25143	26049	3.6
大 豆	7964	8698	9.2	2151	2041	17129	17753	3.6
绿 豆	1128	1308	16.0	1747	1638	1970	2142	8.8
（三）薯类（折粮计算）	22496	21963	-2.4	5999	6086	134950	133673	-0.9
二、油料合计	133102	133426	0.2	1630	1709	217008	228073	5.1
花 生	7918	7508	-5.2	2166	2166	17147	16266	-5.1
油菜籽	121366	122350	0.8	1607	1687	195049	206365	5.8
芝 麻	3818	3568	-6.5	1260	1525	4812	5442	13.1
三、棉 花	62760	63368	1.0	1457	1499	91442	94988	3.9
四、麻类合计	1030	994	-3.5	1774	1400	1828	1392	-23.8
#苎 麻	1030	994	-3.5	1774	1400	1828	1392	-23.8
五、甘 蔗	648	599	-7.6	28716	26990	18616	16167	-13.2
六、药材类合计	3097	3438	11.0	3701	3077	11460	10580	-7.7
七、蔬菜（含菜用瓜）	45102	45743	1.4	19675	20274	887406	927394	4.5
八、瓜果类	5776	6085	5.4	21810	21366	125971	130011	3.2
#西 瓜	4695	4557	-2.9	23288	23029	109343	104943	-4.0
甜 瓜	521	493	-5.3	18280	16982	9515	8372	-12.0
草 莓	120	138	15.0	13508	13420	1621	1852	14.3
九、其他农作物	13945	12829	-8.0	7981	6080	111295	77995	-29.9
#莲 子	145	109	-24.7	2529	3055	366	333	-9.0
青饲料	4890	5857	19.8	12877	10691	62970	62616	-0.6

11-14 各县(市、区)农作物播种面积

(2014年)　　单位:公顷

指　　标	全市合计	浔阳区	庐山区	九江开发区	庐山管理局	九江县	武宁县	修水县
一、粮食作物	278742		4457	396	125	11562	28321	52448
(一) 谷　　物	243166		3703	380	120	9469	21044	45222
稻　　谷	222349		3547	334	120	7686	18239	39232
# 早　　稻	67215		567	61		1695	2194	10127
中稻及一季晚	86307		2109	220	120	3089	14166	19491
二季晚稻	68827		871	53		2902	1879	9614
小　　麦	7689		110	40		1055	720	2109
玉　　米	12118		46	6		618	1956	3269
(二) 豆　　类	13613		333	3	3	838	3156	3583
大　　豆	8698		210	1	2	351	2016	2520
绿　　豆	1308		50		1	55	242	405
(三) 薯类(折粮计算)	21963		421	13	2	1255	4121	3643
# 红　　薯	18246		312		2	864	3444	2767
二、油料合计	133426	26	2802	1373	40	10211	9420	9778
花　　生	7508		239		2	285	962	1978
油 菜 籽	122350	26	2473	1372	37	9655	8358	7552
芝　　麻	3568		90	1	1	271	100	248
三、棉　　花	63368	12	880	1173	17	11397	1219	590
四、麻类合计	994					118	29	
# 苎　　麻	994					118	29	
五、甘　　蔗	599					51	91	38
六、药材类合计	3438					88	906	1510
七、蔬菜(含菜用瓜)	45743	38	2332	131	22	8018	4916	5814
八、瓜果类	6085		113	40	6	878	510	861
# 西　　瓜	4557		90	38	5	723	475	659
甜　　瓜	493		13	2		95	15	60
草　　莓	138		10		1	13	20	10
九、其他农作物	12829			1		72	1263	4614
# 莲　　子	109						30	25
青 饲 料	5857					72	589	3310

11－14 续表

指 标	永修县	德安县	星子县	都昌县	湖口县	彭泽县	瑞昌市	共青城市
一、粮食作物	35316	7797	13336	67731	18964	17103	18464	2722
（一）谷 物	33897	7154	11794	56589	18337	16242	16601	2614
稻 谷	33472	6351	10873	55216	17920	14785	12014	2560
#早 稻	7531	505	2941	24184	7922	5385	3816	287
中稻及一季晚	18274	5334	5322	5608	2157	4000	4432	1985
二季晚稻	7667	512	2610	25424	7841	5400	3766	288
小 麦	338	129	548	1218	65	480	871	6
玉 米	87	672	373	151	336	844	3712	48
（二）豆 类	630	293	421	2554	299	588	877	35
大 豆	125	99	232	2080	104	372	560	26
绿 豆	26	47	75	166	80	37	124	
（三）薯类(折粮计算)	789	350	1121	8588	328	273	986	73
#红 薯	718	263	504	8194	275	168	735	
二、油料合计	13752	4917	5693	25988	14042	20163	14535	686
花 生	657	124	548	1869	260	96	356	132
油菜籽	12904	4705	5064	22824	13397	19804	13717	462
芝 麻	191	88	81	1295	385	263	462	92
三、棉 花	4449	6720	1887	6741	7341	18220	2302	420
四、麻类合计							847	
#苎 麻							847	
五、甘 蔗	76	21	24	202	58	21	5	12
六、药材类合计	9	23	120	60	458	70	194	
七、蔬菜(含菜用瓜)	5246	2252	1407	5603	1799	2918	4839	408
八、瓜果类	718	197	340	1305	246	157	546	168
#西 瓜	667	151	265	556	170	130	470	158
甜 瓜	19	12	73	49	69	23	63	
草 莓	31	9	2	9	7	3	13	10
九、其他农作物	4613	390	409	545	293	80	300	249
#莲 子		1					53	
青饲料	407	290	353	439	231	12	99	55

11－15 各县(市、区)主要农作物单位播种面积产量

(2014年)　　单位:公斤/公顷

指　　标	全市合计	浔阳区	庐山区	九江开发区	庐山管理局	九江县	武宁县	修水县
一、粮食作物	5926		5342	6912	6096	5902	5248	5123
(一) 谷　物	6137		5716	6758	6258	6056	5856	5478
稻　谷	6434		5885	7365	6258	6641	6278	5955
# 早　稻	5718		4235	7541		5854	5431	5616
中稻及一季晚	7003		6530	7332	6258	6890	6404	6398
二季晚稻	6418		5400	7302		6836	6317	5414
小　麦	2231		1373	1800		2153	1657	2163
玉　米	3512		3043	6000		6000	3632	2661
(二) 豆　类	1914		1943	3000	1333	2202	1978	1822
大　豆	2041		2138	2000	1000	2499	2238	1920
绿　豆	1638		2200		2000	509	1686	1721
(三) 薯类(折粮计算)	6086		4746	12308	3500	7216	4646	3962
# 红　薯	6252		4708		3500	7257	4677	3946
二、油料合计	1709	1615	1886	2268	1550	2030	1521	1497
花　生	2166		2360		1000	1151	2492	2059
油 菜 籽	1687	1615	1864	2268	1568	2080	1410	1368
芝　麻	1525		1244	1000	2000	1173	1470	948
三、棉　花	1499	1500	2024	1847	1765	1766	1844	998
四、麻类合计	1400					4246	1621	
# 苎　麻	1400					4246	1621	
五、甘　蔗	26990					21569	26582	20000
六、药材类合计	3077					1500	6294	2821
七、蔬菜(含菜用瓜)	20274	13921	16537	33718	10000	22000	18504	14258
八、瓜果类	21366		25115	67225	18333	21516	19622	13790
# 西　瓜	23029		26644	70132	21600	22476	19453	15191
甜　瓜	16982		23077	12000		18032	25800	12833
草　莓	13420		14000		2000	3846	19000	14000
九、其他农作物	6080			18000		15306	17738	6796
# 莲　子	3055						3333	5680
青 饲 料	10691					15306	16879	8662

11－15 续表

指　　标	永修县	德安县	星子县	都昌县	湖口县	彭泽县	瑞昌市	共青城市
一、粮食作物	7247	6421	6091	6068	5963	6265	5412	7612
（一）谷　　物	7320	6712	6223	6048	6071	6407	5539	7758
稻　谷	7369	7171	6420	6157	6097	6766	6324	7801
#早　　稻	6082	7970	5484	5584	5382	6600	5694	6509
中稻及一季晚	8213	7048	6869	7099	6784	6000	7371	8171
二季晚稻	6623	7660	6559	6494	6631	7500	5730	6535
小　麦	3237	2279	2489	1566	2646	3450	2747	3833
玉　米	4161	3254	5979	2623	5235	2488	3651	5979
（二）豆　　类	1948	1850	2660	1606	1542	1684	2528	3200
大　豆	2624	1960	3034	1704	1702	1344	2736	3538
绿　豆	1885	1851	1600	1127	1488	1892	2137	
（三）薯类（折粮计算）	8346	4280	5989	7522	3927	7692	5838	4507
#红　　薯	8631	3970	5192	7639	4327	6732	6178	
二、油料合计	1394	1819	1950	1155	1840	2074	2192	1660
花　生	2543	3065	2438	1648	4000	2604	2101	3000
油菜籽	1337	1790	1884	1135	1742	2070	2209	1312
芝　麻	1267	1636	2753	791	3795	2205	1766	1489
三、棉　　花	1229	1725	1605	1225	1406	1362	1571	2202
四、麻类合计							996	
#苎　　麻							996	
五、甘　　蔗	50592	21381	24333	20807	25466	33333	21000	43750
七、药材类合计		4304	333	950		4143		
八、蔬菜（含菜用瓜）	31013	16984	19854	13483	31384	16399	24787	11605
九、瓜果类	32120	31954	17462	14882	24163	36306	25216	20690
#西　　瓜	32960	38477	18547	12216	24894	36154	26611	21082
甜　　瓜	29316	24583	13822	4408	23507	15217	17921	
草　　莓	16806	21111	6500	4667	12857	5000	10154	13700
十、其他农作物		17821	11147	17539		16250		2996
#莲　　子		21000					1321	
青饲料		8966	12802	21205	17165	31667	17343	7455

11－16 各县(市、区)主要农作物产量

(2014年)　　单位:吨

指　　标	全市合计	浔阳区	庐山区	九江开发区	庐山管理局	九江县	武宁县	修水县
一、粮食作物	1651935		23811	2737	762	68244	148629	268686
(一)谷　物	1492213		21166	2568	751	57343	123238	247722
稻　谷	1430485		20875	2460	751	51044	114496	233628
#早　稻	384362		2401	460		9923	11915	56877
中稻及一季晚	604405		13771	1613	751	21284	90712	124701
二季晚稻	441718		4703	387		19837	11869	52050
小　麦	17151		151	72		2271	1193	4561
玉　米	42562		140	36		3708	7105	8700
(二)豆　类	26049		647	9	4	1845	6243	6529
大　豆	17753		449	2	2	877	4512	4839
绿　豆	2142		110		2	28	408	697
(三)薯类(折粮计算)	133673		1998	160	7	9056	19148	14435
#红　薯	114081		1469		7	6270	16106	10919
二、油料合计	228073	42	5285	3114	62	20724	14330	14638
花　生	16266		564	1	2	328	2397	4073
油菜籽	206365	42	4609	3112	58	20078	11786	10330
芝　麻	5442		112	1	2	318	147	235
三、棉　花	94988	18	1781	2167	30	20130	2248	589
四、麻类合计	1392					501	47	
#苎　麻	1392					501	47	
五、甘　蔗	16167					1100	2419	760
六、药材类合计	10580					132	5702	4260
七、蔬菜(含菜用瓜)	927394	529	38564	4417	220	176393	90966	82896
八、瓜果类	130011		2838	2689	110	18891	10007	11873
#西　瓜	104943		2398	2665	108	16250	9240	10011
甜　瓜	8372		300	24		1713	387	770
草　莓	1852		140		2	50	380	140
九、其他农作物	77995			18		1102	22403	31358
#莲　子	333						100	142
青饲料	62616					1102	9942	28672

11－16 续表

指　　标	永修县	德安县	星子县	都昌县	湖口县	彭泽县	瑞昌市	共青城市
一、粮食作物	255934	50061	81232	410977	113075	107147	99919	20721
（一）谷　物	248122	48021	73398	342275	111326	104057	91946	20280
稻　谷	246666	45540	69804	339967	109263	100041	75980	19970
#早　稻	45802	4025	16127	135054	42639	35541	21730	1868
中稻及一季晚	150087	37593	36557	39813	14634	24000	32669	16220
二季晚稻	50777	3922	17120	165100	51990	40500	21581	1882
小　麦	1094	294	1364	1907	172	1656	2393	23
玉　米	362	2187	2230	396	1759	2100	13552	287
（二）豆　类	1227	542	1120	4103	461	990	2217	112
大　豆	328	194	704	3545	177	500	1532	92
绿　豆	49	87	120	187	119	70	265	
（三）薯类（折粮计算）	6585	1498	6714	64599	1288	2100	5756	329
#红　薯	6197	1044	2617	62590	1190	1131	4541	
二、油料合计	19167	8944	11101	30004	25836	41824	31863	1139
花　生	1671	380	1336	3080	1040	250	748	396
油菜籽	17254	8420	9542	25900	23335	40994	30299	606
芝　麻	242	144	223	1024	1461	580	816	137
三、棉　花	5466	11595	3029	8255	10322	24817	3616	925
四、麻类合计							844	
#苎　麻							844	
五、甘　蔗	3845	449	584	4203	1477	700	105	525
六、药材类合计		99	40	57		290		
七、蔬菜（含菜用瓜）	162693	38247	27935	75543	56459	47852	119945	4735
八、瓜果类	23062	6295	5937	19421	5944	5700	13768	3476
#西　瓜	21984	5810	4915	6792	4232	4700	12507	3331
甜　瓜	557	295	1009	216	1622	350	1129	
草　莓	521	190	13	42	90	15	132	137
九、其他农作物		6950	4559	9559		1300		746
#莲　子		21					70	
青饲料		2600	4519	9309	3965	380	1717	410

11－17 茶叶、水果生产情况

指　　标	单位	2013 年	2014 年	2014 年比 2013 年增长%
一、茶叶总产量	吨	5780	6001	3.8
红 毛 茶	吨	1140	1563	37.1
绿 毛 茶	吨	3434	3587	4.5
其 它 茶	吨	1206	851	－29.4
二、园林水果总产量	吨	129829	137245	5.7
柑 桔 类	吨	69884	72504	3.7
# 柑	吨	12049	16949	40.7
桔	吨	56561	54035	－4.5
橙	吨	914	1170	28.0
柚	吨	360	350	－2.8
梨	吨	27818	30280	8.9
# 雪花梨	吨	5606	7533	34.4
鸭　梨	吨	2115	2327	10.0
其他水果	吨	32127	34461	7.3
#桃	吨	14277	15366	7.6
三、年末实有茶园面积	公顷	8257	8797	6.5
# 当年采摘面积	公顷	5472	5990	9.5
当年新增面积	公顷	555	691	24.5
四、年末实有果园面积	公顷	19792	19597	－1.0
柑 桔 园	公顷	8314	8424	1.3
梨　　园	公顷	6508	5165	－20.6
桃　　园	公顷	2316	2464	6.4
猕猴桃园	公顷	95	98	3.2
葡 萄 园	公顷	786	800	1.8
其他果园	公顷	1773	2646	49.2

11－18 各县(市、区)茶叶、水果产量

(2014 年)　　　　单位:吨

地　区	茶叶总产量	#红毛茶	绿毛茶	其他茶	水果总产量	#柑桔类	梨	其他水果
全市合计	**6001**	**1563**	**3587**	**851**	**137245**	**72504**	**30280**	**34461**
庐山区	171		171		6297	1579	500	4218
庐山管理局	84	4	80		448	203	45	200
九江县	161	8	151	2	13365	2258	4315	6792
武宁县	1494	840	438	216	7363	4854	1416	1093
修水县	3612	709	2278	625	3717	941	864	1912
永修县	230	1	227	2	68743	50381	8370	9992
德安县	61		61		7353	1502	2715	3136
星子县	55		52	3	2139	930	1046	163
都昌县	42		40	2	1621	725	460	436
湖口县	22		22		6362	3507	1723	1132
彭泽县	53		53		1282	262	440	580
瑞昌市	10	1	8	1	16916	3906	8386	4624
共青城市	6		6		1639	1456		183

11－19 各县(市、区)茶园、果园面积

(2014 年)　　　　单位:公顷

地　区	年末实有茶园面积	当年新增面积	年末实有果园面积	当年新增面积
全市合计	**8797**	**691**	**19597**	**167**
庐山区	532		612	
庐山管理局	109		73	
九江县	616		3119	
武宁县	436	9	2058	14
修水县	5216	237	2311	77
永修县	686	33	5328	2
德安县	42		940	
星子县	158	19	360	13
都昌县	192	68	1326	56
湖口县	179	13	1605	
彭泽县	272	12	324	
瑞昌市	336	300	1506	5
共青城市	23		35	

11－20 林业生产情况

指　　标	单位	2013 年	2014 年	2014 年比 2013 年增长%
一、当年荒山造林作业面积	公顷	18040	16579	－8.1
二、造林成活率 85% 以上面积	公顷	18040	16435	－8.9
（一）按造林方式分				
人工造林面积	公顷	17007	15876	－6.7
（二）按主要林种用途分				
用　材　林	公顷	9556	8332	－12.8
经　济　林	公顷	4353	4841	11.2
防　护　林	公顷	3998	1601	－60.0
三、有林地造林面积	公顷	4487	3267	－27.2
四、封山育林	公顷	443965	454498	2.4
五、零星(四旁)植树	万株	1301	838	－35.6
六、林木种子采集量	吨	43	69	60.5
七、育苗面积	公顷	8879	9661	8.8
# 当年新育	公顷	2334	1824	－21.9
八、更新造林面积	公顷	1320	1413	7.0
九、成林抚育面积	公顷	35579	56730	59.4
十、苗木产量	万株	13761	27118	97.1

11－21 牧业生产情况

指　　标	单位	2013 年	2014 年	2014 年比 2013 年增长%
一、当年出栏肉猪	头	2157157	2216371	2.7
当年出售和自宰的肉用牛	头	26199	26830	2.4
当年出售和自宰的肉用羊	只	169247	177696	5.0
当年出售和自宰的肉用兔	只	105320	101748	-3.4
当年出售和自宰的肉用禽	百只	189050	192357	1.7
二、肉类总产量	吨	211989	217645	2.7
猪　　肉	吨	177218	182164	2.8
牛　　肉	吨	3105	3167	2.0
羊　　肉	吨	2494	2614	4.8
兔　　肉	吨	196	179	-8.7
禽　　肉	吨	28595	29256	2.3
其他肉产量	吨	381	265	-30.4
三、牛奶产量	吨	549	188	-65.8
四、养蜂箱数	箱	26340	52087	97.7
蜂蜜产量	吨	774	1590	105.4
五、家禽产蛋量	吨	66160	66647	0.7
六、大牲畜(牛)年末存栏总头数	头	85068	64175	-24.6
年末存栏中能繁殖母牛	头	25715	17609	-31.5
七、年末生猪存栏	头	1294543	1280323	-1.1
# 能繁殖母猪	头	113247	110064	-2.8
八、羊年末数	只	146497	158617	8.3
九、兔年末数	只	77622	66360	-14.5
十、家禽年末数	百只	111232	122343	10.0
十一、年末桑园面积	公顷	6134	6108	-0.4
蚕茧产量	吨	4352	4355	0.1

11-22 各县(市、区)牧业生产情况

(2014年)

指　　标	单位	全市合计	浔阳区	庐山区	九江县	武宁县	修水县	永修县	德安县
一、当年出栏肉猪	头	2216371	9000	72051	192196	226854	550118	151173	78755
当年出售和自宰的肉用牛	头	26830			34	1192	8060	5585	779
当年出售和自宰的肉用羊	只	177696		330	1268	12024	144147	5049	780
当年出售和自宰的肉用兔	只	101748			6724		750	6263	13680
当年出售和自宰的肉用禽	百只	192357		6814	10095	7988	29453	34493	26716
二、肉类总产量	吨	217645	675	7221	17755	21813	48463	19374	11332
猪　　肉	吨	182164	675	6124	16154	20055	41652	13010	6933
牛　　肉	吨	3167			6	175	832	559	85
羊　　肉	吨	2614		5	25	186	2080	75	16
兔　　肉	吨	179			19		1	12	21
禽　　肉	吨	29256		1092	1549	1397	3881	5681	4239
其他肉产量	吨	265			2		17	37	38
三、牛奶产量	吨	188		180					
四、养蜂箱数	箱	52087			2454	4993	35618	3199	380
蜂蜜产量	吨	1590			58	165	1205	70	18
五、家禽产蛋量	吨	66647		754	1373	4813	5479	2759	29042
六、大牲畜(牛)年末存栏总头数	头	64175		67	771	14956	20598	3160	915
年末存栏中能繁殖母牛	头	17609			103	3338	3111	1603	250
七、年末生猪存栏	头	1280323	8366	35051	92021	133614	335563	95569	51345
# 能繁殖母猪	头	110064	1174	2912	10463	9566	23219	10179	4599
八、羊年末数	只	158617		341	932	11241	126939	5346	1086
九、兔年末数	只	66360			3714	42	900	5800	1500
十、家禽年末数	百只	122343	100	3454	9502	8675	15074	11549	25835
十一、年末桑园面积	公顷	6108				42	6066		
蚕茧产量	吨	4355				33	4322		

11－22 续表

指 标	单位	星子县	都昌县	湖口县	彭泽县	瑞昌市	共青城市	开发区	庐山管理局
一、当年出栏肉猪	头	95322	220767	95305	148500	310122	58606	4778	2824
当年出售和自宰的肉用牛	头	3215	909	1321	980	4555	200		
当年出售和自宰的肉用羊	只	520	440	230	930	11766	200		12
当年出售和自宰的肉用兔	只	30000	22400			21931			
当年出售和自宰的肉用禽	百只	22281	18995	6953	9050	12824	6356	289	50
二、肉类总产量	吨	11758	20236	9401	14461	27597	6815	517	227
猪 肉	吨	8332	16902	8100	13000	24783	5763	459	222
牛 肉	吨	444	137	236	144	526	23		
羊 肉	吨	5	8	3	17	191	3		
兔 肉	吨	33	51			42			
禽 肉	吨	2944	3121	1043	1300	1920	1026	58	5
其他肉产量	吨		17	19		135			
三、牛奶产量	吨							8	
四、养蜂箱数	箱		128	567	1900	2848			
蜂蜜产量	吨		2	11	14	47			
五、家禽产蛋量	吨	3624	4484	5498	2100	3705	2938	29	49
六、大牲畜(牛)年末存栏总头数	头	4379	7253	1456	1290	8591	739		
年末存栏中能繁殖母牛	头	533	1282	675	720	5743	251		
七、年末生猪存栏	头	50966	140031	56721	110000	117402	44071	8101	1502
# 能繁殖母猪	头	3886	11042	5855	10090	11446	4763	725	145
八、羊年末数	只	379	985	560	650	9992	120		46
九、兔年末数	只	24800	17400		1500	10704			
十、家禽年末数	百只	7091	10468	6650	9200	8151	6122	300	172

11-23 渔业生产情况

指　　标	单位	2013年	2014年	2014年比2013年增长%
一、渔业村	个	81	85	4.9
二、渔业户	户	27663	27443	-0.8
三、渔业人口	人	113096	112897	-0.2
四、渔业劳动力	人	75691	75828	0.2
（一）专业劳动力	人	44403	44407	
# 捕捞专业劳动力	人	15498	15428	-0.5
养殖专业劳动力	人	24462	24550	0.4
后勤专业劳动力	人	4443	4429	-0.3
（二）兼职劳动力	人	25584	25602	0.1
五、养殖面积	公顷	80801	81530	0.9
# 池　　塘	公顷	25396	26019	2.5
水　　库	公顷	20187	20179	
湖　　泊	公顷	31708	31811	0.3
六、养殖单产				
# 池　　塘	千克/公顷	7169	7513	4.8
水　　库	千克/公顷	2561	2495	-2.5
湖　　泊	千克/公顷	2979	3077	3.3
七、水产品总产量	吨	405679	423079	4.3
# 养殖产量	吨	346034	364030	5.2
# 池　　塘	吨	182062	195490	7.4
水　　库	吨	51692	50355	-2.6
湖　　泊	吨	94465	97883	3.6
# 鱼　　类	吨	302600	318103	5.1
虾 蟹 类	吨	36160	38375	6.1
贝　　类	吨	4706	4814	2.3
八、珍　　珠	吨	603	663	10.0
九、鱼苗产量	亿尾	46	48	5.3

11－24 各县(市、区)渔业生产情况

(2014年)

地 区	渔业劳动力(人)	专业劳动力	#捕捞劳动力	养殖劳动力	后勤劳动力	兼业劳动力	养殖面积(公顷)
全市合计	**75828**	**44407**	**15428**	**24550**	**4429**	**25602**	**81530**
浔阳区	1324	853	130	524	199	416	367
庐山区	1081	794	298	435	61	211	1219
九江开发区	338	223	51	172		73	1407
九江县	5407	3177	600	2400	177	2100	12931
武宁县	3277	2615	1100	1515		493	9551
修水县	1129	198	100	98		170	5762
永修县	14541	9902	4680	4316	906	3402	10010
德安县	1989	1148	92	697	359	756	1682
星子县	5572	3085	1527	1425	133	1922	2976
都昌县	19267	8831	4177	3596	1058	9966	12849
湖口县	8176	3590	622	2415	553	3281	6200
彭泽县	5086	3800	648	2857	295	773	7800
瑞昌市	7190	4971	1009	3462	500	1874	6349
共青城市	1451	1220	394	638	188	165	2429

地 区	养殖单产(千克/公顷)	水产品总产量(吨)	#养殖产量	#鱼类	虾蟹类	贝类	珍珠产量(吨)
全市合计	**4465**	**423079**	**364030**	**318103**	**38375**	**4814**	**663**
浔阳区	5264	2300	1930	1930			
庐山区	4812	7058	5867	5667	170		
九江开发区	2568	3766	3612	3440	172		
九江县	3812	51210	49293	34389	13707	893	73
武宁县	3359	35669	32083	30571	1360	97	
修水县	1941	15414	11185	11065	14		
永修县	4389	48030	43930	37211	5072	732	
德安县	3221	6308	5418	5133	125	29	
星子县	8240	32563	24523	23593	581	145	20
都昌县	4878	81280	62680	59852	785	1722	270
湖口县	5006	39450	31037	25177	4594	683	290
彭泽县	6136	51150	47861	45619	2172		4
瑞昌市	5183	36304	32904	24134	8262	489	6
共青城市	4820	12577	11707	10322	1361	24	

11－25 各县(市、区)特种水产品产量

(2014年)

单位:吨

地　　区	彭泽鲫	鳜鱼	河蟹	甲鱼	蛙类	泥鳅	银鱼
全市合计	**44841**	**15232**	**6423**	**1027**	**998**	**6038**	**521**
浔阳区	597	391				2	
庐山区	548	106		4	26	63	
九江开发区	64	4	3			4	
九江县	4726	961	2054	91	105	747	
武宁县	1730	1598	15	11	30	123	200
修水县	1216	222	301	106	214	476	38
永修县	4542	4594	711	562	181	981	188
德安县	429	144	18	56	67	141	
星子县	1358	1589	135	92	125	525	35
都昌县	2616	1891	150	13	13	617	30
湖口县	1697	1787	685	67	189	1105	30
彭泽县	22049	1122	565	21	42	250	
瑞昌市	2561	443	1714	4	6	869	
共青城市	708	380	72			135	

11－26 各县(市、区)鱼苗产量和投放鱼种

(2014年)

地　　区	淡水鱼苗(亿尾)	淡水鱼种(吨)	投放鱼种(吨)
全市合计	**48.42**	**22695**	**68521**
浔阳区			605
庐山区	4.00		904
九江开发区	0.07	500	705
九江县	5.25	1320	7550
武宁县	1.10		13121
修水县		300	1100
永修县	4.67	2123	5292
德安县	1.50	75	576
星子县	1.70	136	5193
都昌县	4.70	1227	8993
湖口县	7.00	3053	6988
彭泽县	7.20	8671	9651
瑞昌市	10.00	4082	6341
共青城市	1.23	1208	1502

11－27 主要农业机械年末拥有量

指　　标	单位	2013 年	2014 年
农业机械总动力	万瓦(特)	206484	214078
# 大中型拖拉机	混合台	20020	21415
	万瓦(特)	25537	28295
小型拖拉机	混合台	1245	1585
	万瓦(特)	4778	6409
农用排灌动力	台	87430	86972
	万瓦(特)	68444	68411
# 柴　油　机	台	59981	58983
	万瓦(特)	44129	43659
电　动　机	台	26449	26389
	万瓦(特)	22370	22792
农 用 水 泵	台	72186	71622
节水喷灌类机械	套	8295	8343
农产品初加工动力机械	万瓦(特)	37065	36646
粮食加工机械	台	23444	23764
油料加工机械	台	6439	6562
棉花加工机械	台	6927	7143
畜牧养殖机械	台	1747	1643
	万瓦(特)	1466	1324
渔业机械	台	19220	18989
	万瓦(特)	6125	6126
农用运输车	辆	6912	8149
	万瓦(特)	16794	17370

11-28 各县(市、区)主要农业机械年末拥有量

(2014年)

指　　标	单位	全市合计	庐山区	九江县	武宁县	修水县	永修县
农业机械总动力	千瓦	2140781	82217	75310	211988	191720	245029
# 大中型拖拉机	台	21415	328	466	1471	3199	4996
	千瓦	282953	4427	8456	16556	40113	71408
小型拖拉机	台	1585	40	86	54	77	526
	千瓦	64094	967	3283	1976	2337	22238
农用排灌动力	台	86972	2291	2880	280	6100	8055
	千瓦	684109	23528	21600	4018	42000	66924
# 柴　油　机	台	58983	1300	1930	175	4600	4059
	千瓦	436586	11700	17000	2821	27500	19606
电　动　机	台	26389	991	950	105	1500	3396
	千瓦	227920	11693	4600	1197	14500	47318
农 用 水 泵	台	71622	3190	3100	150	5800	8055
节水喷灌类机械	套	8343	118	50		10	
农产品初加工动力机械	台	37538	1014	1340	3200	6750	3523
	千瓦	366464	12085	9380	41600	47050	47634
粮食加工机械	台	23764	98	1992	2083	5300	2058
油料加工机械	台	6562	37	696	400	1300	477
棉花加工机械	台	7143	3	671	247	100	502
畜牧养殖机械	台	1643	190	102	235	210	215
	千瓦	13240	1400	372	2512	1575	645
渔业机械	台	18989	314	523	631	562	2005
	千瓦	61258	1043	804	1895	1458	3136
农用运输车	辆	8149	601	350	1730		
	千瓦	173701	15916	13850	53689		

11－28 续表

指　　标	单位	德安县	星子县	都昌县	湖口县	彭泽县	瑞昌市	共青城市
农业机械总动力	千瓦	86231	39083	649435	66000	149805	293350	50614
# 大中型拖拉机	台	1062	616	4975	591	2031	1450	230
	千瓦	14827	6180	62254	7998	28338	19747	2649
小型拖拉机	台	36	35	303	58	255	97	18
	千瓦	1427	1050	13498	2488	9690	4823	317
农用排灌动力	台	3116	502	29270	8850	21803	3439	386
	千瓦	24530	9500	210605	20200	217657	43547	
# 柴　油　机	台	1908	202	21840	5000	16559	1198	212
	千瓦	11583	4100	125999	13600	191236	11441	
电　动　机	台	1208	300	7430	3850	5244	1241	174
	千瓦	12947	5400	84606	6600	26421	12638	
农 用 水 泵	台	2410	500	22785	8300	17165	167	
节水喷灌类机械	套	7680	6	253	160	6	60	
农产品初加工动力机械	台	1562	225	13180	1980	3147	1617	
	千瓦	15708	2710	137061	9200	27770	16266	
粮食加工机械	台	585	120	8520	1860	860	288	
油料加工机械	台	180	35	2610	170	630	27	
棉花加工机械	台	148	26	3340	58	2030	18	
畜牧养殖机械	台	226	52	223			190	
	千瓦	498	780	2646			2812	
渔业机械	台	120	420	11719	1056	1238	155	246
	千瓦	10562	3800	22739	1931	13428	462	
农用运输车	辆	223	200	1988	320	1848	821	68
	千瓦	4588	6200	40463	4300	17715	16980	

11-29 农业用电、化肥等农用物资情况

指　　标	单位	2013 年	2014 年	2014 年比 2013 年增长%
一、农村电气化情况				
农村用电量	万千瓦小时	108533	120741	11.2
二、农用化肥施用量				
按实物量计算	万吨	42.50	41.58	-2.2
氮　　肥	万吨	16.00	15.01	-6.2
磷　　肥	万吨	7.55	7.70	2.0
钾　　肥	万吨	5.82	5.65	-2.9
复 合 肥	万吨	13.13	13.23	0.7
按折纯量计算	万吨	15.88	15.90	0.2
氮　　肥	万吨	5.90	5.64	-4.5
磷　　肥	万吨	2.63	2.73	4.0
钾　　肥	万吨	2.35	2.40	2.3
复 合 肥	万吨	5.00	5.10	2.0
三、其它农用物资情况				
农用塑料薄膜使用量	吨	4121	4066	-1.3
地膜覆盖面积	公顷	9386	10266	9.4
农用柴油使用量	吨	33924	34059	0.4
农药使用量	吨	11772	11147	-5.3

11-30 各县(市、区)农业用电、化肥等农用物资情况

(2014年)

指　　标	单位	全市合计	浔阳区	庐山区	九江开发区	庐山管理局	九江县	武宁县	修水县
一、农村电气化情况									
农村用电量	万千瓦小时	120741		2410	434	4	7771	8106	15351
二、农用化肥施用量									
按实物量计算	吨	415838	12	5071	3739	54	33108	15169	40662
氮　　肥	吨	150095		1871	775	5	11741	5798	16246
磷　　肥	吨	76974		912	63	5	5682	2263	5547
钾　　肥	吨	56454		633	1032	5	5554	1796	4287
复 合 肥	吨	132315	12	1655	1869	39	10131	5312	14582
按折纯量计算	吨	159039	6	1731	1368	25	12400	5880	13884
氮　　肥	吨	56385		512	357	2	3535	2336	5462
磷　　肥	吨	27257		239	28	2	1499	854	1922
钾　　肥	吨	23950		277	516	2	2592	702	1549
复 合 肥	吨	51447	6	703	467	19	4774	1988	4951
三、其它农用物资情况									
农用塑料薄膜使用量	吨	4066	2	201	12	2	383	397	437
地膜覆盖面积	公顷	10266		85	253	3	963	1950	2752
农用柴油使用量	吨	34059		133	120	2	1975	5378	6224
农药使用量	吨	11147	1	150	18	1	768	541	348

11－30 续表

指　　标	单位	永修县	德安县	星子县	都昌县	湖口县	彭泽县	瑞昌市	共青城市
一、农村电气化情况									
农村用电量	万千瓦小时	7262	7731	10813	22501	5191	17165	14005	1997
二、农用化肥施用量									
按实物量计算	吨	77727	13086	14611	60793	53838	64297	27469	6202
氮　　肥	吨	18752	4172	6385	24881	26194	21148	10411	1716
磷　　肥	吨	19374	1621	3103	10354	11060	13331	2756	903
钾　　肥	吨	10582	1509	2165	6199	9118	10615	2078	881
复 合 肥	吨	29019	5784	2958	19359	7466	19203	12224	2702
按折纯量计算	吨	36908	2804	5805	22973	18163	22755	12004	2333
氮　　肥	吨	9069	1016	2873	11165	7861	7402	4164	631
磷　　肥	吨	8773	324	775	4464	2435	4917	689	336
钾　　肥	吨	5141	307	973	2493	4287	3715	1039	357
复 合 肥	吨	13925	1157	1184	4851	3580	6721	6112	1009
三、其它农用物资情况									
农用塑料薄膜使用量	吨	299	119	57	427	237	1066	412	15
地膜覆盖面积	公顷	476	240	131	2118	112	179	716	288
农用柴油使用量	吨	3332	1265	3772	1531	2093	3882	3381	971
农药使用量	吨	2055	556	290	1501	931	3141	634	212

11-31 乡镇社会经济基本情况(一)

(2014年)

乡镇名称	村(居)民委员会个数(个)	乡镇行政区域面积(公顷)	常住户数(户)	常住人口(人)	公共财政收入(万元)	公共财政支出(万元)
庐山区姑塘镇	8	4950	6875	18715	12355	654
庐山区威家镇	5	3570	2690	9798	2830	960
庐山区新港镇	12	9600	7207	30505	20486	2500
庐山区莲花镇	7	2800	6115	16083	29451	5769
庐山区海会镇	9	10080	8415	28896	6183	1417
庐山区赛阳镇	5	2890	1704	7179	5100	1725
庐管局牯岭镇		4600	4939	12858	458	471
庐山区虞家河乡	7	3334	3154	13028	3500	382
九江县沙河街镇	3	2078	14322	52200	5260	266
九江县马回岭镇	9	10000	7215	27368	4000	3560
九江县江洲镇	11	8376	7465	33247	4092	3752
九江县城子镇	6	2784	3248	13173	2000	999
九江县港口街镇	10	6288	9982	33172	3860	242
九江县新合镇	7	4426	5697	18227	4024	3450
九江县狮子镇	8	5255	5911	20125	3445	3445
开发区永安乡	9	4658	7784	28933	1102	922
九江县涌泉乡	7	4962	4197	17826	2508	2508
九江县新塘乡	10	7760	5539	15411	3700	2485
九江县城门乡	8	4891	7188	27445	2750	2750
九江县岷山乡	15	11270	8628	33037	3918	3918
武宁县新宁镇	15	29290	6363	22816	1684	2672
武宁县泉口镇	9	14300	4521	16416	3353	2869
武宁县鲁溪镇	15	16842	9832	32123	15000	10023
武宁县船滩镇	16	24198	8060	31231	4682	5882
武宁县澧溪镇	15	28900	4986	18975	4845	3877
武宁县罗坪镇	5	24080	3995	16653	1531	1491
武宁县石门楼镇	12	16702	6911	20205	2558	2558
武宁县宋溪镇	10	29875	3206	11250	5143	5143
武宁县大洞乡	5	11714	1872	7947	1843	1843
武宁县横路乡	11	14113	4698	21170	2640	1456
武宁县官莲乡	8	12324	3765	15295	2110	1626
武宁县巾口乡	5	8616	2200	8666	2288	1910
武宁县东林乡	7	9165	2301	9457	2201	2109
武宁县上汤乡	7	11304	1991	6276	962	962
武宁县甫田乡	7	20310	3826	14037	3687	3687
武宁县清江乡	8	12054	2942	12107	2804	2410
武宁县石渡乡	8	16362	3480	12959	3242	2099
武宁县杨洲乡	6	20650	1997	8148	3704	3704
武宁县罗溪乡	10	19370	4005	15699	2150	2150
修水县义宁镇	7	8060	35323	112857	14500	2880
修水县白岭镇	11	7970	8386	35570	4447	4447
修水县全丰镇	14	10120	8084	31556	3035	3035
修水县古市镇	14	12450	8187	40150	1200	880
修水县大桥镇	16	12520	7862	31956	2180	2165
修水县渣津镇	16	14410	12520	71321	3800	3500
修水县马坳镇	24	34820	9050	40025	3050	2268

11－31 续表 1

乡镇名称	村(居)民委员会个数(个)	乡镇行政区域面积(公顷)	常住户数(户)	常住人口(人)	公共财政收入(万元)	公共财政支出(万元)
修水县杭口镇	10	5470	4441	19628	2650	2650
修水县港口镇	9	14400	6324	22906	5161	2106
修水县溪口镇	15	18850	8094	34841	950	916
修水县西港镇	10	5080	5810	23754	3587	3475
修水县山口镇	10	17750	4562	21222	3772	3762
修水县黄沙镇	12	20420	4539	18447	560	515
修水县黄港镇	8	32960	5205	19176	2060	1891
修水县何市镇	10	16230	5246	23800	3641	3641
修水县上奉镇	7	12181	4355	17761	2280	2280
修水县四都镇	11	13080	6875	28764	2800	2800
修水县太阳升镇	10	10360	8269	31835	5560	5420
修水县宁州镇	13	15190	5625	27103	5972	2823
修水县路口乡	6	3910	3463	16952	2504	2504
修水县黄龙乡	10	6280	3916	20168	1100	1100
修水县上衫乡	7	7710	3585	15806	515	515
修水县余段乡	5	3720	998	4655	421	410
修水县水源乡	8	4350	2768	13947	780	780
修水县石坳乡	8	4690	3790	17869	981	670
修水县东港乡	7	15170	2924	13688	1520	1345
修水县上杭乡	8	5860	4336	14500	690	690
修水县新湾乡	8	12890	2772	12670	1351	735
修水县布甲乡	7	10400	2357	9385	1536	1028
修水县漫江乡	7	9870	2466	9813	1480	1460
修水县复源乡	6	13920	1290	4990	585	560
修水县竹坪乡	6	5960	2179	9020	480	480
修水县征村乡	10	18710	4017	17219	555	555
修水县庙岭乡	6	12450	2364	8105	2408	1395
修水县黄坳乡	13	17540	3595	15202	1575	1575
修水县大椿乡	11	14593	4212	18130	284	361
永修县涂埠镇	6	2644	28589	70381	14569	7339
永修县吴城镇	5	35605	5826	16858	4136	4057
永修县三溪桥镇	6	12600	3771	14332	7000	3934
永修县虬津镇	8	5939	4020	18223	5538	1630
永修县艾城镇	12	6710	6813	32373	7099	6486
永修县滩溪镇	12	10820	4662	18792	5543	847
永修县白槎镇	9	5116	3340	13209	2989	2989
永修县梅棠镇	8	7846	3636	15380	4078	3952
永修县燕坊镇	6	4700	2523	9332	3851	3630
永修县马口镇	14	5059	6888	30640	4085	4085
永修县柘林镇	2	1500	3590	10770	3240	3229
永修县三角乡	13	6839	6080	23562	4594	3872
永修县九合乡	12	5049	6190	23780	5343	5281
永修县立新乡	13	7822	7019	29082	3711	2785
永修县江上乡	6	10500	2657	10297	5423	5423
德安县蒲亭镇	4	2700	14560	55947	7000	564
德安县聂桥镇	6	5412	2495	9148	4566	1671

11－31 续表2

乡镇名称	村(居)民委员会个数（个）	乡镇行政区域面积（公顷）	常住户数（户）	常住人口（人）	公共财政收入（万元）	公共财政支出（万元）
德安县车桥镇	9	12500	2690	10878	1951	1931
德安县丰林镇	8	2540	3332	14202	4816	4542
德安县宝塔乡	8	9600	3006	12675	3320	3280
德安县河东乡	4	3300	4802	13545	3234	821
德安县高塘乡	5	3100	1965	7446	2091	1768
德安县林泉乡	5	7400	2483	8039	7049	4106
德安县吴山镇	8	12600	4942	13718	4733	4258
德安县磨溪乡	9	10400	2762	11091	2572	1835
德安县爱民乡	4	4274	1616	6298	2700	716
德安县邹桥乡	6	7000	2281	8610	1823	1530
德安县塘山乡	4	2700	1553	6632	2067	1347
星子县南康镇	3	6401	14694	49391	973	973
星子县白鹿镇	9	10800	7641	29011	4233	4026
星子县温泉镇	9	10400	8104	26104	6543	4703
星子县蓼花镇	6	4543	5113	21210	2787	2787
星子县华林镇	8	4900	6574	27464	4447	4458
星子县蛟塘镇	8	6100	5220	25478	3400	1765
星子县横塘镇	5	4330	3955	16880	4953	4935
星子县蓼南乡	9	11339	6909	29873	4620	4314
都昌县都昌镇	4	6910	54975	115279	1796	1796
都昌县周溪镇	17	5107	13018	45571	3900	3900
都昌县三汊港镇	10	3985	5996	27975	3667	3667
都昌县中馆镇	8	5132	5513	17125	2199	2180
都昌县大沙镇	10	4634	8126	32630	1642	1642
都昌县万户镇	8	3708	7789	33163	2718	2630
都昌县南峰镇	7	3500	6025	22048	1431	1430
都昌县土塘镇	20	13400	13384	61550	2960	2960
都昌县大港镇	11	14300	6489	26347	850	850
都昌县蔡岭镇	14	11700	9321	37541	3060	2600
都昌县徐埠镇	14	9300	8228	24729	2712	2712
都昌县左里镇	12	6504	5744	23830	1453	1453
都昌县和合乡	11	3412	7856	22182	1892	1758
都昌县阳峰乡	9	4938	8061	30420	4039	4039
都昌县西源乡	11	2757	7313	28752	1850	1760
都昌县芗溪乡	8	4104	2060	9477	2213	2183
都昌县狮山乡	7	4830	4275	20400	2410	999
都昌县鸣山乡	7	6849	5433	20100	2615	1072
都昌县春桥乡	7	4900	4197	16105	1368	1368
都昌县苏山乡	11	6933	6322	19256	3492	3492
都昌县多宝乡	11	6900	5860	11200	380	380
都昌县汪墩乡	23	17190	11502	47962	497	497
都昌县北山乡	12	5617	6596	28356	3860	3860
都昌县大树乡	12	5500	11405	31356	1700	1700
湖口县双钟镇	4	2622	18853	66121	7120	3346
湖口县流泗镇	14	6200	9129	28698	8337	3370

11－31 续表3

乡镇名称	村(居)民委员会个数(个)	乡镇行政区域面积(公顷)	常住户数(户)	常住人口(人)	公共财政收入(万元)	公共财政支出(万元)
湖口县马影镇	11	3690	5407	22154	6035	3195
湖口县武山镇	9	6000	4305	14156	7560	3938
湖口县城山镇	11	8795	5013	22346	7022	4072
湖口县均桥镇	19	6153	7451	29539	7212	4143
湖口县大垅乡	8	3157	3499	13751	8033	2805
湖口县凰村乡	10	3125	4286	17405	8277	1861
湖口县张青乡	11	3260	4659	19309	6135	2745
湖口县付垅乡	9	4437	3770	12244	7001	3406
湖口县舜德乡	10	9375	4160	17110	8047	2975
湖口县流芳乡	6	1500	2621	9938	7380	3763
彭泽县龙城镇	12	6360	23541	79356	2280	3700
彭泽县棉船镇	13	10500	8295	21440	2801	3911
彭泽县马档镇	12	12900	8556	29482	2863	4300
彭泽县芙蓉墩镇	13	14574	7883	33060	2683	3794
彭泽县定山镇	10	3870	3620	19760	3290	4701
彭泽县天红镇	11	11649	3684	15756	2672	3324
彭泽县杨梓镇	18	23950	7437	33880	2739	3610
彭泽县东升镇	8	10960	2965	13108	2846	3140
彭泽县浪溪镇	8	9020	2955	9347	2458	2564
彭泽县黄花镇	9	6062	4572	14090	2490	3806
彭泽县太平关乡	12	6525	4824	20385	2980	3819
彭泽县黄岭乡	10	11860	4219	12891	3214	4595
彭泽县浩山乡	11	15670	3492	14538	2370	3273
瑞昌市码头镇	15	10100	14336	50892	41463	33822
瑞昌市白杨镇	6	6100	4625	18514	7824	5406
瑞昌市南义镇	12	13700	5229	22463	7700	7033
瑞昌市横港镇	13	11000	6396	26506	5109	4858
瑞昌市范镇	13	10000	7559	34848	1950	775
瑞昌市肇陈镇	6	5400	3512	14500	3200	3200
瑞昌市高丰镇	8	7000	5463	21850	3399	3399
瑞昌市夏畈镇	12	5300	3762	16013	8249	6224
瑞昌市乐园乡	7	9500	2800	13110	2614	2600
瑞昌市洪一乡	9	9700	3918	17012	2475	2216
瑞昌市花园乡	7	8800	3991	14698	2536	2516
瑞昌市洪下乡	6	7000	2649	10851	3326	5406
瑞昌市武蛟乡	7	2600	3490	15063	4061	3275
瑞昌市横立山乡	6	6400	2396	9460	2650	1975
瑞昌市黄金乡	6	6500	2431	10031	3544	3543
瑞昌市南阳乡	8	4100	3619	14965	2894	2894
共青城市甘露镇	8	4900	3630	16060	21710	21710
共青城市江益镇	11	9200	4131	15258	135	176
共青城市金湖乡	8	2800	2420	8920	1967	1826
共青城市苏家当乡	10	11200	5780	26096	4389	4389
共青城市泽泉乡	6	4370	5189	17896	3922	3922

11－32 乡镇社会经济基本情况(二)

(2014 年)

乡镇名称	农民人均纯收入(元)	工业企业个数(个)	住宿餐饮业企业个数(个)	小学(所)	医院、卫生院(所)	各种社会福利收养性单位数(个)
庐山区姑塘镇	12600	65		3	1	1
庐山区威家镇	14323	13	62	2	1	1
庐山区新港镇	11826	557		6	1	1
庐山区莲花镇	13675	116	69	4	1	1
庐山区海会镇	12098	10	23	5	2	1
庐山区赛阳镇	12500	4	6	2	3	1
庐管局牯岭镇	3000		48	1	3	0
庐山区虞家河乡	12314	42		1	1	1
九江县沙河街镇	9976	8	5	5	5	1
九江县马回岭镇	11175	78	12	10	16	1
九江县江洲镇	10772	18	8	14	1	1
九江县城子镇	8668	5	10	7	1	1
九江县港口街镇	10327	37	80	13	11	1
九江县新合镇	8603	12	2	7	1	1
九江县狮子镇	10000	23	3	8	1	1
开发区永安乡	14460	3	11	6	1	1
九江县涌泉乡	9915	19	4	8	9	1
九江县新塘乡	9064	12		7	3	1
九江县城门乡	7123	5	3	8	1	1
九江县岷山乡	8946	9	4	12	2	1
武宁县新宁镇	8210	36	1	8	2	2
武宁县泉口镇	8249	3	9	7	1	2
武宁县鲁溪镇	9239	19	13	30	1	1
武宁县船滩镇	8005	44	27	22	1	1
武宁县澧溪镇	9560	16	19	19	1	1
武宁县罗坪镇	9000	17	14	12	1	1
武宁县石门楼镇	6750	14	13	16	1	1
武宁县宋溪镇	6285	8		4	2	1
武宁县大洞乡	8320	1	1	4	1	1
武宁县横路乡	2010			5	1	1
武宁县官莲乡	2000	22	6	1	1	1
武宁县巾口乡	9500	4		5	1	
武宁县东林乡	3209		4	7	1	1
武宁县上汤乡	5489	11	1	1	1	1
武宁县甫田乡	9204	7	4	1	1	1
武宁县清江乡	9076	22	16	1	1	1
武宁县石渡乡	9154	48	6	8	1	1
武宁县杨洲乡	6923	5	11	5	1	1
武宁县罗溪乡	7600	15		6	1	1
修水县义宁镇	4818	60	20	8	6	2
修水县白岭镇	2100	10	10	17	1	1
修水县全丰镇	2330	16	13	7	1	1
修水县古市镇	2120	52	10	17	1	1
修水县大桥镇	2410	21	13	16	17	2
修水县渣津镇	2701	45	17	19	1	3
修水县马坳镇	2350	33	1	20	1	1

11－32 续表 1

乡镇名称	农民人均纯收入（元）	工业企业个数（个）	住宿餐饮业企业个数（个）	小学（所）	医院、卫生院（所）	各种社会福利收养性单位数（个）
修水县杭口镇	2100	18	1	10	1	1
修水县港口镇	2315	5	11	11	11	1
修水县溪口镇	2100	20	8	24	1	1
修水县西港镇	2300	3	9	12	1	1
修水县山口镇	2000	14	22	8	1	1
修水县黄沙镇	2500	12	1	8	1	1
修水县黄港镇	2900	30	5	8	1	1
修水县何市镇		10	5	10	1	1
修水县上奉镇	2081	10	7	5	1	1
修水县四都镇	2550	34	23	10	1	1
修水县太阳升镇	3465	32	8	9	1	1
修水县宁州镇	3630	16	10	16	1	1
修水县路口乡	2218	4	3	7	1	1
修水县黄龙乡	2000	8		11	11	1
修水县上衫乡	2465	1	4	8	8	1
修水县余段乡	2000			4	1	1
修水县水源乡	2250	10		7	1	1
修水县石坳乡	2300	9	3	8	1	1
修水县东港乡	2120	3	1	9	1	1
修水县上杭乡	2150	15	2	8	1	1
修水县新湾乡		8		9	1	1
修水县布甲乡	2136	10	4	7	1	1
修水县漫江乡	2000	17		6	1	1
修水县复源乡	2198	3	2	3	1	1
修水县竹坪乡	2150		6	3	7	1
修水县征村乡	2200	17	2	10	1	1
修水县庙岭乡	2630	10	8	6	1	1
修水县黄坳乡	2185	14	1	13	1	1
修水县大椿乡	2120	13	3	8	1	1
永修县涂埠镇	13272	102	10	7	6	4
永修县吴城镇	11169	7	1	7	1	1
永修县三溪桥镇	11000	5	1	6	1	1
永修县虬津镇	10200	13	8	8	1	1
永修县艾城镇	11700	41		8	1	1
永修县滩溪镇	12260	21	2	10	1	1
永修县白槎镇	10535	5		6	1	1
永修县梅棠镇	9860	3	3	4	1	1
永修县燕坊镇	9275	15		4	1	1
永修县马口镇	12089	5		14	1	1
永修县柘林镇	11800	7	12	2	1	1
永修县三角乡	9304	3		10	1	1
永修县九合乡	10103			8	1	2
永修县立新乡	10318	17		9	1	1
永修县江上乡	10586	15	2	5	1	1
德安县蒲亭镇	10862	9	302	2	4	
德安县聂桥镇	10780	35		6	1	1

11－32 续表 2

乡镇名称	农民人均纯收入（元）	工业企业个数（个）	住宿餐饮业企业个数（个）	小学（所）	医院、卫生院（所）	各种社会福利收养性单位数（个）
德安县车桥镇	7815	1	6	2	2	1
德安县丰林镇	11632	15	6	3	2	1
德安县宝塔乡	12518	5	3	2	1	
德安县河东乡	11095	30		4	1	1
德安县高塘乡	9462			5	1	
德安县林泉乡	10695	18	4	2	3	
德安县吴山乡	4796	43		1	8	1
德安县磨溪乡	5085	7	4	7	1	1
德安县爱民乡	5913	1	4	1	1	1
德安县邹桥乡	2237	2	8	6	1	1
德安县塘山乡	4200	4	2	3	1	1
星子县南康镇	10928	178	20	3	12	1
星子县白鹿镇	10455	140	15	9	2	1
星子县温泉镇	11820	55	27	7	2	1
星子县蓼花镇	6920	16	3	6	7	1
星子县华林镇	8471	27	5	8	1	1
星子县蛟塘镇	6650	10	15	9	1	1
星子县横塘镇	10460	140	1	6	6	1
星子县蓼南乡	6279	4	2	10	2	1
都昌县都昌镇	4000	52		11	4	3
都昌县周溪镇	4520	54	3	18	1	1
都昌县三汊港镇	3985	40	28	18	1	1
都昌县中馆镇	4600	10	20	9	1	1
都昌县大沙镇	3800	10	3	14	1	1
都昌县万户镇	2690	10	5	11	1	1
都昌县南峰镇	3500	7	4	7	1	1
都昌县土塘镇	3310		6	26	3	1
都昌县大港镇	3821	2	23	17	1	1
都昌县蔡岭镇	3800	12	13	19	2	1
都昌县徐埠镇	3899	7	8	17	1	1
都昌县左里镇	4500	6	6	14	1	1
都昌县和合乡	4679	5	3	12	1	1
都昌县阳峰乡	4516	3	2	10	1	1
都昌县西源乡	2700	1	7	15	10	1
都昌县芗溪乡	2513	17	3	11	1	1
都昌县狮山乡	2342	6	4	9	1	1
都昌县鸣山乡	2920	8	5	8	1	1
都昌县春桥乡	2980	7	3	9	1	1
都昌县苏山乡	4282	42		13	1	1
都昌县多宝乡	4100	12	8	11	1	1
都昌县汪墩乡	4400	22	7	30	1	1
都昌县北山乡	4550	1		12	1	1
都昌县大树乡	3600		10	11	1	1
湖口县双钟镇	9160	60	26	4	5	1
湖口县流泗镇	7783	34	7	11	1	1

11-32 续表3

乡镇名称	农民人均纯收入（元）	工业企业个数（个）	住宿餐饮业企业个数（个）	小学（所）	医院、卫生院（所）	各种社会福利收养性单位数（个）
湖口县马影镇	7128	18	2	9	1	1
湖口县武山镇	7300	16	4	10	1	1
湖口县城山镇	8986	6	5	15	1	1
湖口县均桥镇	5493	33	3	16	2	1
湖口县大垅乡	5618	7	1	7	1	1
湖口县凰村乡	8500	3	1	10	1	1
湖口县张青乡	7360	7	3	12	1	1
湖口县付垅乡	7320	5	1	4	1	1
湖口县舜德乡	9812	10	1	8	1	1
湖口县流芳乡	5821	5	8	6	1	1
彭泽县龙城镇	11260	140	15	16	19	2
彭泽县棉船镇	10500	10	8	15	1	1
彭泽县马档镇	10500	6	136	11	2	2
彭泽县芙蓉墩镇	11323	23	2	2	2	1
彭泽县定山镇	9550	51	23	10	1	1
彭泽县天红镇	9348	17	12	12	1	1
彭泽县杨梓镇	9547	15	3	22	2	1
彭泽县东升镇	11270	15	12	8	1	1
彭泽县浪溪镇	9455	4		10	1	1
彭泽县黄花镇	7970	19	1	9	2	1
彭泽县太平关乡	5800		2	12	1	1
彭泽县黄岭乡	7931	31		11	1	
彭泽县浩山乡	7682	22	6	10	1	1
瑞昌市码头镇	13086	175	18	7	3	1
瑞昌市白杨镇	12664	45		7	7	1
瑞昌市南义镇	10250	98	8	14	14	1
瑞昌市横港镇	5396	32	6	15	14	1
瑞昌市范镇	8212	27	8	8	16	1
瑞昌市肇陈镇	4677		3	2	7	
瑞昌市高丰镇	11734	70	3	9	9	1
瑞昌市夏畈镇	2800	12	2	12	1	1
瑞昌市乐园乡	9291	13	2	6	8	1
瑞昌市洪一乡	4000	8	5	8	10	2
瑞昌市花园乡	8292	15	4	9	8	1
瑞昌市洪下乡	3050	6		7	1	1
瑞昌市武蛟乡	4317	2	2	6	1	1
瑞昌市横立山乡	6830		3	6	1	1
瑞昌市黄金乡	11047	21	7	7	1	1
瑞昌市南阳乡	9694	2	1	8	1	1
共青城市甘露镇	12000	30	2	2	1	2
共青城市江益镇	9056	11	1	8	1	1
共青城市金湖乡	10120	13	1	2	1	
共青城市苏家当乡	9811	2	6	11	1	1
共青城市泽泉乡	8633	31	5	8	7	1

主要统计指标解释

农村总人口 指乡村户数中的常住人口。包括常住人口中外出的民工、合同工及户口在家的在外学生。但不包括户口在家领取工资的国家正式职工。

乡村从业人员 指乡村人口中16岁以上实际参加生产经营活动并取得实物或货币收入的人员,即包括劳动年龄内经常参加劳动的人员,也包括超过劳动年龄但经常参加劳动的人员,但不包括户口在家的在外学生、现役军人和丧失劳动能力的人,也不包括待业人员和家务劳动者。从业人员年龄为16岁以上。从业人员按从事主业时间最长(时间相同按收入算),分为农业从业人员、工业从业人员、建筑业从业人员、交运仓储及邮电通讯业从业人员、批发零售及餐饮业从业人员、其它从业人员。

农林牧渔业总产值 指以货币表现的农林牧渔业全部产品总量。它用价值量形式综合说明了-定时期(通常指一年)农林牧渔业生产的总成果和总规模,是观察农林牧渔业生产水平和发展速度;研究农林牧渔业内部比例关系和农林牧渔业在国民经济中的产业布局的一个重要指标,同时,也是计算农林牧渔业劳动生产率和农林牧渔业增加值的基础资料。

农业机械总动力 指主要用于农、林、牧、渔业的各种动力机械的动力总和。包括耕作机械、收获机械、农产品加工机械、运输机械、植保机械、牧业机械、林业机械、渔业机械和其它农业机械的动力。

农村用电量 指在本年度内,农村生产上和生活上的全年用电总度数(全年累计数)。但不包括农村中的全民所有制工业、交通、基建单位的用电量,也不包括县办工业和城镇生活用电量。

有效灌溉面积 指灌溉工程或设备已基本配套,有一定水源,土地比较平整,在一般年景可以进行正常灌溉的耕地面积。在一般情况下,有效灌溉面积应等于灌溉工程或设备已经配套,能够进行灌溉的水田和水浇地面积之和。

造林面积 指报告期内在荒地、荒山、沙丘等一切可造林的土地上,采用人工播种、植苗、飞机播种等方法种植成片的乔木林和灌木林,经过检查验收符合技术规程要求,并按《中华人民共和国森林法实施细则》规定,成活率达85%以上的造林面积。包括四旁植树如一侧在四行以上,连续面积0.066公顷以上的面积,造林面积不包括补植面积和治沙及沿河种草面积。

当年出栏头数 指农林牧渔企业生产单位饲养的,供屠宰并已出栏的全部牲畜头数。包括交售给国家,集市上出售的部分。

肉类总产量 指当年出栏并已屠宰的猪、牛、羊、马、骡、驴、家禽、兔等肉产量。即屠宰后除去头、蹄、下水后带骨肉的重量,也叫胴体重。

水产品产量 指本年度内捕捞的水产品(包括人工养殖并捕捞的水产品和捕捞天然生长的水产品)产量。不论自食或出售的,都应计算在内。

用作继续扩大再生产的水产品(如鱼苗、鱼种、鱼饵及转塘鱼、存塘鱼等)不作水产品产量统计。在淡水生长的各种水生植物,如莲藕、菱角等,因属农作物范畴,均不包括在水产品产量之内。

主要统计指标解释

12

工　业

- 2014 年,全市规模以上工业企业 1121 家,其中国有企业 312 家,中央、省属企业 22 家,市及市以下企业 1099 家。
- 2014 年,全市规模以上工业企业完成工业总产值 4560.16 亿元,工业增加值 945.53 亿元。
- 2014 年,全市有大中型企业 282 家,其中大型企业 21 家,中型企业 261 家。大中型企业完成工业总产值 2627.94 亿元,实现主营业务收入 2768.25 亿元。

12-1 各县(市、区)规模以上工业企业单位数

(2014 年) 单位:个

指 标	全市合计	浔阳区	庐山区	九江开发区	九江县	武宁县	修水县
总 计	**1121**	**21**	**86**	**99**	**72**	**83**	**100**
# 国有控股企业	57	7	5	4	1	4	8
一、按登记注册类型分							
国有企业	12	1	1	1	1	2	
集体企业	6	1				1	
股份合作企业	1						
联营企业	1						
有限责任公司	369	10	19	38	38	3	51
股份有限公司	35	2	2	4	3		4
私营企业	586	7	54	39	26	69	41
港、澳、台商投资企业	74		4	9	4	4	4
外商投资企业	37		4	10		4	
二、按隶属关系分							
中央企业	12	3	2			1	2
省属企业	10		1				1
市属企业	19	6	7	5			
县属企业	89	1	2	2	4	4	6
乡属企业	8				1	1	1
其他	983	11	72	94	67	77	90
三、按轻重工业分							
轻工业	555	7	30	33	42	48	59
重工业	566	14	54	68	30	35	41
四、按企业规模分							
大型企业	21	2	4	5			
中型企业	261	5	18	16	17	49	19
小型企业	786	14	62	79	53	28	77
微型企业	53			1	2	6	4

12－1 续表

指　　标	永修县	德安县	星子县	都昌县	湖口县	彭泽县	瑞昌市	共青城市
总　　计	**93**	**98**	**64**	**82**	**60**	**85**	**112**	**66**
# 国有控股企业	4	3	1	2	7	4	5	2
一、按登记注册类型分								
国有企业	1			1		1	3	
集体企业				2			2	
股份合作企业							1	
联营企业							1	
有限责任公司	22	26	20	31	20	36	31	24
股份有限公司	2	2	5	2	3	1	3	2
私营企业	56	59	36	39	32	41	53	34
港、澳、台商投资企业	7	8	3	7	3	6	13	2
外商投资企业	5	3			2		5	4
二、按隶属关系分								
中央企业	2					1	1	
省属企业	1	2		1	1	1	2	
市属企业			1					
县属企业	1		6	26	3	2	9	23
乡属企业							5	
其他	89	96	57	55	56	81	95	43
三、按轻重工业分								
轻工业	33	43	47	57	14	43	47	52
重工业	60	55	17	25	46	42	65	14
四、按企业规模分								
大型企业	1		2	1	1	1	1	3
中型企业	6	35	3	16	9	14	40	14
小型企业	84	63	52	48	49	68	62	47
微型企业	2		7	17	1	2	9	2

12-2 规模以上工业企业单位总数和总产值、增加值

(2014年) 单位:万元

指　　标	企业单位数(个)	#亏损企业	工业总产值	工业销售产值(当年价格)	#出口交货值	全部从业人员年平均人数(人)	工业增加值(当年价格)
总　　计	**1121**	**47**	**45601571**	**45256741**	**3132323**	**309994**	**9455300**
# 国有控股企业	57	11	5336706	5333438	18147	22158	970026
一、按登记注册类型分							
国有企业	12	1	457670	457670		4445	109166
集体企业	6		92812	92424		997	23649
股份合作企业	1		4035	3994		81	406
联营企业	1					120	
有限责任公司	369	19	11428752	11327045	810743	85091	2440547
股份有限公司	35	4	7210054	7189430	148407	22986	1262287
私营企业	586	17	20007455	19872804	793192	155611	4295859
港、澳、台商投资企业	74	5	4413102	4327411	1104266	28815	907159
外商投资企业	37	1	1987692	1985964	275715	11848	416226
二、按隶属关系分							
中央企业	12	4	3578373	3571650	18147	8703	603138
省属企业	10	2	808161	840752		4771	182391
市属企业	19	1	694051	706243		7385	134428
县属企业	89	6	2594548	2562023	226091	18053	544140
镇属企业	8	1	148209	145053		1547	32800
其他	983	33	37778228	37431021	2888085	269535	7958402
三、按轻重工业分							
轻工业	555	17	18958299	18709455	1960969	165328	3813770
重工业	566	30	26643272	26547286	1171354	144666	5641530
四、按企业规模分							
大型企业	21	2	10045949	10087956	534403	53617	1961731
中型企业	261	10	16233479	15990949	1720391	123037	3390636
小型企业	786	34	19275115	19132608	877529	133211	4095832
微型企业	53	1	47027	45228		129	7100
五、按工业行业大类分							
煤炭开采和选选业	8		42359	42331		877	12529
黑色金属矿采选业	3		72166	72040		623	36813
有色金属矿采选业	22		755446	748635		4085	255779
非金属矿采选业	25	1	481865	480285		3106	120535
农副食品加工业	38		2113144	2104554	69019	8181	374401

12－2 续表

指　　标	企业单位数（个）	#亏损企业	工业总产值	工业销售产值（当年价格）	#出口交货值	全部从业人员年平均人数（人）	工业增加值（当年价格）
食品制造业	10		457177	446570	133038	7714	112482
酒、饮料和精制茶制造业	12	1	548901	547655		4243	114557
纺织业	130	8	4155327	4051319	78937	37674	828788
纺织服装、服饰业	160		4292171	4234046	497187	42335	884521
皮革、毛皮、羽毛及其制品和制鞋业	18		437056	422306	54195	5775	115253
木材加工和木、竹、藤、棕、草制品业	15	1	514102	513549	2130	3198	94887
家具制造业	11		277755	272647	62309	2496	73986
造纸和纸制品业	16	1	509151	508787	48376	4890	167535
印刷和记录媒介复制业	19		443995	443962	21	4455	42191
文教、工美、体育和娱乐用品制造业	29	1	1182176	1176508	511117	11140	222457
石油加工、炼焦和核燃料加工业	5	1	3264892	3254224		3559	474180
化学原料和化学制品制造业	99	10	3617116	3606758	121476	18984	749161
医药制造业	25	2	706245	703540	17484	6772	165818
化学纤维制造业	6		623096	607167	14333	3806	122238
橡胶和塑料制品业	24	1	650794	643013	18071	6271	142747
非金属矿物制品业	122	7	4007615	4026454	200718	26362	968877
黑色金属冶炼和压延加工业	13		2417639	2423575	3006	9281	417206
有色金属冶炼和压延加工业	26	1	1699709	1708545		7823	282307
金属制品业	35		1283332	1259630	27988	7103	284920
通用设备制造业	32		1220620	1176761	86622	7569	263918
专用设备制造业	21		595282	588308	34217	4529	135904
汽车制造业	26	1	701346	697872	46345	5791	132380
铁路、船舶、航空航天和其他运输设备制造业	17	1	1042287	1043986	145878	10635	218950
电气机械和器材制造业	71	3	4441408	4415608	618518	25871	956103
计算机、通信和其他电子设备制造业	34	2	1496113	1493209	123037	10188	311407
仪器仪表制造业	11		338880	332923	1590	2876	96827
其他制造业	5		300537	302770	216712	2157	64349
废弃资源综合利用业	5	2	58404	58404		652	12573
电力、热力生产和供应业	18	2	720860	720610		6879	165659
燃气生产和供应业	5		83847	83847		698	19349
水的生产和供应业	5	1	48759	44343		1396	13711

12-3 各县(市、区)规模以上工业主要经济指标

(2014年)

指　　标	工业总产值		工业增加值		产品产销率(%)
	绝对值(万元)	比上年增长(%)	绝对值(万元)	比上年增长(%)	
全市合计	**45601571**	**24.3**	**9455300**	**12.5**	**99.2**
浔阳区	3461068	-8.8	653156	11.9	99.8
庐山区	3807347	20.2	892932	12.8	100.2
九江开发区	4901860	32.5	1049748	12.5	100.3
九江县	2499140	21.2	441339	12.6	96.9
武宁县	2713584	15.8	567183	12.3	100.0
修水县	3131609	38.5	663372	12.1	99.8
永修县	4000528	36.1	822556	12.0	99.9
德安县	3412733	35.1	684311	12.2	99.7
星子县	2016379	27.1	420178	12.6	100.2
都昌县	2030931	21.9	420715	12.4	99.9
湖口县	3351048	37.1	592448	13.1	100.3
彭泽县	2483603	21.0	493438	12.7	99.6
瑞昌市	4108954	22.9	944334	12.9	95.9
共青城市	3682788	32.1	809591	12.8	97.5

12-4 规模以上工业企业增加值及增长速度

单位:万元

指标	2013年	2014年	2014年比2013年增长(%)
总计	7848300	9455300	12.5
#国有控股企业	987558	970026	2.3
一、按登记注册类型分			
国有企业	232178	109166	-3.0
集体企业	29678	23649	7.4
股份合作企业	62516	406	17.8
联营企业	19929		
有限责任公司	1650301	2440547	20.8
股份有限公司	1160194	1262287	6.4
私营企业	3511731	4295859	10.7
港、澳、台商投资企业	809290	907159	14.0
外商投资企业	372481	416226	12.3
二、按隶属关系分			
中央企业	607715	603138	-2.3
省属企业	195413	182391	11.3
市属企业	153197	134428	7.0
县属企业	383323	544140	16.2
镇属企业	29619	32800	10.2
其他	6479033	7958402	13.8
三、按轻重工业分			
轻工业	3207337	3813770	15.9
重工业	4640963	5641530	10.5
四、按企业规模分			
大型企业	1961000	1961731	4.4
中型企业	2769889	3390636	11.7
小型企业	3105450	4095832	20.0
微型企业	11960	7100	-91.4
五、按工业行业大类分			
煤炭开采和洗选业	7850	12529	14.5
黑色金属矿采选业	40575	36813	1.9
有色金属矿采选业	221986	255779	9.3
非金属矿采选业	75671	120535	0.9
农副食品加工业	341672	374401	16.2

注:增长速度按可比价计算

12－4续表

指　　标	2013年	2014年	2014年比2013年增长(%)
食品制造业	85605	112482	9.5
酒、饮料和精制茶制造业	108894	114557	13.4
纺织业	602052	828788	17.4
纺织服装、服饰业	683400	884521	10.7
皮革、毛皮、羽毛及其制品和制鞋业	83986	115253	7.6
木材加工和木、竹、藤、棕、草制品业	94573	94887	1.8
家具制造业	66420	73986	10.1
造纸和纸制品业	138866	167535	12.6
印刷和记录媒介复制业	13371	42191	111.6
文教、工美、体育和娱乐用品制造业	205942	222457	11.5
石油加工、炼焦和核燃料加工业	454429	474180	－1.6
化学原料和化学制品制造业	618389	749161	16.5
医药制造业	108647	165818	22.5
化学纤维制造业	109912	122238	15.1
橡胶和塑料制品业	121639	142747	6.7
非金属矿物制品业	801791	968877	13.2
黑色金属冶炼和压延加工业	329613	417206	16.0
有色金属冶炼和压延加工业	240005	282307	14.8
金属制品业	202220	284920	17.4
通用设备制造业	243976	263918	10.6
专用设备制造业	105214	135904	19.5
汽车制造业	98038	132380	14.0
铁路、船舶、航空航天和其他运输设备制造业	251430	218950	3.8
电气机械和器材制造业	786635	956103	15.5
计算机、通信和其他电子设备制造业	242635	311407	22.6
仪器仪表制造业	101700	96827	11.5
其他制造业	59074	64349	13.6
废弃资源综合利用业	14726	12573	－10.0
电力、热力生产和供应业	161288	165659	1.6
燃气生产和供应业	14877	19349	10.7
水的生产和供应业	11200	13711	3.0

12－5 主要工业产品产量

(2014 年)

产品名称	单位	生产量	产品名称	单位	生产量
锡金属含量	吨	1673	初级形态的塑料	吨	114859
钨精矿折合量	吨	6860	# 聚丙烯树脂	吨	92293
大　　米	万吨	13.59	中成药	吨	6090
配合饲料	吨	26709	化学纤维	万吨	37.36
精制食用油	万吨	144	# 粘胶短纤维	万吨	36.64
鲜冷藏肉	吨	37553	橡胶轮胎外胎	万条	45.34
啤　　酒	千升	179387	塑料制品	吨	89736
软 饮 料	万吨	40.59	水　　泥	万吨	1980.45
# 果汁饮料	万吨	40.59	商品混凝土	万平方米	527.67
精 制 茶	吨	842	砖	万块	136404
纱	万吨	89.76	天然石板材(大理石板材)	万平方米	140
布	万米	2194	钢化玻璃	万平方米	42
# 棉　　布	万米	2194	玻璃纤维纱	万吨	38.64
印 染 布	万米	806	生　　铁	万吨	429.45
蚕丝	吨	2139	铜　　材	吨	7586
梭织服装(不包括针织服装)	万件	18438	钢　　材	万吨	524.71
针织服装	万件	5063	# 钢　　筋	万吨	253.49
羽绒服装	万件	7854	工业锅炉	蒸发量吨	608
人 造 板	万立方米	24.35	金属切削机床	台	2208
机制纸及纸板	万吨	45.79	汽　　车	辆	42074
实木木地板	万平方米		改装汽车	辆	263
原油加工量	万吨	471.26	民用钢质船舶	载重吨	124053
# 汽　　油	万吨	162.02	交流电动机	千瓦	352211
柴　　油	万吨	179.61	灯具及照明装置	万套(台)	95.00
燃 料 油	万吨	1.40	移动通信手持机(手机)	万台	3351.39
液化石油气	万吨	26.51	发 电 量	亿千瓦小时	91.80
硫酸(折 100%)	万吨	48.70	# 火　　电	亿千瓦小时	86.28
盐酸(氯化氢)(含量 31% 以上)	万吨	10.07	水　　电	亿千瓦小时	3.76
烧碱(折 100%)	万吨	4.27	供 电 量(全社会)	亿千瓦小时	133.94
纯　　苯	吨	42193	# 工　　业	亿千瓦小时	99.51

12-6 主要年份主要工业产品产量

产品名称	单位	1978年	1980年	1990年	2000年	2010年	2012年	2013年	2014年
纱	吨	12788	19288	26272	44657	474721	703447	825816	897613
布	万米	4245	6434	7317	3892	28188	27638	2589	2194
印染布	万米	2363	3420	4514	3359	6083	3758	3330	806
发电量	万千瓦小时	67615	88796	251573	383577	752557	554362	896075	917967
原油加工量	万吨		10.43	155.10	327.40	468.43	507.64	519.18	471.26
汽油	万吨		0.44	47.82	82.50	108.59	130.61	159.33	162.02
柴油	万吨		1.67	46.12	127.10	190.85	229.01	204.73	179.61
化学纤维	万吨					13.85	30.45	33.99	37.36
金属切削机床	台	288	121	891	1629	1342	1724	2058	2208
汽车	辆					36703	7889	13080	42074
烧碱	吨	20397	24044	26295	67442	88474	14821	44951	42672
原煤	万吨	27.06	19.75	26.9	15.12	88.20	84.23	58.17	76.92
水泥	万吨	19.52	22.58	48.66	154.50	777.2	1169.42	1623.60	1980.45
钢材	万吨					253.61	392.53	455.16	524.71
砖	万块	26858	34113	67664	148863	85471	140001	142685	136404
机制纸及纸板	吨	9247	11210	23385	20857	126523	158533	336680	457901

12-7 规模以上工业企业主营业务收入

(2014 年) 单位:万元

指标	主营业务收入	主营业务成本	主营业务税金及附加	销售费用
总计	**47310906**	**41686115**	**579974**	**634514**
# 国有控股企业	5350352	4669606	458081	29192
一、按登记注册类型分				
国有企业	459167	414266	1774	850
集体企业	103309	90007	481	1830
股份合作企业	5340	4592	368	83
联营企业				
有限责任公司	11499298	10083814	44774	161108
股份有限公司	8002446	7097238	457654	66568
私营企业	20651825	18107050	64590	326120
港、澳、台商投资企业	4461332	4019994	5081	36283
外商投资企业	2128189	1869154	5253	41673
二、按隶属关系分				
中央企业	3614575	3081548	452738	11409
省属企业	845976	786606	1642	17273
市属企业	774983	677458	2007	11420
县属企业	2504144	2164343	7386	15587
镇属企业	134903	115043	2313	7244
其他	39436326	34861119	113888	571581
三、按轻重工业分				
轻工业	19333548	16936629	61754	337882
重工业	27977359	24749487	518220	296631
四、按企业规模分				
大型企业	10890882	9491883	464767	161613
中型企业	16791576	14903332	44324	236690
小型企业	19579567	17250788	70549	236036
微型企业	48882	40113	334	174
五、按工业行业大类分				
煤炭开采和洗选业	44312	37853	426	711
黑色金属矿采选业	74478	68522	81	355
有色金属矿采选业	777625	659842	3065	11202
非金属矿采选业	513154	440901	4159	12656
农副食品加工业	2285220	2153030	2944	18384

12－7 续表

指　　标	主营业务收　入	主营业务成　本	主营业务税金及附　加	销售费用
食品制造业	462999	380346	2048	31278
酒、饮料和精制茶制造业	589832	505512	12984	11378
纺织业	4253662	3829572	9738	45229
纺织服装、服饰业	4252129	3735541	11122	90050
皮革、毛皮、羽毛及其制品和制鞋业	433284	367770	2345	9385
木材加工和木、竹、藤、棕、草制品业	537857	468899	1314	9671
家具制造业	301029	268630	749	1516
造纸和纸制品业	546220	496322	575	6299
印刷和记录媒介复制业	486783	421331	1504	10554
文教、工美、体育和娱乐用品制造业	1167711	1000686	3721	10938
石油加工、炼焦和核燃料加工业	3367139	2868353	451224	6944
化学原料和化学制品制造业	3643497	3283997	6637	32553
医药制造业	668319	571434	1888	15699
化学纤维制造业	608460	544230	1670	7015
橡胶和塑料制品业	681391	601738	995	7701
非金属矿物制品业	4093209	3568567	16138	73040
黑色金属冶炼和压延加工业	3142283	2915698	3740	12198
有色金属冶炼和压延加工业	1755871	1525207	5775	32483
金属制品业	1353596	1086057	7652	11853
通用设备制造业	1306194	1135683	3169	13409
专用设备制造业	624940	534308	1271	15874
汽车制造业	722699	644698	1732	10107
铁路、船舶、航空航天和其他运输设备制造业	1071540	970225	2434	2033
计算机、通信和其他电子设备制造业	4416989	3833058	10412	95255
仪器仪表制造业	1567800	1406485	2821	11230
其他制造业	334979	291232	1104	6411
废弃资源综合利用业	308058	265522	909	2448
金属制品、机械和设备修理业	59550	50915	173	2110
电力、热力生产和供应业	720728	643874	2475	692
燃气生产和供应业	93438	75668	826	3193
水的生产和供应业	43933	34410	158	2661

12－8 规模以上工业企业利润和税金

(2014 年)　　单位:万元

指　　标	利润总额	亏损企业亏损总额	利税总额	本年应交增值税
总　　计	**3073195**	**120908**	**4855016**	**1201847**
# 国有控股企业	55457	97476	661727	148189
一、按登记注册类型分				
国有企业	31218	122	54961	21969
集体企业	8064		12536	3991
股份合作企业	52		525	105
联营企业				
有限责任公司	752687	42900	1104103	306643
股份有限公司	220276	58865	846731	168802
私营企业	1603508	2219	2200079	531982
港、澳、台商投资企业	308208	12665	440181	126891
外商投资企业	149183	4138	195900	41465
二、按隶属关系分				
中央企业	－16497	56505	530105	93864
省属企业	17864	37771	38501	18995
市属企业	46781	1716	61955	13167
县属企业	158523	963	254325	88415
镇属企业	7063	162	13347	3971
其他	2859461	23792	3956783	983435
三、按轻重工业分				
轻工业	1401125	6679	1976508	513629
重工业	1672070	114230	2878508	688218
四、按企业规模分				
大型企业	481308	55596	1161919	215844
中型企业	1161772	47964	1674591	468495
小型企业	1422084	17337	2008734	516101
微型企业	8031	12	9772	1407
五、按工业行业大类分				
煤炭开采和洗选业	2549		3808	834
黑色金属矿采选业	4762		6645	1802
有色金属矿采选业	79168		112520	30286
非金属矿采选业	44283	162	66583	18141
农副食品加工业	79622		159135	76570

12－8 续表

指　　标	利润总额	亏损企业亏损总额	利税总额	本年应交增值税
食品制造业	34227		50261	13986
饮料制造业	40498	444	68618	15137
纺织业	291082	5190	404916	104097
纺织服装、鞋、帽制造业	325993		442068	104954
皮革、毛皮、羽毛(绒)及其制品业	40930		54389	11114
木材加工及木、竹、藤、棕、草制品业	37362	4096	54551	15875
家具制造业	26312		35977	8917
造纸及纸制品业	35246	20	47427	11605
印刷业和记录媒介的复制	33695		47792	12593
文教体育用品制造业	136184	153	170953	31048
石油加工、炼焦及核燃料加工业	19249	34607	508221	76246
化学原料及化学制品制造业	240760	30837	344252	96854
医药制造业	55624	436	77515	20002
化学纤维制造业	33320		47363	12373
橡胶制品业	57292	45	78866	20579
塑料制品业	324296	3548	462492	122059
非金属矿物制品业	133913		205668	68016
黑色金属冶炼及压延加工业	141332	36838	199625	52517
有色金属冶炼及压延加工业	111840		173129	53636
金属制品业	110775		136208	22264
通用设备制造业	51062		67803	15470
专用设备制造业	35074	1716	55854	19049
交通运输设备制造业	72465	61	91353	16455
电气机械及器材制造业	279506	711	364965	75047
通信设备、计算机及其他电子设备制造业	112868	709	146430	30741
仪器仪表及文化、办公用机械制造业	26611		33723	6008
工艺品及其他制造业	33114		39237	5214
废弃资源和废旧材料回收加工业	2674	276	4353	1507
电力、热力的生产和供应业	42860	937	74042	28707
燃气生产和供应业	11280		13335	1229
水的生产和供应业	3865	122	4940	917

12-9 规模以上工业企业固定资产

(2014年) 单位:万元

指　　标	固定资产合　计	固定资产原　价	累计折旧	固定资产净　值
总　　计	**8955400**	**18261400**	**9470100**	**8791300**
# 国有控股企业	1912400	3161100	1272500	1888600
一、按登记注册类型分				
国有企业	518500	840000	338600	501400
集体企业	4000	4100	1100	3000
股份合作企业	200	600	400	200
联营企业				
有限责任公司	2414500	4050300	1778200	2272100
股份有限公司	1389500	3009300	1591900	1417400
私营企业	3138800	7210000	4343100	2866900
港、澳、台商投资企业	846400	1463600	699100	764500
外商投资企业	643500	1683500	717700	965800
二、按隶属关系分				
中央企业	1081900	2022800	909800	1113000
地方企业	7873500	16238600	8560300	7678300
三、按轻重工业分				
轻工业	2981600	5846100	3082900	2763200
重工业	5973800	12415300	6387200	6028100
四、按企业规模分				
大型企业	2660400	5560800	2596800	2964000
中型企业	3045300	5733300	2943500	2789800
小型企业	3249700	6967300	3929800	3037500
五、按工业行业大类分				
煤炭开采和洗选业	3000	5100	2100	3000
黑色金属矿采选业	6600	9300	2700	6600
有色金属矿采选业	109200	166000	63000	103000
非金属矿采选业	154200	285800	137600	148200
农副食品加工业	178400	338300	175000	163300

12-9 续表

指　　标	固定资产合　计	固定资产原　价	累计折旧	固定资产净　值
食品制造业	45800	140400	94800	45600
酒、饮料和精制茶制造业	492600	548800	99500	449300
纺织业	594500	1072300	549000	523300
纺织服装、服饰业	273600	1127300	880000	247300
皮革、毛皮、羽毛及其制品和制鞋业	31400	38500	9400	29100
木材加工和木、竹、藤、棕、草制品业	138100	190000	54900	135100
家具制造业	20900	93100	73200	19900
造纸和纸制品业	165500	262200	98500	163700
印刷和记录媒介复制业	65000	175600	111600	64000
文教、工美、体育和娱乐用品制造业	162200	316400	158600	157800
石油加工、炼焦和核燃料加工业	343700	801200	420000	381200
化学原料和化学制品制造业	666000	2092000	1446700	645300
医药制造业	92100	226200	156300	69900
化学纤维制造业	331500	505900	187100	318800
橡胶和塑料制品业	62800	152400	101400	51000
非金属矿物制品业	765000	2160700	1076300	1084400
黑色金属冶炼和压延加工业	769500	1259800	490300	769500
有色金属冶炼和压延加工业	721700	892400	171300	721100
金属制品业	135500	315000	190100	124900
通用设备制造业	76100	354300	281200	73100
专用设备制造业	82700	218100	140800	77300
汽车制造业	50100	115900	67600	48300
铁路、船舶、航空航天和其他运输设备制造业	238900	302400	106100	196300
电气机械和器材制造业	798000	1827700	1196800	630900
计算机、通信和其他电子设备制造业	378900	695000	321300	373700
仪器仪表制造业	59200	112300	53800	58500
其他制造业	31700	33400	7900	25500
废弃资源综合利用业	4900	5900	2000	3900
电力、热力生产和供应业	785200	1242400	480900	761500
燃气生产和供应业	31800	41700	10300	31400
水的生产和供应业	89200	137800	51900	85900

12-10 规模以上工业企业流动资产

（2014 年）

单位：万元

指标	资产总计	负债合计	流动资产合计	#应收帐款净额	存货	#产成品
总计	**18650154**	**9819307**	**6348378**	**1430385**	**1593860**	**780275**
# 国有控股企业	4086468	3106405	957195	156023	422620	95223
一、按登记注册类型分						
国有企业	600918	456627	83292	37951	20343	54
集体企业	14790	5311	4845	410	281	279
股份合作企业	1066	958	703	122	215	202
联营企业						
有限责任公司	4481043	2471645	1695001	379915	419047	196364
股份有限公司	3500164	2508702	964033	126115	399313	141206
私营企业	6299882	2546034	2230434	519413	474640	329886
港、澳、台商投资企业	2017607	991833	787140	300471	156956	96918
外商投资企业	1734684	838198	582932	65989	123065	15366
二、按隶属关系分						
中央企业	2680118	2122335	548055	118078	241479	53655
省属企业	1214312	759661	331064	13056	136931	2304
市属企业	670228	488750	363515	65696	55040	32867
县属企业	738994	358095	327279	76965	77445	55655
镇属企业	73262	49397	28598	9194	3756	1752
其他	13273239	6041069	4749867	1147395	1079209	634043
三、按轻重工业分						
轻工业	6125275	2713542	2318938	568505	530640	341434
重工业	12524879	7105765	4029440	861880	1063220	438841
四、按企业规模分						
大型企业	6282580	4180678	1868232	355803	646412	260150
中型企业	6908151	3371782	2398560	491055	509324	237327
小型企业	5449998	2264458	2077617	582442	436881	281934
微型企业	9424	2388	3970	1084	1244	863
五、按工业行业大类分						
煤炭开采和洗选业	10375	5355	5945	113	269	269
黑色金属矿采选业	19692	3529	6893	666	4033	3721
有色金属矿采选业	283094	70995	146784	24469	24164	21341
非金属矿采选业	244345	57603	83809	14669	16903	15812
农副食品加工业	442240	168398	85425	15232	22252	18210

12－10续表

指　　标	资产总计	负债合计	流动资产合　计	#应收帐款净额	存货	#产成品
食品制造业	130010	54454	59024	9503	12101	7695
酒、饮料和精制茶制造业	568275	285541	70533	8455	13063	9378
纺织业	1293182	579266	521404	147122	119707	69813
纺织服装、服饰业	886961	301137	517352	150653	176251	148217
皮革、毛皮、羽毛及其制品和制鞋业	93609	22776	33209	14239	2493	646
木材加工和木、竹、藤、棕、草制品业	184791	94141	74211	14495	23174	21434
家具制造业	56453	23862	21438	9009	3301	2759
造纸和纸制品业	312726	170421	133299	21954	24669	14029
印刷和记录媒介复制业	118048	63868	40404	15186	7661	3551
文教、工美、体育和娱乐用品制造业	287792	72877	91975	29486	13433	11730
石油加工、炼焦和核燃料加工业	1165235	832268	284989	63382	148591	24250
化学原料和化学制品制造业	1947792	1215551	555857	84010	144435	66639
医药制造业	199515	74822	82700	18043	20794	11493
化学纤维制造业	776168	557386	338536	49381	55616	13280
橡胶和塑料制品业	141555	27436	48949	8837	9130	5316
非金属矿物制品业	2075683	917230	776054	156820	157462	93846
黑色金属冶炼和压延加工业	1048252	662994	244239	12701	96170	17229
有色金属冶炼和压延加工业	1420362	880860	496018	48037	162521	44569
金属制品业	247219	81780	81918	16459	27358	17613
通用设备制造业	261220	121267	166485	90915	34147	22942
专用设备制造业	121499	32236	41822	10322	4513	2384
汽车制造业	135920	85410	49626	12098	17676	7779
铁路、船舶、航空航天和其他运输设备制造业	520260	274728	239986	37514	50910	5211
电气机械和器材制造业	1674159	847274	549830	165427	111409	63378
计算机、通信和其他电子设备制造业	666073	347791	265256	106513	58740	30395
仪器仪表制造业	85689	51034	26086	6779	5095	2258
其他制造业	87563	24569	48476	22209	1272	1262
废弃资源综合利用业	27849	13811	13035	3000	2025	1814
电力、热力生产和供应业	914988	705618	111130	39348	21263	
燃气生产和供应业	76082	38237	21503	2286	936	15
水的生产和供应业	125477	52784	14179	1057	324	

12-11 规模以上工业企业全员劳动生产率

(2014年)

指　标	全部从业人员年平均人数(人)	工业增加值(当年价)(万元)	全员劳动生产率(元/人)
总　计	**309994**	**9455300**	**305016**
# 国有控股企业	22158	970026	437777
一、按登记注册类型分			
国有企业	4445	109166	245594
集体企业	997	23649	237201
股份合作企业	81	406	50157
联营企业			
有限责任公司	85091	2440547	286816
股份有限公司	22986	1262287	549155
私营企业	155611	4295859	276064
港、澳、台商投资企业	28815	907159	314822
外商投资企业	11968	416226	347783
二、按隶属关系分			
中央企业	8703	603138	693023
省属企业	4771	182391	382292
市属企业	7385	134428	182029
县属企业	18053	544140	301413
镇属企业	1547	32800	212024
其他	269535	7958402	295264
三、按轻重工业分			
轻工业	165328	3813770	230679
重工业	144666	5641530	389969
四、按企业规模分			
大型企业	53617	1961731	365879
中型企业	123037	3390636	275579
小型企业	133211	4095832	307470
微型企业	129	7100	550402
五、按工业行业大类分			
煤炭开采和洗选业	877	12529	142858
黑色金属矿采选业	623	36813	590897
有色金属矿采选业	4085	255779	626142
非金属矿采选业	3106	120535	388072
农副食品加工业	8181	374401	457647

12－11 续表

指　标	全部从业人员年平均人数（人）	工业增加值（当年价）（万元）	全员劳动生产率（元/人）
食品制造业	7714	112482	145816
酒、饮料和精制茶制造业	4243	114557	269992
纺织业	37674	828788	219989
纺织服装、服饰业	42335	884521	208934
皮革、毛皮、羽毛及其制品和制鞋业	5775	115253	199573
木材加工和木、竹、藤、棕、草制品业	3198	94887	296706
家具制造业	2496	73986	296417
造纸和纸制品业	4890	167535	342607
印刷和记录媒介复制业	4455	42191	94705
文教、工美、体育和娱乐用品制造业	11140	222457	199693
石油加工、炼焦和核燃料加工业	3559	474180	1332341
化学原料和化学制品制造业	18984	749161	394628
医药制造业	6772	165818	244858
化学纤维制造业	3806	122238	321171
橡胶和塑料制品业	6271	142747	227630
非金属矿物制品业	26362	968877	367528
黑色金属冶炼和压延加工业	9281	417206	449527
有色金属冶炼和压延加工业	7823	282307	360869
金属制品业	7103	284920	401127
通用设备制造业	7569	263918	348683
专用设备制造业	4529	135904	300076
汽车制造业	5791	132380	228596
铁路、船舶、航空航天和其他运输设备制造业	10635	218950	205877
电气机械和器材制造业	25871	956103	369566
计算机、通信和其他电子设备制造业	10188	311407	305660
仪器仪表制造业	2876	96827	336673
其他制造业	2157	64349	298325
废弃资源综合利用业	652	12573	192831
电力、热力生产和供应业	6879	165659	240819
燃气生产和供应业	698	19349	277204
水的生产和供应业	1396	13711	98214

12-12 各县(市、区)规模以上工业企业主要经济指标

(2014年)　　单位:万元

地区	企业单位数(个)	亏损企业	主营业务收入	销售费用	主营业务税金及附加
全市	**1121**	**47**	**47310906**	**634514**	**579974**
浔阳区	21	3	3590292	10968	453256
庐山区	86	3	4091306	71083	7934
九江开发区	99	6	4934235	141252	21525
九江县	72	4	2520238	22421	25354
武宁县	83	1	2748123	125130	7945
修水县	100	1	3163196	40928	8702
永修县	93	6	4153155	8977	2742
德安县	98	7	3447311	37116	5991
星子县	64		2025725	12257	10999
都昌县	82		2026484	3822	1818
湖口县	60	13	4097330	21027	5058
彭泽县	85		2441066	15277	5985
瑞昌市	112	3	4314308	51136	18056
共青城市	66		3758137	73118	4610

地区	利润总额	利税总额	流动资产	#产成品
全市	**3073195**	**4855016**	**6348378**	**780275**
浔阳区	-2508	541129	408207	26044
庐山区	171748	287728	543476	74770
九江开发区	293866	391185	1017176	95862
九江县	115891	188566	333400	38581
武宁县	260668	352543	139505	1621
修水县	400462	536783	545959	194201
永修县	290387	413945	387504	20838
德安县	181101	309875	253671	22920
星子县	257591	297939	234726	-1956
都昌县	89083	181384	73695	8291
湖口县	204062	294662	768726	54844
彭泽县	123763	201946	253984	33625
瑞昌市	380670	492527	705691	41907
共青城市	306410	364803	682658	168727

12-13 主要年份规模以上工业企业主要经济指标

指　　标	单位	1978 年	1980 年	1985 年	1990 年	1995 年
企业单位数	个	292	316	378	408	578
#亏损企业	个	72	53	48	122	202
工业总产值(当年价)	万元	60976	82277	187253	409038	917739
主营业务收入	万元	53729	72538	160570	358925	877309
主营业务成本	万元			142757	315630	691422
主营业务税金及附加	万元	3891	4899	12678	26851	32104
利润总额	万元	3683	5632	13493	6128	17568
利税总额	万元	7547	10532	26172	32979	91273
固定资产原价	万元	79297	109243	215939	340835	947444
固定资产净值	万元	62453	84437	170848	143647	572877
流动资产年平均余额	万元	31847	37440	62489	152914	584223
资产总计	万元	94300	121877	233337	396561	1157100
每百元固定资产原值实现的产值(按当年价)	元	76.89	75.32	86.72	120.01	96.86
每百元固定资产原值实现的利税	元	9.55	9.64	12.12	9.68	9.63
资金利税率	%	8	8.6	11.2	8.3	7.9
主营业务收入利税率	%	14.1	14.5	16.3	9.2	10.4
主营业务成本利税率	%			18.3	10.5	13.2

12－13 续表

指　　标	单位	2000 年	2005 年	2010 年	2012 年	2013 年	2014 年
企业单位数	个	456	495	904	846	1009	1121
#亏损企业	个	177	123	48	48	56	47
工业总产值(当年价)	万元	1453515	3551373	14977463	27788363	35156906	45601570
工业销售值(当年价)	万元	1432734	3487398	14782156	27869214	34938323	45256741
#出口交货值	万元	92022	265061	1249899	2356588	2080084	3132322
全部从业人员年平均人数	人	137177	125599	249548	273960	278318	309994
工业增加值(当年价)	万元	290542	936340	3606100	6212900	7848300	9455300
主营业务收入	万元	1432464	3381923	15493652	28999005	38597403	47310906
主营业务成本	万元	1236766	3079823	13394670	25172882	33938157	41686115
主营业务税金及附加	万元	49670	61930	431025	524474	574399	579974
利润总额	万元	－37216	67947	821853	1643763	2597957	3073195
亏损企业亏损总额	万元	52074	88145	132330	280601	86921	120908
本年应交增值税	万元	52636	109262	385572	634189	942833	1201847
利税总额	万元	65090	241823	1638450	2802426	4115188	4855016
固定资产原价	万元	1855724	2705783	5159128	11913481	15414015	18261400
固定资产净值	万元	1272734	1816681	3651964	6282507	7608163	8791300
流动资产年平均余额	万元	857456	1182257	3559541	4597462	5935630	6338565
资产总计	万元	2607151	3516821	9499446	12291333	16288284	18650154
每百元固定资产原值实现的产值(按当年价)	元	78.33	131.25	290.31	233.3	228.1	249.7
每百元固定资产原值实现的利税	元	3.51	8.94	31.76	23.5	26.7	26.6
资金利税率	%	2.50	6.88	17.25	22.8	25.3	26.0
主营业务收入利税率	%	4.54	7.15	10.57	9.7	10.7	10.3
主营业务成本利税率	%	5.26	7.85	12.23	11.1	12.1	11.6

12－14 国有控股工业企业单位个数和总产值

（2014年）　　　　　　　　　　　　　　　　　　　　　　　单位：万元

指　　标	企业单位数（个）	#亏损企业	工业总产值（当年价格）	工业销售产值（当年价格）
总　　计	**57**	**11**	**5336706**	**5333438**
一、按隶属关系分				
中央企业	12	4	3578373	3571650
地方企业	45	7	1758332	1761789
二、按轻重工业分				
轻工业	13	4	153409	147053
重工业	44	7	5183297	5186386
三、按企业规模分				
大型企业	3	2	3349085	3343997
中型企业	26	4	1502545	1505386
小型企业	26	5	485076	484055
微型企业	2			
四、按工业行业大类分				
煤炭开采和洗选业	1		6958	6958
有色金属矿采选业	2		231659	231562
非金属矿采选业	2	1	24536	24475
农副食品加工业	4		75479	75420
酒、饮料和精制茶制造业	1	1	7879	7838
纺织服装、服饰业	1		16931	16761
印刷和记录媒介复制业	1		2599	2599
石油加工、炼焦和核燃料加工业	1	1	2951753	2941063
化学原料和化学制品制造业	2	1	204525	210128
橡胶和塑料制品业	1		5093	5170
非金属矿物制品业	9	2	351600	349564
有色金属冶炼和压延加工业	3	1	521000	533207
通用设备制造业	1		23702	22863
专用设备制造业	3		22950	22950
汽车制造业	1	1	24289	21543
铁路、船舶、航空航天和其他运输设备制造业	1		70030	70030
电力、热力生产和供应业	17	2	709194	709194
燃气生产和供应业	2		59083	59083
水的生产和供应业	4	1	27447	23031

12－15 国有控股工业企业主营业务收入

(2014 年)　　单位:万元

指　　标	主营业务收　入	主营业务成　本	销售费用	主营业务税金及附　加
总　　计	**5350352**	**4669606**	**29192**	**458081**
一、按隶属关系分				
中央企业	3614575	3081548	11409	452738
地方企业	1735777	1588059	17783	5343
二、按轻重工业分				
轻工业	163906	142737	4505	1345
重工业	5186446	4526870	24686	456736
三、按企业规模分				
大型企业	3392988	2896844	8568	452255
中型企业	1462422	1353657	11048	2910
小型企业	494942	419105	9575	2916
微型企业				
四、按工业行业大类分				
煤炭开采和洗选业	7748	6442	210	22
有色金属矿采选业	217071	179928	377	844
非金属矿采选业	31167	25067	743	34
农副食品加工业	79317	72226	321	39
酒、饮料和精制茶制造业	7838	7965	54	1126
纺织服装、服饰业	26974	23014	480	40
印刷和记录媒介复制业	5127	4152	38	10
石油加工、炼焦和核燃料加工业	2990562	2516138	3400	450781
化学原料和化学制品制造业	209620	213092	5168	3
橡胶和塑料制品业	8119	7757	114	23
非金属矿物制品业	352412	309946	7220	762
有色金属冶炼和压延加工业	474505	481727	737	697
通用设备制造业	25075	22169	182	191
专用设备制造业	25834	17261	3012	134
汽车制造业	21789	19589	981	74
铁路、船舶、航空航天和其他运输设备制造业	69318	59881	339	44
电力、热力生产和供应业	709061	633855	663	2428
燃气生产和供应业	65894	52155	2494	723
水的生产和供应业	22921	17244	2661	108

12－16 国有控股工业企业利润和税金

（2014 年）　　单位:万元

指　　标	利润总额	利税总额	本年应交增值税
总　　计	55457	661727	148189
一、按隶属关系分			
中央企业	－16497	530105	93864
地方企业	71954	131622	54325
二、按轻重工业分			
轻工业	8159	13700	4196
重工业	47298	648027	143993
三、按企业规模分			
大型企业	－33132	505595	86472
中型企业	45147	93383	45326
小型企业	43443	62750	16391
四、按工业行业大类分			
煤炭开采和洗选业	504	797	271
有色金属矿采选业	26928	38225	10453
非金属矿采选业	1617	2479	828
农副食品加工业	6228	9162	2896
酒、饮料和精制茶制造业	－444	682	
纺织服装、服饰业	2583	2993	370
印刷和记录媒介复制业	23	84	52
石油加工、炼焦和核燃料加工业	－34607	487275	71101
化学原料和化学制品制造业	－15727	－13764	1960
橡胶和塑料制品业	43	560	494
非金属矿物制品业	25426	42480	16293
有色金属冶炼和压延加工业	－16130	－4257	11176
通用设备制造业	2326	3799	1282
专用设备制造业	1946	2431	352
汽车制造业	－1716	－1568	74
铁路、船舶、航空航天和其他运输设备制造业	5002	6167	1121
电力、热力生产和供应业	41732	72374	28215
燃气生产和供应业	9039	10566	804
水的生产和供应业	684	1241	448

12-17 国有控股工业企业固定资产

(2014年)　　单位:万元

指　　标	固定资产合　计	固定资产原　价	累计折旧	固定资产净　值
总　　计	1912400	3161100	1272500	1888600
一、按隶属关系分				
中央企业	1081900	2022800	909800	1113000
地方企业	830500	1138300	362700	775600
二、按轻重工业分				
轻工业	128600	186700	67100	119600
重工业	1783800	2974400	1205400	1769000
三、按企业规模分				
大型企业	878600	1744300	832300	912000
中型企业	649300	919200	309000	610200
小型企业	384500	497600	131300	366300
四、按工业行业大类分				
煤炭开采和洗选业	700	1500	700	800
有色金属矿采选业	33800	75000	41100	33900
非金属矿采选业	8700	16100	7400	8700
农副食品加工业	9400	7600	1900	5700
酒、饮料和精制茶制造业	24100	24300	1400	22900
纺织服装、服饰业	2800	3900	1100	2800
印刷和记录媒介复制业	1600	3100	1500	1600
石油加工、炼焦和核燃料加工业	322100	769000	409400	359600
化学原料和化学制品制造业	151400	295600	144100	151500
橡胶和塑料制品业	700	1400	700	700
非金属矿物制品业	149500	175500	54400	121100
有色金属冶炼和压延加工业	270800	329600	58800	270800
金属制品业	2000	2000	100	1900
通用设备制造业	5400	5500	300	5200
专用设备制造业	9200	12300	3400	8900
汽车制造业	17500	19300	1800	17500
铁路、船舶、航空航天和其他运输设备制造业	17800	27100	9300	17800
电力、热力生产和供应业	779100	1233000	477700	755300
燃气生产和供应业	25300	33400	8400	25000
水的生产和供应业	80500	126100	49000	77100

12－18 国有控股工业企业流动资产

（2014 年）　　　　单位:万元

指　　标	资产总计	负债合计	流动资产合　计	应收账款净　额	存货	#产成品
总　　计	**4086468**	**3106405**	**957195**	**156023**	**422620**	**95223**
一、按隶属关系分						
中央企业	2680118	2122335	548055	118078	241479	53655
地方企业	1406350	984070	409140	37945	181140	41568
二、按轻重工业分						
轻工业	209576	102539	48998	3397	23873	10533
重工业	3876892	3003866	908197	152627	398747	84690
三、按企业规模分						
大型企业	2373402	1955047	463936	99951	210711	34470
中型企业	1252422	851252	404569	40608	192892	47679
小型企业	460645	300106	88690	15465	19017	13074
四、按工业行业大类分						
煤炭开采和洗选业	3150	1969	2222			
有色金属矿采选业	118634	40450	84798	11606	9969	9558
非金属矿采选业	24424	11363	15321	304	14117	7548
农副食品加工业	15852	1752	5003	565	887	860
酒、饮料和精制茶制造业	34464	14863	4629	210	2210	70
纺织服装、服饰业	9547	6676	6745	63	5324	5099
印刷和记录媒介复制业	6153	2379	2778	33	524	
石油加工、炼焦和核燃料加工业	1057526	767095	231000	60345	144718	20911
化学原料和化学制品制造业	858908	826965	180154	6149	46110	13559
橡胶和塑料制品业	3532	2123	1739	566	470	207
非金属矿物制品业	235373	135446	79871	19042	26809	14314
有色金属冶炼和压延加工业	526882	432071	156111	1735	130437	20315
通用设备制造业	6235	3325	814			
专用设备制造业	19204	6805	9725	4891	749	54
汽车制造业	59696	56269	18760	1421	8927	2730
铁路、船舶、航空航天和其他运输设备制造业	44896	17750	25340	6621	8944	
电力、热力生产和供应业	908304	705461	110598	39348	21263	
燃气生产和供应业	42380	22574	8929	2067	839	
水的生产和供应业	111310	51070	12657	1057	324	

12-19 国有控股工业企业全员劳动生产率

(2014年)

指　　标	工业增加值(当年价)(万元)	全部从业人员年平均人数(人)	全员劳动生产率(元/人)
总　　计	**970026**	**22158**	**437777**
一、按隶属关系分			
中央企业	603138	8703	693023
地方企业	366888	13455	272678
二、按轻重工业分			
轻工业	565725	3556	1590904
重工业	404300	18602	217342
三、按企业规模分			
大型企业	547207	6115	894860
中型企业	315426	11984	263206
小型企业	107393	4059	264580
四、按工业行业大类分			
煤炭开采和洗选业	2057	346	59456
有色金属矿采选业	67116	895	749898
非金属矿采选业	5804	682	85109
农副食品加工业	12943	481	269091
酒、饮料和精制茶制造业	1461	241	60603
纺织服装、服饰业	3488	368	94786
印刷和记录媒介复制业	558	355	15722
石油加工、炼焦和核燃料加工业	426611	2445	1744832
化学原料和化学制品制造业	65932	1940	339857
橡胶和塑料制品业	1092	280	39006
非金属矿物制品业	94232	2413	390519
有色金属冶炼和压延加工业	75499	1854	407223
通用设备制造业	6022	240	250914
专用设备制造业	5660	328	172551
汽车制造业	3286	448	73359
铁路、船舶、航空航天和其他运输设备制造业	14716	609	241640
电力、热力生产和供应业	162602	6601	246329
燃气生产和供应业	12922	338	382311
水的生产和供应业	8023	1294	62003

12－20 各县(市、区)规模以上国有控股工业企业主要经济指标

(2014 年)　　单位:万元

地　区	企业单位数(个)	#亏损企业	主营业务收入	#销售费用	主营业务税金及附加
全　市	**57**	**11**	**5350352**	**29192**	**458081**
浔阳区	7	1	3289170	7741	452737
庐山区	5	2	145433	3437	1420
九江开发区	4	1	90610	4734	542
九江县	1		47580		71
武宁县	4	1	51383	390	224
修水县	8	1	615534	2162	1884
永修县	4	1	193986	5318	57
德安县	3		79969	278	134
星子县	1		32283	483	70
都昌县	2		83635	25	14
湖口县	7	3	387412	1730	121
彭泽县	4		229302	2231	443
瑞昌市	5	1	62655	182	274
共青城市	2		41401	480	92

地　区	利润总额	利税总额	流动资产合计	#产成品
全　市	**55457**	**661727**	**957195**	**95223**
浔阳区	－5476	534684	315328	21118
庐山区	6847	11420	57974	8600
九江开发区	3470	5240	30762	2784
九江县	2017	2919	3747	
武宁县	1768	3440	11497	
修水县	61063	90529	144665	42373
永修县	－19227	－18613	175436	13559
德安县	4634	8196	5675	39
星子县	5106	5887	2807	
都昌县	3279	7440	3130	81
湖口县	－27073	－23325	172277	1260
彭泽县	12984	24758	18825	312
瑞昌市	3067	5240	5031	
共青城市	2998	3914	10042	5099

12-21 规模以上非国有工业企业单位个数和总产值

(2014 年)　　单位:万元

指标	企业单位数(个)	#亏损企业	工业总产值	工业销售产值(当年价格)	#出口交货值
总计	**1109**	**46**	**45143901**	**44799072**	**3132323**
一、按隶属关系分					
中央企业	11	4	3334655	3327932	18147
地方企业	1098	42	41809245	41471140	3114176
二、按轻重工业分					
轻工业	552	16	18947172	18698328	1960969
重工业	557	30	26196729	26100744	1171354
三、按企业规模分					
大型企业	20	2	9802231	9844238	534403
中型企业	256	10	16036457	15793927	1720391
小型企业	782	33	19258185	19115678	877529
微型企业	51	1	47027	45228	
四、按工业行业大类分					
煤炭开采和洗选业	7		35400	35373	
黑色金属矿采选业	3		72166	72040	
有色金属矿采选业	22		755446	748635	
非金属矿采选业	25	1	481865	480285	
农副食品加工业	36		2104662	2096071	69019
食品制造业	10		457177	446570	133038
酒、饮料和精制茶制造业	12	1	548901	547655	
纺织业	130	8	4155327	4051319	78937
纺织服装、服饰业	160		4292171	4234046	497187
皮革、毛皮、羽毛及其制品和制鞋业	18		437056	422306	54195
木材加工和木、竹、藤、棕、草制品业	15	1	514102	513549	2130
家具制造业	11		277755	272647	62309
造纸和纸制品业	16	1	509151	508787	48376
印刷和记录媒介复制业	19		443995	443962	21
文教、工美、体育和娱乐用品制造业	29	1	1182176	1176508	511117
石油加工、炼焦和核燃料加工业	5	1	3264892	3254224	
化学原料和化学制品制造业	99	10	3617116	3606758	121476
医药制造业	25	2	706245	703540	17484
化学纤维制造业	6		623096	607167	14333
橡胶和塑料制品业	24	1	650794	643013	18071
非金属矿物制品业	121	7	4007615	4026454	200718
黑色金属冶炼和压延加工业	13		2417639	2423575	3006
有色金属冶炼和压延加工业	26	1	1699709	1708545	
金属制品业	35		1283332	1259630	27988
通用设备制造业	32		1220620	1176761	86622
专用设备制造业	19		589479	582505	34217
汽车制造业	26	1	701346	697872	46345
铁路、船舶、航空航天和其他运输设备制造业	17	1	1042287	1043986	145878
电气机械和器材制造业	71	3	4441408	4415608	618518
计算机、通信和其他电子设备制造业	34	2	1496113	1493209	123037
仪器仪表制造业	11		338880	332923	1590
其他制造业	5		300537	302770	216712
废弃资源综合利用业	5	2	58404	58404	
电力、热力生产和供应业	13	2	287079	286828	
燃气生产和供应业	5		83847	83847	
水的生产和供应业	4		46114	41698	

12－22 规模以上非国有工业企业主营业务收入

（2014 年）　　单位：万元

指　　标	主营业务收　入	主营业务成　本	销售费用	主营业务税金及附　加
总　　计	**46851739**	**41271849**	**633664**	**578200**
一、按隶属关系分				
中央企业	3370857	2870133	11409	451267
地方企业	43480882	38401716	622255	126933
二、按轻重工业分				
轻工业	19322591	16926337	337644	61752
重工业	27529149	24345513	296020	516448
三、按企业规模分				
大型企业	10647164	9280468	161613	463296
中型企业	16593633	14715885	236480	44079
小型企业	19562060	17235383	235396	70491
微型企业	48882	40113	174	334
四、按工业行业大类分				
煤炭开采和洗选业	36564	31411	501	404
黑色金属矿采选业	74478	68522	355	81
有色金属矿采选业	777625	659842	11202	3065
非金属矿采选业	513154	440901	12656	4159
农副食品加工业	2276737	2145059	18146	2942
食品制造业	462999	380346	31278	2048
酒、饮料和精制茶制造业	589832	505512	11378	12984
纺织业	4253662	3829572	45229	9738
纺织服装、服饰业	4252129	3735541	90050	11122
皮革、毛皮、羽毛及其制品和制鞋业	433284	367770	9385	2345
木材加工和木、竹、藤、棕、草制品业	537857	468899	9671	1314

12－22 续表

指　标	主营业务收　入	主营业务成　本	销售费用	主营业务税金及附　加
家具制造业	301029	268630	1516	749
造纸和纸制品业	546220	496322	6299	575
印刷和记录媒介复制业	486783	421331	10554	1504
文教、工美、体育和娱乐用品制造业	1167711	1000686	10938	3721
石油加工、炼焦和核燃料加工业	3367139	2868353	6944	451224
化学原料和化学制品制造业	3643497	3283997	32553	6637
医药制造业	668319	571434	15699	1888
化学纤维制造业	608460	544230	7015	1670
橡胶和塑料制品业	681391	601738	7701	995
非金属矿物制品业	4093209	3568567	73040	16138
黑色金属冶炼和压延加工业	3142283	2915698	12198	3740
有色金属冶炼和压延加工业	1755871	1525207	32483	5775
金属制品业	1353596	1086057	11853	7652
通用设备制造业	1306194	1135683	13409	3169
专用设备制造业	618391	529195	15473	1215
汽车制造业	722699	644698	10107	1732
铁路、船舶、航空航天和其他运输设备制造业	1071540	970225	2033	2434
电气机械和器材制造业	4416989	3833058	95255	10412
计算机、通信和其他电子设备制造业	1567800	1406485	11230	2821
仪器仪表制造业	334979	291232	6411	1104
其他制造业	308058	265522	2448	909
废弃资源综合利用业	59550	50915	2110	173
电力、热力生产和供应业	286814	251454	692	781
燃气生产和供应业	93438	75668	3193	826
水的生产和供应业	41458	32089	2661	157

12-23 规模以上非国有工业企业利润和税金

（2014年） 单位:万元

项　目	利润总额	利税总额	本年应交增值税
总　计	**3041977**	**4800055**	**1179878**
一、按隶属关系分			
中央企业	-38960	490800	78493
地方企业	3080937	4309255	1101385
二、按轻重工业分			
轻工业	1401168	1976229	513309
重工业	1640809	2823826	666569
三、按企业规模分			
大型企业	458845	1122613	200473
中型企业	1153416	1659937	462442
小型企业	1421685	2007732	515557
微型企业	8031	9772	1407
四、按工业行业大类分			
煤炭开采和洗选业	2044	3011	563
黑色金属矿采选业	4762	6645	1802
有色金属矿采选业	79168	112520	30286
非金属矿采选业	44283	66583	18141
农副食品加工业	79543	158734	76250
食品制造业	34227	50261	13986
酒、饮料和精制茶制造业	40498	68618	15137
纺织业	291082	404916	104097
纺织服装、服饰业	325993	442068	104954
皮革、毛皮、羽毛及其制品和制鞋业	40930	54389	11114
木材加工和木、竹、藤、棕、草制品业	37362	54551	15875

12－23 续表

项　　目	利润总额	利税总额	本年应交增值税
家具制造业	26312	35977	8917
造纸和纸制品业	35246	47427	11605
印刷和记录媒介复制业	33695	47792	12593
文教、工美、体育和娱乐用品制造业	136184	170953	31048
石油加工、炼焦和核燃料加工业	－19249	508221	76246
化学原料和化学制品制造业	240760	344252	96854
医药制造业	55624	77515	20002
化学纤维制造业	33320	47363	12373
橡胶和塑料制品业	57292	78866	20579
非金属矿物制品业	324296	462492	122059
黑色金属冶炼和压延加工业	133913	205668	68016
有色金属冶炼和压延加工业	141332	199625	52517
金属制品业	111840	173129	53636
通用设备制造业	110775	136208	22264
专用设备制造业	50621	67081	15245
汽车制造业	35074	55854	19049
铁路、船舶、航空航天和其他运输设备制造业	72465	91353	16455
电气机械和器材制造业	279506	364965	75047
计算机、通信和其他电子设备制造业	112868	146430	30741
仪器仪表制造业	26611	33723	6008
其他制造业	33114	39237	5214
废弃资源综合利用业	2674	4353	1507
电力、热力生产和供应业	12544	20880	7554
燃气生产和供应业	11280	13335	1229
水的生产和供应业	3987	5061	917

12－24 规模以上非国有工业企业固定资产

（2014 年）　　单位：万元

指　标	固定资产合　计	固定资产原　价	累计折旧	固定资产净　值
总　计	**8436900**	**17421400**	**9131500**	**8289900**
一、按隶属关系分				
中央企业	649700	1308000	623100	684900
地方企业	7787200	16113400	8508400	7605000
二、按轻重工业分				
轻工业	2978900	5840300	3079500	2760800
重工业	5458000	11581100	6052000	5529100
三、按企业规模分				
大型企业	2228200	4845900	2310100	2535800
中型企业	3003700	5663400	2911300	2752100
小型企业	3205100	6912100	3910200	3001900
四、按工业行业大类分				
煤炭开采和洗选业	2300	3600	1400	2200
黑色金属矿采选业	6600	9300	2700	6600
有色金属矿采选业	109200	166000	63000	103000
非金属矿采选业	154200	285800	137600	148200
农副食品加工业	177800	337600	174900	162700
食品制造业	45800	140400	94800	45600
酒、饮料和精制茶制造业	492600	548800	99500	449300
纺织业	594500	1072300	549000	523300
纺织服装、服饰业	273600	1127300	880000	247300
皮革、毛皮、羽毛及其制品和制鞋业	31400	38500	9400	29100
木材加工和木、竹、藤、棕、草制品业	138100	190000	54900	135100

12－24 续表

指　　标	固定资产合　计	固定资产原　价	累计折旧	固定资产净　值
家具制造业	20900	93100	73200	19900
造纸和纸制品业	165500	262200	98500	163700
印刷和记录媒介复制业	65000	175600	111600	64000
文教、工美、体育和娱乐用品制造业	162200	316400	158600	157800
石油加工、炼焦和核燃料加工业	343700	801200	420000	381200
化学原料和化学制品制造业	666000	2092000	1446700	645300
医药制造业	92100	226200	156300	69900
化学纤维制造业	331500	505900	187100	318800
橡胶和塑料制品业	62800	152400	101400	51000
非金属矿物制品业	765000	2160700	1076300	1084400
黑色金属冶炼和压延加工业	769500	1259800	490300	769500
有色金属冶炼和压延加工业	721700	892400	171300	721100
金属制品业	134000	313400	190100	123300
通用设备制造业	76100	354300	281200	73100
专用设备制造业	81900	217100	140600	76500
汽车制造业	50100	115900	67600	48300
铁路、船舶、航空航天和其他运输设备制造业	238900	302400	106100	196300
电气机械和器材制造业	798000	1827700	1196800	630900
计算机、通信和其他电子设备制造业	378900	695000	321300	373700
仪器仪表制造业	59200	112300	53800	58500
其他制造业	31700	33400	7900	25500
废弃资源综合利用业	4900	5900	2000	3900
电力、热力生产和供应业	272400	412300	146700	265600
燃气生产和供应业	31800	41700	10300	31400
水的生产和供应业	87200	132700	48600	84100

12-25 规模以上非国有工业企业流动资产

（2014年） 单位：万元

指 标	资产总计	负债合计	流动资产合计	#应收账款净额	存货	#产成品
总 计	**18049236**	**9362680**	**6265086**	**1392434**	**1573517**	**780221**
一、按隶属关系分						
中央企业	2185847	1740967	486020	84065	221596	53655
地方企业	15863389	7621713	5779066	1308369	1351921	726566
二、按轻重工业分						
轻工业	6120837	2710921	2317171	568156	530633	341434
重工业	11928399	6651759	3947915	824278	1042884	438787
三、按企业规模分						
大型企业	5788309	3799310	1806197	321790	626528	260150
中型企业	6807324	3299636	2379429	487464	509048	237327
小型企业	5444179	2261346	2075490	582096	436697	281881
微型企业	9424	2388	3970	1084	1244	863
四、按工业行业大类分						
煤炭开采和洗选业	7225	3385	3723	113	269	269
黑色金属矿采选业	19692	3529	6893	666	4033	3721
有色金属矿采选业	283094	70995	146784	24469	24164	21341
非金属矿采选业	244345	57603	83809	14669	16903	15812
农副食品加工业	440774	167855	84610	15232	22249	18210
食品制造业	130010	54454	59024	9503	12101	7695
酒、饮料和精制茶制造业	568275	285541	70533	8455	13063	9378
纺织业	1293182	579266	521404	147122	119707	69813
纺织服装、服饰业	886961	301137	517352	150653	176251	148217
皮革、毛皮、羽毛及其制品和制鞋业	93609	22776	33209	14239	2493	646
木材加工和木、竹、藤、棕、草制品业	184791	94141	74211	14495	23174	21434

12-25 续表

指　　标	资产总计	负债合计	流动资产合　计	#应收账款净　额	存货	#产成品
家具制造业	56453	23862	21438	9009	3301	2759
造纸和纸制品业	312726	170421	133299	21954	24669	14029
印刷和记录媒介复制业	118048	63868	40404	15186	7661	3551
文教、工美、体育和娱乐用品制造业	287792	72877	91975	29486	13433	11730
石油加工、炼焦和核燃料加工业	1165235	832268	284989	63382	148591	24250
化学原料和化学制品制造业	1947792	1215551	555857	84010	144435	66639
医药制造业	199515	74822	82700	18043	20794	11493
化学纤维制造业	776168	557386	338536	49381	55616	13280
橡胶和塑料制品业	141555	27436	48949	8837	9130	5316
非金属矿物制品业	2075683	917230	776054	156820	157462	93846
黑色金属冶炼和压延加工业	1048252	662994	244239	12701	96170	17229
有色金属冶炼和压延加工业	1420362	880860	496018	48037	162521	44569
金属制品业	247219	81780	81918	16459	27358	17613
通用设备制造业	261220	121267	166485	90915	34147	22942
专用设备制造业	120119	31745	41462	10324	4336	2330
汽车制造业	135920	85410	49626	12098	17676	7779
铁路、船舶、航空航天和其他运输设备制造业	520260	274728	239986	37514	50910	5211
电气机械和器材制造业	1674159	847274	549830	165427	111409	63378
计算机、通信和其他电子设备制造业	666073	347791	265256	106513	58740	30395
仪器仪表制造业	85689	51034	26086	6779	5095	2258
其他制造业	87563	24569	48476	22209	1272	1262
废弃资源综合利用业	27849	13811	13035	3000	2025	1814
电力、热力生产和供应业	323039	254073	32187	1744	1104	
燃气生产和供应业	76082	38237	21503	2286	936	15
水的生产和供应业	122505	50705	13228	708	320	

12－26 规模以上非国有工业企业全员劳动生产率

（2014 年） 单位：万元

指　　标	工业增加值（当年价）	全部从业人员年平均人数（人）	全员劳动生产率（元/人）
总　　计	9346134	305549	305880
一、按隶属关系分			
中央企业	538990	6820	790309
地方企业	8807143	298729	294820
二、按轻重工业分			
轻工业	5450726	165001	330345
重工业	3895408	140548	277159
三、按企业规模分			
大型企业	1897584	51734	366796
中型企业	3349087	120869	277084
小型企业	4092363	132817	308120
微型企业	7100	129	550402
四、按工业行业大类分			
煤炭开采和洗选业	10471	531	197187
黑色金属矿采选业	36813	623	590897
有色金属矿采选业	255779	4085	626142
非金属矿采选业	120535	3106	388072
农副食品加工业	372865	8078	461581
食品制造业	112482	7714	145816
酒、饮料和精制茶制造业	114557	4243	269992
纺织业	828788	37674	219989
纺织服装、服饰业	884521	42335	208934
皮革、毛皮、羽毛及其制品和制鞋业	115253	5775	199573
木材加工和木、竹、藤、棕、草制品业	94887	3198	296706
家具制造业	73986	2496	296417
造纸和纸制品业	167535	4890	342607
印刷和记录媒介复制业	42191	4455	94705
文教、工美、体育和娱乐用品制造业	222457	11140	199693
石油加工、炼焦和核燃料加工业	474180	3559	1332341
化学原料和化学制品制造业	749161	18984	394628
医药制造业	165818	6772	244858
化学纤维制造业	122238	3806	321171
橡胶和塑料制品业	142747	6271	227630
非金属矿物制品业	968877	26362	367528
黑色金属冶炼和压延加工业	417206	9281	449527
有色金属冶炼和压延加工业	282307	7823	360869
金属制品业	284920	7103	401127
通用设备制造业	263918	7569	348683
专用设备制造业	134676	4462	301828
汽车制造业	132380	5791	228596
铁路、船舶、航空航天和其他运输设备制造业	218950	10635	205877
电气机械和器材制造业	956103	25871	369566
计算机、通信和其他电子设备制造业	311407	10188	305660
仪器仪表制造业	96827	2876	336673
其他制造业	64349	2157	298325
废弃资源综合利用业	12573	652	192831
电力、热力生产和供应业	62021	3174	195403
燃气生产和供应业	19349	698	277204
水的生产和供应业	13005	1172	110968

12-27 各县(市、区)规模以上非国有工业企业主要经济指标

(2014 年) 单位:万元

地　区	企业单位数(个)	#亏损企业	主营业务收入	销售费用	主营业务税金及附加
全　市	**1109**	**46**	**46851739**	**633664**	**578200**
浔阳区	20	3	3300276	10968	451785
庐山区	83	3	4034816	71083	7892
九江开发区	100	6	4936522	140851	21469
九江县	71	4	2472658	22421	25283
武宁县	81	1	2705935	124920	7828
修水县	100	1	3163196	40928	8702
永修县	92	6	4151024	8827	2742
德安县	98	7	3447311	37116	5991
星子县	64		2027225	12257	10999
都昌县	81		1967763	3822	1803
湖口县	60	13	4100330	21027	5058
彭泽县	84		2434715	15189	5983
瑞昌市	109	2	4311833	51136	18055
共青城市	66		3798137	73118	4610

地　区	利润总额	利税总额	流动资产合计	#产成品
全　市	**3041977**	**4800055**	**6265086**	**780221**
浔阳区	-24971	501823	346172	26044
庐山区	169682	284744	535905	74770
九江开发区	293425	390463	1016816	95809
九江县	113874	185648	329653	38581
武宁县	258969	349533	134178	1621
修水县	400462	536783	545959	194201
永修县	290387	413943	387384	20838
德安县	181101	309875	253671	22920
星子县	257591	297939	234726	-1956
都昌县	86507	175643	71211	8291
湖口县	204062	294662	768726	54844
彭泽县	123685	201548	253289	33625
瑞昌市	380792	492648	704740	41907
共青城市	306410	364803	682658	168727

12－28 大中型工业企业单位数和总产值

（2014 年） 单位：万元

指 标	企业单位数（个）	#亏损企业	工业总产值（当年价格）	工业销售产值（当年价格）	#出口交货值
总 计	**282**	**12**	**26279428**	**26078905**	**2254794**
#国有控股企业	29	6	4851630	4849383	18147
一、按登记注册类型分					
国有企业	6		440740	440740	
集体企业	2		61903	61903	
股份合作企业			4511358	4475232	226831
股份制企业	82	7	6781530	6768011	148407
私营企业	154	3	10108925	10008451	587765
外商及港澳台商投资企业	38	2	4374972	4324569	1291790
二、按隶属关系分					
中央企业	7	3	3444442	3437877	18147
地方企业	275	9	22834986	22641028	2236647
三、按轻重工业分					
轻工业	166	6	11427729	11230592	1773544
重工业	116	6	14851699	14848313	481250
四、按企业规模分					
大型企业	21	2	10045949	10087956	534403
中型企业	261	10	16233479	15990949	1720391
五、按工业行业大类分					
煤炭开采和洗选业	1		6958	6958	
有色金属矿采选业	8		505995	505587	
非金属矿采选业	1		112292	112292	
农副食品加工业	8		1439306	1436438	69019
食品制造业	5		384543	373949	133038
酒、饮料和精制茶制造业	5		335016	334106	
纺织业	48	4	2493971	2394374	73270
纺织服装、服饰业	26		2297121	2261137	352204
皮革、毛皮、羽毛及其制品和制鞋业	5		212758	197935	54195
木材加工和木、竹、藤、棕、草制品业	3		257054	256952	
家具制造业	2		121178	118829	61417
造纸和纸制品业	5		327449	325617	48376
印刷和记录媒介复制业	4		104759	104777	
文教、工美、体育和娱乐用品制造业	7	1	684776	682255	499762
石油加工、炼焦和核燃料加工业	3	1	3206234	3195566	
化学原料和化学制品制造业	14	2	938030	939485	66853
医药制造业	10		384558	383621	17484
化学纤维制造业	4		533549	517642	14333
橡胶和塑料制品业	9	1	433879	428491	
非金属矿物制品业	21	1	1591311	1617326	179883
黑色金属冶炼和压延加工业	4		2147780	2153831	3006
有色金属冶炼和压延加工业	10	1	1234937	1245215	
金属制品业	3		332886	332886	21519
通用设备制造业	6		374826	365314	76837
专用设备制造业	3		126158	126449	34196
汽车制造业	6	1	320525	317669	46345
铁路、船舶、航空航天和其他运输设备制造业	8		914972	916801	145878
电气机械和器材制造业	30		2651833	2629450	138876
计算机、通信和其他电子设备制造业	6		813291	813254	
仪器仪表制造业	3		141835	137232	1590
其他制造业	2		221006	223240	216712
电力、热力生产和供应业	10		605840	605840	
水的生产和供应业	2		22802	18386	

12－29 大中型工业企业主营业务收入

(2014 年)　　单位:万元

指　标	主营业务收　入	主营业务成　本	主营业务税金及附　加	销售费用
总　　计	**27682458**	**24395214**	**509091**	**398304**
#国有控股企业	4855410	4250501	455165	19616
一、按登记注册类型分				
国有企业	441661	398862	1716	210
集体企业	69843	60536	85	1649
股份制企业	12157618	10769651	469543	127732
私营企业	10537979	9137652	31166	213456
外商及港澳台商投资企业	4475357	4028514	6581	55257
二、按隶属关系分				
中央企业	3487750	2978548	452470	9389
地方企业	24194707	21416667	56621	388915
三、按轻重工业分				
轻工业	11835190	10411295	32590	246531
重工业	15847268	13983919	476501	151773
四、按企业规模分				
大型企业	10890882	9491883	464767	161613
中型企业	16791576	14903332	44324	236690
五、按工业行业大类分				
煤炭开采和洗选业	7748	6442	22	210
有色金属矿采选业	500172	411420	1541	9928
非金属矿采选业	113292	99017	1312	141
农副食品加工业	1600987	1532076	846	10331
食品制造业	390441	316218	874	30707

12－29 续表

指 标	主营业务收入	主营业务成本	主营业务税金及附加	销售费用
酒、饮料和精制茶制造业	365549	312855	11376	7886
纺织业	2595129	2317646	5357	29002
纺织服装、服饰业	2283724	2003350	3226	67543
皮革、毛皮、羽毛及其制品和制鞋业	230865	203481	519	4384
木材加工和木、竹、藤、棕、草制品业	261647	232130	519	3379
家具制造业	123360	111995	74	549
造纸和纸制品业	348579	317670	319	4816
印刷和记录媒介复制业	123169	108993	54	2122
文教、工美、体育和娱乐用品制造业	711318	614567	1166	7302
石油加工、炼焦和核燃料加工业	3289072	2797521	450944	5026
化学原料和化学制品制造业	863137	772851	1991	15910
医药制造业	409611	350749	1083	11219
化学纤维制造业	529767	468039	1527	6686
橡胶和塑料制品业	445834	389777	656	6219
非金属矿物制品业	1703575	1446874	5099	39745
黑色金属冶炼和压延加工业	2879373	2669216	2599	10996
有色金属冶炼和压延加工业	1260298	1110502	3843	19892
金属制品业	361410	314692	441	3582
通用设备制造业	389535	361765	539	1419
专用设备制造业	132535	111558	150	6524
汽车制造业	341313	310862	315	5328
铁路、船舶、航空航天和其他运输设备制造业	938868	849091	1165	1446
电气机械和器材制造业	2611103	2193019	6970	74809
计算机、通信和其他电子设备制造业	875702	778861	1528	3643
仪器仪表制造业	141880	118526	734	4733
其他制造业	228735	200381	204	389
电力、热力生产和供应业	605992	549333	2037	
水的生产和供应业	18738	13741	64	2438

12-30 大中型工业企业利润和税金

(2014年) 单位:万元

指标	利润总额	亏损企业亏损总额	利税总额	本年应交增值税
总计	**1643080**	**103560**	**2836510**	**684339**
#国有控股企业	12015	95063	598978	131798
一、按登记注册类型分				
国有企业	30820		53960	21424
集体企业	5562		8012	2366
股份制企业	466355	95223	1209057	273159
私营企业	848516	477	1149227	269545
外商及港澳台商投资企业	291828	7860	416254	117845
二、按隶属关系分				
中央企业	-31003	56501	509620	88152
地方企业	1674083	47059	2326890	596187
三、按轻重工业分				
轻工业	829820	4740	1161580	299170
重工业	813260	98820	1674930	385169
四、按企业规模分				
大型企业	481308	55596	1161919	215844
中型企业	1161772	47964	1674591	468495
五、按工业行业大类分				
煤炭开采和洗选业	504		797	271
有色金属矿采选业	57955		82228	22733
非金属矿采选业	11228		12663	123
农副食品加工业	36290		99453	62317
食品制造业	28280		41889	12734

12－30 续表

指　　标	利润总额	亏损企业亏损总额	利税总额	本年应交增值税
酒、饮料和精制茶制造业	17628		36725	7721
纺织业	188534	4578	265204	71313
纺织服装、服饰业	181631		224899	40043
皮革、毛皮、羽毛及其制品和制鞋业	17081		23437	5837
木材加工和木、竹、藤、棕、草制品业	21757		31383	9108
家具制造业	9369		12572	3129
造纸和纸制品业	20649		26495	5527
印刷和记录媒介复制业	6951		10725	3720
文教、工美、体育和娱乐用品制造业	77277	153	94339	15896
石油加工、炼焦和核燃料加工业	－23201	34607	502140	74397
化学原料和化学制品制造业	45733	25614	68771	21048
医药制造业	32821		46830	12926
化学纤维制造业	32551		44352	10274
橡胶和塑料制品业	40684	45	54584	13244
非金属矿物制品业	153112	9	212020	53810
黑色金属冶炼和压延加工业	123577		186217	60041
有色金属冶炼和压延加工业	91668	36838	132348	36837
金属制品业	24890		39532	14201
通用设备制造业	20113		30217	9566
专用设备制造业	9372		14187	4665
汽车制造业	7192	1716	15844	8337
铁路、船舶、航空航天和其他运输设备制造业	65275		80864	14425
电气机械和器材制造业	188987		235757	39799
计算机、通信和其他电子设备制造业	82393		103170	19249
仪器仪表制造业	10733		13838	2371
其他制造业	26807		29977	2966
电力、热力生产和供应业	34439		61785	25309
水的生产和供应业	803		1270	403

12-31 大中型工业企业固定资产

(2014年)　　单位:万元

指　标	固定资产合　计	固定资产原　价	累计折旧	固定资产净　值
总　　计	**5970100**	**11461600**	**5485800**	**5975800**
#国有控股企业	1572800	2720800	1163400	1557400
一、按登记注册类型分				
国有企业	513500	831600	335000	496600
集体企业	900	1000	200	800
有限责任公司	1302000	2194900	965400	1229500
股份有限公司	1287300	2854500	1534200	1320300
私营企业	1751200	3400300	1837900	1562400
港、澳、台商投资企业	626800	844100	294900	549200
外商投资企业	488400	1335300	518200	817100
二、按隶属关系分				
中央企业	966800	1893600	895700	997900
地方企业	5003300	9568000	4590100	4977900
三、按轻重工业分				
轻工业	1878800	3709700	1959700	1750000
重工业	4091400	7752000	3526100	4225900
四、按企业规模分				
大型企业	2660400	5560800	2596800	2964000
中型企业	2833700	5382500	2795500	2587000
小型企业	476000	518400	93500	424900
五、按工业行业大类分				
煤炭开采和洗选业	700	1500	700	800
有色金属矿采选业	64600	118100	53500	64600
非金属矿采选业	59900	169400	110100	59300
农副食品加工业	82700	176100	95200	80900
食品制造业	27200	117200	90000	27200

12－31 续表

指　　标	固定资产合　计	固定资产原　价	累计折旧	固定资产净　值
酒、饮料和精制茶制造业	420300	450500	71900	378600
纺织业	316100	667300	379800	287500
纺织服装、服饰业	102900	758200	663400	94800
皮革、毛皮、羽毛及其制品和制鞋业	11200	13300	3200	10100
木材加工和木、竹、藤、棕、草制品业	16700	52600	38900	13700
家具制造业	5800	45400	40300	5100
造纸和纸制品业	127800	153600	27300	126300
印刷和记录媒介复制业	8800	51700	42800	8900
文教、工美、体育和娱乐用品制造业	53800	73300	21300	52000
石油加工、炼焦和核燃料加工业	337900	794200	418800	375400
化学原料和化学制品制造业	289900	456200	171900	284300
医药制造业	42900	147900	123900	24000
化学纤维制造业	321400	494000	185200	308800
橡胶和塑料制品业	32200	128200	97200	31000
非金属矿物制品业	401500	1115000	376600	738400
黑色金属冶炼和压延加工业	751900	1234000	482100	751900
有色金属冶炼和压延加工业	647100	802600	156000	646600
金属制品业	36400	43300	9000	34300
通用设备制造业	14000	126100	112500	13600
专用设备制造业	10800	39000	28200	10800
汽车制造业	25100	64300	40100	24200
铁路、船舶、航空航天和其他运输设备制造业	187900	247400	100800	146600
电气机械和器材制造业	634100	1390200	916900	473300
计算机、通信和其他电子设备制造业	193000	346500	157600	188900
仪器仪表制造业	38800	46100	7900	38200
其他制造业	22200	22600	6600	16000
电力、热力生产和供应业	608900	999300	411600	587700
水的生产和供应业	75600	116500	44200	72300

12－32 大中型工业企业流动资产

(2014年) 单位:万元

指标	资产总计	负债合计	流动资产合计	#应收账款净额	存货	#产成品
总计	**13190732**	**7552460**	**4266792**	**846858**	**1155735**	**497477**
#国有控股企业	3625823	2806299	868505	140559	403603	82150
一、按登记注册类型分						
国有企业	595099	453514	81165	37605	20160	
集体企业	6386	599	1519	199	7	7
股份制企业	5859540	4042916	1842707	286846	644256	223250
私营企业	3848850	1654060	1330966	294024	283432	203372
外商及港澳台商投资企业	2880857	1401371	1010435	228185	207881	70848
二、按隶属关系分						
中央企业	2533761	2026171	518893	113439	228983	41895
地方企业	10656971	5526290	3747899	733420	926752	455582
三、按轻重工业分						
轻工业	4154121	1945877	1532907	358994	362815	236505
重工业	9036611	5606583	2733884	487865	792921	260972
四、按企业规模分						
大型企业	6282580	4180678	1868232	355803	646412	260150
中型企业	6908151	3371782	2398560	491055	509324	237327
五、按工业行业大类分						
煤炭开采和洗选业	2222				3150	1969
有色金属矿采选业	108467	14135	16040	15446	191976	48315
非金属矿采选业	28763	4			88713	2715
农副食品加工业	20439	9141	4440	4285	286743	105907
食品制造业	49896	6390	11335	7382	99908	45578

12－32 续表

指　　标	资产总计	负债合计	流动资产合计	#应收账款净额	存货	#产成品
酒、饮料和精制茶制造业	49845	4742	4494	3649	482664	258846
纺织业	300214	91280	60294	42429	782525	328844
纺织服装、服饰业	318070	80122	147379	126699	485256	181089
皮革、毛皮、羽毛及其制品和制鞋业	17231	8184	345	337	48556	11183
木材加工和木、竹、藤、棕、草制品业	18525	1640	13161	11882	39708	11926
家具制造业	4187	984	560	470	15284	5775
造纸和纸制品业	116285	18710	20206	10131	268205	159518
印刷和记录媒介复制业	6907	1586	1060	178	19469	8796
文教、工美、体育和娱乐用品制造业	53166	20481	8339	7318	131731	26620
石油加工、炼焦和核燃料加工业	258688	61372	145691	21574	1124673	804080
化学原料和化学制品制造业	297287	31044	92032	40081	1225024	932792
医药制造业	37464	10339	9272	4764	94748	35098
化学纤维制造业	327284	43251	52855	10519	746251	539001
橡胶和塑料制品业	25988	2806	3533	1336	87442	9796
非金属矿物制品业	532746	99751	103864	54026	1439931	671401
黑色金属冶炼和压延加工业	229332	8031	90960	14818	1014637	644342
有色金属冶炼和压延加工业	436164	32662	148335	33302	1250159	808467
金属制品业	21837	5805	12002	5011	69275	7954
通用设备制造业	46232	20205	10947	2939	69284	36796
专用设备制造业	5707	1209	269	156	19982	4157
汽车制造业	24839	2254	10304	4080	81350	63232
铁路、船舶、航空航天和其他运输设备制造业	209382	35245	39140		414128	250163
电气机械和器材制造业	440021	134063	86075	53723	1373248	729717
计算机、通信和其他电子设备制造业	120972	39146	37122	19010	313699	178548
仪器仪表制造业	14115	2521	4326	1726	52816	38803
其他制造业	40534	21448	211	207	63376	17534
电力、热力生产和供应业	92859	37605	21145		706089	537693
水的生产和供应业	11123	706			100735	45809

12-33 大中型工业企业劳动生产率

(2014年)

指标	全部从业人员年平均人数(人)	工业增加值(当年价)(万元)	全员劳动生产率(元/人)
总计	**176654**	**5352367**	**302986**
#国有控股企业	18099	862633	476619
一、按登记注册类型分			
国有企业	4051	105697	260915
集体企业	651	16977	260791
股份合作企业		989487	
股份制企业	57225	1171732	204759
私营企业	86796	2165618	249507
外商及港澳台商投资企业	27931	902856	323245
二、按隶属关系分			
中央企业	8215	568136	691584
地方企业	168439	4784231	284033
三、按轻重工业分			
轻工业	99179	3121536	314738
重工业	77475	2230832	287942
四、按企业规模分			
大型企业	53617	1961731	365879
中型企业	123037	3390636	275579
五、按工业行业大类分			
煤炭开采和洗选业	346	2058	59482
有色金属矿采选业	2534	147663	582727
非金属矿采选业	361	26577	736192
农副食品加工业	4267	248604	582620
食品制造业	6877	91129	132512
酒、饮料和精制茶制造业	2461	69332	281724
纺织业	24162	499560	206754
纺织服装、服饰业	18371	486663	264908
皮革、毛皮、羽毛及其制品和制鞋业	3857	55861	144830
木材加工和木、竹、藤、棕、草制品业	1198	47160	393652
家具制造业	1130	28067	248379
造纸和纸制品业	3054	91249	298786
印刷和记录媒介复制业	1661	558	3362
文教、工美、体育和娱乐用品制造业	7818	159811	204414
石油加工、炼焦和核燃料加工业	3283	465305	1417316
化学原料和化学制品制造业	6896	224295	325253
医药制造业	3886	89707	230848
化学纤维制造业	3381	105254	311309
橡胶和塑料制品业	4253	92610	217753
非金属矿物制品业	12537	393364	313762
黑色金属冶炼和压延加工业	7811	378039	483983
有色金属冶炼和压延加工业	5189	199831	385105
金属制品业	2091	96573	461850
通用设备制造业	3284	75539	230022
专用设备制造业	1011	24563	242961
汽车制造业	3135	50450	160926
铁路、船舶、航空航天和其他运输设备制造业	8846	192354	217448
电气机械和器材制造业	18517	591184	319266
计算机、通信和其他电子设备制造业	4881	155863	319325
仪器仪表制造业	1770	67990	384124
其他制造业	1256	48475	385945
电力、热力生产和供应业	5556	139891	251784
水的生产和供应业	974	6788	69692

12－34 十大产业集群主要经济指标

（2014 年） 单位：万元

指 标	全市总计	十大集群产业合计	#石油化工	钢铁	有色冶金	纺织服装
企业单位数（个）	1121	852	89	26	51	314
亏损企业	47	41	10		1	8
工业总产值	45601571	36934734	6277575	3006545	2527322	9507650
工业销售产值（当年价格）	45256741	36659371	6251942	2999229	2529220	9314839
#出口交货值	3132323	1695390	87890	3006		644651
全部从业人员年平均人数（人）	309994	241254	18393	11719	12531	89590
工业增加值（当年价）	9455300	7950164	1102084	519551	574784	1950409
主营业务收入	47310906	38819648	6382381	3765745	2607974	9547535
主营业务成本	41686115	34350070	5566823	3461044	2253571	8477113
主营业务税金及附加	579974	554991	457171	9375	8922	24874
利润总额	3073195	2393411	200531	183646	225263	691324
亏损企业亏损总额	120908	120874	44456		36838	5190
本年应交增值税	1201847	977679	155864	88819	84605	232094
利税总额	4855016	2972527	659542	194193	235438	725158
流动资产合计	6348378	5409861	628151	267272	649694	1410501
#应收账款净额	1430385	1165574	139159	16469	73172	361395
存货	1593860	1446770	246009	107914	190718	354067
#产成品	780275	676192	76696	28187	69630	231956
资产合计	18650154	16076157	2160341	1157596	1723148	3049920
负债合计	9819307	8682579	1186100	694537	955384	1460565

12－34 续表 1

指　　标	汽车船舶	电子信息	新能源	非金属新材料	节能电器	绿色食品
企业单位数(个)	43	35	16	176	42	60
亏损企业	2	2	3	14		1
工业总产值	1743633	1572951	1435070	5905281	1839486	3119222
工业销售产值(当年价格)	1741858	1570047	1430832	5919469	1803158	3098778
#出口交货值	192222	199874	32656	243301	89730	202058
全部从业人员年平均人数(人)	16426	11048	9909	36549	14951	20138
工业增加值(当年价)	340239	324165	562765	1432092	542754	601320
主营业务收入	1794239	1644638	1404995	5965083	2369009	3338051
主营业务成本	1614923	1482556	1211833	5288629	1954691	3038888
主营业务税金及附加	4165	2821	4002	18761	6925	17975
利润总额	107539	113345	91482	414530	211404	154347
亏损企业亏损总额	1777	709	1233	30227		444
本年应交增值税	35503	30603	28006	170969	46306	104911
利税总额	113347	117271	96475	436946	219824	174335
流动资产合计	289613	292871	314270	1140119	202389	214983
#应收账款净额	49612	121907	105410	194380	70883	33190
存货	68586	67236	90794	242876	31155	47416
#产成品	12990	32091	47855	121529	19975	35283
资产合计	656180	696035	1418690	3547918	525802	1140525
负债合计	360137	368879	976186	1982181	190217	508393

12－35 工业园区主要经济指标

指　　标	单位	2013年	2014年	2014年比2013年增长%
招商实际到位资金	万元	6850279	8247945	11.8
# 省外	万元	3225219	3892801	-1.5
境外	万美元	102838	115689	25.1
工业总产值	万元	27508240	38190263	21.0
工业销售产值	万元	27292897	37889214	21.9
出口交货值	万元	1933840	2996072	52.5
主营业务收入	万元	28582139	39490229	16.0
工业固定资产投资额	万元	6855523	7309059	6.6
利润总额	万元	2292651	2679981	17.1
税金总额	万元	824880	1550414	11.3
从业人员	人	256510	282126	7.1
资产总计	万元	13054102	16207241	14.2
工业增加值	万元	6808511	8955389	15.6
全员劳动生产率	元/人	265429	317425	19.6

12－36 各园区主要经济指标

(2014年) 单位:万元

园　　区	单位数(个)	园区实际开发面积(平方公里)	工业总产值	主营业务收入
总　　计	**1076**	**143.3**	**38190263**	**39490229**
江西九江沙城工业园区	80	24.8	1725599	1855074
江西武宁工业园区	104	9.3	2676263	2515665
江西修水工业园区	87	6.0	2800873	2589161
江西永修县云山经济开发区	103	10.8	3188545	3409584
江西德安工业园区	107	11.0	3138833	3302256
江西星子工业园区	49	4.5	1509386	1516495
江西都昌工业园区	72	6.0	1593370	1617518
江西湖口金砂湾工业园区	63	13.4	3181371	4015300
江西彭泽工业园区	48	13.3	1790142	1790142
江西瑞昌工业园区	89	22.7	3569967	3628870
江西共青城经济开发区	106	7.0	3302573	3244026
江西九江经济开发区	168	14.5	9713341	10006139

园　　区	工业固定资产投资额	利润总额	工业销售产值	#出口交货值
总　　计	**7309059**	**2679981**	**37889214**	**2996072**
江西九江沙城工业园区	748500	89444	1671451	70698
江西武宁工业园区	347130	257121	2676380	224009
江西修水工业园区	825693	346289	2793558	38618
江西永修县云山经济开发区	192649	256331	3184012	55722
江西德安工业园区	503961	179973	3125000	371944
江西星子工业园区	232868	178371	1512378	614514
江西都昌工业园区	298000	69251	1590656	140698
江西湖口金砂湾工业园区	744727	199886	3191911	37823
江西彭泽工业园区	391070	93692	1780560	38690
江西瑞昌工业园区	662874	343784	3417755	574757
江西共青城经济开发区	885841	306903	3220392	190325
江西九江经济开发区	1475746	358936	9725162	638274

12－36 续表

园　　区	税金总额	从业人员（人）	资产总计
总　　计	**1550414**	**282126**	**16207241**
江西九江沙城工业园区	57472	11576	878849
江西武宁工业园区	94849	27965	529472
江西修水工业园区	120060	20362	1035697
江西永修县云山经济开发区	114419	23199	1400205
江西德安工业园区	126609	27621	539425
江西星子工业园区	22994	13379	424772
江西都昌工业园区	71043	18569	127961
江西湖口金砂湾工业园区	88687	16221	2545112
江西彭泽工业园区	46945	10761	501152
江西瑞昌工业园区	85053	28364	2057998
江西共青城经济开发区	58582	27103	1160971
江西九江经济开发区	663702	57006	5005629

园　　区	利税总额	工业增加值	全员劳动生产率（元/人）
总　　计	**4230395**	**8955389**	**317425**
江西九江沙城工业园区	146916	421636	364233
江西武宁工业园区	351970	672973	240648
江西修水工业园区	466348	676576	332274
江西永修县云山经济开发区	370750	757876	326685
江西德安工业园区	306582	758443	274589
江西星子工业园区	201364	369173	275935
江西都昌工业园区	140295	373690	201244
江西湖口金砂湾工业园区	288574	610329	376259
江西彭泽工业园区	140637	420415	390684
江西瑞昌工业园区	428836	912224	321613
江西共青城经济开发区	365485	805950	297366
江西九江经济开发区	1022638	2176105	381733

12-37 工业园区分行业主要经济指标

指　　标	投产工业企业数（个）	工　业总产值（万元）	工　业销售产值	#出口交货值	主　营业务收入	利润总额
总　　计	**1076**	**38190263**	**37889214**	**2996072**	**39490229**	**2679981**
黑色金属矿采选业	2	54081	53995		55525	2468
有色金属矿采选业	10	541316	541054		549638	65209
非金属矿采选业	15	134323	133175		128531	12451
农副食品加工业	30	987279	983846	69019	1088793	57367
食品制造业	16	441259	430732	133038	445423	34364
酒、饮料和精制茶制造业	13	470977	469952		505496	34975
纺织业	107	3450220	3349264	72533	3489504	257599
纺织服装、服饰业	151	3588475	3554039	383718	3573756	273362
皮革、毛皮、羽毛及其制品和制鞋业	18	352230	337865	54195	346777	24248
木材加工和木、竹、藤、棕、草制品业	17	452946	452563	2130	471964	33273
家具制造业	8	213175	208218	61417	216803	18654
造纸和纸制品业	17	417719	415928	36602	437812	29374
印刷和记录媒介复制业	28	400020	399934	21	436992	29914
文教、工美、体育和娱乐用品制造业	31	1224181	1218482	511327	1216189	121845
石油加工、炼焦和核燃料加工业	2	2906419	2896286		2932721	-31497
化学原料和化学制品制造业	100	3214110	3197696	117001	3212621	234719
医药制造业	27	649683	646686	18316	607922	54151
化学纤维制造业	4	517475	502088	14333	511381	32551
橡胶和塑料制品业	31	618124	609804	18071	641096	57129
非金属矿物制品业	97	2902542	2926512	198462	2971238	261321
黑色金属冶炼和压延加工业	9	2317148	2323383	3006	2993319	133915
有色金属冶炼和压延加工业	21	1593548	1602292		1637302	137303
金属制品业	40	1115299	1090746	28354	1199830	100402
通用设备制造业	41	1091704	1049409	86622	1161678	102737
专用设备制造业	28	478983	471675	35827	517022	40850
汽车制造业	28	662930	659806	46345	684771	33118
铁路、船舶、航空航天和其他运输设备制造业	16	929092	930661	145878	956557	69963
电气机械和器材制造业	92	4292000	4266956	618518	4247767	276630
计算机、通信和其他电子设备制造业	48	1471429	1468450	123037	1533105	114193
仪器仪表制造业	12	318643	312884	1590	319339	26841
其他制造业	4	245312	247497	216712	251613	30833
废弃资源综合利用业	3	53371	53375		54181	2327
电力、热力生产和供应业	4	28809	28533		28069	1797
燃气生产和供应业	3	50787	50791		60832	5362
水的生产和供应业	3	4656	4634		4664	233

12－37 续表

指　　标	资产总计	税金总额	从业人员（人）	工 业 增加值	全员劳动生产率
总　　计	**16207241**	**1550414**	**282126**	**8955389**	**317425**
黑色金属矿采选业	13662	1049	365	15087	413356
有色金属矿采选业	227404	25948	3024	179339	593051
非金属矿采选业	76434	5629	1747	37058	212123
农副食品加工业	306853	23650	6005	205325	341923
食品制造业	135927	16402	8481	130329	153671
酒、饮料和精制茶制造业	521616	25140	3959	111720	282193
纺织业	1106573	100102	33403	813945	243674
纺织服装、服饰业	772489	93339	36633	839562	229182
皮革、毛皮、羽毛及其制品和制鞋业	80909	11160	5765	102678	178106
木材加工和木、竹、藤、棕、草制品业	183431	15731	3312	95453	288204
家具制造业	40976	6682	2002	53044	264955
造纸和纸制品业	237595	9319	4178	112251	268671
印刷和记录媒介复制业	121771	12799	4651	98120	210966
文教、工美、体育和娱乐用品制造业	245037	34918	12218	330181	270242
石油加工、炼焦和核燃料加工业	1066446	523974	2661	502002	1886515
化学原料和化学制品制造业	1853766	94538	19070	744474	390390
医药制造业	205272	21103	6914	162024	234342
化学纤维制造业	746251	11801	3381	116534	344674
橡胶和塑料制品业	151326	21282	6727	149695	222529
非金属矿物制品业	1813846	103283	21349	791625	370802
黑色金属冶炼和压延加工业	1045349	70458	8579	421479	491291
有色金属冶炼和压延加工业	1360919	56653	7067	290828	411529
金属制品业	244707	57363	6554	274288	418504
通用设备制造业	242658	22501	7044	261840	371721
专用设备制造业	114571	13397	4576	113848	248794
汽车制造业	130931	20807	6065	154592	254891
铁路、船舶、航空航天和其他运输设备制造业	537776	14325	9709	222785	229462
电气机械和器材制造业	1690156	86316	28916	1061539	367111
计算机、通信和其他电子设备制造业	678108	34072	11364	381725	335907
仪器仪表制造业	87590	7045	3097	86122	278081
其他制造业	74541	5266	1726	61423	355868
废弃资源综合利用业	23386	1464	495	12848	259556
电力、热力生产和供应业	24250	1165	643	7523	117003
燃气生产和供应业	37657	1622	260	12686	487923
水的生产和供应业	7059	113	186	1417	76209

主要统计指标解释

工业 指从事自然资源的开采，对采掘品和农产品进行加工和再加工的物质生产部门，具体包括：(1)对自然资源的开采，如采矿、晒盐、森林采伐等。(但不包括禽兽捕猎和水产捕捞)；(2)对农副产品的加工、再加工，如碾米、磨粉、酿酒、榨油、轧花、缫丝、屠宰、药材加工等；(3)对工业品的加工、再加工，如炼铁、炼钢、轧钢、炼焦、化工生产、机器制造、木材加工、印染、服装加工、造纸、自来水、煤气的生产和电力的生产及供应；(4)对工业品的修理、翻新，如修理机械设备、交通运输工具等。

1984年以前农村的村及村以下办工业归属农业，1984年及以后划归工业。

工业统计的范围包括城市和农村中各种经济类型的独立核算法人工业企业和独立核算法人工业企业附营工业生产活动单位。

规模以上工业企业 是指独立核算全部国有及年销售收入2000万元及以上非国有工业企业。

工业企业登记注册类型 为了贯彻落实党的十五大精神，准确反映和研究我国所有制结构以及国有经济的控股情况，为各级党政领导和有关部门进行宏观决策服务，国家统计局在深入调查研究和广泛征求意见的基础上，对原规定进行了修订，与国家工商行政管理局联合制发了《关于划分企业登记注册类型的规定》，作为今后的统计标准。该规定以工商行政管理机关对企业登记注册的类型为依据，将企业登记注册类型分几种类型。

国有企业 是指企业全部资产归国家所有，并按《中华人民共和国企业法人登记管理条例》规定登记注册的非公司制的经济组织。不包括有限责任公司中的国有独资公司。

集体企业 是指企业资产归集体所有，并按《中华人民共和国企业法人登记管理条例》规定登记注册的经济组织。

股份合作企业 是指以合作制为基础，由企业职工共同出资入股，吸收一定比例的社会资产投资组建，实行自主经营，自负盈亏，共同劳动，民主管理，按劳分配与按股分红相结合的一种集体经济组织。

联营企业 是指两个及两个以上相同或不同所有制性质的企业法人或事业单位法人，按自愿、平等、互利的原则，共同投资组成的经济组织。包括国有联营企业、集体联营企业、国有与集体联营企业、其他联营企业。

有限责任公司 是指根据《中华人民共和国公司登记管理条例》规定登记注册，由两个以上，五十个以下的股东共同出资，每个股东以其所认缴的出资额对公司承担有限责任，使以其全部资产对其债务承担责任的经济组织。包括国有独资；公司以其他有限责任公司。

股份有限公司 是指根据《中华人民共和国公司登记管理条例》规定登记注册，其全部注资本由等额股份构成并通过发行股票筹集资本，股东以其认购的股份对公司承担有限责任，公司以其全部资产对其债务承担责任的经济组织。

私营企业 是指自然人投资设立或自然人控股，以雇佣劳动为基础的营利性经济组织。包括按照《公司法》、《合伙企业法》、《私营企业暂行条例》规定登记注册的私营有限责任公司、私营股份有限公司、私营合伙企业和私营独资企业。

其他企业 是指上述七种注册类型之外的其他内资经济组织。

外商投资企业 是指国外投资者根据我国有关涉外经济的法律、法规，以合资、合作或独资的形式在大陆境内开办企业。包括中外合资经营企业、中外合作经营企业和外资企业、外商投资股份有限公司四种形式。

港、澳、台投资企业 是指港、澳、投资者依照中华人民共和国有关涉外经济法规，以合资、合作或独资的形式在大陆举办企业。港、澳、台投资企业参照外商投资企业，可分为合资经营企业、合作经营企业、港、澳、台商独资经营企业、港、澳、台商投资股有限公司四种形式。

轻工业 指提供消费品和制作手工工具的工业。

重工业 是指为国民经济各部门实现技术改造与技术进步提供物质条件的基础工业

大、中、小、微型企业 根据工业和信息化部、国家统计局、国家发展改革委、财政部《关于印发中小企业划型标准规定的通知》,大中小型工业企业划分以法人企业或单位作为对企业规模的划分对象,以从业人员数和营业收入两项指标为划分依据。工业企业规模的具体划分标准见下表。

指标名称	单位	大型	中型	小型	微型
从业人员数(X)	人	X≥1000	300≤X<1000	20≤X<300	X<20
营业收入(Y)	万元	Y≥40000	2000≤Y<40000	300≤Y<2000	Y<300

注:大型、中型和小型企业须同时满足所列指标的下限,否则下划一档;微型企业只须满足所列指标中的一项即可。

工业总产值 工业总产值是以货币形式表现的,工业企业在一定时期内生产是工业最终产品或提供工业性劳务活动的总价值量。工业总产值目前采用"工厂法"计算,一个企业内部自产自用的产品、半成品不允许重复计算产值,但各企业之间存在着重复计算。第三次全国工业普查,针对工业总产值计算原规定的缺陷,对其作了下列四个方面的修订:

1. 凡用自备原材料生产的产品,不论其加工的繁简程度如何,一律按全价计算。

2. 凡承接来料加工生产的产品,加工企业一律按加工费教育处。

3. 自制半成品、在制品期末期初差额价值,如果会计的产品成本核算了这部分价值,工业总产值中也应包括,否则可不包括。

4. 现价工业总产值一律采用不含销项税的价格计算。

工业增加值 是指工业企业在报告期内以货币表现的工业生产活动的最终成果。工业增加值有两种计算方法:一是生产法,即工业总产出(用现行价格新规定工业总产值代替)减去工业中间投入加本期应交增值税;二是收入法,即根据生产要素在生产过程中应得到的收入份额计算,具体构成项目有固定资产折旧、劳动者报酬、生产税净额、营业盈余,这种方法也称要素分配法。**所有者权益** 是指企业投资人对企业净资产的所有权,包括企业投资者对企业的投入资本以其形成的资本公积金、盈余公积金和末分配利润等的所有权。

固定资产原值 是指工业企业购买和建设各种固定资产时所实际支付的金额,以及以后改建或扩建所追加投资金额的合计。固定资产的来源包括解放后接收的原有固定资产、通过基本建设完成交付使用的固定资产、通过更新改造措施而增加的固定资产等等。

固定资产净值 是指固定资产原值扣除历年提取后的价值。

流动资产 是指可以在一年或者超过一年的一个营业周期内变现或者耗用的资产,包括现金及各种存款、短期投资、应收及预付货款、存货等。

流动负债 是指将在一年或者超过一年的一个营业周期内偿还的债务。包括短期借款、应付票据、应付帐款、预收货款、应付工资、应交税金、应付利润、其他应付款、预提费用等。

产品销售收入 指企业销售产品的销售收入和提供劳务等主要经营业务取得的业务总额。1994年实施新的税制后,取消了产品税,开征消费税,增值税由价内税改为价外税,因此,产品销售收入中不再含增值税。

利润总额 是指企业实现的利润总额,等于盈利企业的利润额减亏损企业的亏损额。**实现利税总额** 是指企业实现的利润和税金总额。1993年以前实现利税总额为企业产品销售税金及附加和利润总额之和。1994年税制改革后,税金总额是指企业销售产品、提供工业性作业劳务等,应负担的销售税金及附加、增值税。

工业资金利税率 指报告期已实现的利润、税金总额与同期的资金(流动资产和固定资产净值)之比,反映企业资金运用的经济效益指标。

计算公式为:

$$\text{工业资金利税率(\%)} = \frac{\text{报告期止累计实现利税总额}}{\text{报告期平均流动资产固定资产净值平均余额}} \times 12/\text{累计月数} \times 100\%$$

工业增加值率 指报告期工业增加值与同期工业总产值之比,反映降低中间消耗的经济效益指标。

计算公式为:

$$工业增加值率(\%)=\frac{报告期工业增加值}{报告期现价工业总产值}\times100\%$$

总资产贡献率 该指标反映企业全部资产的获利能力,是企业经营业绩和管理水平的集中体现,是评价和考核企业盈利能力的核心指标。

计算公式为:

$$总资产贡献率(\%)=\frac{利润总额+税金总额+利息支出}{平均资产总额}\times12/累计月数$$

其中:税金总额为产品销售税金及附加与应交增值税之和;平均资产总额为期初期末资产总计的算术平均值。

资本保值增值率 该指标反映企业净资产的变动状况,是企业发展能力的集中体现。

计算公式为:

$$资本保值增值率(\%)=\frac{报告期期末所有者权益}{上年同期期末所有者权}\times100\%$$

资产负债率 该指标既反映企业经营风险的大小,也反映企业利用债权人提供的资金从事经营活动的能力。

计算公式为:

$$资产负债率(\%)=\frac{负债合计}{资产合计}\times100\%$$

流动资产周转率 指一定时期内流动资产完成的周转次数,反映投入工业企业流动资金的周速速度。

计算公式为:

$$流动资产周转率(\%)=\frac{产品销售收入}{流动资产平均余额}\times12/累计月数$$

成本费用利润率 反映工业投入的生产成本及费用的经济效益,同时也反映企业降低成本所得的经济效益。

计算公式为:

$$工业成本费用利润率(\%)=\frac{利润总额}{成本费用总额}\times100\%$$

其中:成本费用总额为产品销售成本、产品销售费用、管理费用和财务费用之和。

全员劳动生产率 该指标反映企业的生产效率和劳动投入的经济效益。

计算公式为:

$$全员劳动生产率(元/人)=\frac{工业增加值}{全部职工平均人数}\times12/累计月数$$

产品销售率 该指标反映工业产品已实现销售的程度,是分析工业产销衔接情况、研究工业产品满足社会需求的指标。

计算公式为:

$$产品销售率=\frac{工业销售产值}{工业总产值(现价)}\times100\%$$

工业经济效益综合指数 是衡量工业经济效益各方面在数量上总体水平的一种特殊相对数,是反映工业经济运行质量的综合指标。

计算公式为:

$$工业经济效益综合指数=\frac{\sum\frac{某项指标报告期数值}{(该项指标全国标准值\times该项指标权数)}}{总权数}$$

园区完成基础设施投入 指用于征地、拆迁、"三通一平"、绿化等基础性设施资金的合计数。

园区招商签约资金 指与本行政区域(市、县)以外客商正式签定协议、合同所签约的金额。不包括意向书、口头承诺、草签协议书所签定的金额。

园区招商实际到位资金 指实际到帐资金(包括购地、建厂房、购设备及原材料等资金);省外资金:指来自江西省以外中国大陆以内的资金;境外资金:指中国大陆以外的资金。

园区内工业企业个数 指工业园区内已建成投产,具备独立核算法人资格的工业企业合计数。

工业企业用电量 指工业企业用于工业生产的用电。

税金总额 指企业在一定时期内上缴的各项税金之和。上缴税金包括产品销售税金及队加,管理费用中的资源税、房产税、印花税和土地使用税,所得税,应交增值税。

园区在建工业企业个数 指已在工业园区内注册登记,正在筹建的工业企业个数。包括已建成未投产的企业个数。园区非工业企业个数 指园区内从事建筑业、批发零售业、服务业等非工业企业的个数。营业收入:指所有非工业企业从事经营活动所获得的收入。

13

建筑业

● 2014 年,全市建筑业总产值 311.20 亿元,其中国有企业 144.19 亿元,其他企业 167.01 亿元。

13-1 主要年份建筑业企业主要经济指标

指　　标	单位	2008年	2009年	2010年	2011年	2012年	2013年	2014年
建筑业总产值	万元	1230172	1607588	2054327	2526074	2665147	2799465	3111990
竣工产值	万元	786422	1034490	885996	1104806	1427745	1633408	1423554
房屋施工面积	万平方米	922.17	1150.13	1340.43	1404.08	1615.75	1508.89	1539
#新开工	万平方米	631.98	729.97	990.54	817.15	1095.16	1027.89	1056
房屋竣工面积	万平方米	628.48	729.96	759.43	714.78	1013.34	1085.59	888.69
自有机械设备总功率	万千瓦	34.56	36.76	38.46	42.70	44.08	43.85	
直接从事生产经营活动的平均人数	人	66639	78145	99248	80641	77828	83345	96384
全员劳动生产率	元/人	409390	205719	206989	313249	342441	335889	322874
流动资产年末合计	万元	640417	721464	859104	1280743	1612686	1695123	1956048
在建工程	万元	11121	12053	16352.2	29635	48187	37914	56932
固定资产原价	万元	201806	228743	243023	256621	366092	350798	358944
利润总额	万元	36388	50211	51848	59373	83091	96668	85115

13-2 各县(市、区)建筑企业个数和签订合同额

(2014年)

地区	企业个数(个)	#有工作量的企业个数(个)	签订的合同额(万元)	#上年结转合同额	#本年新签合同额
全市合计	**151**	**146**	**5708046**	**2529613**	**3178433**
市直	38	36	3662781	2212318	1450462
浔阳区	14	13	79419	25936	53483
庐山区	10	10	141251	27590	113661
九江开发区	8	8	267785	60032	207753
庐山管理局	3	3	831		831
九江县	9	9	278646	41710	236936
武宁县	9	8	88579	10134	78445
修水县	8	8	231154	30509	200646
永修县	6	6	74843	3008	71835
德安县	7	7	90260	24460	65800
星子县	4	4	69708	3337	66371
都昌县	10	10	204452	39882	164570
湖口县	3	3	74695	4949	69746
彭泽县	7	7	65426	11939	53487
瑞昌市	11	10	132429	32492	99937
共青城市	4	4	245787	1317	244470

13-3 各县(市、区)承包工程完成情况

(2014年)

单位:万元

地区	直接从建设单位承揽工程完成的产值	#自行完成施工产值	分包出去工程的产值	从外单位承揽工程	竣工价值
全市合计	**3114630**	**3093353**	**21277**	**18636**	**1423554**
市直	1353877	1339390	14487	11087	172155
浔阳区	79104	79098	6		65012
庐山区	130967	130449	518	518	86789
九江开发区	219464	219119	345		190189
庐山管理局	1331	1331			
九江县	126362	126362			103575
武宁县	62204	61464	740	730	32357
修水县	250684	250684			191753
永修县	69508	69508			60380
德安县	89258	89258			60220
星子县	62588	62588		120	56730
都昌县	201312	201312			135512
湖口县	69976	69976			64397
彭泽县	64069	64069		1000	51322
瑞昌市	126709	121528	5181	5181	111395
共青城市	207217	207217			41768

13－4 各县(市、区)建筑业从业人员情况

(2014 年)　　单位:人

地区	直接从事生产经营活动的平均人数	年末从业人数	工程技术人员	一级建造师
全市合计	**96384**	**91786**	**23977**	**585**
市直	24057	23864	5898	290
浔阳区	4064	3267	1375	30
庐山区	5616	6154	2696	20
九江开发区	6197	5939	814	87
庐山管理局	113	108	88	1
九江县	5097	4710	732	3
武宁县	3960	4127	421	5
修水县	8687	7029	1849	21
永修县	3445	3501	399	3
德安县	3361	3544	1180	
星子县	2464	2532	254	
都昌县	10304	11074	997	20
湖口县	4089	4306	1442	2
彭泽县	4023	4302	468	1
瑞昌市	6862	3362	4460	99
共青城市	4045	3967	904	3

13－5 各县(市、区)房屋建筑施工面积

(2014 年)　　单位:平方米

地区	房屋建筑施工面积	# 本年新开工面积	实行投标承包面积	#本年新开工面积
全市合计	**15386938**	**10555022**	**9528156**	**6932389**
市直	2933440	1339223	788170	198033
浔阳区	607739	543968		
庐山区	1129188	649652	803038	547238
九江开发区	527540	206046	129351	586
九江县	981212	627731	636727	583030
武宁县	858110	486945	477637	364940
修水县	1813306	1714869	1621900	1511847
永修县	1102913	1008786	1008786	1008786
德安县	533000	285600	265600	253600
星子县	613936	491678	493019	469218
都昌县	1432282	1072793	1140532	994343
湖口县	652671	609277	650529	390170
彭泽县	634377	225538	396895	74720
瑞昌市	868791	607514	493116	457645
共青城市	698433	685402	622856	78233

13-6 各县(市、区)建筑业总产值

(2014 年)　　单位:万元

地　区	建筑业总产值	#装饰装修产值	在外省完成的产值	按构成分		
				建筑工程产值	安装工程产值	其他产值
全市合计	**3111990**	**79224**	**1030998**	**2947537**	**101626**	**62827**
市　直	1350478	3778	833875	1294103	26199	30177
浔阳区	79098	522	12742	63114	15980	3
庐山区	130967			129039		1928
九江开发区	219119		142152	213848	4889	382
庐山管理局	1331			1331		
九江县	126362	18278		117451	2808	6103
武宁县	62194	4244	2308	50265	11929	
修水县	250684		12839	232219	18465	
永修县	69508			67824	1644	40
德安县	89258			89258		
星子县	62708	466		60186	1972	550
都昌县	201312	30298	24832	186082	6627	8603
湖口县	69976	6017		54340	4920	10716
彭泽县	65069			63944	1125	
瑞昌市	126709	15620		119175	5068	2465
共青城市	207217		2250	205357		1860

13－7 各县（市、区）建筑业资产情况

（2014 年） 单位：万元

地区	资产合计	流动资产合计	应收工程款	固定资产合计	累计折旧	其中：本年折旧	在建工程
全市合计	**2575189**	**1956048**	**408978**	**307622**	**128370**	**16594**	**56932**
市直	1555516	1320281	234630	103668	75365	9553	23188
浔阳区	137000	93583	13178	40814	13833	409	2117
庐山区	86521	64641	32046	11715	5024	456	
九江开发区	210871	144070	46130	18702	10971	1511	6146
庐山管理局	7740	6409	2492	1206	546	9	
九江县	49243	33518	8743	5990	1531	415	
武宁县	42562	11957	4385	13909	2538	221	1508
修水县	26122	16695	1705	8437	1653	120	53
永修县	59374	26985	6305	13382	1450	166	8403
德安县	69056	28832	13848	12610	698	34	1550
星子县	39047	13223	9357	11571	3229	2670	1045
都昌县	73307	41928	9187	25013	6111	551	5887
湖口县	14256	6511	945	6851	1945	135	3203
彭泽县	23967	14821	4022	9118	1425	61	638
瑞昌市	148205	107652	11508	17176	1717	266	3178
共青城市	32402	24942	10497	7460	334	17	16

13－8 各县（市、区）建筑业营业收入

（2014 年） 单位：万元

地区	营业收入	主营业务收入	营业成本	主营业务成本	营业税金及附加	主营业务税金及附加	其他业务利润
全市合计	**2703307**	**2692329**	**2381401**	**2292700**	**116104**	**107508**	**1029**
市直	1347898	1342510	1219911	1214619	44680	43660	192
浔阳区	49066	47631	42144	41023	1977	1935	54
庐山区	117481	117441	104538	104537	5731	5731	7
九江开发区	249779	249193	204406	199657	17606	15117	552
庐山管理局	1634	1626	1261	1261	53	53	－1
九江县	106720	105640	89460	87460	6572	4572	80
武宁县	46503	46448	39778	39752	2099	2094	
修水县	122823	122797	102400	102395	6530	6529	10
永修县	60708	60076	56305	55650	2918	2869	41
德安县	61615	61598	55498	55498	3263	3263	16
星子县	61010	61010	52438	30928	3067	1931	
都昌县	179125	178187	150615	148042	6984	6557	
湖口县	60579	60579	55726	55726	3778	3778	
彭泽县	54499	54207	45582	10071	1905	724	8
瑞昌市	109663	109182	93436	78178	6097	5974	70
共青城市	74204	74204	67903	67903	2844	2721	

13-9 各县(市、区)建筑业负债和所有者权益

(2014年)

单位:万元

地区	流动负债合计	非流动负债合计	负债合计	所有者权益	实收资本
全市合计	**1519232**	**48244**	**1682044**	**893145**	**510109**
市直	1176917	8943	1204354	351164	246868
浔阳区	12156	996	13267	123733	18172
庐山区	29785	289	39046	47475	28192
九江开发区	119501	26091	149262	61609	55653
庐山管理局	4623		4623	3117	2296
九江县	22810	1972	26901	22342	16119
武宁县	27771	366	28163	14399	11292
修水县	9981	156	11644	14478	9249
永修县	29777	666	30442	28932	6897
德安县	2253		2253	66803	41413
星子县	2756		28502	10545	7393
都昌县	22357	4795	27777	45530	22941
湖口县	4064	14	4078	10178	7982
彭泽县	6382	701	7842	16124	9624
瑞昌市	23105	3255	78896	69309	20110
共青城市	24994		24994	7407	5908

13-10 各县(市、区)建筑业利润和分配

(2014年)

单位:万元

地区	营业利润	营业外收入	营业外支出	利润总额	应交所得税
全市合计	**84611**	**1756**	**1286**	**85115**	**13578**
市直	22846	448	226	23123	3390
浔阳区	3104	8	144	2968	609
庐山区	5079			5066	1016
九江开发区	13744	14	120	13631	1420
庐山管理局	-251	246	17	-23	32
九江县	5749	58	12	5795	1338
武宁县	1303	6	10	1299	182
修水县	4338			4338	447
永修县	345	41		386	35
德安县	1500	72	32	1540	104
星子县	3426	87	46	3467	145
都昌县	12222	416	3	12635	3185
湖口县	127			127	24
彭泽县	5232	24	26	5230	803
瑞昌市	4888	336	519	4705	808
共青城市	959		131	828	40

主要统计指标解释

建筑业总产值 是以货币表现的建筑安装企业在一定时期内生产的建筑业产品的总和。建筑业总产值包括三部分内容：

（1）建筑工程产值 指列入建筑工程预算内的各种工程价值，主要包括：各种用途的房屋、构筑物的建筑工程和暖气、卫生、通风、照明、煤气等设备安装价值；设备基础、支柱、操作台、梯子、烟囱、凉水塔的砌筑工程；各种锅炉炉体砌筑和金属结构安装工程；施工现场布置、场地平整、施工临时用水、电、道路的铺筑与架设；矿井的开凿、井巷掘进延伸、露天矿的剥离、石油、天然气钻井工程；铁路、公路、港口、桥梁的建筑工程；水利工程；防空、地下建筑等特殊工程和对建筑物内部或外部进行装饰、装修的价值。

（2）设备安装工程产值 指设备安装工程价值，主要包括生产、动力、起重、运输、传动、医疗、实验、电讯、光纤、电话、计算机和电子设备等各种需要安装设备的装配与安装，与设备相联接的工作台、梯子、栏杆等装设工程；附属于被安装设备的管线敷设工程；被安装设备的绝缘、防腐保温、油漆等工作；为测定安装工作质量，对单个设备、系统设备进行单机试车和系统联动无负荷试运转工作，但产值中不包括被安装设备的价值。

（3）其他产值 建筑业总产值中除建筑工程、安装工程以外的产值。包括房屋、构筑物修理产值、非标准设备制造产值、总包企业向分包企业收取的管理费以及不能明确划分的施工活动所完成的产值。

①房屋、构筑物修理产值 指房屋和构筑物修理所完成的产值，但不包括被修理房屋、构筑物本身产值和生产设备的修理产值。

②非标准设备制造产值 指加工制造没有定型的非标准生产设备的加工费和原材料价值。

建筑业增加值 指建筑业企业在报告期内以货币形式表现的建筑业生产经营活动的最终成果。

从2004年第一次全国经济普查开始，建筑业现价增加值按生产法和分配法（收入法）两种方法计算，以收入法的计算结果为准，即从收入的角度出发，根据生产要素在生产过程中应得的收入份额计算。具体计算方法：经济普查年度建筑业增加值按照《经济普查年度GDP核算方案》计算，非经济普查年度建筑业增加值按照《非经济普查年度GDP核算方案》计算。

房屋建筑施工面积 指在报告期内施工的全部房屋建筑面积，包括本期新开工的房屋面积、上期施工跨入本期继续施工的房屋面积、上期停缓建在本期恢复施工的房屋面积、本期竣工的房屋面积及本期施工后又停缓建的房屋面积。

房屋建筑竣工面积 指在报告期内房屋建筑按照设计要求全部完工，达到了住人和使用条件，经验收鉴定合格，正式移交使用单位的房屋建筑面积。

工程结算收入 指企业承包工程实现的工程价款结算收入，以及向发包单位收取的除工程价款以外的按规定列作营业收入的各种款项，如临时设施费、劳动保险费、施工机械调迁费等以及向发包单位收取的各种索赔款。

工程结算利润 指已结算工程实现的利润，如亏损以"一"号表示。计算公式为：

工程结算利润 = 工程结算收入 - 工程结算成本 - 工程结算税金及附加

14

交通运输和邮电

- 2014 年末,全市铁路营运里程达 935 公里,长江通航里程 128 公里,内河湖道通航里程 740 公里,公路通车里程 19475 公里。
- 2014 年,全社会货运周转量 381.33 亿吨公里,客运周转量 88.47 亿人公里,港口货物吞吐量 20202.46 万吨。
- 2014 年,全市邮电业务总量 29.62 亿元,年末固定电话用户 74.06 万户,移动电话用户 326.86 万户。

14－1 主要年份运输线路长度

单位:公里

指　　标	1978 年	1980 年	1985 年	1990 年	1995 年	2000 年	2005 年	2010 年	2012 年	2013 年	2014 年
铁路总里程(辖区内)	148	148	148	165	271	389	849	935	935	935	935
# 营运里程	94	94	94	94	159	159	456	542	542	542	542
铁路专用线				17	20	26	49	49	49	49	49
水运、航道里程(辖区内)	943	943	943	904	904	960	960	960	868	868	868
# 长江通航里程	142	142	142	142	142	142	142	142	128	128	128
内河内湖通航里程	801	801	801	762	762	818	818	818	740	740	740
公路通车里程	3362	3263	3653	3653	3715	3836	7236	18006	18970	19046	19475
# 国　　道	120	171	206	206	206	206	323	558	557	569	569
省　　道	1468	1481	912	912	899	887	974	919	1012	1012	1071
县　　道	1774	1612	1601	1601	1601	1634	2026	2098	2116	2118	2127
民用航空线里程			1900	1900	1890	687		3374	5435	5435	4034
管道长度			19	24	24	23	19	28	14	14	14

14－2 运输线路长度

单位:公里

指　　标	2014 年	指标	2014 年
铁路总里程(辖区内)	935	公路通车里程	19475
# 营运里程	542	国　　道	569
铁路专用线	49	省　　道	1071
地方铁路	172	县　　道	2172
水运、航道里程(辖区内)	868	乡　　道	3715
# 长江通航里程	128	总计中:绿化里程	9840
内河内湖通航里程	740	总计中:高速公路	557
# 三级航道	81	一级公路	254
六级航道	146	二级公路	1080
七级航道	124	三级公路	1323
等外航道	389	四级公路	11571
		等外公路	4690
		民用航空线里程	4034
		管道长度	14

14-3 机动汽车保有量

(2014 年)　　单位:辆

指　标	总计	#营运	非营运	进口	个人	新注册
合　计	**564965**	**79727**	**484745**	**6130**	**495448**	**76142**
一、汽　车	326203	62569	263141	6086	260718	53419
载客汽车	248276	7229	240554	6024	223208	45173
#大　型	3300	2649	556	13	84	204
中　型	2456	1174	886	23	365	340
小　型	239253	3405	235847	5941	219684	44511
微　型	3267	1	3265	47	3075	118
载货汽车	59462	39989	19473	59	29510	7208
#重　型	15410	14717	693	30	1951	1853
中　型	7722	7578	144		1975	453
轻　型	36281	17670	18611	29	25542	4902
微　型	49	24	25		42	
其他汽车	18465	15351	3114	3	8000	1038
二、摩 托 车	234815	13234	221581	44	234444	22487
普　通	233602	13233	220369	44	233237	22396
轻　便	1213	1	1212		1207	91
三、挂　车	3947	3924	23		286	236

14-4 主要年份全社会运输量和周转量

指 标	单位	1978 年	1980 年	1990 年	1995 年	2000 年	2005 年	2010 年	2013 年	2014 年
客 运 量	**万人**	**1051**	**1099**	**3584**	**5806**	**4184**	**4713**	**10521**	**12452**	**10694**
公 路	万人	559	794	3081	5168	3718	4255	9897	11491	9651
水 运	万人	276	168	308	453	171	123	41	36	42
铁 路	万人	216	137	194	184	296	335	575	913	989
民 航	万人							8.16	12	12
货 运 量	**万吨**	**706**	**486**	**1722**	**2714**	**1810**	**2540**	**9746**	**13398**	**14096**
公 路	万吨	106	101	1185	1943	1256	1471	7678	10952	11415
水 运	万吨	491	335	378	545	239	480	1054	998	1259
铁 路	万吨	109	50	150	212	308	585	871	1261	1248
管 道	万吨			9	14	7	4	143	187	174
客运周转量	**万人公里**	**76816**	**59687**	**182422**	**232579**	**269545**	**248701**	**687253**	**821454**	**884716**
公 路	万人公里	17136	20773	115200	169747	173100	220552	391965	449406	461233
水 运	万人公里	44169	27061	49694	46112	2351	1373	777	419	519
铁 路	万人公里	15511	11853	16894	16017	94060	26766	287503	360884	412555
民 航	万人公里			634	703	34		7008	10745	10409
货运周转量	**万吨公里**	**169203**	**182015**	**272397**	**446195**	**284106**	**514562**	**2751902**	**4065065**	**3813305**
公 路	万吨公里	4175	5054	59044	109272	99880	154458	1602735	2509056	2556289
水 运	万吨公里	145844	170434	193739	308203	81103	313270	842488	1135951	807985
铁 路	万吨公里	19184	6527	19572	28657	103180	46816	306177	419436	448442
管 道	万吨公里			42	63	33	18	502	623	589
港口集装箱吞吐量（TEU,标准箱）				**601**	**3415**	**4575**	**46158**	**120569**	**194647**	**224108**

14－5 九江市港口吞吐量

(2014 年)

分　类	货物吞吐量合　计(万吨)	#出口	旅客吞吐量合　计(万人)	#离港
总　计	**20202.46**	**16307.90**	**57.69**	**29.90**
一、长　江	8035.87	4309.67	12.33	7.14
瑞昌港区	3060.91	2468.15	12.33	7.14
城西港区	255.50	188.39		
城区港区	434.71	69.33		
湖口港区	2556.62	978.75		
彭泽港区	426.00	381.00		
上港集团	1302.12	224.05		
二、内　河	12166.59	11998.23	45.36	22.77
湖　口	2122.12	2120.50	20.43	10.22
庐山区	2653.11	2513.20		
星　子	942.01	941.59		
都　昌	1729.47	1703.06		
永　修	4590.68	4590.68		
柘林湖			18.31	9.15
武　宁	84.10	84.10	6.15	3.15
修水港	45.10	45.10	0.47	0.24

14－6 公路交通事故

（2014 年）

地　区	事故起数		死亡人数		受伤人数		直接财产损失	
	数量（次）	比上年同期增减（%）	数量（次）	比上年同期增减（%）	数量（次）	比上年同期增减（%）	数量（次）	比上年同期增减（%）
总　　计	**289**	**－0.3**	**103**	**－1.0**	**288**	**－1.0**	**105.2**	**－4.1**
庐 山 区	10		7		9	－25.0	3.7	80.8
浔 阳 区	45		6		44	4.8	28.7	－49.6
九江开发区	38		6	20.0	55	－3.5	39.1	176.4
九 江 县	13		10		8	14.3	0.5	0.0
武 宁 县	31	－3.1	10		40	－4.8	7.8	8.0
修 水 县	41	－4.7	13		27	－27.0	6.9	56.3
永 修 县	31	－3.1	9	－10.0	34		7.5	－3.1
德 安 县	16	166.7	5		9	28.6	1.1	100.0
星 子 县	4		4				0.1	－93.6
都 昌 县	20	11.1	10		22	37.5	2.3	－31.0
湖 口 县	4	－33.3	5		3	－25.0	0.1	－52.4
彭 泽 县	12	－25.0	7		13		4.8	－25.7
共青城市	14		2	－33.3	18	28.6	2.0	－46.3
瑞 昌 市	10	－23.1	9		6		0.6	－59.9

14－7 主要年份邮电通讯业务

年份	邮电业务总量（万元）	函件（万件）	报刊累计数（万份）	市内电话（户）	农村电话（户）	计算机互联网用户（户）
1978	365	815	4209	4111	2468	
1980	409	927	4797	4196	2271	
1985	841	1604	6192	6186	2139	
1990	3421	1874	5387	11916	2356	
1995	15836	1844	5004	81848	16604	
2000	93680	2080	5437	281561	165384	29167
2004	163738	971	5556	476928	429007	74795
2005	215171	868	4219	514868	464611	97233
2007	295675	1294	3102	602326	478241	193936
2008	271952	1278	3675	693167	439614	234986
2009	297187	1542	3395	590333	349944	303767
2010	232106	1002	4217	536913	324566	308863
2011	237433	1074	4266	510547	320035	377269
2012	277946	755	4153	392787	315165	438320
2013	302455	603	4000	391407	311271	589059
2014	296203	872	4116	386052	312714	689430

注：自2012年起，邮电业务总量指标统计口径发生改变，用营业收入替代。

年份	邮电局所（个）	#设在农村的	邮路及投递线路总长度（万公里）	邮运汽车（辆）	移动电话用户（万户）	数字数据用户（户）
1978	213	192	1.3	14		
1980	187	143	1.2	12		
1985	223	163	1.4	19		
1990	217	162	1.4	25		
1995	217	178	1.5	47		
2000	222	194	1.5	31	17	853
2004	211	162	1.7	97	73	395
2005	211	156	2.1	22	95	633
2007	211	157	1.6	133	166	287
2008	204	156	1.8	23	177	153
2009	205	156	0.9	81	240	488
2010	329	279	1.6	67	266	993
2011	433	353	1.5	73	308	1055
2012	449	376	1.5	86	361	984
2013	467	392	1.5	66	324	1038
2014	467	393	1.5	60	327	1184

14－8 邮电事业

指　　标	单位	2013 年	2014 年	2014 年比 2013 年增长%
邮电业务总量	万元	302455	296203	－2.1
函　　件	万件	603	872	44.5
包　　裹	万件	13	16	17.4
报　　刊	万份	4000	4116	2.9
特快专递	万件	88	159	79.4
汇　　票	万件	85	76	－9.8
集　　邮	万枚	393	102	－74.2
邮政储蓄年末余额	万元	1311488	1451439	10.7
电话年末达到总数	户	796783	740626	－7.0
# 市内电话	户	391407	386052	－1.4
#住宅电话	户	195051	150579	－22.8
# 农村电话	户	311271	312714	0.5
#住宅电话	户	305778	307742	0.6
# 公用电话	户	52124	51326	－1.5
电话交换机的总容量	万门	729	714	－2.0
#程　　控	万门	175	160	－8.3
计算机互联网用户	户	589059	689430	17.0
移动电话期末户数	万户	324	327	1.0
# 3G 移动电话用户数	万户	113	126	11.8
长途电话电路	兆	345	345	
数字数据(DDN)	户	1038	1184	14.1
邮电局所	户	467	467	
#农村所	户	392	393	0.3
邮路及投递线路总长度	公里	15269	15051	－1.4
邮运汽车	辆	66	60	－9.1
装有程控交换机的县、市	个	17	17	
#进入国际长话自动网的	个	17	17	
已通电话的乡、镇	个	181	181	

主要统计指标解释

铁路营业里程 指办理客货运输业务的铁路正线总长度。凡是全线或部分建成双线及以上的线路,以第一线的实际长度计算;复线、站线、段管线、岔线和特别用途线以及不计算运费的联络线都不计算营业里程。铁路营业里程是反映铁路运输业基础设施发展水平的重要指标,也是计算客货周转量、运输密度和机车车辆运用效率指标的基础资料。

公路里程 也称"公路通车里程",是指实际达到交通部制定的公路工程技术标准规定的等级公路长度。它包括大中城市的郊区公路以及通过大小城镇街道的公路里程,也包括桥梁、渡口的长度,但不包括城市的街道以及厂矿、林区和农业生产用道的里程。两条或多条公路共同经由同一路段,只计算一次,不重复计算里程长度。公路里程是反映公路建设发展规模的重要指标,也是计算运输网密度等指标的基础资料。

内河航道里程 也称"内河通航里程",是指在枯水季节水深在0.3米及以上,能通航运输船舶及排筏的天然河流、湖泊水库、运河及通航渠道的长度。包括全年季节性通航累计三个月以上的航道,但不包括仅供零散流放竹木排的河道。内河航道里程是反映内河水运网规模、水平和发展情况的主要指标。

货(客)运量 指运输业实际运送的货物(旅客)数量。货运按吨计算,客运按人计算。货物不论运输距离长短,货物类别,均按实际重量统计;旅客不论行程远近或票价多少,均按一人一次作为客运量统计。半票价、小孩票,也按一人统计。货(客)运量是反映运输业为国民经济和人民生活服务的数量指标,也是制定和检查运输生产计划、研究运输展规模和速度的重要指标。

货物(旅客)周转量 指运输业运送的货物(旅客)数量与其相应运输距离的乘积之总和,通常以吨公里和人公里为计算单位。计算货物周转量通常按发出站与到达站之间的最短距离,也就是计费距离计算。它是反映运输业生产总成果的重要指标,也是编制和检查运输生产计划、计算运输效率、劳动生产率以及核算运输单位成本的主要基础资料。

铁路货运机车平均日产量 指平均每台货运机车在一昼夜内所完成的总重吨公里数。它既包括载运货物的重量,也包括车辆本身的自重,它是从时间和牵引能力两方面反映了机车运用效率的综合性指标。计算公式为:

$$\text{货运机车平均日产量}=\frac{\text{货运总重吨公里数}}{\text{货运机车台日数}}$$

邮电业务总量 指以货币表现的邮电部门为用户传递信息和提供其他邮电服务的总量。它用各种邮电分类业务量,如函件件数、电报份数、长话张数、市内电话和农村电话的年均户数、订销报刊累计份数等,分别乘以相应的不变单价加总后再加上出租电路和设备的收入、代用户维护电话交换机和线路等设备的收入、其他业务收入求得。邮电业务总量综合反映了一定时期邮电工作的总成果,是研究邮电业务量构成和发展趋势的重要指标。

15

国内贸易和旅游

- 2014 年,社会消费品零售总额 521.22 亿元,比上年增长 13.9%。

- 2014 年,批发零售贸易业商品销售总额 1099.9 亿元,比上年增长 15.4%。

15－1 社会消费品零售总额

单位:万元

指　标	2013 年	2014 年	2014 年比 2013 年增长%
社会消费品零售总额	**4495139**	**5122203**	**13.9**
按销售地区分			
城镇	2697239	3087040	14.5
# 城区	2214176	2497092	12.8
乡村	1797900	2035163	13.2
按行业分			
批发零售业	3917621	4435021	13.2
住宿餐饮业	577518	687181	19.0
按地区分			
浔 阳 区	1431554	1631375	14.0
庐 山 区	182967	207870	13.6
九江开发区	345331	393155	13.8
庐山管理局	31605	34797	10.1
九 江 县	190681	216300	13.4
武 宁 县	280640	318057	13.3
修 水 县	355777	403923	13.5
永 修 县	251999	289405	14.8
德 安 县	142364	163189	14.6
星 子 县	142303	163674	15.0
都 昌 县	343827	392738	14.2
湖 口 县	161711	186320	15.2
彭 泽 县	195505	222768	13.9
瑞 昌 市	321307	363312	13.1
共青城市	117568	135323	15.1

注:2013 年数据根据省年鉴数调整。

15-2 限额以上批发和零售业企业商品销售情况(一)

(2014年)

行业	法人企业数（个）	从业人员期末人数（人）	商品购进额（万元）	商品销售额（万元）	其中:通过公共网络实现的商品销售额	其中:使用银行卡支付的商品销售额
总计	**191**	**15723**	**1865774**	**2539297**	**474514**	**205856**
一、批发业	37	2586	740661	904256	471984	67852
1.按批发行业小类分						
农、林、牧产品批发	3	93	8002	7856		
棉、麻批发	3	93	8002	7856		
食品、饮料及烟草制品批发	9	1158	430717	573254	471984	60113
米、面制品及食用油批发	3	52	66594	67594	526	59000
肉、禽、蛋、奶及水产品批发	1	80	11500	12043		
盐及调味品批发	1	108	5926	8864		
酒、饮料及茶叶批发	1	20	3198	3164		
烟草制品批发	1	786	340501	471458	471458	
其他食品批发	2	112	2998	10132		1113
纺织、服装及家庭用品批发	4	444	9889	9804		1486
纺织品、针织品及原料批发	1	13	5714	5537		
服装批发	1	17	618	453		
鞋帽批发	1	390	2348	1486		1486
家用电器批发	1	24	1210	2329		
医药及医疗器材批发	5	308	17196	21413		
西药批发	2	85	5292	10076		
中药批发	3	223	11904	11337		
矿产品、建材及化工产品批发	14	482	256225	271873		6253
煤炭及制品批发	4	112	122514	125447		359
石油及制品批发	3	190	79104	84335		5894
金属及金属矿批发	2	89	29908	34966		
建材批发	1	7	2659	2734		
化肥批发	3	53	11572	11141		
其他化工产品批发	1	31	10468	13251		
机械设备、五金产品及电子产品批发	1	60	9184	10691		
五金产品批发	1	60	9184	10691		
其他批发业	1	41	9449	9364		
再生物资回收与批发	1	41	9449	9364		
2.按登记注册类型分						
内资企业	37	2586	740661	904256	471984	67852
国有企业	5	956	354737	488910	471984	
集体企业	1	19	3902	3861		
有限责任公司	20	970	249514	271326		7007
国有独资公司	1	57	78661	79948		
其他有限责任公司	19	913	170853	191378		7007
私营企业	11	641	132508	140159		60845
私营合伙企业	1	390	2348	1486		1486
私营有限责任公司	10	251	130161	138673		59359
3.按控股情况分						
国有控股	7	1049	447425	584240	471984	

15－2 续表 1

行　　业	法　人企业数（个）	从业人员期末人数（人）	商　品购进额（万元）	商　品销售额（万元）	其中:通过公共网络实现的商品销售额	其中:使用银行卡支付的商品销售额
集体控股	6	410	73132	76787		
私人控股	21	999	189947	208490		67852
其他	3	128	30156	34739		
4. 按经营形式分						
独立门店	24	1197	235031	253337		66380
连锁总店	2	814	342785	473503	471458	
其他	11	575	162846	177416	526	1472
5. 按单位规模分						
大型	1	786	340501	471458	471458	
中型	14	933	256601	286858		
小型	19	842	82212	83710		8852
微型	3	25	61347	62230	526	59000
二、零售业	154	13137	1125113	1635042	2530	138004
1. 按零售行业小类分						
综合零售	25	7019	332534	362709		34529
百货零售	9	3664	219562	245137		32116
超级市场零售	14	3011	100447	105964		2413
其他综合零售	2	344	12525	11609		
食品、饮料及烟草制品专门零售	4	564	8312	9353	254	216
粮油零售	1	20	504	720	254	216
糕点、面包零售	2	391	7249	7942		
肉、禽、蛋、奶及水产品零售	1	153	559	691		
纺织、服装及日用品专门零售	3	121	5705	5708	3	
纺织品及针织品零售	1	8	4689	4689		
钟表、眼镜零售	1	101	465	457	3	
其他日用品零售	1	12	551	563		
文化、体育用品及器材专门零售	2	72	699	733	26	14
珠宝首饰零售	2	72	699	733	26	14
医药及医疗器材专门零售	6	576	15853	19696		
药品零售	6	576	15853	19696		
汽车、摩托车、燃料及零配件专门零售	72	3595	663638	1136341	5	97218
汽车零售	64	2046	422065	432658	5	97218
汽车零配件零售	1	150	28756	27896		
机动车燃料零售	7	1399	212817	675787		
家用电器及电子产品专门零售	32	918	69234	71324	1325	5426
家用视听设备零售	1	10	775	607		607
日用家电设备零售	26	714	62416	64589		4820
计算机、软件及辅助设备零售	4	173	5058	5075	1325	
通信设备零售	1	21	985	1054		
五金、家具及室内装饰材料专门零售	5	144	21622	21390	918	
五金零售	2	50	18231	18250		
涂料零售	1	20	613	607		
陶瓷、石材装饰材料零售	2	74	2778	2533	918	
货摊、无店铺及其他零售业	5	128	7518	7788		601

15－2 续表 2

行　　业	法　人 企业数 （个）	从业人员 期末人数 （人）	商　品 购进额 （万元）	商　品 销售额 （万元）	其中:通过 公共网络 实现的 商品销售额	其中：使用 银行卡支付 的商品销售额
生活用燃料零售	2	73	4657	4812		601
其他未列明零售业	3	55	2861	2976		
2. 按登记注册类型分						
内资企业	152	12751	1097160	1608340	2530	118523
国有企业	1	153	559	691		
集体企业	1	121	32172	33165		33165
有限责任公司	65	3690	359115	363258	29	41754
国有独资公司	1	79	11238	12498		
其他有限责任公司	64	3611	347877	350760	29	41754
股份有限公司	5	3104	278238	756070		29075
私营企业	78	5421	420752	447801	2501	14529
私营独资企业	3	33	8368	8568		
私营合伙企业	1	80	8402	8482		
私营有限责任公司	71	5178	391114	416813	2501	14529
私营股份有限公司	3	130	12869	13937		
其他企业	2	262	6324	7355		
港、澳、台商投资企业	2	386	27953	26701		19481
港澳台商独资企业	2	386	27953	26701		19481
3. 按控股情况分						
国有控股	7	1554	214933	676687		
集体控股	3	226	41601	43511		33459
私人控股	134	10528	792483	840822	2527	71138
港澳台商控股	2	386	27953	26701		19481
其他	8	443	48143	47320	3	13926
4. 按经营形式分						
独立门店	138	7336	889275	930899	1205	102228
连锁总店	4	3873	178083	643961		30575
连锁门店	11	1800	55486	57912		5201
其他	1	128	2270	2270	1325	
5. 按单位规模分						
大型	4	4306	213003	681324		30575
中型	56	7065	691218	724743	1330	84586
小型	65	1514	161978	170495	1174	14703
微型	29	252	58915	58480	26	8141
6. 按零售业态分						
有店铺零售	154	13137	1125113	1635042	2530	138004
超市	22	3441	132240	137806	254	916
大型超市	6	3628	198791	224680		34280
仓储会员店						
百货店	4	614	19407	19590		
专业店	64	3927	575965	1037841	1356	77900
专卖店	54	1373	171983	189368	3	24908
家居建材商店	3	94	3263	3099	918	
厂家直销中心	1	60	23465	22657		

15－3 限额以上批发和零售业企业商品销售情况(二)

(2014 年)

行　　业	批发额(万元)	零售额(万元)	其中:通过公共网络实现的商品零售额	期末商品库存额(万元)	年末零售营业面积(平方米)
总　　计	**969226**	**1570071**	**21666**	**129966**	**707699**
一、批发业	858926	45329	1148	46498	36194
1. 按批发行业小类分					
农、林、牧产品批发	7856			668	
棉、麻批发	7856			668	
食品、饮料及烟草制品批发	557270	15984	223	21078	10695
米、面制品及食用油批发	60249	7345	223	5708	1095
肉、禽、蛋、奶及水产品批发	6395	5648			600
盐及调味品批发	8864			1087	
酒、饮料及茶叶批发	1690	1474		526	3000
烟草制品批发	471458			12003	
其他食品批发	8614	1518		1753	6000
纺织、服装及家庭用品批发	6468	3336	925	1758	3348
纺织品、针织品及原料批发	4322	1215		177	200
服装批发		453		165	122
鞋帽批发	561	925	925	862	1026
家用电器批发	1585	744		554	2000
医药及医疗器材批发	20811	602		2522	1105
西药批发	10076			1131	520
中药批发	10735	602		1391	585
矿产品、建材及化工产品批发	250884	20989		15426	6846
煤炭及制品批发	104458	20989		1355	5400
石油及制品批发	84335			4098	
金属及金属矿批发	34966			9028	300
建材批发	2734			26	
化肥批发	11141			517	1146
其他化工产品批发	13251			404	
机械设备、五金产品及电子产品批发	10545	146		4961	1000
五金产品批发	10545	146		4961	1000
其他批发业	5092	4272		85	13200
再生物资回收与批发	5092	4272		85	13200
2. 按登记注册类型分					
内资企业	858926	45329	1148	46498	36194
国有企业	487775	1135	223	18998	3695
集体企业	3861			126	990
有限责任公司	257666	13660		22539	25241
国有独资公司	79948				
其他有限责任公司	177718	13660		22539	25241
私营企业	109624	30534	925	4834	6268
私营合伙企业	561	925	925	862	1026
私营有限责任公司	109063	29610		3972	5242
3. 按控股情况分					
国有控股	583104	1135	223	19645	3695

15－3 续表 1

行　业	批发额（万元）	零售额（万元）	其中：通过公共网络实现的商品零售额	期末商品库存额（万元）	年末零售营业面积（平方米）
集体控股	70537	6250		4652	2246
私人控股	174818	33672	925	13479	17053
其他	30467	4272		8721	13200
4. 按经营形式分					
独立门店	210858	42479	925	19580	31343
连锁总店	473503			12241	156
其他	174566	2850	223	14676	4695
5. 按单位规模分					
大型	471458			12003	
中型	256008	30850		28769	19220
小型	77029	6682	925	5537	15757
微型	54432	7798	223	189	1217
二、零售业	110300	1524742	20519	83469	671505
1. 按零售行业小类分					
综合零售	10824	351885		18257	310544
百货零售	10381	234756		7661	239383
超级市场零售	443	105520		9681	60341
其他综合零售		11609		916	10820
食品、饮料及烟草制品专门零售	360	8993	50	2037	12000
粮油零售	360	360	50	72	300
糕点、面包零售		7942		1965	10000
肉、禽、蛋、奶及水产品零售		691			1700
纺织、服装及日用品专门零售		5708		78	711
纺织品及针织品零售		4689		23	211
钟表、眼镜零售		457		43	400
其他日用品零售		563		13	100
文化、体育用品及器材专门零售	89	644	16	63	1230
珠宝首饰零售	89	644	16	63	1230
医药及医疗器材专门零售	7586	12110		2500	8607
药品零售	7586	12110		2500	8607
汽车、摩托车、燃料及零配件专门零售	83543	1052799	18268	49852	277695
汽车零售	4240	428419	18268	39396	104649
汽车零配件零售		27896		1992	3300
机动车燃料零售	79303	596484		8464	169746
家用电器及电子产品专门零售	7386	63937	1325	9974	50178
家用视听设备零售		607		168	350
日用家电设备零售	7386	57202		9511	48378
计算机、软件及辅助设备零售		5075	1325	220	850
通信设备零售		1054		75	600
五金、家具及室内装饰材料专门零售	34	21356	860	532	4670
五金零售		18250		281	1000
涂料零售		607		7	1800
陶瓷、石材装饰材料零售	34	2499	860	245	1870
货摊、无店铺及其他零售业	478	7310		175	5870

15－3 续表 2

行　　业	批发额（万元）	零售额（万元）	其中：通过公共网络实现的商品零售额	期末商品库存额（万元）	年末零售营业面积（平方米）
生活用燃料零售		4812		161	4000
其他未列明零售业	478	2499		14	1870
2. 按登记注册类型分					
内资企业	110300	1498041	20519	79409	656104
国有企业		691			1700
集体企业		33165		3498	200
有限责任公司	4203	359055	18284	29040	150902
国有独资公司		12498		64	1000
其他有限责任公司	4203	346558	18284	28976	149902
股份有限公司	89549	666521		6250	327091
私营企业	14820	432980	2235	40131	172711
私营独资企业	351	8217		372	2480
私营合伙企业		8482		210	1300
私营有限责任公司	14469	402344	2235	38540	164931
私营股份有限公司		13937		1009	4000
其他企业	1728	5628		491	3500
港、澳、台商投资企业		26701		4059	15401
港澳台商独资企业		26701		4059	15401
3. 按控股情况分					
国有控股	79303	597384		8277	160246
集体控股		43511		4176	7700
私人控股	29433	811389	20516	62875	452608
港澳台商控股		26701		4059	15401
其他	1563	45757	3	4081	35550
4. 按经营形式分					
独立门店	44127	886773	19194	69226	261412
连锁总店	66173	577788		9957	352531
连锁门店		57912		4287	57362
其他		2270	1325		200
5. 按单位规模分					
大型	66173	615151		11740	355331
中型	36415	688329	19593	52184	209483
小型	7623	162872	910	16449	92214
微型	89	58391	16	3096	14477
6. 按零售业态分					
有店铺零售	110300	1524742	20519	83469	671505
超市	2666	135140	50	8667	50373
大型超市	10246	214434		9829	245831
仓储会员店					
百货店		19590		2413	31600
专业店	90483	947358	19606	46655	274406
专卖店	6871	182497	3	14185	62020
家居建材商店	34	3065	860	246	2280
厂家直销中心		22657		1475	4995

15-4 限额以上批发和零售业法人企业财务状况(一)

(2014 年)　　单位:万元

行　业	法人企业数(个)	年初存货	期末资产负债				
			流动资产合计	应收帐款	存货	固定资产合计	固定资产原价
总　计	**191**	**118928**	**674272**	**71547**	**126045**	**191096**	**270329**
一、批发业	37	49798	310379	39061	45273	33823	54805
1. 按批发行业小类分							
农、林、牧产品批发	3	366	20357	135	468	3892	2554
棉、麻批发	3	366	20357	135	468	3892	2554
食品、饮料及烟草制品批发	9	27386	147374	2372	23107	15998	32009
米、面制品及食用油批发	3	5976	17564	1559	5685	1214	2243
肉、禽、蛋、奶及水产品批发	1		12			305	320
盐及调味品批发	1	1194	1601	18	1074	668	2137
酒、饮料及茶叶批发	1	560	785		526	87	103
烟草制品批发	1	16633	124264	286	14106	12713	26194
其他食品批发	2	3024	3147	510	1716	1012	1012
纺织、服装及家庭用品批发	4	2884	6556	972	1758	3004	3055
纺织品、针织品及原料批发	1	287	3321	627	177		
服装批发	1	165	169		165	22	22
鞋帽批发	1	758	1505	191	862	2944	2944
家用电器批发	1	1673	1561	154	554	38	89
医药及医疗器材批发	5	2296	11795	6081	2152	4544	5205
西药批发	2	1456	9056	4380	1131	3189	3644
中药批发	3	840	2739	1701	1022	1355	1561
矿产品、建材及化工产品批发	14	11905	118519	28886	12789	4677	9931
煤炭及制品批发	4	86	69736	19336	1699	351	454
石油及制品批发	3	245	13394	1136	756	1876	6381
金属及金属矿批发	2	10887	14527	624	9028	117	148
建材批发	1	26	13137	2635	26	10	10
化肥批发	3	157	2635	726	876	2233	2796
其他化工产品批发	1	505	5090	4429	404	91	143
机械设备、五金产品及电子产品批发	1	4961	5630	615	4961	1399	1553
五金产品批发	1	4961	5630	615	4961	1399	1553
其他批发业	1		150		37	309	499
再生物资回收与批发	1		150		37	309	499
2. 按登记注册类型分							
内资企业	37	49798	310379	39061	45273	33823	54805
国有企业	5	23282	162300	4932	20865	14673	30363
集体企业	1	85	1395	351	126	239	365
有限责任公司	20	20677	83637	22043	18903	8942	14772
国有独资公司	1		26696	13706		170	246
其他有限责任公司	19	20677	56941	8336	18903	8772	14527
私营企业	11	5754	63048	11736	5378	9969	9305
私营合伙企业	1	758	1505	191	862	2944	2944
私营有限责任公司	10	4996	61543	11544	4516	7026	6362
3. 按控股情况分							
国有控股	7	23347	189724	18638	21438	15955	33530

15 - 4 续表 1

行　业	法人企业数（个）	年初存货	期末资产负债 流动资产合计	应收帐款	存货	固定资产合计	固定资产原价
集体控股	6	1162	9516	3186	2052	3918	7311
私人控股	21	15119	85727	13978	13109	13544	13366
其他	3	10171	25412	3259	8673	406	598
4. 按经营形式分							
独立门店	24	20821	113403	20467	19596	15416	19990
连锁总店	2	16633	124759	457	14344	13060	26639
其他	11	12344	72217	18137	11332	5347	8177
5. 按单位规模分							
大型	1	16633	124264	286	14106	12713	26194
中型	14	27705	89014	28575	26218	10750	18427
小型	19	4774	86135	8919	4784	10181	9651
微型	3	687	10966	1281	165	179	533
二、零售业	154	69130	363893	32486	80772	157273	215524
1. 按零售行业小类分							
综合零售	25	22131	171057	2621	22821	56376	81136
百货零售	9	13536	151128	1231	13341	25361	38527
超级市场零售	14	8485	19060	939	9244	14794	24895
其他综合零售	2	110	868	451	236	16222	17715
食品、饮料及烟草制品专门零售	4	1248	5399	345	1086	2113	3284
粮油零售	1	504	120	48	72	1000	1500
糕点、面包零售	2	743	4981	297	1014	721	1349
肉、禽、蛋、奶及水产品零售	1	1	299			392	435
纺织、服装及日用品专门零售	3	298	847	250	494	519	908
纺织品及针织品零售	1	117	156	87		10	57
钟表、眼镜零售	1	170	653	164	456	474	813
其他日用品零售	1	11	38		38	35	38
文化、体育用品及器材专门零售	2	354	279	18	219	102	240
珠宝首饰零售	2	354	279	18	219	102	240
医药及医疗器材专门零售	6	2289	11483	4647	1494	2823	3467
药品零售	6	2289	11483	4647	1494	2823	3467
汽车、摩托车、燃料及零配件专门零售	72	33056	132546	7642	44321	81480	110947
汽车零售	64	30177	111494	7055	39404	39685	47851
汽车零配件零售	1	442	7879	124	1992	676	1102
机动车燃料零售	7	2437	13173	463	2925	41119	61994
家用电器及电子产品专门零售	32	9111	25672	4887	9877	6216	7185
家用视听设备零售	1	157	296		168	103	103
日用家电设备零售	26	8755	23917	4310	9462	5736	6598
计算机、软件及辅助设备零售	4	134	1387	576	183	113	144
通信设备零售	1	65	72		65	265	340
五金、家具及室内装饰材料专门零售	5	280	12890	9683	287	7420	8054
五金零售	2	280	12104	9280	280	388	451
涂料零售	1		296	42	7	103	103
陶瓷、石材装饰材料零售	2		490	360		6930	7500
货摊、无店铺及其他零售业	5	364	3720	2394	173	224	305

15－4 续表 2

行业	法人企业数(个)	年初存货	期末资产负债				
			流动资产合计	应收帐款	存货	固定资产合计	固定资产原价
生活用燃料零售	2	270	1360	87	161	207	285
其他未列明零售业	3	94	2360	2307	12	17	20
2. 按登记注册类型分							
内资企业	152	66669	358009	31901	77393	133720	189946
国有企业	1	1	299			392	435
集体企业	1		6662	289	3553	1464	1649
有限责任公司	65	23073	82174	15010	24715	38752	52747
国有独资公司	1	54	581	89	70	181	201
其他有限责任公司	64	23019	81593	14921	24645	38571	52545
股份有限公司	5	12046	135928	580	11241	54954	78187
私营企业	78	30897	131122	15216	37711	37904	56522
私营独资企业	3	411	640	99	329	343	536
私营合伙企业	1	210	1429	36	210	2190	2500
私营有限责任公司	71	28099	121449	12064	35695	33556	51174
私营股份有限公司	3	2177	7604	3018	1477	1814	2312
其他企业	2	651	1825	806	172	254	407
港、澳、台商投资企业	2	2461	5884	585	3379	23553	25579
港澳台商独资企业	2	2461	5884	585	3379	23553	25579
3. 按控股情况分							
国有控股	7	2624	9304	356	2991	41411	62372
集体控股	3	978	9498	390	4383	5148	5997
私人控股	134	56177	325076	30217	65047	78239	112145
港澳台商控股	2	2461	5884	585	3379	23553	25579
其他	8	6890	14131	937	4972	8922	9433
4. 按经营形式分							
独立门店	138	51752	209653	29776	63257	90276	121014
连锁总店	4	15102	142929	561	14259	41081	61187
连锁门店	11	2276	10655	1820	3257	25814	33194
其他	1		657	330		102	129
5. 按单位规模分							
大型	4	15325	144366	750	14951	41977	62179
中型	56	31676	147622	12505	45710	84664	116857
小型	65	18960	67803	18684	18056	29081	32681
微型	29	3170	4102	546	2056	1551	3807
6. 按零售业态分							
有店铺零售	154	69130	363893	32486	80772	157273	215524
超市	22	5828	15278	2682	6086	17642	27592
大型超市	6	17221	156007	957	16250	39205	54312
百货店	4	1044	7436	387	1804	1926	2904
专业店	64	32911	133178	14492	40426	75431	102543
专卖店	54	11173	48419	12482	14482	14181	18545
家居建材商店	3	80	1371	1206		6930	7501
厂家直销中心	1	873	2205	281	1725	1958	2127

15-5 限额以上批发和零售业法人企业财务状况(二)

(2014 年) 单位:万元

行业	期末资产负债						
	累计折旧	本年折旧	在建工程	资产总计	流动负债合计	应付账款	非流动负债合计
总计	**81086**	**16967**	**85820**	**1131085**	**600139**	**145331**	**132040**
一、批发业	22829	1819	64561	453038	192969	47867	41087
1. 按批发行业小类分							
农、林、牧产品批发	509	86	1847	25740	12081	680	6300
棉、麻批发	509	86	1847	25740	12081	680	6300
食品、饮料及烟草制品批发	16011	1197	2445	181188	32594	16665	1044
米、面制品及食用油批发	1029	47	139	22918	21919	8537	421
肉、禽、蛋、奶及水产品批发	15	15		317	19		
盐及调味品批发	1470	104		2396	570	335	95
酒、饮料及茶叶批发	16	8		890	12	8	528
烟草制品批发	13481	1023	2306	150508	9118	7245	
其他食品批发				4159	955	540	
纺织、服装及家庭用品批发	51	51	207	9761	7854	972	
纺织品、针织品及原料批发				3321	2302		
服装批发				191	130	128	
鞋帽批发			207	4650	3450	607	
家用电器批发	51	51		1599	1972	237	
医药及医疗器材批发	660	182	6	18220	8504	3263	990
西药批发	455	110	6	12305	6026	1005	
中药批发	205	72		5915	2478	2259	990
矿产品、建材及化工产品批发	5254	202	60056	210393	129509	26186	32753
煤炭及制品批发	103	28	58841	150913	101392	18122	26980
石油及制品批发	4505	132	1110	21252	5459	571	5773
金属及金属矿批发	31	6		14644	10663	3750	
建材批发				13146	5145		
化肥批发	563	29	105	5256	3747	945	
其他化工产品批发	52	7		5181	3104	2799	
机械设备、五金产品及电子产品批发	154			7029	2345	101	
五金产品批发	154			7029	2345	101	
其他批发业	190	100		708	81		
再生物资回收与批发	190	100		708	81		
2. 按登记注册类型分							
内资企业	22829	1819	64561	453038	192969	47867	41087
国有企业	15690	1174	2445	191750	44838	24476	516
集体企业	126	4		1633	1487	564	
有限责任公司	5830	389	60062	180949	92123	7938	34271
国有独资公司	75	25	58841	106716	61047	253	26980
其他有限责任公司	5755	365	1221	74233	31075	7685	7291
私营企业	1183	252	2054	78707	54521	14889	6300
私营合伙企业			207	4650	3450	607	
私营有限责任公司	1183	252	1847	74056	51071	14283	6300
3. 按控股情况分							
国有控股	17574	1307	61286	300618	106262	24729	27496

15－5 续表 1

行　　业	期末资产负债						
	累计折旧	本年折旧	在建工程	资产总计	流动负债合计	应付账款	非流动负债合计
集体控股	3394	80	105	18376	9524	2853	990
私人控股	1668	329	3170	107978	61787	16535	12601
其他	193	103		26067	15396	3750	
4. 按经营形式分							
独立门店	4574	535	1317	137887	90432	34347	7454
连锁总店	13578	1040	2411	151455	9502	7455	
其他	4677	244	60833	163697	93034	6065	33634
5. 按单位规模分							
大型	13481	1023	2306	150508	9118	7245	
中型	7677	530	58841	185061	106001	14221	28228
小型	1317	245	3275	102334	61464	19224	12601
微型	354	21	139	15135	16386	7178	259
二、零售业	58257	15148	21259	678047	407171	97464	90952
1. 按零售行业小类分							
综合零售	24760	7114	136	277264	171485	60229	54558
百货零售	13166	2088	3	220409	142140	36229	52050
超级市场零售	10101	4030	133	39765	13296	7997	2458
其他综合零售	1493	996		17090	16049	16003	50
食品、饮料及烟草制品专门零售	1171	339	169	7644	4903	2315	332
粮油零售	500	100		1120	520		300
糕点、面包零售	628	239	169	5767	3733	2315	
肉、禽、蛋、奶及水产品零售	43			757	650		32
纺织、服装及日用品专门零售	395	87		2253	921	479	225
纺织品及针织品零售	47	11		966	664	425	
钟表、眼镜零售	338	72		1214	257	53	225
其他日用品零售	9	3		73			
文化、体育用品及器材专门零售	138	11		684	181	67	200
珠宝首饰零售	138	11		684	181	67	200
医药及医疗器材专门零售	644	199		18439	14897	6415	
药品零售	644	199		18439	14897	6415	
汽车、摩托车、燃料及零配件专门零售	29467	6600	20954	314528	178625	14657	35189
汽车零售	8166	2528	2739	162901	104156	11933	4894
汽车零配件零售	426	7	3000	12095	10606	73	
机动车燃料零售	20875	4065	15215	139532	63864	2650	30294
家用电器及电子产品专门零售	968	215		32519	20944	9095	430
家用视听设备零售				423	316		20
日用家电设备零售	863	177		30180	19912	8654	409
计算机、软件及辅助设备零售	31	19		1504	644	441	
通信设备零售	75	20		412	72		
五金、家具及室内装饰材料专门零售	634	571		20653	12610	3690	20
五金零售	63			12492	9972	2981	
涂料零售				423	316	13	20
陶瓷、石材装饰材料零售	571	571		7738	2322	695	
货摊、无店铺及其他零售业	81	15		4064	2605	517	

15－5 续表 2

行　　业	期末资产负债						
	累计折旧	本年折旧	在建工程	资产总计	流动负债合计	应付账款	非流动负债合计
生活用燃料零售	78	13		1686	373	62	
其他未列明零售业	3	1		2377	2232	455	
2. 按登记注册类型分							
内资企业	56231	13687	21259	648598	385129	80780	90952
国有企业	43			757	650		32
集体企业	185	84	29	8840	6970	182	
有限责任公司	14001	1718	1071	131677	76265	21245	2762
国有独资公司	20	20		1247	202	202	15
其他有限责任公司	13980	1697	1071	130430	76063	21043	2747
股份有限公司	23233	5082	14381	313072	172892	32075	82329
私营企业	18618	6758	5778	191280	127331	26653	5830
私营独资企业	193	43		1028	81	11	42
私营合伙企业	310	7		3619	414		
私营有限责任公司	17618	6524	5775	176443	118079	21687	5731
私营股份有限公司	497	184	3	10191	8757	4955	56
其他企业	153	46		2972	1021	625	
港、澳、台商投资企业	2026	1462		29449	22042	16685	
港澳台商独资企业	2026	1462		29449	22042	16685	
3. 按控股情况分							
国有控股	20961	4026	15215	135992	61006	2650	30326
集体控股	849	92	29	15485	10541	3332	
私人控股	33911	9436	6015	473905	300246	70091	58665
港澳台商控股	2026	1462		29449	22042	16685	
其他	511	134		23216	13337	4707	1961
4. 按经营形式分							
独立门店	30744	6479	6721	347177	207709	40696	36729
连锁总店	20106	6349	14381	291765	169971	33428	53819
连锁门店	7381	2303	158	38347	29161	23134	404
其他	26	17		759	329	207	
5. 按单位规模分							
大型	20202	6340	14381	294098	172110	34940	53819
中型	32193	6972	5980	276295	175283	46179	32171
小型	3606	1237	898	99205	57006	15363	4587
微型	2256	599		8450	2772	982	376
6. 按零售业态分							
有店铺零售	58257	15148	21259	678047	407171	97464	90952
超市	9950	1814	133	36130	13379	5540	1164
大型超市	15107	5344	3	242626	156985	54194	53819
百货店	978	332	169	9593	6956	3271	52
专业店	27113	6220	19902	309938	179847	23248	34110
专卖店	4369	798	1053	66978	43333	9977	1808
家居建材商店	571	571		8620	3192	1151	
厂家直销中心	170	69		4162	3480	84	

15－6 限额以上批发和零售业法人企业财务状况(三)

(2014 年)　　单位:万元

行　业	期末资产负债						
	负债合计	所有者权益	实收资本	国家资本	集体资本	法人资本	个人资本
总　计	**732179**	**398907**	**159327**	**42381**	**2885**	**51276**	**54187**
一、批发业	234056	218982	64806	27692	1013	19620	16480
1. 按批发行业小类分							
农、林、牧产品批发	18381	7359	5784			100	5684
棉、麻批发	18381	7359	5784			100	5684
食品、饮料及烟草制品批发	33639	147549	5030	3203	277	500	1050
米、面制品及食用油批发	22341	577	1511	1011		500	
肉、禽、蛋、奶及水产品批发	19	298	277		277		
盐及调味品批发	665	1730	1129	1129			
酒、饮料及茶叶批发	540	350	350				350
烟草制品批发	9118	141390	1063	1063			
其他食品批发	955	3204	700				700
纺织、服装及家庭用品批发	7854	1907	2450			1200	1250
纺织品、针织品及原料批发	2302	1019	1000				1000
服装批发	130	62	50				50
鞋帽批发	3450	1200	1200			1200	
家用电器批发	1972	(373)	200				200
医药及医疗器材批发	9494	8726	8216	400		5320	2496
西药批发	6026	6279	6180	400		5280	500
中药批发	3468	2447	2036			40	1996
矿产品、建材及化工产品批发	162262	48130	42626	24090	736	12000	5800
煤炭及制品批发	128372	22541	23690	21090			2600
石油及制品批发	11232	10020	6000	3000		3000	
金属及金属矿批发	10663	3981	3000			1000	2000
建材批发	5145	8001	8000			8000	
化肥批发	3747	1509	736		736		
其他化工产品批发	3104	2077	1200				1200
机械设备、五金产品及电子产品批发	2345	4684	200				200
五金产品批发	2345	4684	200				200
其他批发业	81	627	500			500	
再生物资回收与批发	81	627	500			500	
2. 按登记注册类型分							
内资企业	234056	218982	64806	27692	1013	19620	16480
国有企业	45354	146396	4292	4292			
集体企业	1487	146	126		126		
有限责任公司	126394	54555	42053	23000	887	12820	5346
国有独资公司	88027	18689	20000	20000			
其他有限责任公司	38366	35866	22053	3000	887	12820	5346
私营企业	60821	17886	18334	400		6800	11134
私营合伙企业	3450	1200	1200			1200	
私营有限责任公司	57371	16686	17134	400		5600	11134
3. 按控股情况分							
国有控股	133758	166860	27292	27292			

15－6 续表 1

行　业	期末资产负债						
	负债合计	所有者权益	实收资本	国家资本	集体资本	法人资本	个人资本
集体控股	10514	7863	1823		1013	40	770
私人控股	74388	33589	25190	400		11080	13710
其他	15396	10671	10500			8500	2000
4. 按经营形式分							
独立门店	97886	40001	32689	5490	963	19440	6796
连锁总店	9502	141954	1113	1063	50		
其他	126668	37028	31004	21140		180	9684
5. 按单位规模分							
大型	9118	141390	1063	1063			
中型	134228	50833	38316	25529	277	5640	6870
小型	74065	28268	24866	1090	736	13480	9560
微型	16645	(1509)	561	11		500	50
二、零售业	498123	179924	94521	14688	1872	31656	37707
1. 按零售行业小类分							
综合零售	226042	51222	20105		100	14032	5391
百货零售	194190	26220	9542			7095	2447
超级市场零售	15753	24012	9742		100	6697	2944
其他综合零售	16099	990	821			240	
食品、饮料及烟草制品专门零售	5235	2410	1366	76		328	962
粮油零售	820	300	70			50	20
糕点、面包零售	3733	2034	1220			278	942
肉、禽、蛋、奶及水产品零售	681	76	76	76			
纺织、服装及日用品专门零售	1146	1107	568			495	73
纺织品及针织品零售	664	302	245			245	
钟表、眼镜零售	482	732	250			250	
其他日用品零售		73	73				73
文化、体育用品及器材专门零售	381	303	151			101	50
珠宝首饰零售	381	303	151			101	50
医药及医疗器材专门零售	14897	3541	2380			440	1940
药品零售	14897	3541	2380			440	1940
汽车、摩托车、燃料及零配件专门零售	213814	100714	55488	14612	1772	13619	17468
汽车零售	109050	53851	37396		1772	13419	14188
汽车零配件零售	10606	1490	1260				1260
机动车燃料零售	94158	45374	16832	14612		200	2020
家用电器及电子产品专门零售	21373	11145	6781			1308	5473
家用视听设备零售	337	87	80				80
日用家电设备零售	20321	9859	5991			978	5013
计算机、软件及辅助设备零售	644	860	370			330	40
通信设备零售	72	340	340				340
五金、家具及室内装饰材料专门零售	12630	8023	6239				6239
五金零售	9972	2520	743				743
涂料零售	337	87	80				80
陶瓷、石材装饰材料零售	2322	5417	5417				5417
货摊、无店铺及其他零售业	2605	1459	1443			1333	110

15－6 续表 2

行 业	期末资产负债						
	负债合计	所有者权益	实收资本	国家资本	集体资本	法人资本	个人资本
生活用燃料零售	373	1313	1313			1313	
其他未列明零售业	2232	145	130			20	110
2. 按登记注册类型分							
内资企业	476081	172517	85923	14688	1872	31656	37707
国有企业	681	76	76	76			
集体企业	6970	1870	800		800		
有限责任公司	79027	52650	31444	5205	100	10334	15805
国有独资公司	217	1030	200			200	
其他有限责任公司	78810	51619	31244	5205	100	10134	15805
股份有限公司	255221	57851	14452	9407		5000	45
私营企业	133161	58120	38709		972	15922	21815
私营独资企业	123	905	440				440
私营合伙企业	414	3205	482				482
私营有限责任公司	123810	52632	36631		972	15422	20237
私营股份有限公司	8813	1378	1156			500	656
其他企业	1021	1951	442			400	42
港、澳、台商投资企业	22042	7407	8598				
港澳台商独资企业	22042	7407	8598				
3. 按控股情况分							
国有控股	91331	44661	15248	14688		559	
集体控股	10541	4944	1557		900	657	
私人控股	358911	114994	64101		972	27086	36044
港澳台商控股	22042	7407	8598				
其他	15298	7918	5017			3354	1663
4. 按经营形式分							
独立门店	244439	102738	68846	5281	1772	20771	33005
连锁总店	223790	67975	19707	9407		10140	160
连锁门店	29565	8781	5938		100	745	4512
其他	329	430	30				30
5. 按单位规模分							
大型	225929	68169	19748	9407		10100	241
中型	207454	68841	46886	5281	1872	14547	16588
小型	61593	37612	24410			5944	18466
微型	3148	5302	3477			1065	2412
6. 按零售业态分							
有店铺零售	498123	179924	94521	14688	1872	31656	37707
超市	14542	21588	7440	76		2247	5116
大型超市	210804	31823	12981		100	12100	200
百货店	7007	2586	1660			523	1137
专业店	213957	95981	51387	14612	1772	10614	16373
专卖店	45141	21836	15026			5572	9454
家居建材商店	3192	5428	5427				5427
厂家直销中心	3480	683	600			600	

15－7 限额以上批发和零售业法人企业财务状况(四)

(2014 年)　　　　单位:万元

行业	损益及分配						
	营业收入	主营业务收入	营业成本	主营业务成本	营业税金及附加	主营业务税金及附加	其他业务利润
总计	**2363566**	**2339030**	**2111390**	**2055612**	**30784**	**30713**	**15036**
一、批发业	815866	815364	689781	650038	24494	24454	2775
1. 按批发行业小类分							
农、林、牧产品批发	8720	8720	5957	5957	294	294	
棉、麻批发	8720	8720	5957	5957	294	294	
食品、饮料及烟草制品批发	492836	492574	385078	384924	23974	23974	102
米、面制品及食用油批发	61469	61469	61576	61576	10	10	
肉、禽、蛋、奶及水产品批发	12043	12043	11500	11500	6	6	
盐及调味品批发	8477	8346	5675	5651	30	30	
酒、饮料及茶叶批发	3139	3139	3051	3051			
烟草制品批发	398044	397913	294808	294677	23924	23924	102
其他食品批发	9665	9665	8468	8468	4	4	
纺织、服装及家庭用品批发	9381	9381	8999	8999	19	19	4
纺织品、针织品及原料批发	5537	5537	5286	5286	1	1	
服装批发	453	453	326	326	2	2	
鞋帽批发	1486	1486	1074	1074	3	3	
家用电器批发	1906	1906	2313	2313	12	12	4
医药及医疗器材批发	19608	19608	16370	16370	80	80	
西药批发	8939	8939	7594	7594	29	29	
中药批发	10669	10669	8776	8776	51	51	
矿产品、建材及化工产品批发	266858	266619	257499	217910	121	81	2670
煤炭及制品批发	125069	125069	122861	122861	13	13	
石油及制品批发	78535	78350	76895	37307	69	29	
金属及金属矿批发	34871	34871	33467	33467	20	20	
建材批发	2734	2734	2547	2547			
化肥批发	12399	12344	11160	11160	7	7	
其他化工产品批发	13251	13251	10569	10569	12	12	2670
机械设备、五金产品及电子产品批发	10691	10691	9184	9184	4	4	
五金产品批发	10691	10691	9184	9184	4	4	
其他批发业	7772	7772	6695	6695	2	2	
再生物资回收与批发	7772	7772	6695	6695	2	2	
2. 按登记注册类型分							
内资企业	815866	815364	689781	650038	24494	24454	2775
国有企业	415109	414847	308747	308593	23957	23957	102
集体企业	3861	3861	3723	3723	5	5	
有限责任公司	263936	263697	251520	211931	166	126	
国有独资公司	79948	79948	78661	78661			
其他有限责任公司	183988	183749	172859	133271	166	126	
私营企业	132960	132960	125791	125791	366	366	2673
私营合伙企业	1486	1486	1074	1074	3	3	
私营有限责任公司	131474	131474	124717	124717	363	363	2673
3. 按控股情况分							
国有控股	510439	510176	402709	402555	23959	23959	102

15－7 续表 1

行　　业	损益及分配						
	营业收入	主营业务收　入	营业成本	主营业务成　本	营业税金及附加	主营业务税金及附　加	其他业务利　润
集体控股	71576	71337	67350	27762	69	29	
私人控股	200799	200799	189196	189196	454	454	2673
其他	33052	33052	30525	30525	12	12	
4. 按经营形式分							
独立门店	244570	244570	232457	232457	189	189	2673
连锁总店	400144	399958	296774	296643	23926	23926	102
其他	171153	170836	160550	120939	379	339	
5. 按单位规模分							
大型	398044	397913	294808	294677	23924	23924	102
中型	277178	276862	261165	221553	161	121	2670
小型	84539	84485	77771	77771	397	397	4
微型	56105	56105	56037	56037	12	12	
二、零售业	1547701	1523665	1421609	1405574	6290	6260	12260
1. 按零售行业小类分							
综合零售	343415	335478	292336	291051	2997	2982	9770
百货零售	226147	218297	195708	194423	1732	1717	7315
超级市场零售	105659	105572	88435	88435	1129	1128	2456
其他综合零售	11609	11609	8192	8192	137	137	
食品、饮料及烟草制品专门零售	9327	9297	7221	7197	82	81	
粮油零售	720	690	504	480	22	20	
糕点、面包零售	7916	7916	6130	6130	60	60	
肉、禽、蛋、奶及水产品零售	691	691	587	587			
纺织、服装及日用品专门零售	5178	5178	4797	4797	16	16	
纺织品及针织品零售	4159	4159	3889	3889	2	2	
钟表、眼镜零售	457	457	392	392	13	13	
其他日用品零售	563	563	516	516	2	2	
文化、体育用品及器材专门零售	680	666	552	540	42	42	
珠宝首饰零售	680	666	552	540	42	42	
医药及医疗器材专门零售	18763	18763	15333	15333	227	227	
药品零售	18763	18763	15333	15333	227	227	
汽车、摩托车、燃料及零配件专门零售	1070608	1054563	1017937	1003223	1975	1972	2249
汽车零售	435016	424815	403375	394282	1395	1392	2201
汽车零配件零售	27896	27896	25609	25609	31	31	48
机动车燃料零售	607696	601853	588952	583332	549	549	
家用电器及电子产品专门零售	70638	70628	61721	61721	536	526	242
家用视听设备零售	607	607	534	534	1	1	
日用家电设备零售	64194	64185	56384	56384	515	505	242
计算机、软件及辅助设备零售	4883	4883	4040	4040	18	18	
通信设备零售	954	954	763	763	4	4	
五金、家具及室内装饰材料专门零售	21392	21392	15832	15832	403	403	
五金零售	18250	18250	13462	13462	221	221	
涂料零售	607	607	504	504	1	1	
陶瓷、石材装饰材料零售	2535	2535	1866	1866	181	181	
货摊、无店铺及其他零售业	7701	7701	5881	5881	10	10	

15－7 续表 2

行　　业	损益及分配						
	营业收入	主营业务收入	营业成本	主营业务成本	营业税金及附加	主营业务税金及附加	其他业务利润
生活用燃料零售	4725	4725	3925	3925	7	7	
其他未列明零售业	2976	2976	1956	1956	4	4	
2. 按登记注册类型分							
内资企业	1520999	1496964	1398361	1382326	6240	6209	10912
国有企业	691	691	587	587			
集体企业	32822	32822	31350	31350	10	10	124
有限责任公司	361477	358250	325536	322926	2098	2084	1644
国有独资公司	13679	12498	13061	11779	20	20	
其他有限责任公司	347798	345753	312475	311147	2078	2063	1644
股份有限公司	669563	657982	628561	624037	1529	1528	6734
私营企业	449180	439952	406791	397890	2414	2398	2297
私营独资企业	7924	7924	7405	7405	40	40	
私营合伙企业	8482	8482	5832	5832	303	303	
私营有限责任公司	418836	409609	381123	372221	1979	1963	2280
私营股份有限公司	13937	13937	12431	12431	92	92	18
其他企业	7266	7266	5537	5537	190	190	113
港、澳、台商投资企业	26701	26701	23248	23248	50	50	1348
港澳台商独资企业	26701	26701	23248	23248	50	50	1348
3. 按控股情况分							
国有控股	609328	603485	588879	583258	751	751	
集体控股	43121	43033	39182	39182	162	162	124
私人控股	820498	803285	727499	717159	4950	4933	10135
港澳台商控股	26701	26701	23248	23248	50	50	1348
其他	48053	47161	42802	42727	377	363	653
4. 按经营形式分							
独立门店	925816	913547	851586	839699	4378	4361	3362
连锁总店	561418	550552	518185	514311	1554	1554	8236
连锁门店	58197	57296	50120	49846	343	329	662
其他	2270	2270	1718	1718	15	15	
5. 按单位规模分							
大型	598781	587863	554585	549885	1583	1581	8236
中型	724789	711895	671984	660736	2576	2562	3755
小型	166397	166187	143822	143746	1583	1569	241
微型	57733	57719	51219	51207	549	547	28
6. 按零售业态分							
有店铺零售	1547701	1523665	1421609	1405574	6290	6260	12260
超市	137097	137015	117937	116888	1349	1345	959
大型超市	205121	198114	172701	172516	1774	1774	8236
百货店	20443	19565	16793	16718	161	147	575
专业店	974950	959063	923949	909275	1948	1946	2189
专卖店	184323	184151	165731	165680	875	863	302
家居建材商店	3101	3101	2261	2261	182	182	
厂家直销中心	22667	22657	22238	22238	2	2	

15-8 限额以上批发和零售业法人企业财务状况(五)

(2014 年)　　单位:万元

行业	损益及分配						
	销售费用	管理费用	税金	财务费用	利息收入	利息支出	资产减值损失
总计	**77051**	**60309**	**2023**	**13242**	**6978**	**9703**	**1698**
一、批发业	14555	24918	524	1620	3924	2182	1558
1. 按批发行业小类分							
农、林、牧产品批发	257	902	2	931	17	777	
棉、麻批发	257	902	2	931	17	777	
食品、饮料及烟草制品批发	7522	19428	382	-2539	3830	219	-1
米、面制品及食用油批发	580	535		1102		219	
肉、禽、蛋、奶及水产品批发	131	148		58			
盐及调味品批发	2157	136	35	-2	-3		-1
酒、饮料及茶叶批发	6	7	1			1	
烟草制品批发	4260	18292	346	-3797	3833		
其他食品批发	388	311	1	100			
纺织、服装及家庭用品批发	330	290	24	387		173	
纺织品、针织品及原料批发	5	78		160			
服装批发	114	3	2	4		4	
鞋帽批发	97	155	21	169		169	
家用电器批发	115	54		54			
医药及医疗器材批发	1123	1110	73	320	71	166	
西药批发	335	480	70	173	37	163	
中药批发	788	631	3	147	34	3	
矿产品、建材及化工产品批发	4418	2535	32	2147	7	818	1559
煤炭及制品批发	462	673		1358	4	598	1570
石油及制品批发	653	880	22	155	1	30	-12
金属及金属矿批发	433	487	6	446	1	1	
建材批发	58	10	1	1		1	
化肥批发	427	438	3	188		188	
其他化工产品批发	2386	49					
机械设备、五金产品及电子产品批发	353	347		345			
五金产品批发	353	347		345			
其他批发业	551	305	11	28		28	
再生物资回收与批发	551	305	11	28		28	
2. 按登记注册类型分							
内资企业	14555	24918	524	1620	3924	2182	1558
国有企业	7016	19020	381	-3580	3830	219	-1
集体企业	35	69	3	17		17	
有限责任公司	4034	4016	61	2635	63	616	1559
国有独资公司	197	424		1141	4	381	1570
其他有限责任公司	3838	3592	61	1494	59	235	-12
私营企业	3469	1813	80	2548	32	1330	
私营合伙企业	97	155	21	169		169	
私营有限责任公司	3372	1658	59	2379	32	1161	
3. 按控股情况分							
国有控股	7518	19505	390	-2439	3835	600	1570

15－8 续表 1

行　　业	损益及分配						
	销售费用	管理费用		财务费用			资产减值损　失
			税金		利息收入	利息支出	
集体控股	1431	1568	3	351	17	191	－12
私人控股	4622	3128	117	3233	72	1362	
其他	984	716	15	475		29	
4. 按经营形式分							
独立门店	6473	3584	121	2608	51	984	
连锁总店	4303	18344	346	－3758	3833	39	
其他	3779	2990	57	2770	41	1159	1558
5. 按单位规模分							
大型	4260	18292	346	－3797	3833		
中型	8115	3751	112	2807	34	1011	1558
小型	1715	2459	64	1723	58	1167	
微型	464	416	2	887		4	
二、零售业	62497	35391	1498	11623	3054	7522	140
1. 按零售行业小类分							
综合零售	28125	10894	566	6276	2519	5245	10
百货零售	18410	5037	509	5097	2222	4297	10
超级市场零售	6786	5594	51	1092	287	895	
其他综合零售	2930	264	6	87	9	53	
食品、饮料及烟草制品专门零售	620	488	30	47			10
粮油零售	50	10		11			10
糕点、面包零售	505	433	23	36			
肉、禽、蛋、奶及水产品零售	65	45	7				
纺织、服装及日用品专门零售	118	186	13	6			
纺织品及针织品零售	95	160		2			
钟表、眼镜零售	18	20	13				
其他日用品零售	5	6		4			
文化、体育用品及器材专门零售	290	85	6	3	2	2	
珠宝首饰零售	290	85	6	3	2	2	
医药及医疗器材专门零售	1945	963	19	385	6	345	
药品零售	1945	963	19	385	6	345	
汽车、摩托车、燃料及零配件专门零售	27026	16189	743	4297	474	1524	13
汽车零售	8414	10755	561	2798	413	1360	13
汽车零配件零售	589	575		913			
机动车燃料零售	18023	4860	183	585	61	164	
家用电器及电子产品专门零售	3017	2822	108	480	51	338	81
家用视听设备零售		41	1	18		18	
日用家电设备零售	2624	2492	104	443	50	308	81
计算机、软件及辅助设备零售	295	254	1	12	1	12	
通信设备零售	98	35	4	7			
五金、家具及室内装饰材料专门零售	291	3451	10	104		42	
五金零售	223	3354		57			
涂料零售		41		28		28	
陶瓷、石材装饰材料零售	68	56	10	19		13	
货摊、无店铺及其他零售业	1066	314	4	26	1	27	27

15－8 续表 2

行　　业	损益及分配						
	销售费用	管理费用	税金	财务费用	利息收入	利息支出	资产减值损　失
生活用燃料零售	243	128	4	26	1	27	27
其他未列明零售业	823	185					
2. 按登记注册类型分							
内资企业	59207	34275	1498	11504	3051	7414	140
国有企业	65	45	7				
集体企业	688	608	10	143	5	86	
有限责任公司	13366	13037	466	1696	2474	488	14
国有独资公司	401	120		1			
其他有限责任公司	12965	12917	466	1695	2474	488	14
股份有限公司	31159	7795	358	5339	2	4257	
私营企业	13238	12164	658	4165	569	2467	127
私营独资企业	48	115		27		18	
私营合伙企业	523	833		97			
私营有限责任公司	11764	11041	656	3844	563	2449	127
私营股份有限公司	904	174	2	198	6		
其他企业	691	627		161		116	
港、澳、台商投资企业	3290	1116		119	3	108	
港澳台商独资企业	3290	1116		119	3	108	
3. 按控股情况分							
国有控股	18339	5543	188	555	61	81	
集体控股	1468	1252	12	173	6	86	
私人控股	36515	25843	1281	10543	663	7187	129
港澳台商控股	3290	1116		119	3	108	
其他	2885	1637	17	233	2320	61	12
4. 按经营形式分							
独立门店	26624	26349	1056	5605	473	2334	140
连锁总店	30430	7742	363	5707	281	4907	
连锁门店	5241	1141	79	309	2300	279	1
其他	202	158		2		2	
5. 按单位规模分							
大型	31053	7647	381	5818	283	5019	
中型	23992	17861	937	4685	2505	1727	37
小型	5899	8882	143	927	251	631	21
微型	1552	1002	38	193	15	145	82
6. 按零售业态分							
有店铺零售	62497	35391	1498	11623	3054	7522	140
超市	5794	5637	79	1163	15	586	11
大型超市	21887	5788	472	5320	224	4890	9
百货店	1695	474	47	132	2284	20	
专业店	27323	16181	778	4215	500	1538	119
专卖店	5453	6867	112	741	32	476	2
家居建材商店	68	224	10	19		13	
厂家直销中心	278	220		33			

15－9 限额以上批发和零售业法人企业财务状况(六)

（2014 年）　　　　　　　　　　　　单位:万元

行　　业	损益及分配					人工成本及增值税		从事批发和零售业活动的从业人员平均人数(人)
	营业利润	营业外收入	补贴收入	利润总额	应交所得税	应付职工薪酬	应交增值税	
总　　计	**70450**	**3012**	**963**	**65108**	**17610**	**70112**	**40502**	**15537**
一、批发业	59802	1529	957	60169	15932	23507	20166	2566
1. 按批发行业小类分								
农、林、牧产品批发	379			－145		225	164	93
棉、麻批发	379			－145		225	164	93
食品、饮料及烟草制品批发	59375	990	956	60338	15679	17777	17169	1175
米、面制品及食用油批发	－2333	924	923	－1409	3	158	26	52
肉、禽、蛋、奶及水产品批发	200			200		455	141	80
盐及调味品批发	482	3		444	112	1520	278	157
酒、饮料及茶叶批发	75			75		53	25	20
烟草制品批发	60557	63	33	60634	15554	15424	16672	794
其他食品批发	394			394	10	167	28	72
纺织、服装及家庭用品批发	－644	101		－540	2	1294	144	419
纺织品、针织品及原料批发	6			6	2	40	12	12
服装批发	4			4		1	11	14
鞋帽批发	－13			－13		1143	21	368
家用电器批发	－642	101		－538		110	100	25
医药及医疗器材批发	604	74		279	92	1081	871	302
西药批发	328	3		328	63	297	29	80
中药批发	276	71		－50	29	784	842	222
矿产品、建材及化工产品批发	－561	364		－411	159	2790	941	476
煤炭及制品批发	－1868	307		－1709	54	675	175	106
石油及制品批发	756	57		746	105	1629	486	190
金属及金属矿批发	18			18		284	178	89
建材批发	120			120		19	2	7
化肥批发	179			179		104	10	53
其他化工产品批发	235			235		80	90	31
机械设备、五金产品及电子产品批发	458			458		198		60
五金产品批发	458			458		198		60
其他批发业	191			191		143	878	41
再生物资回收与批发	191			191		143	878	41
2. 按登记注册类型分								
内资企业	59802	1529	957	60169	15932	23507	20166	2566
国有企业	59950	989	956	60912	15669	17117	17009	1013
集体企业	12			12		67	10	19
有限责任公司	867	435		738	182	4463	2641	930
国有独资公司	－2045	307		－1838		557		58
其他有限责任公司	2911	128		2575	182	3906	2641	872
私营企业	－1027	105		－1493	81	1860	507	604
私营合伙企业	－13			－13		1143	21	368
私营有限责任公司	－1014	105		－1480	81	718	485	236
3. 按控股情况分								
国有控股	57616	1297	956	58786	15669	17849	17017	1107

15－9 续表1

行　业	损益及分配					人工成本及增值税		从事批发和零售业活动的从业人员平均人数（人）
	营业利润	营业外收入	补贴收入	利润总额	应交所得税	应付职工薪酬	应交增值税	
集体控股	1680	44		1657	117	2354	1117	408
私人控股	166	188		－613	145	2934	1058	923
其他	340			340		371	975	128
4. 按经营形式分								
独立门店	－741	818	630	－319	61	4118	2609	1167
连锁总店	60556	63	33	60633	15554	15429	16672	822
其他	－12	647	293	－144	317	3960	885	577
5. 按单位规模分								
大型	60557	63	33	60634	15554	15424	16672	794
中型	481	987	630	1258	262	5671	2573	976
小型	475	184		－305	116	2385	886	774
微型	－1711	294	293	－1417		27	35	22
二、零售业	10649	1483	7	4938	1678	46605	20336	12971
1. 按零售行业小类分								
综合零售	3186	481	1	2874	257	22080	5860	6908
百货零售	562	415		897	31	14370	3914	3624
超级市场零售	2624	64	1	1975	124	6270	1752	2940
其他综合零售		3		3	101	1441	194	344
食品、饮料及烟草制品专门零售	915	4	4	751	51	1110	63	549
粮油零售	169					49	14	20
糕点、面包零售	752			752	51	688	48	375
肉、禽、蛋、奶及水产品零售	－6	4	4	－1		373		154
纺织、服装及日用品专门零售	55			43		269	36	121
纺织品及针织品零售	12					38	16	8
钟表、眼镜零售	13			13		200	5	101
其他日用品零售	30			30		31	15	12
文化、体育用品及器材专门零售	－288					29	17	38
珠宝首饰零售	－288					29	17	38
医药及医疗器材专门零售	－87	24		－78	25	1338	564	512
药品零售	－87	24		－78	25	1338	564	512
汽车、摩托车、燃料及零配件专门零售	3188	625	2	－356	1201	18314	11547	3615
汽车零售	8283	579	2	5378	811	8638	6444	2043
汽车零配件零售	179			227	30	330	198	173
机动车燃料零售	－5274	46		－5961	359	9346	4905	1399
家用电器及电子产品专门零售	1992	1		1012	119	2692	1998	953
家用视听设备零售	12			12	3	24	6	10
日用家电设备零售	1667	1		687	111	2200	1711	751
计算机、软件及辅助设备零售	266			266	5	404	181	171
通信设备零售	47			47		64	100	21
五金、家具及室内装饰材料专门零售	1311	349		315	15	355	156	143
五金零售	933			76	6	136	123	50
涂料零售	32	3		35	9	40	6	20
陶瓷、石材装饰材料零售	346	346		204		179	26	73
货摊、无店铺及其他零售业	377			378	11	420	98	132

15－9 续表 2

行　业	损益及分配					人工成本及增值税		从事批发和零售业活动的从业人员平均人数（人）
	营业利润	营业外收入	补贴收入	利润总额	应交所得税	应付职工薪酬	应交增值税	
生活用燃料零售	369			369	9	228	59	72
其他未列明零售业	9			9	2	192	39	60
2. 按登记注册类型分								
内资企业	11771	1287	7	5864	1678	44804	20057	12585
国有企业	－6	4	4	－1		373		154
集体企业	25	34		146		574	702	120
有限责任公司	5763	301	2	1494	705	11530	5342	3747
国有独资公司	76			69	17	280	168	80
其他有限责任公司	5687	301	2	1425	687	11250	5174	3667
股份有限公司	－4420	408		－4727	25	18594	6550	3094
私营企业	10347	478	1	8716	948	13210	7224	5205
私营独资企业	290			290	20	114	652	33
私营合伙企业	893					169	123	80
私营有限责任公司	9025	472	1	8220	890	12377	6121	4961
私营股份有限公司	138	5		205	38	550	329	131
其他企业	61	63		236		523	240	265
港、澳、台商投资企业	－1122	197		－926		1801	279	386
港澳台商独资企业	－1122	197		－926		1801	279	386
3. 按控股情况分								
国有控股	－4739	50	4	－6107	339	9668	4742	1556
集体控股	884	34		52		816	881	227
私人控股	15506	1186	3	12681	1307	33212	13491	10252
港澳台商控股	－1122	197		－926		1801	279	386
其他	120	17		－762	32	1108	943	550
4. 按经营形式分								
独立门店	11233	1027	6	4156	1510	23294	12485	7183
连锁总店	－1801	406		－563	55	18602	6341	3810
连锁门店	1042	51	1	1171	108	4426	1361	1852
其他	174			174	4	283	150	126
5. 按单位规模分								
大型	－1507	406		－268	55	19802	6361	4243
中型	3678	493	5	－5	844	21202	8030	6955
小型	5330	353	2	2374	438	4739	4800	1515
微型	3147	231		2837	341	862	1145	258
6. 按零售业态分								
有店铺零售	10649	1483	7	4938	1678	46605	20336	12971
超市	5263	104	5	3070	141	8198	2606	3467
大型超市	－1949	367		－160	61	14450	3433	3437
百货店	1188	14		1202	131	782	180	697
专业店	1244	387		－2618	728	18224	10241	3912
专卖店	4659	261	2	3339	617	4464	3822	1305
家居建材商店	347	346		205		227	54	93
厂家直销中心	－103	4		－100		260		60

15-10 限额以上住宿和餐饮业法人单位经营情况(一)

(2014年)　　单位:万元

行业	法人企业数(个)	从业人员期末人数(人)	营业额	使用银行卡支付的营业额	客房收入	通过公共网络实现的客房收入	餐费收入
总计	**61**	**6734**	**98033**	**24165**	**32579**	**1456**	**55715**
一、住宿业	40	4733	65319	19808	27378	1456	29382
1. 按住宿业行业小类分							
旅游饭店	33	4091	57335	19059	23442	1456	25761
一般旅馆	7	642	7984	749	3936		3622
2. 按登记注册类型分							
内资企业	38	4646	64212	19808	26576	1456	29110
国有企业	5	410	2468	185	1153	52	1006
有限责任公司	15	2509	40278	14333	17202	1338	18284
国有独资公司	2	166	1472	120	813		638
其他有限责任公司	13	2343	38806	14213	16389	1338	17646
私营企业	17	1547	18725	5291	7203	66	8304
私营合伙企业	1	30	532		269		126
私营有限责任公司	16	1517	18193	5291	6934	66	8179
其他企业	1	180	2741		1019		1516
外商投资企业	2	87	1107		802		273
中外合资经营企业	1	60	624		347		269
外资企业	1	27	483		455		4
3. 按控股情况分							
国有控股	9	716	5215	845	2865	198	1991
私人控股	30	3990	59621	18963	24058	1259	27388
外商控股	1	27	483		455		4
4. 按经营形式分							
独立门店	39	4681	65041	19665	27275	1403	29213
其他	1	52	278	143	103	54	169
5. 按单位规模分							
大型	1	369	11021	4409	3975	1193	3420
中型	8	2102	34408	11902	13007		17997
小型	31	2262	19891	3498	10396	264	7966

15－10 续表

行　　业	法　人企业数（个）	从业人员期末人数（人）	营业额	使用银行卡支付的营业额	客房收入	通　过公共网络实现的客房收入	餐费收入
6. 按星级分							
五星	5	1253	16122	4898	7846		7584
四星	13	2025	34390	10177	12857	1205	14446
三星	10	723	6502	589	3194	106	3173
二星	2	203	1067	363	502		349
其他	10	529	7238	3782	2979	146	3830
二、餐饮业	21	2001	32713	4357	5201		26332
1. 按餐饮业行业小类分							
正餐服务	21	2001	32713	4357	5201		26332
2. 按登记注册类型分							
内资企业	20	1976	29989	4357	5201		23608
国有企业	3	176	3509		803		2653
有限责任公司	3	270	3511		1390		1701
国有独资公司	1	75	653		385		247
其他有限责任公司	2	195	2858		1005		1454
私营企业	14	1530	22970	4357	3008		19255
私营合伙企业	2	97	1568		125		1318
私营有限责任公司	12	1433	21401	4357	2883		17936
港、澳、台商投资企业	1	25	2724				2724
港澳台商独资企业	1	25	2724				2724
3. 按控股情况分							
国有控股	4	251	4162		1188		2900
私人控股	16	1725	25828	4357	4012		20708
港澳台商控股	1	25	2724				2724
4. 按经营形式分							
独立门店	19	1548	29695	4063	5201		23570
连锁总店	1	423	2665	293			2409
连锁门店	1	30	354				354
5. 按单位规模分							
中型	3	748	9754	3439	1704		7150
小型	18	1253	22959	917	3496		19183

15－11 限额以上住宿和餐饮业法人单位经营情况(二)

(2014 年)　　单位:万元

行　业	通过公共网络实现的餐费收入	商品销售额收入	其他收入	客房数(间)	床位数(个)	餐位数(位)	年末餐饮营业面积(平方米)
总　计	**1422**	**2049**	**7691**	**7198**	**11866**	**29751**	**165456**
一、住宿业	1375	1272	7287	6248	10368	17537	98430
1. 按住宿业行业小类分							
旅游饭店	1375	982	7151	5346	8851	13007	76265
一般旅馆		290	137	902	1517	4530	22165
2. 按登记注册类型分							
内资企业	1375	1259	7267	5982	9910	17213	97080
国有企业		63	247	337	566	1180	4522
有限责任公司	1183	590	4203	3277	5356	8853	47860
国有独资公司			22	297	524	450	722
其他有限责任公司	1183	590	4180	2980	4832	8403	47138
私营企业	192	455	2763	2218	3739	5480	42283
私营合伙企业		72	66	110	180	400	450
私营有限责任公司	192	383	2698	2108	3559	5080	41833
其他企业		152	55	150	249	1700	2415
外商投资企业		12	20	266	458	324	1350
中外合资经营企业			8	140	262	280	910
外资企业		12	12	126	196	44	440
3. 按控股情况分							
国有控股		63	296	858	1484	2360	7875
私人控股	1375	1196	6980	5264	8688	15133	90115
外商控股		12	12	126	196	44	440
4. 按经营形式分							
独立门店	1375	1271	7282	6206	10290	17137	97980
其他		1	5	42	78	400	450
5. 按单位规模分							
大型	1026	315	3312	606	1120	985	10000
中型		541	2863	2233	3545	7938	36762
小型	349	416	1112	3409	5703	8614	51668

15－11 续表

行　业	通过公共网络实现的餐费收入	商品销售额收入	其他收入	客房数（间）	床位数（个）	餐位数（位）	年末餐饮营业面积（平方米）
6. 按星级分							
五星		172	520	1499	2419	3526	20419
四星	1375	880	6208	2644	4372	7021	34696
三星		29	106	1217	2124	3978	28930
二星		7	209	41	100	200	1000
其他		183	245	847	1353	2812	13385
二、餐饮业	47	777	404	950	1498	12214	67026
1. 按餐饮业行业小类分							
正餐服务	47	777	404	950	1498	12214	67026
2. 按登记注册类型分							
内资企业	47	777	404	950	1498	11944	66666
国有企业		28	26	179	268	1570	18866
有限责任公司		290	130	301	470	511	6200
国有独资公司			20	81	145	175	1000
其他有限责任公司		290	110	220	325	336	5200
私营企业	47	458	249	470	760	9863	41600
私营合伙企业		121	4	59	87	830	1800
私营有限责任公司	47	337	244	411	673	9033	39800
港、澳、台商投资企业						270	360
港澳台商独资企业						270	360
3. 按控股情况分							
国有控股		28	46	260	413	1745	19866
集体控股							
私人控股	47	749	358	690	1085	10199	46800
港澳台商控股						270	360
4. 按经营形式分							
独立门店		521	404	950	1498	8714	57826
连锁总店	47	256				3420	8000
连锁门店						80	1200
5. 按单位规模分							
中型	47	546	354	322	510	4526	13000
小型		230	50	628	988	7688	54026

15－12 限额以上住宿和餐饮业法人单位财务状况(一)

(2014 年) 单位:万元

行　业	法人企业数(个)	年初存货	期末资产负债				
			流动资产合计	应收帐款	存货	固定资产合计	固定资产原价
总　计	**61**	**3438**	**117791**		**3883**	**71769**	**107548**
一、住宿业	40	2260	103298	8815	2715	53637	84534
1. 按住宿业行业小类分				5323			
旅游饭店	33	1992	97307		2382	49637	77286
一般旅馆	7	268	5991	4234	333	4000	7248
2. 按登记注册类型分				1089			
内资企业	38	2255	101987		2715	53472	84114
国有企业	5	162	3090	5307	170	6342	7096
有限责任公司	15	1049	78302	1092	1506	30699	48590
国有独资公司	2	55	9217	2076	109	5034	7481
其他有限责任公司	13	993	69085	685	1398	25665	41109
私营企业	17	983	17485	1391	954	15282	26667
私营合伙企业	1	2	79	1597	4	248	320
私营有限责任公司	16	981	17406	35	950	15034	26347
其他企业	1	61	3111	1562	85	1149	1761
外商投资企业	2	5	1311	542		165	420
中外合资经营企业	1		13	16		157	340
外资企业	1	5	1298	6		8	80
3. 按控股情况分				10			
国有控股	9	270	20119		586	11658	15149
私人控股	30	1986	81881	1868	2129	41971	69304
外商控股	1	5	1298	3445		8	80
4. 按经营形式分				10			
独立门店	39	2247	103248		2702	53575	84223
其他	1	13	50	5287	14	62	311
5. 按单位规模分				36			
大型	1	106	4086		106	1385	1690
中型	8	793	65766	222	897	29442	47733
小型	31	1361	33447	2187	1713	22810	35111

15－12 续表

行　业	法人企业数（个）	年初存货	期末资产负债				
			流动资产合计	应收帐款	存货	固定资产合计	固定资产原价
6. 按星级分							
五星	5	683	63269	715	831	14483	25416
四星	13	1108	25256	2484	1044	23380	35490
三星	10	240	4513	943	219	6266	13694
二星	2	1	881	382	46	4833	4272
其他	10	228	9378	798	575	4676	5663
二、餐饮业	21	1178	14493	3493	1168	18132	23014
1. 按餐饮业行业小类分							
正餐服务	21	1178	14493	3493	1168	18132	23014
2. 按登记注册类型分							
内资企业	20	1175	14321	3493	1164	17252	21970
国有企业	3	3	2185	480	56	1524	2088
有限责任公司	3	229	3805	1746	155	1192	1630
国有独资公司	1	62	1819	910		15	18
其他有限责任公司	2	167	1987	836	155	1177	1612
私营企业	14	943	8330	1267	952	14536	18252
私营合伙企业	2	11	236	222	8	748	1040
私营有限责任公司	12	932	8094	1045	944	13787	17211
港、澳、台商投资企业	1	3	172		4	880	1044
港澳台商独资企业	1	3	172		4	880	1044
3. 按控股情况分							
国有控股	4	65	4004	1390	56	1540	2106
私人控股	16	1111	10317	2103	1107	15713	19864
港澳台商控股	1	3	172		4	880	1044
4. 按经营形式分							
独立门店	19	1126	13656	3403	1071	17552	22149
连锁总店（总部）	1	52	786	69	67	571	848
连锁门店	1		50	20	30	9	17
5. 按单位规模分							
中型	3	271	4462	1004	329	7723	9174
小型	18	907	10030	2489	839	10409	13840

15-13 限额以上住宿和餐饮业法人单位财务状况(二)

(2014年)

单位:万元

行业	期末资产负债						
	累计折旧	本年折旧	在建工程	资产总计	流动负债合计	应付账款	非流动负债合计
总计	**37117**	**5510**	**29174**	**269146**	**101908**	**16601**	**80231**
一、住宿业	32233	4552	23913	220199	78413	14928	77935
1. 按住宿业行业小类分							
旅游饭店	28985	3910	23906	209067	70678	14649	76118
一般旅馆	3248	642	7	11132	7735	279	1817
2. 按登记注册类型分							
内资企业	31978	4483	23913	217748	77582	14916	77907
国有企业	2090	167	1336	9717	4399	569	2944
有限责任公司	17891	2762	22570	161575	50393	5349	68135
国有独资公司	2447	531		16757	8019	205	10950
其他有限责任公司	15444	2231	22570	144817	42374	5145	57186
私营企业	11384	1303	7	42196	19911	8982	6827
私营合伙企业	72	15		335	46	24	
私营有限责任公司	11313	1288	7	41861	19865	8958	6827
其他企业	612	251		4260	2879	16	
外商投资企业	255	70		2451	832	12	28
中外合资经营企业	182	68		1123	59		28
外资企业	73	2		1328	773	12	
3. 按控股情况分							
国有控股	4827	773	23594	58750	29485	1587	24612
私人控股	27334	3778	318	160121	48156	13330	53323
外商控股	73	2		1328	773	12	
4. 按经营形式分							
独立门店	31985	4512	23913	219662	78241	14901	77935
其他	248	40		537	172	27	
5. 按单位规模分							
大型	305	90		12402	6523	1126	
中型	18291	2650	312	113668	23875	3159	49041
小型	13637	1812	23601	94128	48016	10644	28894

15－13 续表

行　业	期末资产负债						
	累计折旧	本年折旧	在建工程	资产总计	流动负债合计	应付账款	非流动负债合计
6. 按星级分							
五星	10933	1709	312	98454	23129	8543	50165
四星	12110	1971		59432	26350	3691	11229
三星	7428	666	7	18198	8809	1335	3170
二星	775	5	1336	5714	2110	74	2344
其他	987	202	22258	38400	18015	1285	11027
二、餐饮业	4884	958	5261	48948	23494	1673	2297
1. 按餐饮业行业小类分							
正餐服务	4884	958	5261	48948	23494	1673	2297
2. 按登记注册类型分							
内资企业	4720	895	5261	47840	23344	1673	2297
国有企业	564	332		7354	1895	238	795
有限责任公司	438	68	8	7405	3405	459	458
国有独资公司	3	1		3789	2007	145	
其他有限责任公司	435	67	8	3616	1398	314	458
私营企业	3719	495	5253	33081	18044	976	1044
私营合伙企业	292	7		984	221	72	
私营有限责任公司	3427	488	5253	32097	17823	904	1044
港、澳、台商投资企业	164	63		1108	150		
港澳台商独资企业	164	63		1108	150		
3. 按控股情况分							
国有控股	567	333		11143	3902	383	795
私人控股	4153	562	5261	36696	19442	1289	1502
港澳台商控股	164	63		1108	150		
4. 按经营形式分							
独立门店	4599	936	5261	46933	23247	1598	2297
连锁总店(总部)	277	19		1564	247	74	
连锁门店	8	3		450			
5. 按单位规模分							
中型	1451	161	8	13037	3685	388	458
小型	3433	796	5253	35911	19809	1285	1839

15-14 限额以上住宿和餐饮业法人单位财务状况(三)

(2014年) 单位:万元

行业	期末资产负债					
	负债合计	所有者权益	实收资本	国家资本	法人资本	个人资本
总计	**182139**	**87008**	**49505**	**12335**	**27747**	**8617**
一、住宿业	156348	63851	37055	6698	24646	5016
1. 按住宿业行业小类分						
旅游饭店	146795	62271	33800	6176	22411	4518
一般旅馆	9552	1580	3255	522	2235	498
2. 按登记注册类型分						
内资企业	155488	62260	35619	6698	24646	4276
国有企业	7343	2374	3598	3598		
有限责任公司	118528	43047	19216	3100	15770	346
国有独资公司	18969	-2212	3100	3100		
其他有限责任公司	99559	45258	16116		15770	346
私营企业	26738	15457	11424		7494	3930
私营合伙企业	46	289	289			289
私营有限责任公司	26692	15168	11135		7494	3641
其他企业	2879	1381	1381		1381	
外商投资企业	860	1591	1436			740
中外合资经营企业	87	1036	1036			740
外资企业	773	555	400			
3. 按控股情况分						
国有控股	54097	4653	12028	6698	5330	
私人控股	101478	58642	24628		19316	5016
外商控股	773	555	400			
4. 按经营形式分						
独立门店	156176	63486	36755	6698	24346	5016
其他	172	365	300		300	
5. 按单位规模分						
大型	6523	5879	3350		3350	
中型	72916	40753	12564		12367	197
小型	76909	17219	21141	6698	8929	4819

15－14 续表

行　业	期末资产负债					
	负债合计	所有者权益				
			实收资本	国家资本	法人资本	个人资本
6. 按星级分						
五星	73293	25161	7605	2100	4953	552
四星	37579	21853	14679	1000	12630	649
三星	11979	6219	5930	930	1427	3277
二星	4454	1260	693	645	49	
其他	29042	9359	8148	2023	5587	538
二、餐饮业	25791	23157	12449	5637	3101	3601
1. 按餐饮业行业小类分						
正餐服务	25791	23157	12449	5637	3101	3601
2. 按登记注册类型分						
内资企业	25641	22198	12339	5637	3101	3601
国有企业	2689	4665	4638	4637	1	
有限责任公司	3863	3541	2660	1000	450	1210
国有独资公司	2007	1782	1000	1000		
其他有限责任公司	1856	1760	1660		450	1210
私营企业	19089	13992	5041		2650	2391
私营合伙企业	221	763	690			690
私营有限责任公司	18868	13229	4351		2650	1701
港、澳、台商投资企业	150	958	110			
港澳台商独资企业	150	958	110			
3. 按控股情况分						
国有控股	4697	6447	5638	5637	1	
私人控股	20945	15752	6701		3100	3601
港澳台商控股	150	958	110			
4. 按经营形式分						
独立门店	25544	21389	10999	5637	2651	2601
连锁总店(总部)	247	1317	1000			1000
连锁门店		450	450		450	
5. 按单位规模分						
中型	4143	8893	2310			2310
小型	21648	14264	10139	5637	3101	1291

15－15 限额以上住宿和餐饮业法人单位财务状况(四)

(2014 年)　　单位:万元

行　业	损益及分配						
	营业收入	主营业务收入	营业成本	主营业务成本	营业税金及附加	主营业务税金及附加	其他业务利润
总　计	**99291**	**99196**	**49632**	**49602**	**4806**	**4802**	**345**
一、住宿业	65462	65367	29204	29174	2932	2928	339
1. 按住宿业行业小类分							
旅游饭店	57468	57378	25363	25333	2594	2590	207
一般旅馆	7994	7989	3841	3841	338	338	132
2. 按登记注册类型分							
内资企业	64357	64271	28439	28415	2855	2854	339
国有企业	2468	2419	1522	1522	87	87	－123
有限责任公司	40423	40418	15540	15540	1818	1818	103
国有独资公司	1472	1472	460	460	78	78	
其他有限责任公司	38951	38946	15080	15080	1740	1740	103
私营企业	18725	18693	9661	9637	835	834	359
私营合伙企业	532	532	446	446	10	10	
私营有限责任公司	18193	18161	9215	9191	825	823	359
其他企业	2741	2741	1716	1716	116	116	
外商投资企业	1105	1096	765	759	77	74	
中外合资经营企业	624	616	475	468	50	47	
外资企业	480	480	291	291	27	27	
3. 按控股情况分							
国有控股	5215	5165	2130	2130	238	238	－123
私人控股	59766	59721	26783	26753	2667	2663	462
外商控股	480	480	291	291	27	27	
4. 按经营形式分							
独立门店	65184	65096	29062	29043	2917	2912	339
其他	278	271	142	131	15	15	
5. 按单位规模分							
大型	11021	11021	6023	6023	402	402	
中型	34542	34542	13004	13004	1654	1654	103
小型	19898	19803	10177	10147	876	872	236

15－15 续表

行业	损益及分配						
	营业收入	主营业务收入	营业成本	主营业务成本	营业税金及附加	主营业务税金及附加	其他业务利润
6. 按星级分							
五星	16257	16257	4044	4044	889	889	
四星	34388	34388	17290	17290	1446	1446	433
三星	6503	6463	3335	3305	307	303	－94
二星	1067	1017	649	649	25	25	
其他	7248	7243	3886	3886	266	266	
二、餐饮业	33829	33829	20428	20428	1874	1874	5
1. 按餐饮业行业小类分							
正餐服务	33829	33829	20428	20428	1874	1874	5
2. 按登记注册类型分							
内资企业	31105	31105	18281	18281	1507	1507	5
国有企业	3508	3508	1746	1746	164	164	1
有限责任公司	4652	4652	2792	2792	150	150	
国有独资公司	549	549	275	275	14	14	
其他有限责任公司	4103	4103	2517	2517	136	136	
私营企业	22945	22945	13743	13743	1193	1193	4
私营合伙企业	1564	1564	732	732	34	34	4
私营有限责任公司	21381	21381	13011	13011	1159	1159	
港、澳、台商投资企业	2724	2724	2147	2147	367	367	
港澳台商独资企业	2724	2724	2147	2147	367	367	
3. 按控股情况分							
国有控股	4057	4057	2020	2020	178	178	1
私人控股	27048	27048	16261	16261	1329	1329	4
港澳台商控股	2724	2724	2147	2147	367	367	
4. 按经营形式分							
独立门店	30811	30811	18838	18838	1654	1654	5
连锁总店(总部)	2665	2665	1390	1390	173	173	
连锁门店	354	354	200	200	46	46	
5. 按单位规模分							
中型	10999	10999	6170	6170	402	402	
小型	22831	22831	14258	14258	1472	1472	5

15-16 限额以上住宿和餐饮业法人单位财务状况(五)

(2014 年)　　单位:万元

行　业	损益及分配						
	销售费用	管理费用	税金	财务费用	利息收入	利息支出	营业利润
总　　计	**20040**	**17256**	**400**	**5037**	**317**	**2495**	**3016**
一、住宿业	15246	14512	209	4505	303	2103	-548
1.按住宿业行业小类分							
旅游饭店	13878	13045	197	4290	301	1899	-1314
一般旅馆	1368	1468	12	216	2	205	766
2.按登记注册类型分							
内资企业	15238	14430	209	4495	295	2103	-709
国有企业	613	912	7	13	2	6	-675
有限责任公司	10852	10079	95	3587	266	1324	-1455
国有独资公司	1360	629	6	366	20	381	-1420
其他有限责任公司	9492	9451	89	3221	246	943	-35
私营企业	3591	3318	106	690	27	570	1019
私营合伙企业	60	6		4		2	6
私营有限责任公司	3531	3312	106	686	27	568	1013
其他企业	182	121	1	204	1	204	402
外商投资企业	8	82		10	8		161
中外合资经营企业		82		8	8		10
外资企业	8			3			152
3.按控股情况分							
国有控股	3039	1653	27	386	22	387	-2227
私人控股	12199	12860	182	4117	281	1717	1528
外商控股	8			3			152
4.按经营形式分							
独立门店	15246	14422	209	4500	303	2103	-573
其他		90		5			25
5.按单位规模分							
大型	1063	3025	37	564	9	407	-56
中型	9188	6696	76	2792	249	627	1208
小型	4995	4791	97	1150	46	1070	-1699

15－16 续表 1

行　　业	损益及分配						
	销售费用	管理费用	税金	财务费用	利息收入	利息支出	营业利润
6. 按星级分							
五星	5930	4642	12	2050	217	16	－1299
四星	6822	6646	136	2141	45	1847	372
三星	887	1936	41	248	10	210	－150
二星	292	331	7	20			－253
其他	1314	957	13	46	31	31	782
二、餐饮业	4794	2743	191	532	14	392	3564
1. 按餐饮业行业小类分							
正餐服务	4794	2743	191	532	14	392	3564
2. 按登记注册类型分							
内资企业	4794	2574	171	530	14	389	3525
国有企业	993	391		149		149	137
有限责任公司	711	527	58	160	1	152	312
国有独资公司	57	17		88	1	80	99
其他有限责任公司	654	510	58	72		72	213
私营企业	3090	1657	113	221	13	89	3076
私营合伙企业	456	85					262
私营有限责任公司	2634	1572	113	221	13	89	2814
港、澳、台商投资企业		169	20	3		3	39
港澳台商独资企业		169	20	3		3	39
3. 按控股情况分							
国有控股	1050	407		236	1	229	236
私人控股	3744	2167	171	294	13	161	3289
港澳台商控股		169	20	3		3	39
4. 按经营形式分							
独立门店	3946	2580	190	513	14	392	3385
连锁总店(总部)	847	74	1	19			161
连锁门店		90					17
5. 按单位规模分							
中型	1684	669	59	108		72	1967
小型	3109	2075	132	425	14	320	1597

15－16 续2

行　　业	损益及分配				人工成本及增值税		从事住宿和餐饮业活动的从业人员平均人数（人）
	营业外收入	补贴收入	利润总额	应交所得税	应付职工薪酬	应交增值税	
总计	**296**	**3**	**1716**	**838**	**19044**	**154**	**6583**
一、住宿业	287	3	－1631	563	14221	154	4659
1. 按住宿业行业小类分							
旅游饭店	263	3	－2699	426	12339	154	4083
一般旅馆	24		1069	137	1882		576
2. 按登记注册类型分							
内资企业	286	3	－1793	542	13983	154	4572
国有企业	54		－451		748		414
有限责任公司	161	3	－2085	238	8333	95	2504
国有独资公司	3	3	－1431		744		144
其他有限责任公司	158		－654	238	7589	95	2360
私营企业	71		341	226	4378	59	1529
私营合伙企业					77		30
私营有限责任公司	71		341	226	4301	59	1499
其他企业			402	78	524		125
外商投资企业	1		162	21	238		87
中外合资经营企业			10		169		60
外资企业	1		153	21	69		27
3. 按控股情况分							
国有控股	59	3	－2012	14	2094		718
私人控股	227		229	529	12058	154	3914
外商控股	1		153	21	69		27
4. 按经营形式分							
独立门店	287	3	－1656	563	14129	154	4607
其他			25		92		52
5. 按单位规模分							
大型	85		29	7	1350		361
中型	142		573	388	6607	95	2014
小型	60	3	－2233	168	6265	59	2284

15－16 续表 3

行　业	损益及分配				人工成本及增值税		从事住宿和餐饮业活动的从业人员平均人数（人）
	营业外收入	补贴收入	利润总额	应交所得税	应付职工薪酬	应交增值税	
6. 按星级分							
五星	47		－1587		4035	25	1209
四星	185	3	94	523	6612		1986
三星	23		－148		1640	57	715
二星	25		－229	2	442		203
其他	7		239	39	1492	72	546
二、餐饮业	9		3346	275	4823		1924
1. 按餐饮业行业小类分							
正餐服务	9		3346	275	4823		1924
2. 按登记注册类型分							
内资企业	9		3308	275	4758		1899
国有企业	5		57		506		176
有限责任公司			270	25	656		249
国有独资公司			74	25	163		55
其他有限责任公司			195		493		194
私营企业	4		2981	250	3597		1474
私营合伙企业			262		362		99
私营有限责任公司	4		2719	250	3235		1375
港、澳、台商投资企业			39		65		25
港澳台商独资企业			39		65		25
3. 按控股情况分							
国有控股	5		131	25	668		231
私人控股	4		3176	250	4090		1668
港澳台商控股			39		65		25
4. 按经营形式分							
独立门店	9		3185	197	4125		1474
连锁总店（总部）			161	77	610		420
连锁门店					89		30
5. 按单位规模分							
中型			1967	92	1504		744
小型	9		1380	182	3319		1180

15-17 私营、个体工商业基本情况

指　标	单位	2013年	2014年	2014年比2013年增长%
一、本年开业户数	户	28783	33252	15.5
私营企业	户	5667	8503	50.0
个体工商业	户	23116	24749	7.1
二、本期吊销户数	户	2321	20	-99.1
私营企业	户	2	1	-50.0
个体工商业	户	2319	19	-99.2
三、本年安置下岗失业人员	人	1377	348	-74.7
私营企业安置人数	人	1067	49	-95.4
个体工商业安置人数	人	310	299	-3.5
四、注册资金亿元以上私营企业	户	70	109	55.7

15－18 个体工商业分组情况

单位:户

行　业	2013 年	2014 年	2014 年比 2013 年增长%
合　计	**158039**	**178768**	**13.1**
农、林、牧、渔业	9217	9875	7.1
采矿业	335	323	－3.6
制造业	12123	13280	9.5
电力、燃气及水的生产和供应业	128	137	7.0
建筑业	442	472	6.8
交通运输、仓储和邮政业	3294	3401	3.2
信息传输、计算机服务和软件业	1535	1673	9.0
批发零售贸易	99596	113721	14.2
住宿和餐饮业	13262	15385	16.0
房地产业	73	77	5.5
租赁和商务服务业	1065	1541	44.7
科学研究、技术服务和地质勘查业	482	484	0.4
水利、环境和公共设施管理业	8	8	0.0
居民服务和其他服务业	15101	16969	12.4
教育	40	44	10.0
卫生、社会保障和社会福利业	461	474	2.8
文化、体育和娱乐业	729	775	6.3
其他行业	148	129	－12.8

15－18 续表 1

行　　业	期末实有					
	合计			#城镇		
	户 数（户）	从业人员（人）	资金数额（万元）	户 数（户）	从业人员（人）	资金数额（万元）
合　　计	**178768**	**445332**	**1667454**	**109990**	**283798**	**1037001**
农、林、牧、渔业	9875	25701	179182	3270	8540	46384
采矿业	323	1610	15336	63	407	2259
制造业	13280	54840	154431	6903	29665	70101
电力、燃气及水的生产和供应业	137	393	8922	19	58	547
建筑业	472	1290	5043	219	657	2940
交通运输、仓储和邮政业	3401	7037	25551	2695	5470	20810
信息传输、计算机服务和软件业	1673	3136	8396	631	1371	4334
批发零售贸易	113720	252500	916137	69482	159850	602398
住宿和餐饮业	15385	45421	178072	12090	37333	149556
房地产业	77	225	747	72	212	689
租赁和商务服务业	1541	4158	23674	960	2644	13759
科学研究、技术服务和地质勘查业	484	1296	2589	315	902	1811
水利、环境和公共设施管理业	8	23	439	3	9	22
居民服务和其他服务业	16969	43052	116230	12138	32848	92119
教育	44	157	326	41	142	313
卫生、社会保障和社会福利业	474	1313	4279	366	1095	3885
文化、体育和娱乐业	775	2755	27516	650	2361	24736
其他行业	129	425	584	73	234	338

15 - 18 续表 2

行业	#本期开业			本期注销	
	户数(户)	从业人员(人)	资金数额(万元)	合计	#城镇
合计	**24749**	**61543**	**460089**	**13618**	**3071**
农、林、牧、渔业	950	2695	53067	124	49
采矿业	16	107	2954	20	4
制造业	1370	8755	26978	211	125
电力、燃气及水的生产和供应业	6	24	530	3	1
建筑业	34	79	646	9	4
交通运输、仓储和邮政业	147	249	2059	25	22
信息传输、计算机服务和软件业	191	339	2322	51	24
批发零售贸易	16598	33617	255608	2777	1971
住宿和餐饮业	2561	7847	56049	482	422
金融业					
房地产业	7	19	74	3	3
租赁和商务服务业	507	1315	11208	60	23
科学研究、技术服务和地质勘查业	26	101	247	16	12
居民服务和其他服务业	2243	5958	31690	443	382
教育	6	21	77	2	2
卫生、社会保障和社会福利业	23	79	652	9	9
文化、体育和娱乐业	64	338	5928	21	18
其他行业				1	1

15-19 私营企业分行业情况

单位:户

行　业	2013 年	2014 年	2014 年比 2013 年增长%
合　　计	**31905**	**39707**	**24.5**
农、林、牧、渔业	2119	2984	40.8
采矿业	294	307	4.4
制造业	6920	7955	15.0
电力、燃气及水的生产和供应业	353	376	6.5
建筑业	1818	2329	28.1
交通运输、仓储和邮政业	1099	1292	17.6
信息传输、计算机服务和软件业	638	810	27.0
批发零售贸易	10584	13357	26.2
住宿和餐饮业	567	660	16.4
金融业	195	241	23.6
房地产业	1642	1876	14.3
租赁和商务服务业	3450	4735	37.2
科学研究、技术服务和地质勘查业	509	689	35.4
水利、环境和公共设施管理业	141	167	18.4
居民服务和其他服务业	1222	1465	19.9
教育	52	72	38.5
卫生、社会保障和社会福利业	35	38	8.6
文化、体育和娱乐业	267	354	32.6

15－19 续表 1

行　业	合计					#城镇
	户数（户）	#分支机构	投资者人数（人）	雇工人数（人）	注册资本（万元）	户数（户）
合　计	**39707**	**3706**	**79894**	**553293**	**15033468**	**26726**
农、林、牧、渔业	2984	52	6133	41648	721994	854
采矿业	307	21	744	5439	100306	48
制造业	7955	193	16816	201065	2919576	3828
电力、燃气及水的生产和供应业	376	26	1656	2452	88942	78
建筑业	2329	313	4758	69571	824689	1936
交通运输、仓储和邮政业	1292	208	3115	39114	201890	703
信息传输、计算机服务和软件业	810	61	1339	12942	83020	664
批发零售贸易	13357	1366	24627	40049	2625065	10114
住宿和餐饮业	660	76	1391	27546	159637	544
金融业	241	81	531	567	3166498	201
房地产业	1876	401	3882	30222	1387198	1613
租赁和商务服务业	4735	626	9281	50180	2229381	3895
科学研究、技术服务和地质勘查业	689	56	1604	5103	162495	553
水利、环境和公共设施管理业	167	13	381	2997	73226	131
居民服务和其他服务业	1465	185	2635	20673	152493	1191
教育	72	2	164	421	10941	61
卫生、社会保障和社会福利业	38	2	80	380	10319	36
文化、体育和娱乐业	354	24	757	2924	115797	276

行　业				#本期登记		
	投资者人数（人）	雇工人数（人）	注册资金（万元）	投资者人数（人）	雇工人数（人）	注册资金（万元）
合　计	**55252**	**195924**	**11397508**	**8503**	**14401**	**77439**
农、林、牧、渔业	1884	6268	248360	894	1301	7953
采矿业	125	563	23633	19	56	607
制造业	8292	50674	1444225	42	287	29831
电力、燃气及水的生产和供应业	334	561	19842	27	63	207
建筑业	3874	32804	689583	542	1015	3969
交通运输、仓储和邮政业	1823	14463	112624	211	366	1594
信息传输、计算机服务和软件业	1136	1771	67838	182	321	1084
批发零售贸易	19377	33991	1914940	3037	4825	20072
住宿和餐饮业	544	1135	121155	104	187	885
金融业	510	524	3145998	50	98	288
房地产业	3324	6149	1132722	277	502	2848
租赁和商务服务业	8864	24151	2078018	1397	2568	9175
科学研究、技术服务和地质勘查业	1323	1388	141959	191	386	1155
水利、环境和公共设施管理业	305	529	52337	30	65	367
居民服务和其他服务业	2143	6686	118064	266	406	2054
教育	135	407	9688	22	41	225
卫生、社会保障和社会福利业	72	335	9519	4	4	43
文化、体育和娱乐业	596	2064	67002	92	177	730

15－19 续表 2

行　　业	注册资金（万元）	独资企业			
		户数（户）	投资者人数（人）	雇工人数（人）	出资额（万元）
合　　计	**5683774**	**4489**	**4421**	**55705**	**413418**
农、林、牧、渔业	268417	1026	1026	8939	134164
采矿业	17390	57	57	641	6889
制造业	579454	1370	1360	31178	143589
电力、燃气及水的生产和供应业	14488	73	73	503	13877
建筑业	280034	62	61	1047	3268
交通运输、仓储和邮政业	32305	36	36	245	1282
信息传输、计算机服务和软件业	36027	227	227	1092	10410
批发零售贸易	858241	1042	1000	6359	55465
住宿和餐饮业	30251	100	97	1066	14244
金融业	2831067				
房地产业	195657	12	10	96	608
租赁和商务服务业	398267	128	123	905	5020
科学研究、技术服务和地质勘查业	60439	21	21	176	1335
水利、环境和公共设施管理业	12602	10	10	194	831
居民服务和其他服务业	27383	218	214	2131	9634
教育	2399	16	16	185	926
卫生、社会保障和社会福利业	140	11	11	224	3370
文化、体育和娱乐业	39212	80	79	724	8506

15－19 续表 3

行　　业	合伙企业								
	小计						普通合伙企业		
	户数（户）	#分支机构	合伙人数	雇工人数（人）	认缴出资额（万元）	实缴出资金额（万元）	户数（户）	合伙人数	雇工人数
合　　计	**3604**	**13**	**10162**	**31777**	**1941425**	**596291**	**3347**	**9273**	**30375**
农、林、牧、渔业	419		1476	4750	59971	56418	419	1476	4750
采矿业	69		216	806	19108	19088	69	216	806
制造业	699	2	1843	11343	70746	70266	698	1823	11323
电力、燃气及水的生产和供应业	134		914	1257	18955	18953	134	914	1257
建筑业	32		86	324	1495	1494	32	86	324
交通运输、仓储和邮政业	23		80	247	3155	2775	23	80	247
信息传输、计算机服务和软件业	23		59	104	1162	1162	22	57	102
批发零售贸易	1439	5	3297	7256	69678	69102	1439	3297	7256
住宿和餐饮业	163		413	1611	16841	16841	163	413	1611
金融业	23		104	196	202539	80186	1	3	10
房地产业	3		9	48	3095	3095	3	9	48
租赁和商务服务业	318	2	963	1850	1453720	236057	85	197	656
科学研究、技术服务和地质勘查业	17		65	124	1026	1026	17	65	124
水利、环境和公共设施管理业	2		4	10	65	65	2	4	10
居民服务和其他服务业	165	2	387	1102	12254	12149	165	387	1102
教育	13		49	118	800	800	13	49	118
卫生、社会保障和社会福利业	13		43	126	2557	2557	13	43	126
文化、体育和娱乐业	49	2	154	505	4258	4256	49	154	505

行　　业			特殊的普通合伙企业					有限合伙企业	
	认缴出资金额	实缴出资金额	户数	合伙人数（人）	雇工人数（人）	认缴出资金额（万元）	实缴出资金额	户数	有限合伙人
合　　计	**288760**	**283523**	**2**	**5**	**15**	**40**	**40**	**255**	**534**
农、林、牧、渔业	59971	56418							
采矿业	1375	1375							
制造业	19107	19087						1	19
电力、燃气及水的生产和供应业	18955	18953							
建筑业	1495	1495							
交通运输、仓储和邮政业	3155	2775							
信息传输、计算机服务和软件业	1062	1062						1	1
批发零售贸易	69677	69102							
住宿和餐饮业	16841	16841							
金融业	1000	1000						22	29
房地产业	3095	3095							
租赁和商务服务业	3244	3124	2	5	15	40	40	231	485
科学研究、技术服务和地质勘查业	1026	1026							
水利、环境和公共设施管理业	65	65							
居民服务和其他服务业	12254	12149							
教育	800	800							
卫生、社会保障和社会福利业	2557	2557							
文化、体育和娱乐业	4258	4256							

15－19 续表 4

行　　业					有限责任公司				
					小计				
	普通合伙人数	雇工人数	认缴出资金额	实缴出资金额	户数	#分公司	投资者人数	雇工人数	注册资本
合　　计	**350**	**1387**	**1652624**	**312729**	**31505**	**3551**	**65085**	**463584**	**12505226**
农、林、牧、渔业					1536	51	3623	27959	272790
采矿业					181	21	471	3992	74310
制造业	1	20	549	549	5873	181	13565	157199	2649353
电力、燃气及水的生产和供应业					169	26	669	692	56110
建筑业					2233	310	4611	68198	819927
交通运输、仓储和邮政业					1231	207	2924	38612	196652
信息传输、计算机服务和软件业	1	2	100	100	558	59	1053	11736	71448
批发零售贸易					10844	1293	20311	25789	2470712
住宿和餐饮业					397	73	881	24869	128552
金融业	72	186	201539	79186	178	45	386	205	2930959
房地产业					1858	399	3847	30078	1367495
租赁和商务服务业	276	1179	1450436	232893	4284	614	8195	47413	770640
科学研究、技术服务和地质勘查业					644	55	1499	4766	122634
水利、环境和公共设施管理业					155	13	367	2793	72330
居民服务和其他服务业					1082	179	2034	17440	130605
教育					43	2	99	118	9215
卫生、社会保障和社会福利业					14	2	26	30	4392
文化、体育和娱乐业					225	21	524	1695	103033

行　　业						有限责任公司			
		#自然人独资				#法人独资			
	实收资本	户数	投资者人数	雇工人数	注册资本	户数	投资者人数	雇工人数	注册资本
合　　计	**7268742**	**5645**	**5573**	**39089**	**2117481**	**176**	**147**	**3642**	**251268**
农、林、牧、渔业	272790	306	305	2362	88557	12	12	150	9138
采矿业	53120	10	10	127	4270	1	1	20	500
制造业	1682728	1071	1068	14305	202210	45	45	2721	160986
电力、燃气及水的生产和供应业	36432	17	17	72	9071	4	4	82	1820
建筑业	488370	382	374	2249	104464	6	3	39	3950
交通运输、仓储和邮政业	139730	202	193	1064	21252	8	5	44	1400
信息传输、计算机服务和软件业	31341	89	89	371	8330				
批发零售贸易	1484368	2171	2150	11535	390980	41	28	196	26731
住宿和餐饮业	102449	53	51	429	12923	3	3		5828
金融业	1168820	13	12	38	1020110	2	2		6000
房地产业	1081006	169	162	929	73611	15	13	84	16460
租赁和商务服务业	432364	797	778	3694	115679	27	22	156	16255
科学研究、技术服务和地质勘查业	79764	98	97	342	10424	3	3	20	700
水利、环境和公共设施管理业	49127	20	20	127	28554	3	3	80	1100
居民服务和其他服务业	90514	203	203	1028	15092	3		13	
教育	6189	11	11	80	756				
卫生、社会保障和社会福利业	4292	1	1		100	1	1	30	100
文化、体育和娱乐业	65008	32	32	337	11098	2	2	7	300

15－19 续表 5

行　业	股份有限公司						本期注销		
	户数	#分公司	投资者人数	雇工人数	注册资本	实收资本	户数	#城镇	注册资本
合　计	**109**	**74**	**226**	**2227**	**173399**	**145516**	**756**	**517**	**112231**
农、林、牧、渔业	3	1	8		1000	600	36	20	5836
采矿业							9	5	462
制造业	13		48	1345	55889	42786	130	60	30813
电力、燃气及水的生产和供应业							4		160
建筑业	2	2		2			27	24	3844
交通运输、仓储和邮政业	2	1	75	10	800	800	20	8	650
信息传输、计算机服务和软件业	2	2		10			11	9	556
批发零售贸易	32	26	19	645	29210	29210	312	225	32260
住宿和餐饮业							12	11	748
金融业	40	36	41	166	33000	33000	1	1	1000
房地产业	3		16		16000	15600	41	40	22580
租赁和商务服务业	5	5		12			107	82	10814
科学研究、技术服务和地质勘查业	7	1	19	37	37500	23520	12	5	1202
水利、环境和公共设施管理业							3	2	10
居民服务和其他服务业							24	20	727
教育							3	1	370
文化、体育和娱乐业							4	4	199

15-20 主要年份国际旅游人数

单位:人次

指标	1985年	1990年	1995年	2000年	2005年	2010年	2013年	2014年
国际旅游人数	**11339**	**7765**	**15791**	**30765**	**80230**	**250467**	**323667**	**333698**
1.外国人	2038	1865	5394	21094	42288	141770	155360	160176
#日本	1071	1028	2805	2612	7671	13317	5912	6095
菲律宾	30	38	59	55	258	2194	2192	2259
新加坡	18	133	229	223	3578	10260	11845	12212
泰国	60	67	282	1097	277	307	454	468
印度尼西亚	5	6	10	70	532	4417	4446	4583
马来西亚			94	310	593	3357	4092	4218
韩国			3	74	4844	13555	16546	17058
蒙古				14	68	31	34	38
印度			33	6	166	5706	8272	8528
美国	591	206	177	6429	3978	10522	14451	14899
加拿大	18	28	148	39	1372	1292	1941	2001
德国	14	18	64	2252	3437	12688	13777	14204
瑞典	5		3	8	57	3367	3462	3569
英国	23	65	528	1323	2630	9956	10345	10666
法国	11	33	22	264	2667	6004	6542	6745
意大利	5	6	43	16	1464	2089	2311	2383
俄罗斯		10	82	7	765	9918	10333	10653
澳大利亚	14	76	2	21	2045	7688	8114	8365
新西兰	5	5	20	3	614	940	1016	1047
瑞士			6	17	78	1877	1524	1572
荷兰			18	8			13	18
西班牙			12	8	387	2203	2372	2445
2.港澳同胞	9152	3184	2446	5153	21193	61973	92568	95438
3.台湾同胞		2664	7906	4518	16749	46724	75739	78084

15－21 旅游星级饭店一览表

（2014 年）

名　称	地址	星级	客房（间）	床位（张）
远洲国际大酒店	南湖路 116 号	五星	420	630
信华建国酒店	滨江路 299 号	五星	317	466
西湖宾馆	庐山大林路 719 号	四星	57	152
庐山天沐温泉度假村	星子县温泉镇	四星	112	201
龙湾温泉度假村	星子县温泉镇	四星	125	238
雅格泰大酒店	长虹大道 28 号	四星	213	368
国脉宾馆	庐山大月山路 15 号	四星	89	163
北戴河宾馆	柘林镇南岸	四星	70	130
花旗假日酒店	前进东路 19 号	四星	163	283
金轩益君大酒店	长虹大道	四星	166	314
共青茶山假日酒店	共青城共青大道 1 号	四星	118	187
修水珠江大酒店	修水县城南秀水大道 1 号	四星	183	320
九江山水国际大酒店	十里大道 202 号	四星	158	298
修水君豪大酒店	修水县散源路 1 号	四星	113	179
武宁宾馆	武宁县城古艾路 1 号	四星	63	108
龙震饭店	星子县白鹿大道	四星	93	168
湖口鄱阳湖大酒店	湖口县钟山大道	四星	127	164
德安国际大酒店	德安十力路雁湖新天地 2 号	四星	194	323
上汤温泉度假村	星子县温泉镇	四星	192	315
福泰 118 长虹酒店	长虹大道 70 号	三星	118	203
黄金假日大酒店	长虹大道 436　号	三星	112	205
柴瑱宾馆	甘棠南路 111 号	三星	68	126
中景假期酒店	九江火车站广场东楼	三星	135	259
九江宾馆	南湖路 118 号	三星	121	261
五丰宾馆	浔阳路 129 号	三星	78	160
九江欧迪大酒店	十里大道 28 号	三星	50	78
永生现代宾馆	长虹大道 308 号	三星	120	186
707 科技交流中心	九江市前进西路 105 号	三星	77	154

15－21 续表 1

名　称	地址	星级	客房（间）	床位（张）
天龙宾馆	浔阳东路 147 号	三星	70	120
花园大酒店	庐峰路 53 号	三星	92	160
瑞昌皇家大酒店	赤乌东路	三星	108	206
明星大酒店	武宁县豫宁大道南端 330 号	三星	110	202
武宁景山大酒店	武宁县豫林北路 3 号	三星	85	160
醉酒湾大酒店	柘林镇沿河路	三星	57	107
龙城大酒店	彭泽县龙泉路 313 号	三星	50	87
永修宾馆	永修县委大院	三星	100	160
德安宾馆	德安县东风路 69 号	三星	90	150
都昌大酒店	都昌县东风大道 156 号	三星	65	115
南康大酒店	星子县南康大道	三星	54	90
经纬宾馆	庐山回龙路 2 号	三星	56	111
庐山飞云宾馆	庐山小天池 116 号	三星	50	100
匡城宾馆	庐山窑洼路 36 号	三星	86	171
白云宾馆	庐山窑洼路 20 号	三星	87	174
太极宾馆	庐山芦林路 11 号	三星	32	64
庐山如琴湖饭店	庐山大林路 93 号	三星	65	123
庐山体育宾馆	庐山河西路 15 号	三星	39	77
庐山宾馆	庐山河西路 70 号	三星	68	136
夏都宾馆	庐山河西路 452 号	三星	35	63
新云天宾馆	庐山窑洼路 15 号	三星	76	152
牯岭大酒店	庐山河西路 7 号	三星	116	227
九江供电公司庐山培训基地	庐山白云观 14 号	三星	84	164
庐池宾馆	庐山小天池 17 号	三星	52	106
庐山鑫缔宾馆	庐山环山路 1 号	三星	71	137
新世纪宾馆	庐山大林沟路 68 号	三星	40	72
天山宾馆	庐山牯岭街 51 号	三星	45	92

15－21 续表 2

名　　称	地址	星级	客房（间）	床位（张）
庐山观云山庄	庐山新建村 48 号	三星	65	124
庐山云雾国际大酒店	庐山大林沟路 58 号	三星	57	115
庐山工会宾馆	庐山莲谷路 11 号	三星	49	98
庐山云龙宾馆	庐山慧远路 200 号	三星	45	94
庐山颐园宾馆	庐山中十路 3 号	三星	63	128
中房宾馆	长虹大道 60 号	三星	92	175
共青金航大酒店	共青城市共青大道理工学院	三星	121	204
福泰 118 德化酒店	十里大道 903 号	三星	129	191
君安大酒店	湖口县钟山大道君安商业大厦	三星	186	290
奥中大酒店	德安县一支路	三星	140	249
鑫昊大酒店	永修县富民新村	三星	82	150
宏泰宾馆	永修县易家河村	三星	54	93
庐山五鑫宾馆	庐山大林沟路 47 号	三星	80	155
景湖酒店	九江县柴桑北路 245 号	三星	85	124
兴湖山庄	湖口县石钟山大道	二星	47	89
鸿雁宾馆	交通路 16 号	二星	70	140
九州宾馆	九江火车站	二星	66	128
教育宾馆	九江市庐山南路 6 号	二星	40	77
甲秀宾馆	庐山河西路 462 号	二星	52	104
濂溪宾馆	前进东路 554 号	二星	89	188
实力宾馆	十里大道 1219 号	二星	33	61

15－22 农家星级旅馆一览表

(2014 年)

名　　称	地址	星级	客房(间)	床位(张)
三石饭店	星子县温泉镇	特三星	8	18
瑞昌乡情休闲农庄	瑞昌市桂林镇大塘村	特三星	9	16
新家园食府	柘林镇明易家河村	特三星	12	22
易家河中心大酒店	柘林镇明易家河村	特三星	9	18
马头山庄	九江县马回岭镇马头村	特三星	5	10
新光山庄	武宁县宋溪镇	特三星	15	25
蔡家庄饭庄	湖口县凰村乡	特三星	2	4
乾元山庄	彭泽县太平关乡	特三星	3	6
农竹庄园	星子县温泉镇板桥村	特三星	2	4
劲松山庄	九江县沙城工业园	特三星	2	3
天宝农庄	修水县竹坪乡	特三星	2	4
红豆饭庄	武宁县	特三星	3	5
双井村草堂	修水县双井村	特三星	5	8
申氏鱼庄	永修县柘林镇	特三星	3	6
深步龙生态农庄	永修县	特三星	5	10
紫烟山庄	德安县河东乡	特三星	6	10
枫桂庄园	庐山区莲花乡	特三星	5	8
大路王山庄	庐山	特三星	2	5
海龙山庄	庐山区海会镇万牛山	三星	8	20
平尧鸿生生态农庄	武宁县甫田乡茶棋村	三星	8	12
茶乡农家乐饭庄	武宁县新宁镇茶场	三星	17	25
绿色农家饭庄	柘林镇易家河村	三星	8	16
茂英度假村	共青城市	三星	37	60
桔园土菜馆	永修县柘林镇易家河村	三星	2	4
古市珠宝大酒店	修水县	三星	3	5
土巴屋山庄	永修县江上乡	三星	2	4
鱼林馆	永修县柘林镇	三星	4	8
绿茵生态休闲山庄	永修县	三星	3	6
碧竹村酒店	星子县	三星	2	4
洪湖农庄	湖口县	三星	3	6
庐山园艺农庄	庐山区	三星	2	4
碧绿茶农庄	庐山区	三星	5	10
永修县司马三水湾大酒店	永修县	特三星	2	4
星子县双垅农业生态园	星子县	特三星	4	8
修水县东电人家	修水县	特三星	4	8
湖口县湖畔山庄	湖口县	三星	2	4

15－23 主要风景名胜一览

名　　称	地址	简　　况
庐山	庐山	庐山位于江西省北部,京九线和长江交汇点,北临长江,东傍鄱阳湖,自古以"雄、奇、险、秀"闻名于世,是我国的一座千古文化名山、首批国家重点风景名胜区和世界遗产地、世界地质公园、国家5A级旅游景区、全国文明风景旅游区、联合国优秀生态旅游景区。庐山旅游资源极其丰富,素以风景名山、文化名山、教育名山、宗教名山、政治名山、科技名山著称于世。以时尚、休闲、健康、环保、文化、科学吸引游客。风景区内有16大自然奇观,景点474处,形成了名山、大江、大湖交汇的磅礴气势和"春山如梦、夏山如滴、秋山如醉、冬山如玉"之美景。
秀峰景区	星子县	江西省星子县庐山秀峰风景区,位于庐山南麓,因诗仙李白题诗《望庐山瀑布》而著称——并非指三叠泉瀑布,有"庐山之美在山南,山南之美数秀峰"的美称。包括香炉峰、双剑峰、文殊峰、鹤鸣峰、狮子峰、龟背峰、姊妹峰等诸峰。秀峰风景区位距星子县城仅6公里。秀峰为庐山五大丛林之首,南唐中主李璟曾在此筑台读书,保大九年(公元951年),李璟敕令在旧读书处建寺庙,赐名"开先寺",意思是"开国先兆"。
观音桥景区	星子县	原名栖贤桥,因桥侧建有观音寺,人们就称观音桥,又因架设于三峡涧上,亦名三峡桥。已有一千年历史。是一单孔石拱桥,桥基立于东西两岸的悬崖上,下临深潭,设计精巧,造型美观,历经近千年风雨,至今完好无损,是我国古代桥梁建筑工艺的珍贵遗产,古人赞为"神施鬼设"、"巧夺天工"。
桃花源景区	星子县	桃花源景区,位于山南景区西南部,地处庐山大汉阳峰下,总面积约一万多亩,"桃花源"又称康王谷,是庐山第一长峡谷,全长约15华里,素有"世外桃源"的美称,景观特色以幽谷风光取胜,历来被认为是陶渊明名篇《桃花源记》创作原型所在地,有一条瀑布悬空数十米,蔚为壮观,这就是庐山著名的谷帘泉瀑布,朱熹手书"谷帘泉"三大字刻于进谷路旁的崖壁上,十分壮观醒目。
东林大佛	星子县	东林大佛,位于江西省九江市星子县温泉镇的庐山山麓,是佛教净土宗的发源地(东林寺)的标志,是中国及全球露天第一高的。该佛像以48米阿弥陀佛接引铜像为核心,组成部分包括净土文化区、新东林寺、比丘尼院、隐逸文化区、安养区、海会堂、大德精舍区等。
天沐温泉度假村	星子县	庐山天沐温泉度假村位于庐山山南景区温泉镇,临环庐山公路、昌九高速、京九铁路、昌北机场,105国道,交通便捷。天沐·江西庐山温泉度假村在汉唐风格的中式园林中有四十多种设计新颖,功能各异的露天温泉浴池、SPA水疗以及大型水上乐园,让您充分体验与享受真山真水、返璞归真的大自然温泉。
龙湾温泉度假村	星子县	接旷古之水,踞名山之土而成的庐山龙湾温泉度假村是一家集观光度假、休闲疗养、商务会议、特色美食、运动健身、生态教学与环保宣传等为一体的大型综合度假村,位于世界地质公园——庐山山南景区,地处星子县温泉镇,环庐山一级公路穿境而过,距昌九(南昌－－－－九江)高速公路7公里,至九江48公里,九江机场20公里,昌北机场70公里。整体规划面积200余亩,按四星级标准建设,目前已为挂四酒店,国家4A级风景区,可同时容纳2000人沐浴温泉。
上汤温泉度假村	星子县	上汤温泉度假村位于山拥千峰,江环九派的江西省九江市星子县温泉镇,北依庐山,紧临鄱阳湖,气候宜人、环境优美。仙山、名湖、温泉,构造出一处人人向往的桃源仙境。度假村于2009年由江西万邦房地产开发有限公司投资5亿元严格按照国际五星级标准设计建造,占地面积300余亩,是集天然温泉、水上乐园、豪华客房、会议娱乐、特色餐饮的度假村。

15－23 续表 1

名　称	地　址	简　　况
中华贤母园	九江县	国家 AAAA 级旅游景区,位于九江县城,是我县挖掘历史文化资源,彰显地方文化特色,以岳母、陶母文化为核心,以贤母文化为内涵,以旅游休闲为外延,构建集文化展示、生态休闲、旅游观光为一体的寓教于乐、寓教于游的贤母文化主题公园。包括母爱之门、中华贤母主题雕塑、仁爱台阶、思贤路、怀恩路、入口广场、爱心广场、景区停车场)、母范天下主题馆 <中华贤母文化博物馆>、陶母馆、岳母馆、金戈铁马苑。
大千世界	九江县	民生·大千世界梦幻乐园坐落于山清水秀的九江凤凰岛,北临长江,南望庐山。由梦想世界、仙踪世界、未来世界、历险世界、海底世界、史前世界、魔幻世界、秘境世界、水上世界、军事世界 10 大梦幻主题世界组成,融科普教育、科技文明展示、地方文化交流三大功能于一体,通过高新科技、寓教于乐的方式展现人文及自然科学技术的发展历程,激发广大青少年走进科学、学习科学知识的兴趣,是江西省科普教育基地。
陶渊明纪念馆	九江县	系历史人物纪念馆,是江西省十大名人纪念馆之一,为纪念东晋伟大诗人和散文家陶渊明而建。1985 年建成开放,馆区占地面积 40 余亩,由纪念馆、陶靖节祠、陶渊明墓三部分组成,相配套的附属设施有归来亭、碑廊、洗墨池、柳巷、菊圃等。馆祠为江南园林式风格,驼峰式山墙,飞檐翘角,古朴典雅。自 2008 年实行免费开放。
狮子洞	九江县	位于九江县狮子乡的狮子山麓,隐藏于狮子山腹石壁之中。因山形状像头巨狮卧着,洞依山得名。洞前卧着一具雄狮塑像,其口为门,既显森畏,又有情趣。狮张牙舞爪,故弄玄虚,一年四季不知吞吐多少游人。狮子洞的特点在于:象形景物甚多,复杂变幻,步移景换,妙趣随生,而且曲折回环,彼此串绕,上下沟牵,处处贯穿,幽奥雅寂。它发育在两叠系下部的茅口灰岩和栖霞灰岩中,沿着具有组张性断裂面形成,张性结构面向下撒开与收敛,压性结构近于直立断裂面所截,在温湿气候条件下,通过流水对可溶性岩石长久和不断地溶塑创造成的。此洞全长游程近 500 米。
岳母墓	九江县	位于沙河经济开发区,1996 年县政府投资 200 余万元建成,景区占地面积 40 余亩。现由仪门、岳母祠、孝庐、岳母墓、叠翠亭等组成,主体建筑为明清江南民居风格。附属设施有"尽忠报国"照壁、甬道、石马、石翁仲等。年接待游客 5 万人次。岳母姚太夫人,北宋相州汤阴人,深明大义,教子尽忠报国,敕封周国夫人,世尊母教典范。建炎四年随飞军中奉养,绍兴六年春病逝鄂洲。宋高宗赐葬于此。1959 年岳母墓被公布为省级文物保护单位。
龙宫洞	彭泽县天红镇	是国家 4A 级旅游景区,天然溶洞,其景有如传说中的东海龙宫,全长 2700 米。洞中大量钟乳石、石幔、石笋、形状奇特,别有谐趣。
兆吉沟	彭泽县浩山乡	第二次国内革命战争时期,方志敏、邵式平领导的赣北、皖南游击大队第九、十中队指挥部和彭泽、湖口、鄱阳、都昌、东流、至德、望江等七县中心县委曾设置于此。当年指挥部和中心县委办公之地,至今弹痕累累。
马当炮台	彭泽县马当镇	唐陆龟蒙曾在马当山下构庐讲学,作《马当山铭》。还在上元殿侧建亭一座,名曰"鲁望亭"。清光绪甲午中日之战时因修筑马当炮台被毁。 马当位于赣北最东面的彭泽县江边,与江中小孤山遥相对峙。马当炮台,位于马当镇东北 1.5 公里,长江南岸的马当山上。该处山高水急,江面狭窄,地势险恶,是一夫当关,万夫莫开的江防要塞,也是历代兵家必争之地。道光二十年(1840),英军进攻上海宝山后,直逼南京,清政府下令沿江建筑炮台防守,马当炮台修建自此始。马当位于赣北最东面的彭泽县江边,与江中小孤山遥相对峙。马当炮台,位于马当镇东北 1.5 公里,长江南岸的马当山上。该处山高水急,江面狭窄,地势险恶,是一夫当关,万夫莫开的江防要塞,也是历代兵家必争之地。道光二十年(1840),英军进攻上海宝山后,直逼南京,清政府下令沿江建筑炮台防守,马当炮台修建自此始。

15－23 续表 2

名 称	地 址	简 况
燕山龙源峡	永修县	位于永修西南部的燕山，距南昌约一个半小时车程，是近年开发出来的绝美景点。被誉为东方"亚马逊"、南国"九寨沟"。四季风情各异：春如梦、夏如滴、秋如醉、冬如玉。不仅风景旖旎，还开发了一系列游乐项目。漂流港、蝴蝶谷、水上游乐场、户外拓展场、民俗风情表演场、高尔夫练习场、森林狩猎场等恭迎八方来宾，过江龙、水上飞人、林间秋千、丛林飞狐等娱乐设施笑待四海友朋。
凤凰山桃花园	永修县云山	位于永修县云山企业集团，105 国道从园中南北贯通，是久负盛名、赣北之最的"桃源"。景区内有 8 千余亩水蜜桃、水梨、李子园和江西最大的"中华鳖"良种基地，是春夏之季八方游人踏春观花、品果的好地方。
吴城古镇旅游区	永修县吴城	吴城古镇位于鄱阳湖、赣江、修河交汇处，是江西古代四大名镇之一，有着 2200 多年历史，明清时为江西最大的商贸运输口岸，经济功能不亚于省府南昌，古有"装不尽的吴城，卸不完的汉口"之称。
望湖亭	永修县吴城	也叫望夫亭，位于永修县吴城镇城东，始建于晋太康元年（公元 280 年），登亭望远，秋水长天，落霞孤鹜，春江花月，渔歌唱晚，别有一番生态风光景色。这里曾演绎过一段陈友谅和娄妃凄美动人的爱情故事。
吉安会馆	永修县吴城	始建于北宋中期。现有的会馆是吉安商人在嘉庆二十年至道光七年年间在原有基础上重修而成的，总建筑面积 900 多平方米，是吴城古镇 48 个会馆中的杰出代表。该工程共用工期 12 年，花费银两 22534 两，会馆南门上方花岗岩扁额"理学名臣"相传是为了纪念民族英雄文天祥，由明初大才子解缙所书，该建筑正面和前厅保存基本完好。
江南草原旅游区	永修县吴城	每年，随着吴城集镇周边湖水的下降，湖泊草洲逐渐裸露出来，形成了一片广阔的草原，有草地面积 4 余万公顷，其中草洲面积近 1.33 万公顷，地势平坦，芳草萋萋，一望无际的湿地草原，这也是世界六大重要湿地之一，大小湖泊溪流星罗棋布，镶嵌在草洲湿地当中。
吴城水上沙漠	永修县吴城	在烟波浩渺的鄱阳湖边，有一块江南最大的水上沙漠——松门、松丰、吉山的近 41 平方公里沙山。西北沙漠与江南水乡不可思议地在此结合，既有沙漠的荒凉，又不乏水乡的灵秀，形成了奇特的自然景观。松门山是吴城最高点，海拔 90.9 米，吉山、松门山两座相互毗邻、东西相连，象一条盘旋的巨龙，将烟波浩淼的鄱阳湖分为南北两段。
西海龙山	永修县柘林镇	位于柘林镇易家河村（西海温泉度假村内），以旱海遗迹为看点，结合民间传说，开发出西海龙宫后花园等一系列景观，是集登山、观湖、望海、荡秋千、攀岩、CS 野战等拓展运动于一体的生态休闲基地。
易家河村	永修县柘林镇	位于柘林镇，为江西省 AAAA 乡村旅游示范点，是明朝重臣，曾任刑部、礼部和兵部尚书的魏源的家乡。是有名的长寿村，健在的村民中，80 岁以上的长寿老人占 70 岁以上老人总数的 56%。又是全国著名的柑桔之乡。原党和国家领导人温家宝、吴官正、曾庆红、回良玉、迟浩田等曾来此视察。
石钟山	湖口县	石钟山，国家 AAAA 级景区，全国重点文物保护单位，中国千古奇音第一山，位于中国第一大江长江与中国第一大淡水湖鄱阳湖的交汇处；南望匡庐，北镇长江，江湖水分两色。山上古建筑与碑、石刻相得益彰，互相辉映，集楼、台、亭、阁等于一体，是一座典型的江南园林。这里石块具有天然形成的皱、透、瘦、漏、丑等特点，千姿百态。而且石叩之有声，观之出奇。登临其上，看长江滔滔，观鄱湖浩淼，令人心旷神怡，流连忘返。正是由于这里奇峭的自然景观和悠久的人文景观，吸引了历代众多文人学者前来探奇揽胜，著文赋诗；其中最为著名的是宋代苏东坡的《石钟山记》。

15－23 续表 3

名　称	地　址	简　　况
鞋山	湖口县	鞋山,天下无双第一鞋,享有世界文化景观之美誉,位于江西湖口县城南九公里处,我国最大的淡水湖——鄱阳湖中,海拔 90.7 米,面积 11 万平方米,四面碧波,孤峰独峙,雄踞中流;威震鄱湖,以神奇峻拔,物华灵秀著称于此,是鄱阳湖中的一大绝景,也是我国重点的候鸟保护区。
烟水亭	浔阳区	烟水亭相传为"周瑜点将台"之故址,汉建安(公元 208 年),孙权戌守溢口(今市区),大都督周瑜在此湖上操练水军,故在湖中筑台点将。唐元和十至十三年间(公元 815－－818 年),白居易被贬为江洲司马时,建亭于此土墩上,后人以其诗 <琵琶行> 有"别时茫茫江浸月"之句,名为"浸月亭"。"烟水亭"原在湖堤上,系宋理学家周墩颐所建,后两亭俱毁。明万历间,(公元 1753－－1620 年)督关主事黄腾春建亭于此处,取"山头水色薄笼烟"之意境,而名"烟水亭"。后人又相继修建,逐成一集殿阁亭轩之建筑群。
步行街	浔阳区	步行街也叫大中路步行街,位于长江之滨的九江市,是一条有着数百年悠久历史的古街,也是九江最具代表性、最繁华热闹的商业步行观光街,有"赣北第一街"的美誉。现在的大中路形成大约在 1924 年。为延续历史文脉,重现百年老街的商业街区价值,把步行街打造成为集休闲、旅游、观光、购物为一体的商业街,2010 年 8 月 5 日,浔阳区政府投资约 9400 万元对这条全长 2.1 公里的古街进行升级改造,这是大中路步行街有史以来最大的改造工程。改造后的步行街外墙修葺一新、街灯时尚大方,路面更加宽敞、干净、整洁。
浔阳楼	浔阳区	浔阳楼位于九江市区九华门外的长江之滨。浔阳楼之名最早见之于唐代江州刺史韦应物《登郡寄京师诸季及淮南子弟》一诗中的"始罢永阳守,复卧浔阳楼"的诗句。随后,江州司马白居易在《题浔阳楼》诗中又描写了它周围的景色,而真正使浔阳楼名噪天下则得力于施耐庵《水浒传》中的精彩描写。 1989 年春,九江市人民政府根据旅游和文化事业发展地需要,在浔阳江畔重建了浔阳楼。重建后的浔阳楼占地 1600 平方米,楼高 20 米,外三层、内四层、青甍黛瓦,飞檐翘角,四面回廊,古朴庄重,具有明显的仿宋风格。
锁江楼	浔阳区	锁江楼位于长江之滨,九江市东北隅,傲然屹立,高耸蓝天,潇洒古朴,伟岸气昂,塔影锁江,风雅微妙,宛如撑天大柱突兀江畔。所谓锁江楼,顾名思义,是为锁住不驯服的江水。相传在古代九江常遭水患,为锁住兴水患的孽龙,永葆风调雨顺,于是祈求神灵,在离长江仅三米远的回龙矶上建锁江楼。"锁江楼"始建于明朝万历十三年(1558 年),由"锁江楼"和"锁江塔"共同组成。
西海湾	武宁县	西海湾景区为国家 AAAA 级旅游景区,位于武宁县城,景区总面积 124 平方公里,其中水域面积 54 平方公里。景区经营河湖观光、垂钓、龙舟竞渡,沙滩浴场、水上高尔夫、水上摩托艇冲浪、柳山观光探险、沙洲露营,沿途可以欣赏到秀美的河湖风和地方特色文化表演等众多项目。
西海明珠	武宁县	西海明珠地处武宁县沙田新区,位居西海湖畔,是一幢乳白色贝壳式建筑,其独特的造型设计将建筑的宏伟气势和西海柔情完美融合,使之成为武宁的新地标。西海明珠以水为立意,巧妙地把武宁城市规划展览馆、博物馆和现代化的大剧院纳入"贝壳"之中,馆内布展之丰富、做工之精细、设计之巧妙、科技之先进,令人赞叹、让人震撼。
文峰塔	武宁县	文峰塔,位于武宁大桥北端,始建于清嘉庆元年(公元 1792 年),时为六方七级,砖木结构。嘉庆九年维修,由七级更为九级通梯,为全县造型最大的古塔。
柳　山	武宁县	柳山位于武宁县城西南,距县城 12 公里,海拔约 580 米,四周无它山相连,孤峰耸翠,卓立如笔,,风景秀丽,并有着许多丰富的民间传说。

15－23 续表 4

名　称	地　址	简　　况
阳光照耀29 度假区	武宁县	景区位于神秘的北纬 29°，地处庐山西海腹地，占地 8000 余亩，拥有大小岛屿上百座，共分四个游览区域即：水韵花魂观赏区、养生休闲度假区、动感芳甸体验区和田园野趣怡乐区。
神雾山	武宁县	神雾山风景区，位于武宁县九岭山国家森林公园的杨洲乡境内，景区年平均温度为 16℃—17℃，长年雾气飘渺，神秘绝伦，素有"小庐山"之称。
九岭・桃源谷国际生态度假村	武宁县	九岭・桃源谷国际生态度假村位于九岭山国家级森林公园的腹地，建筑面积约 2 万平方米，是一集休闲、会务、娱乐、健身、疗养等为一体的休闲山庄。
弥陀寺	武宁县	弥陀寺位于武宁县杨洲乡南瓜源境内凤凰山上，它前有奇观吴王峰（相传三国吴王孙权的曾祖母葬此山顶）为屏，后有异境武陵岩作靠，左倚西源，右偎东源，更有武宁湖（庐山西海）相陪衬，四周重峦叠嶂，山清水秀，景色迷人，是虔心修行的世外桃源。
武陵岩峡谷	武宁县	武陵岩峡谷漂流起点位于九岭山森林公园牌坊下，顺流而下，直至庐山西海。漂流线路长 12 公里，分两段，途中水急、石怪、洞幽、林奇。
长墅源漂流	武宁县	位于长墅源峡谷漂流一漂流程约 4 公里，分别以有着神奇传说的"天鹅坟"和"观音泉"为起终点。二漂流程约 3 公里，以银河山庄为起点，终点濒临万岛湖。河流曲折蜿蜒，多有激流险滩；河水清澈透亮，倒映两岸峰峦。河岸两侧古木参天，浓荫蔽日，山花烂漫，峭壁狰狞。
中普陀观音岛	武宁县	观音岛位于武宁大桥东侧，占地 31 公顷，因岛上的观音雕像而得名，亦称"中普陀"。观音岛主要以林木景观、湖岛风光和宗教文化为特色。岛上建有 1 尊亚洲最高石雕大观音像。观音石像高 38 米，重达 700 余吨，另有 34 尊 3 米高的观音应化身法像分布岛上。
观湖岛	武宁县	地处武宁县官莲乡境内，矗立于庐山西海湖区中心。因地理关系，这里是眺望庐山西海湖光山色的最佳位置，故称观湖岛。登至塔顶放眼远眺，庐山西海水碧如玉，烟波浩渺；四周岛屿密布，如莲花朵朵，让人真正领略到碧波万顷、千岛落珠的壮观景象。
鲁溪洞	武宁县	坐落在耸峦叠翠的幕阜山脉中段（武宁县鲁溪镇）。海拔 230 米。该洞为典型的发育中溶洞，洞内高度变化大，地下暗河贯行全洞，与陆地交错分布，被誉为"江南地下水晶宫"、"亚洲水路之著的天然溶洞"。
中信庐山西海	武宁县	中信庐山西海项目位于庐山西海国家风景名胜区，地处武宁县巾口乡境内，项目以"生态、养生、运动"三大体系为核心驱动要素，致力于打造"世界一流，中国首席"的生态度假目的地。
太平山	武宁县	太平山原名丝罗山，坐落在江西省九江市武宁县境内的澧溪、甫田、大洞三乡交汇处，北与湖北省通山县接壤，距武宁县城 55 公里，是一处集山岳风光与道教文化于一体的风景区。
九宫南山	武宁县	座落在幕阜山脉中段、横亘于鄂赣两省边界的九宫山，以其秀美的自然风景和极赋历史价值的明闯王李自成陵寝而闻名于世，被命名为国家风景名胜区。
新光山庄	武宁县	位于武宁县城湖滨北岸，现已形成休闲旅游、养生度假、生态观光农业、会务培训、生态食品、野味餐饮于一体的大型生态农庄。

15－23 续表 5

名 称	地 址	简 况
平尧生态农庄	武宁县	平尧政鸿生态农庄位于武宁县甫田乡茶棋村,坐落庐山西海湖畔畔,包括生态漂流、游船观光、水上垂钓、赛艇游乐、船楼茶舍、湖岛野餐、定点狩猎等多个项目,让游人体验“吃农家饭、住农家屋、做农家活、看农家景”以及“回归田野、回归自然”的情趣。
长水村	武宁县	生态环境极佳,因温家宝总理亲临视察被誉为“中国林改第一村”,现大力发展农家乐旅游,兴建有农家特色餐饮店、垂钓场、登山游步道、抓鱼池等多处旅游接待设施,“吃农家饭、游农家园、赏神奇山水、领略民俗风味”的农家乐旅游特色正在逐步显现。
“乐居家园”养生村庄	武宁县	“乐居家园”养生村庄是武宁依托良好的山水资源优势,倾心打造的城乡互动互补的养老服务体系新模式,生态养生村庄的建设,是在新农村建设的基础上,通过环境整治,利用群众闲置房屋,按市场化操作的方式进行。目前已建成有申家坪、七里坑、张家湾和仓下四个养生村庄。
三叠泉景区	庐山区	三叠泉位于五老峰下部,飞瀑流经的峭壁有三级,溪水分三叠泉飞泻而下,落差共 155 米,极为壮观,撼人魂魄。 三叠泉每叠各具特色。一叠直垂,水从 20 多米的巅萁背上一倾而下;二叠弯曲,直入潭中。“上级如飘雪拖练,中级如碎玉摧冰,下级如玉龙走潭。”站在第三叠抬头仰望,三叠泉抛珠溅玉,宛如白鹭千片,上下争飞;又如百副冰绡,抖腾长空,万斛明珠,九天飞洒。如果是暮春初夏多雨季节,飞瀑如发怒的玉龙,冲破青天,凌空飞下,雷声轰鸣,令人叹为观止。
碧龙潭景区	庐山区	位于江西九江市庐山小天池东北面,九江市南郊。该景区全长 2000 余米的山谷,有自然景点 30 多处,风景奇特,原始、幽静、群峰峥嵘,峭壁悬崖,云雾飘渺,水清甜爽,山绿诱人,石怪有形,双瀑似蛟龙出岫,潭中二龙戏珠。20 世纪 30 年代以前的碧龙潭鲜为人知,1930 年近代著名大诗人陈三立在遭到晚清政府革职后,诗人广游庐山,借自然山水遁世遣闷,就在诗人垂暮之年发现了这个尚未被人开发的佳景,陈三立遍游庐山诸胜之后,在此立碑刻《听瀑亭记》赞叹:“疑山南三叠泉,青玉峡诸胜,莫能轩轾也。”
南山景区	庐山区	以东晋诗人陶渊明的诗句“采菊东篱下,悠然见南山”命名的南山公园,建设面积 1433 亩,其中山体公园 716 亩,广场、会展中心及道路等公共设施 717 亩。公园设计紧扣山水田园特色,坚持人与自然和谐的理念,将园林文化、历史文化和现代文明相融合,重点打造文化休闲广场、市民服务中心、山体公园等精品项目,是集行政、休闲、文化、生态于一体的大型综合性主题公园。
富华山	共青城市	国家 AAAA 级旅游景区,位于共青城市东南方位,东临鄱阳湖,南、西、北与庐山国际高尔夫球会毗邻。景区内有全国唯一一座总书记墓——胡耀邦陵园。胡耀邦夫人李昭亲自题名富华山,寓意为富我中华。景区集红色旅游、绿色生态游为一体,是全国青少年教育基地、中国(江西)十大红色旅游圣地、共青城市的森林公园、天然氧吧。
义门陈文化产业园	德安县	义门陈文化产业园地处幕阜山余脉,属赣北山区,峰峦叠翠,涧溪纵横。“义门陈”十五代同堂、历时三百三十二年聚族而居,3700 余口同炊共饮、击鼓传餐。义门陈不仅构建了“大道之行,天下为公”的古代和谐社会,创造了我国历史上规模最大的家族大迁徙,还创办了我国历史上最早的私立大学——东佳书院,成为中国封建社会中人口最多、文化最盛、和谐团结最紧密的大家庭。
万家岭大捷纪念园	德安县	国家 AAA 级旅游景区,位于德安县河东乡上畈村,距县城 1 公里。园区西有薛岳、吴奇伟、吴逸志等三位将军骑马的铜像,东有敌酋被我炮火击伤、我无袖战士英勇冲杀的画面,还有英烈墙、社论池、回望门等,景致栩栩如生,足以把人们带回那烽火硝烟的悲壮岁月。

15－23 续表 6

名 称	地 址	简 况
庐山博阳河生态休闲风景区	德安县	庐山博阳河生态休闲风景区地处昌九高速中段德安县聂桥镇,是庐山周边最具特色大型综合性休闲景区。竹筏观景游、冲锋舟冲浪独具特色;CS 镭战战场、军事拓展培训基地精彩刺激;千亩葵花园、森林自助烧烤、露天野营轻松快乐。是您及家人朋友周末休闲、放松和聚会不二之选。
南崖－马家洲景区	修水县	南崖－马家洲景区是国家 4A 级旅游景区,由南崖(含黄庭坚纪念馆、南崖碑刻等)、文峰塔、云岩禅寺、修河峡谷栈道、老城修河段域、马家洲公园等景点构成,面积 1100 余亩,1995 年被评为省级重点风景名胜区,2014 年被评为国家 4A 级旅游景区。该景区经修河栈道和修河游步道连为一体,形成集山水、湖泊、人文一体的景区。
黄庭坚纪念馆	修水县	黄庭坚纪念馆为江西省十大名人纪念馆之一,江西省重点文物保护单位。1985 年 11 月建成开馆,正式对外开放。馆址南山崖为省级风景名胜区,紧临修河,危崖兀立河畔,山巅登高望远,平地视野开阔,古树参天,四季葱翠,景色宜人,鸟语花香,为黄庭坚少时读书游憩之地。素有"七百里修江第一山"之美誉。
秋收起义修水景区	修水县	秋收起义修水景区,国家 3A 级景区,全国爱国主义教育示范基地、国家文物保护单位、全国红色旅游经典景区、井岗山干部学院现场教学基地,景区包括:秋收起义修水纪念馆、工农革命军第一军第一师师部旧址及第一团团部旧址和革命烈士纪念馆。
百茶园景区	修水县	国家 AAA 级景区,也叫修水县茶叶生态科技园,是九江市修水茶叶科学研究所于 2004 年立项建设的集茶叶科学研究、茶叶生产加工、茶文史料博览、茶艺茶道演示、茶叶产品展示、会议培训接待及商贸观光休闲为一体的现代化综合园区。
大洋洲湿地公园景区	修水县	大洋洲湿地公园景区位于修河和其支流山口水交汇处,总面积 1500 亩,2014 年评为国家 3A 级旅游景区。该公园以"一带一河一洲"为景观结构,即湖滨路景观工程、内河、湿地公园三部分组成,为天然候鸟栖息地、青少年骑行、摄影基地,是自驾游和自行车宿营地的绝佳去处。
东浒寨风景区	修水县	东浒寨又叫"钟鼓寨",据说,是以附近有两座如钟似鼓的石山得名,位于何市镇西北部与征村乡接壤处,境内方圆 3 公里内山势雄伟,古木参天,悬崖峭壁,清泉暗河,扑朔迷离,现在按照国家 4A 级景区标准进行开发建设。
程坊风景区	修水县	程坊湖水面 3 万亩,蓄水 8 亿立方米,湖水澄碧晶莹,水质甚佳,曲折幽邃。透明度达 7 米以上,开阔处达 5 千米,狭处只有几米。到处峰峦叠嶂,林木繁茂,古树参天,鸟鸣山幽,自然风光美不胜收,有"小桂林山水"之称。
五梅山	修水县	五梅山系九岭山脉主峰,海拔 1715 米,是九江市和九岭山脉最高峰,被称为赣北第一峰,所在地毛竹山林场是江西省八大林场之一,至今仍有万余亩原始次生林,被称为赣西北最后一块原始森林。
杨家坪	修水县	杨家坪国有林场位于修水县东南部,九岭山脉西麓,系我省八大林场之一。总面积 11.5 万亩,保留有原始森林和原始次生林近万亩,最高峰 1473.5 米。林场进口处有宋末元初所建的仙姑塔遗址、神童太子坟、清帝乾隆天子地碑石、山顶十里野生黄花带、客家田围里、老革命根据地矮子坑"修铜宜奉边临时县苏维埃政府旧址"、棉花坳军工厂等。
坂尖风景区	修水县	坂尖位于何市东北部,与黄港、黄沙两镇交界,山势雄伟,景色秀丽。集儒家文化,道教思想,佛门经典三教于一体,是修水仍至整个九岭山脉地区最为引人瞩目的圣地之一。

15－23 续表 7

名 称	地 址	简 况
宁州古城	修水县	宁州古城至今已有1200余年的历史,历经了唐、宋、元、明、清及民国等朝代。宁州古城依山傍水,富有特色,保有“九井十八巷”之格局。历史上是修水县重要的茶叶、木材等商贸集散地,目前城内主要古街及各类古祠堂、古书院、古桥保存较为完好,如鹦鹉街、鳌峰书院和王亚桥等。
黄龙山	修水县	黄龙山位于幕阜山脉中部、修水县西部,为湘、鄂、赣三省的天然屏障。自然风景秀丽,系幕阜山脉的主峰,以山雄、景奇、木丰、水美的自然景观而著称,被誉为“江西的香格里拉”,同时其历史底蕴厚重,影响深远。黄龙寺位于其间,南宋慧南大师开创黄龙一宗,使黄龙寺成为宋代江西四大丛林之一,中国佛教五家七宗之一禅宗黄龙宗的发源地,举世闻名。
双井村	修水县	双井村是宋代诗人、书法家黄庭坚故里,仅宋代一朝出48位进士。有黄庭坚故居、墓葬、黄氏宗祠、高峰书院、明月湾、黄庭坚手书摩崖石刻等景观。已经被评为AAAA级乡村旅游点。
山口老街	修水县	山口老街是修水县境内规模最大、保存最完好的老街,早在民国元年称武德镇,公元1927年改建为山口镇,属修水八乡的武乡境内,老街呈南北走向,全长将近三华里,明清时,老街分为八个部分,由北向南称为八甲,现在,老街的居民还沿用这个名称。
兜率寺	修水县	兜率寺位于修水县渣津镇,寺庙规模宏大,气势雄伟。寺内有乾隆皇帝歇憩适的大雄宝殿,有一字厢房、着衣亭、三眼桥、百箩丘、试心梯、试剑石、万功池、鼎复山庄等景观和建筑。
湘鄂赣省委省苏旧址群	修水县	湘鄂赣省委省苏旧址位于上衫村宫选大屋,始建于清咸丰年间,占地3252平方米,三重二厅双井、左右侧房、上下两层砖木结构,共有房屋50余间,现存有办公、会议场所多处,彭德怀住房及木床一张,二重门正顶立有刻着“湘鄂赣省苏维埃人民政府”牌匾。境内主要有:湘鄂赣省苏维埃人民政府旧址,湘鄂赣省石印局、无线电台旧址等。
东林石岭	修水县	该区石林高低错落,有如石之森林,再有千亩桃、梨辉映其间,春来桃花梨花竞相开放,一幅世外桃源景象。岭侧有天然溶洞数个,洞内景观千姿百态,有如鬼斧神工,令人叹为观止。
山背遗址	修水县	山背文化遗址为我国长江中下游地区人类聚焦之地,距今约五千年,是初中历史教科书中提到的“山背文化”的活学样本。山背址文化遗群目前已探明有46个文物遗址,其中8处为省级文物保护单位,均匀地分布在山背村周围山丘西南坡上。
陈家大屋	修水县	陈家大屋建于清朝乾隆六年(即公元1744年),坐落在山口镇桃坪村。共分四间分祠,即退隐分祠、文権分祠,载阳分祠,建阳分祠。其占地千亩,祠旁住宅相连,鳞次栉比,建筑宏伟,上中下三重砖木结构,雕梁画栋,气派轩昂。
陈门五杰故居	修水县	陈家大屋是陈门五杰(陈宝箴、陈三立、陈衡恪、陈寅恪、陈封怀)故居,位于宁州镇高段村,距县城20公里。这里三清水秀,云雾缭绕,秀丽风景和人文传说引人入胜。古建筑保存完好,院内有陈宝箴中举、陈三立中进士时树旗的旗杆石,青砖绿瓦,雕梁画栋,尽显客家文化和豪门气概。
马祖湖	修水县	马祖湖自然环境优美、青山翠竹、鸟语花香、气温宜人。该湖系修河与其分支北岸水交汇点,系郭家滩库区,四面环山,仅一峡谷出口,乃世外桃源。
布甲溶洞	修水县	布甲溶洞位于修水县布甲乡,洞深400余米,分四关三厅,洞内两侧溶岩画廊,钟石满目、姿态各异、美不胜收,特别是后厅三柱笋石如三尊菩萨端坐其中,一尊酷似观音坐莲,满面慈容,迎接游客朝拜。

15－23 续表 8

名　称	地　址	简　　　况
太阳升古樟群	修水县	古樟群位于修水县太阳升镇，置身古樟群中，那数十棵古樟高及十丈，棵棵皆须数人合抱，但见干如巨柱，枝若虬龙，叶似浓云，遮天盖地。举头仰望少见天日，夏日炎炎倍觉清凉；白鹭搭窝枝上，众鸟鸣唱其间。
渣津古镇	修水县	渣津古镇群山环抱，依水而建，环境优美，古风犹存。是一座集名胜古迹、纪念圣地与自然景观为一体的千年古镇。商周时期开始建城，古称艾侯国，距今有二千多年的历史。境内的龙峰山巍峨雄伟，千年古刹兜率寺坐居其间，美丽的修河穿境而过，古樟、古杉、石松、奇棕等珍贵树种随处可见。主要景观有：古艾遗址、千年古寺—兜率寺、烈士陵园等。
秦山风景名胜区	瑞昌市	瑞昌市秦山风景名胜区于 1993 年由江西省人民政府批准为省级森林公园。相传秦始皇并六国、一统天下，游历华夏名山大川，慕名登斯山之巅，眺长江、瞰江南、龙心大悦，封之名“秦山”。秦山最高峰海拔 921 千米，幅员 50 多平方公里，年平均气温 15.5 摄氏度左右，适合建设避暑疗养区和生态旅游区。
九江中部红木博览城	瑞昌市	瑞昌市国家 AAAA 级景区九江中部红木博览城陈列面积近 3000 平方米，集红木文化推广、产业介绍和精品展示三大功能于一身，是中部地区规模较大、藏品类别较全、红木文化较为系统深入的一家综合红木博物馆。分为红木历史馆、传承馆、工艺馆、精品馆四部分，以红木的史、形、材、艺、韵等要素为主线，娓娓道出红木家具的渊源、流派、典故、工艺等内涵。
瑞昌市铜岭国家双遗址公园	瑞昌市	瑞昌市铜岭国家双遗址公园项目是经国家文物局、国土资源部批准建设的重大文物保护项目，项目一期总投资为 1.7 亿元人民币，选址在我市夏畈镇禁地村，总用地为 800 余亩。目前遗址博物馆主体工程已完工，公园围墙正在建设中。建成后的铜岭国家双遗址公园将成为展示中国千年青铜文明的重要窗口、国内外游客寻根探胜的文化圣地。
八里湖景区	八里湖新区	国家 AAAA 级旅游景区，南连庐山，北濒长江，扼守新时期九省通衢的西大门，区内 19 平方公里大湖波光潋滟，200 万平方米公园移步换景，沙滩、展馆、诗廊、水上乐园、购物广场、星级酒店一应俱全，特色明显。是山（庐山）城（浔阳城）联动、通江（长江）达（鄱阳湖）的旅游大本营。
庐山西海司马景区	九江市庐山西海	西海湖区水域面积 308 平方公里，平均水深 45 米，最深处 70 米，能见度 9－11 米，负氧离子含量每立方厘米 15 万个，属国家一级水质、一级空气，被誉为天然氧吧，是桃花水母的全国最大繁衍地。湖中最大岛屿面积 2000 余亩，最小的岛屿只有一棵树，被称为“沧海一树”。湖内有 3 亩以上岛屿 1667 个，5 亩以上的岛屿 997 个。湖岛风光秀丽，景色迷人，被誉为“中国最美的湖光山色”。
庐山西海云居山景区	九江市庐山西海	云居山海拔 969.4 米，山顶莲花城中真如禅寺是中国佛教曹洞宗的发祥地，被誉为“中国佛教领袖的摇篮”。新中国佛教协会首任名誉会长虚云老和尚、第三任会长赵朴初、第四任会长一诚大师，现任会长传印大师都曾担任该寺主持或在此修行多年。真如禅寺农禅并重，禅风严谨，1988 年就被列为全国三大样板丛林之首，是中外广大佛教弟子敬奉的世界坐禅中心。山上人文景观荟萃，古寺牌楼、僧侣塔林、摩崖石刻等古迹随处可见。苏轼、佛印、黄庭坚、魏源等众多历史名人都在此留下了深刻足迹与传世佳作。
西海温泉度假村	九江市庐山西海	庐山西海温泉度假村坐落在西海南岸的易家河村，是 2005 年由江西省地矿局与香港港恒旅游发展有限公司联合开发的新景区，占地面积约 400 亩。度假村属国家 4A 级旅游景区，是江西省规模最大、档次最高、项目最多、最富有情调的温泉度假村。它集温泉养生、娱乐休闲、酒店服务及园林景观为一体。原生态温泉水富含氡、硫、氟、偏硅酸，同时富含多种对人体有益的微量元素，对多种疾病和不孕不育症具有重要的医疗养生价值。

15－23 续表 9

名 称	地 址	简 况
桃花溪漂流景区	九江市庐山西海	桃花溪漂流景区位于西海湖区南岸、海拔 1100 米的桃花尖山峰峡谷间。因溪水常年不断地从桃花洞蜿蜒而下,时而在巨石中穿行,千姿百态,落英缤纷。加之桃花仙子骑石龟顺溪而下的传说,因而得名桃花溪。桃花溪漂流景区主要由森林峡谷漂流、溯溪探险、瀑布观光休闲度假三大部分组成。景区内动植物繁多,野猪、麂子等野兽经常出没山涧峡谷之中,红豆杉、桂花树、白果树等珍贵树种许多有近千年历史。除此之外,茶叶、猕猴桃、杨梅、尖板栗、罗汉菜等野生果菜多有分布。景区气候宜人,水源充足,负氧离子含量高,是天然的氧吧。
阳光照耀 29 度假区	九江市庐山西海	景区地处神秘的北纬 29°,秀山碧水环绕、阳光花木辉映,是养生度假的好地方,故称"阳光照耀 29 度假区"。景区地处庐山西海腹地,占地 2000 余亩,大小岛屿数百座,共分四个游览区域,即:水韵花魂观赏区、养生休闲度假区、动感芳甸体验区和田园野趣怡乐区。在这里,你可以品茶论道,在自然中感悟人生真谛;可以踏雪寻梅,感受柳暗花明的惊喜与满足;也可以泛舟湖上,聆听琵琶女的传统仙乐;还可以日出而作、日落而息,享受渔樵耕读的悠然与自得。
中信庐山西海旅游度假区	九江市庐山西海	中信庐山西海旅游度假区西部组团规划总投资额 60 亿元,区域总占地面积约 7 平方公里,占据了最美湖岸线景观,坐拥"7 湾、8 岛、1 湖、1 山"的罕世资源。依托风景优美的湖光山色,以运动文化养生度假为主题,开发旅游、休闲、度假、会议、运动、展示、培训等多元综合产品,重点打造 2 个公园(滨水生态公园、坡地公园)、3 个基地(运动基地、养生基地、生态基地)、5 个主题酒店(仙岚骊渡精品酒店、田园度假酒店、高峰会议酒店、高端疗养度假酒店、SPA 精品酒店),分为养生度假、生态乐活、会务康体以及运动休闲四大主题区域。
鄱湖国际珠贝城	都昌县	鄱湖国际珠贝城位于都昌县鄱阳湖大道 1 号,总建筑面积 8 万多平米,是鄱阳湖上第一个珠贝珠宝首饰交易集散中心,由珍珠馆、贝壳馆和饰品馆三大主馆,精品品牌展示区、珠贝饰品交易区、珠贝原料交易区、宝玉石交易区、首饰加工设备交易区等五大功能区块组成。为整合都昌鄱阳湖地区生态文化旅游资源起到重要的作用。
鄱阳湖南山风景区	都昌县	都昌南山,雄立于鄱阳湖北岸,处鄱阳湖腹地。山体面积 1.3 万平方米,海拔 184 米,因位居都昌县城南面而得名。"鄱湖之美在都昌,都昌之美在南山"。南山,以其"山悠水长,能阴善晴"而秀甲鄱湖。满山翠竹苍松,葱绿烟笼,让不少古今名士豪杰流连忘返,留下了不少佳篇绝唱。
老爷庙风景区	都昌县	老爷庙风景区坐落于都昌县多宝乡,鄱阳湖入江洪道右岸,其中老爷庙位于龙头山首,与庐山遥遥相对,开都昌之门户,扼蠡水之咽喉。老爷庙风景区集神圣的老爷庙、神秘的东方百慕大、神奇的沙山"三神"为一体,是一个集亲水探秘、观光游览、疗养度假、寻古访幽、科普考察、探险娱乐于一体的大型生态旅游景区。
鹤舍历史文化名村	都昌县	鹤舍历史文化名村座落在都昌县苏山村委会,紧邻道家第五十一福地元辰山。该古建筑群始建于清代乾隆年间,环村西北两面共 18 栋古建,成厂形排列,整个古建风格外观整齐划一,山头凤尾叠起,栋栋墙体相连,户户串门相通,下雨可不走湿路。全村围绕农耕、书香、瓷业和军政四大主题来描述鹤舍古村的人文历史。
张岭水库国际级水利风景区	都昌县	张岭水库国际级水利风景区位于都昌县蔡岭镇、大港镇境内,东依武山山脉,南临鄱阳湖,依托张岭水库而建,是第九批国家水利风景区。景区群山环抱,层峦叠嶂,山水相映,依托山水资源,将库区自然风景、红色景区、三尖源森林公园、古村落景区四个板块联合开发,欲打造成一个以旅游观光、休闲度假为一体的水利风景区。

主要统计指标解释

批发和零售贸易业 根据国家1994年新制定的行业分类标准《国民经济行业分类与代码》(GB/T4754-94)将原国内商业、对外贸易业、物资供销业,统一调整为批发和零售贸易业。包括流通环节批发贸易和零售商业。

社会消费品零售总额 指各种经济类型的批发零售贸易业、餐饮业、制造业和其他行业对城乡居民和社会集团的消费品零售额和农民对非农业居民零售额的总和。

商品购进总额 指从本企业以外的单位和个人购进(包括从国外直接进口)作为转卖或加工后转卖的商品金额。包括从工农业生产者购进额,进口额和其他购进组成。这个指标反映批发零售贸易企业从国内外市场上购进商品的总量。

商品销售总额 指对本企业以外的单位和个人出售(包括对国(境)外直接出口)的商品(包括售给本单位消费用的商品)金额。本指标由对生产经营单位批发额、对批发零售贸易业批发额、出口额、对居民和社会集团商品零售额项目组成。这个指标反映批发零售贸易企业在国内市场上销售商品以及出口商品总量。

商品销售收入(营业收入) 指批发零售贸易企业商品销售收入、接受其他单位委托代销商品的收入和餐饮企业的营业收入。1994年实行增值税为价外税,因此商品销售收入不含增值税。与1994年前数字不可比。

商品销售收入净额 指批发零售贸易企业商品销售收入,减去商品销售折扣与折让后的净额。

商品销售税金及附加 实行新税制后,商业批发零售改征增值税。是价外税不含在销售收入中。因此,商品销售税金及附加中,包括城市维护建设税和教育费附加。与1994年年前对比口径不同。

旅游人数

(1)入境旅游人数:指报告期内来我国观光、度假、探亲访友、就医疗养、购物、参加会议或从事经济、文化、体育、宗教活动的外国人、港澳台同胞等入境游客。统计时,外国人、港澳台同胞每入境一次统计1人次。

(2)国内旅游人数:指在报告期内在中国(大陆)观光游览、度假、探亲访友、就医疗养、购物、参加会议或从事经济、文化、体育、宗教活动的中国(大陆)居民人数,其出游的目的不是通过所从事活动谋取报酬。统计时,国内游客按每出游一次统计1人次。

国际旅游(外汇)收入 指入境游客在中国(大陆)境内旅行、游览过程中用于交通、参观游览、住宿、餐饮、购物、娱乐等全部花费。

国内旅游收入 指国内游客在国内旅行、游览过程中用于交通、参观旅览、住宿、餐饮、购物、娱乐等全部花费。星级饭店 指设备、设施、服务符合《旅游饭店星级的划分与评定》(GB/T14308-2003),通过相关旅游管理部门评定,并取得星级饭店称号的饭店(含预备星级饭店)。

16

金融、保险

- 2014 年末,全市金融机构人民币各项存款余额 1864.54 亿元,比年初增加 105.50 亿元;各项贷款余额 1219.24 亿元,比年初增加 163.19 亿元。
- 2014 年,全市财产保险机构保费收入 13.75 亿元,比上年增长 22.7%;全市人寿保险机构保费收入 22.84 亿元,比上年增长 29.4%。

16－1 金融机构信贷收支

（年末数、人民币） 单位:万元

指　　标	2013 年	2014 年	2014 年比年初增减
各项存款合计	**17590413**	**18645384**	**1054971**
单位存款	7437439	7600253	157630
个人存款	9753590	10651672	898082
储蓄存款	9634351	10462780	828429
保证金存款	7472	12421	4949
结构性存款	111768	176472	64704
财政性存款	364805	281600	－68705
临时性存款	25603	8967	－11452
委托存款	－13984	4669	4153
其他存款	22960	98222	75263
各项贷款合计	**10560509**	**12192415**	**1631906**
短期贷款	4537259	4830945	293686
个人贷款及透支	1926353	1920433	－5920
# 个人消费贷款	419956	398007	－21949
单位普通贷款及透支	2391246	2775103	383857
# 经营性贷款	2303014	2668412	365398
银团贷款	58600	53068	－5532
贸易融资	161060	82340	－78720
中长期贷款	5920940	7051664	1130725
个人贷款	2887218	3542137	654919
单位普通贷款	2702165	3071777	369613
银团贷款	327057	434750	107693
票据融资	70006	285851	215845
各项垫款	31725	23564	－8161

16-2 各县(市、区)人民币存款余额

单位:万元

地 区	2013 年	2014 年	2014 年比年初增减
全市合计	**17590413**	**18645384**	**1054971**
市辖区	7825298	8046384	221086
九江县	842992	876508	33516
武宁县	873818	922591	48773
修水县	1171912	1293232	121320
永修县	1073484	1184136	110652
德安县	336604	330981	-5624
星子县	588364	630010	41646
都昌县	1186699	1396732	210033
湖口县	820306	902157	81851
彭泽县	799477	906630	107153
瑞昌市	1166549	1281659	115110
庐山管理局	190397	138084	-52313
共青城市	714513	736280	21767

16-3 各县(市、区)人民币贷款余额

单位:万元

地 区	2013 年	2014 年	2014 年比年初增减
全市合计	**10560509**	**12192415**	**1631906**
市辖区	5006794	5722617	715823
九江县	542154	599916	57762
武宁县	486660	593904	107245
修水县	609759	744655	134896
永修县	697833	808925	111091
德安县	223546	250993	27447
星子县	333105	390578	57472
都昌县	477051	518080	41029
湖口县	589606	671900	82294
彭泽县	347476	405763	58287
瑞昌市	690043	836140	146096
庐山管理局	30902	41115	10213
共青城市	525578	607828	82250

16－4 财产保险机构主要险种保费收入和支出情况

（2014年） 单位：万元

指　标	金额	指　标	金额
保费收入合计	**137452**	**赔款支出合计**	**66591**
企业财产保险	3102	企业财产保险	4471
机动车辆保险	114387	机动车辆保险	54783
货物运输保险	382	货物运输保险	236
责任保险	4338	责任保险	1329
信用保证保险	1	农业保险	2050
农业保险	4478	其它财产保险	3720
其它财产保险	10765	未决赔款金额	35290

16－5 人寿保险机构主要险种保费收入和支出情况

（2014年） 单位：万元

指　标	金额	指　标	金额
保费收入合计	**228436**	**赔款支出合计**	**73376**
团体保险	5255	团体业务	1673
# 人寿保险	600		
意外伤害保险	1127	死伤医疗给付	1673
健康保险	3528	个人业务	71703
个人保险	223181		
# 人寿保险	191651	# 年金给付	15544
意外伤害保险	3271	满期给付	50405
健康保险	28259	死伤医疗给付	5754

主要统计指标解释

存款 指企业、机关、团体或居民根据资金必须收回的原则，把货币资金存入银行或其他信用机构保管并取得一定利息的一种信用活动形式。根据存款对象的不同可划分为企业存款、财政性存款、城乡储蓄存款、农村存款、信托及其他存款等，它是银行信贷资金的主要来源。

贷款 指银行或其他信用机构根据资金必须归还的原则，按一定利率，为企业、个人等提供资金的一种信用活动形式。我国银行贷款分为工业贷款、农业贷款、商业贷款、建筑业贷款、私营和个体贷款、乡镇企业贷款、中长期贷款、信托及其他贷款等。

城乡居民储蓄存款 指某一时点城乡居民存入银行及农村信用社的储蓄金额，包括城镇居民储蓄存款和农民个人储蓄存款，不包括居民的手存现金和工矿企业、部队、机关、团体等单位存款。

保险金额 指保险人承担赔偿或者给付保险金责任的最高限额。

保费 指投保人为取得保险人在约定范围内所承担赔偿责任而支付给保险人的费用。

赔款 指保险人根据保险合同的规定，向被保险人支付的赔偿保险责任损失的金额。

给付 包括死伤医疗给付和满期给付。死伤医疗给付是指保险人根据人寿保险及长期健康保险合同的规定，因被保险人在保险期内发生保险责任范围内的保险事故支付给被保险人(或受益人)的金额。满期给付是指被保险人生存期满，保险人按人寿保险合同规定支付给被保险人的满期保险金额。

17

房地产开发

● 2014年,全市房地产开发施工房屋面积1115.93万平方米,竣工房屋面积134.67万平方米,销售房屋面积317.20万平方米。

17-1 房地产开发投资主要指标

指　标	单位	2013 年	2014 年	2014 年比 2013 年增长%
完成投资合计	**万元**	**752929**	**1291834**	**71.6**
按工程用途分				
#住 宅	万元	594634	909151	52.9
办公楼	万元	17486	22542	28.9
商业营业用房	万元	71033	292219	311.4
其他	万元	69776	67922	-2.7
新增固定资产	万元	628062	597051	-4.9
资金来源合计	万元	1352995	2567289	89.7
房屋施工面积	万平方米	736.16	1115.93	51.6
房屋竣工面积	万平方米	212.12	134.67	-36.5
商品房屋销售面积	万平方米	304.84	317.20	4.1
#住 宅	万平方米	290.11	299.70	3.3
办公楼	万平方米	1.89	0.81	-57.1
商业营业用房	万平方米	11.61	14.29	23.1
其他	万平方米	1.23	2.40	95.1
商品房销售额	万元	1474440	1343821	-8.9
#住宅	万元	1374682	1193579	-13.2
办公楼	万元	7568	4694	-38.0
商业营业用房	万元	87952	138817	57.8
其他	万元	4238	6731	58.8

17-2 各县(市、区)房地产开发投资主要指标

(2014年)

指　　标	单位	全市合计	市区	九江县	武宁县	修水县	永修县
完成投资	万元	1291834	642759	79101	112831	63375	54005
建筑工程	万元	855177	439273	44371	74821	41064	26103
安装工程	万元	98533	52484	20911	1403	1535	1338
设备工器具购置	万元	12139	5293	3577	405	429	1082
其他费用	万元	325985	145709	10242	36202	20347	25482
新增固定资产	万元	597051	197243	119683	101815	35887	24697
本年资金来源合计	万元	2567289	1277244	156742	262734	91357	55399
房屋施工面积	平方米	11159331	4131903	889091	1301425	593858	591610
房屋竣工面积	平方米	1346703	378088	196469	210783	49052	106325
商品房销售面积	平方米	3171971	1207773	226140	224413	154796	168205
商品房销售额	万元	1343821	624264	81958	96019	47685	68673
资产总计	万元	6116460	3869281	259627	303207	266173	215796
负债总计	万元	4435223	2749495	107136	253061	242388	175960
所有者权益合计	万元	1681236	1119784	152491	50146	23785	39836
主营业务收入	万元	887783	339219	26122	80991	37733	63969
主营业务利润	万元	-111311	-22749	-229	9019	-104008	5163
利润总额	万元	-48984	36240	-286	8992	-104013	5077

17－2 续表

指　　标	单位	德安县	星子县	都昌县	湖口县	彭泽县	瑞昌市	共青城市
完成投资	万元	27950	38460	67070	54332	16508	122409	13034
建筑工程	万元	14374	37350	51735	28679	12232	73611	11564
安装工程	万元	920	200	1788	1022	3151	12709	1072
设备工器具购置	万元			873	151	300	29	
其他费用	万元	12656	910	12674	24480	825	36060	398
新增固定资产	万元	13023	5800	44566	11250	9217	32739	1131
本年资金来源合计	万元	44522	38540	87474	141506	82232	290348	39191
房屋施工面积	平方米	299666	388034	585270	654815	351119	1130536	242004
房屋竣工面积	平方米	78478	20000	135950	15850	39716	108561	7431
商品房销售面积	平方米	99758	78524	174006	86999	157465	442130	151762
商品房销售额	万元	34646	29300	64412	27559	50233	169531	49541
资产总计	万元	76549	28311	214876	255948	151979	269140	188989
负债总计	万元	52355	16800	138887	221562	96917	204620	158574
所有者权益合计	万元	24195	11511	75989	34386	55062	64520	30415
主营业务收入	万元	26335	29300	29374	30258	54143	123327	52638
主营业务利润	万元	2989	5994	－2877	－14495	24565	5989	1662
利润总额	万元	2983	5994	－2077	－14863	24561	9124	1617

17-3 按登记注册类型分的房地产开发投资

(2014 年)

指　　标	合计	内资				港澳台商投　资	外商投资
			#国有	股　份有限公司	私营及个体投资		
投资总额	1291834	1280445	9704	7596	515920	9706	1683
按构成分							
建筑工程	855177	843788	8063	5236	326675	9706	1683
安装工程	98533	98533		1000	41830		
设备工器具购置	12139	12139			6109		
其他费用	325985	325985	1641	1360	141306		
按工程用途分							
住　宅	909151	907468	8427	3545	362693		1683
办公楼	22542	22542			9578		
商业营业用房	292219	282513	535	3651	96887	9706	
其　他	67922	67922	742	400	46762		

主要统计指标解释

房地产开发投资 指房地产开发公司、商品房建设公司及其他房地产开发单位进行土地开发工程、商品房屋建设工程所完成的投资额。是以货币表现的房地产开发工作量。

商品房屋 指有资格的商品房屋开发公司为了出售而统一开发的全部商品房屋,包括商品住宅和其他商品房屋。但不包括开发区内的非商品房屋项目,也不包括开发公司自建自用的房屋和承建的统建住宅。①商品住宅的建设投资包括:a. 开发区内的征地、拆迁等实际费用;b. 商品住宅建筑安装工程费用;c. 开发区红线内的市政配套;d. 为开发区内商品住宅配套的服务网点。②其他商品房屋的建设投资包括:由开发公司统一开发建设的厂房、仓库等其他商品房屋的建筑安装工程费用,以及由此而发生征地、拆迁费用和配套设施建设。

房屋施工面积 指报告期内施工的全部房屋建筑面积。包括本期新开工的面积和上年开工跨入本期继续施工的房屋面积,以及上期已停建在本期恢复施工的房屋面积。本期竣工和本期施工后又停建缓建的房屋面积仍包括在施工面积中,多层建筑应填各层建筑面积之和。

房屋竣工面积 指报告期内房屋建筑按照设计要求已全部完工,达到住人和使用条件,经验收鉴定合格或达到竣工验收标准,可正式移交使用的各栋房屋建筑面积的总和。

商品房销售面积 指报告期内出售商品房屋的合同总面积(即双方签署的正式买卖合同中所确定的建筑面积)。由现房销售建筑面积和期房销售建筑面积两部分组成。

商品房销售额 指报告期内出售商品房屋的合同总价款(即双方签署的正式买卖合同中所确定的合同总价)。该指标与商品房销售面积同口径,由现房销售额和期房销售额两部分组成。

本年完成开发土地面积 指报告期内对土地进行开发并已完成七通一平等前期开发工程,具备进行房屋建筑物施工或出让条件的土地面积。

本年购置土地面积 指在本年内通过各种方式获得土地使用权的土地面积。

18

科技、教育、文化

- 2014 年,全市拥有独立科研机构 15 个,其中部属 1 所,省属 2 所。
- 2014 年,市属企事业单位拥有各类专业技术人员 6.5 万人。
- 2014 年,全市拥有普通高校 7 所,在校学生 8.32 万人;职业中学 23 所,在校学生 1.33 万人;普通中学 286 所,在校学生 26.29 万人;小学 965 所,在校学生 39.55 万人。
- 2014 年,小学适龄儿童入学率 100%,小学毕业生升学率 104.1%。
- 2014 年,全市文化事业机构 82 个,人员 1539 人,图书馆藏书 201 万册,文物馆藏文物 5.53 万件。

18-1 独立科研机构基本情况表

(2014年)

单位名称	隶属关系	年末从业人员(人)	#科技活动人员(人)	#具有中级职称以上人员(人)	固定资产合计(万元)	经费支出(万元)
中国船舶工业总公司6354研究所	部属	529	373	157	16299	5906
江西省棉花科学研究所	省属	343	102	31	604	1833
江西省庐山植物园	省属	92	71	31	810	2054
九江市水产科学研究所	市属	31	18	11	1108	182
九江农业科学研究所	市属	51	51	16	327	782
九江市水利科学研究所	市属	15	15	8	73	105
九江林业科学研究所	市属	99	28	15	161	900
九江市机电产品研究所	市属	11	11	10	46	107
九江市纺织产品研究所	市属	4	4	2	4	50
九江市修水茶叶科学研究所	市属	315	19	11	4600	414
九江市科学技术情报研究所	市属	24	18	8	10	215
瑞昌市农业科学研究所	县属	64	20	4	45	171
瑞昌市林业科学研究所	县属	54	10	5	78	217
湖口县农业科学研究所	县属	21	19	2	104	10
彭泽棉科所	县属	14	9	4	24	39

18-2 市属企事业单位各类专业技术人员

单位:人

指　　标	2013 年	2014 年	2014 年比 2013 年增长%
合　　计	**64215**	**64961**	**1.2**
一、按机构分			
事业单位	63635	64398	1.2
企业单位	580	563	-2.9
二、按人员类别分			
工程技术人员	979	2491	154.4
农业技术人员	2380	2434	2.3
科学技术人员	293	312	6.5
卫生技术人员	12825	12998	1.3
教学人员	43789	42577	-2.8
其　　他	3949	4149	5.1
三、按专业技术职称分			
高级职称	8385	8425	0.5
中级职称	27407	27546	0.5
初级职称	27502	28056	2.0
其　　他	921	934	1.4

18－3 全部工业企业全部 R&D 项目情况

（2014 年）

指　　标	项目数（项）	参加项目人　员（人）	项目人员折合全时当　量（人年）	全部项目经费内部支　出（万元）
总　　计	**387**	**3258**	**1349**	**63355**
一、按企业规模分组				
大型	52	557	201	21657
中型	200	1803	743	24656
小型	134	896	405	17038
微型	1	2		5
二、按隶属关系分组				
中央	80	199	76	5139
省（自治区、直辖市）	15	388	65	7955
地（区、市、州、盟）	13	82	43	1895
县（区、市、旗）	2	36	2	451
其他	277	2553	1163	47916
三、按登记注册类型分组				
内资企业	352	2846	1100	55699
国有企业	14	108	33	1182
有限责任公司	133	1068	427	18137
国有独资公司	7	65	40	595
其他有限责任公司	126	1003	387	17542
股份有限公司	53	331	89	11334
私营企业	152	1339	551	25046
私营合伙企业	1	40	40	2900
私营有限责任公司	133	1244	483	20122
私营股份有限公司	18	55	28	2023
港、澳、台商投资企业	27	258	128	5687
合资经营企业（港或澳、台资）	7	109	85	4148
合作经营企业（港或澳、台资）	1	1	1	1
港、澳、台商独资经营企业	19	148	43	1539
外商投资企业	8	154	122	1969
中外合资经营企业	3	32	21	1235
外资企业	4	32	17	91
外商投资股份有限公司	1	90	83	643

18－3 续表

指　　标	项目数（项）	参加项目人员（人）	项目人员折合全时当量（人年）	全部项目经费内部支出（万元）
四、按国民经济行业大类分组				
制造业	387	3258	1349	63355
农副食品加工业	6	31	25	473
食品制造业	4	22	19	46
酒、饮料和精制茶制造业	2	6	1	6
纺织业	13	150		1732
纺织服装、服饰业	6	116	29	5710
木材加工和木、竹、藤、棕、草制品业	7	17	4	183
造纸和纸制品业	3	44	40	1018
文教、工美、体育和娱乐用品制造业	1	32	28	455
石油加工、炼焦和核燃料加工业	5	17	1	66
化学原料和化学制品制造业	47	240	103	6709
医药制造业	28	180	121	5548
化学纤维制造业	5	45	25	211
橡胶和塑料制品业	5	42	34	476
非金属矿物制品业	69	267	156	5004
黑色金属冶炼和压延加工业	3	27	5	450
有色金属冶炼和压延加工业	17	303	81	2317
金属制品业	6	70	47	1229
通用设备制造业	7	44	20	2264
汽车制造业	6	30	16	1275
铁路、船舶、航空航天和其他运输设备	8	55	9	1274
电气机械和器材制造业	63	953	460	14212
计算机、通信和其他电子设备制造业	7	254	17	7540
仪器仪表制造业	27	114	38	2277
五、按经济成分分组				
公有经济	121	727	173	15499
非公有经济	266	2531	1176	47856
六、按企业控股情况分组				
国有控股	121	727	173	15499
私人控股	225	2084	930	39893
港澳台商控股	27	258	128	5687
外商控股	5	122	101	734
其他	9	67	18	1542

18－4 规上工业企业R&D经费情况

（2014年） 单位：万元

指　　标	R&D经费内部支出合　计	#企业资金	R&D经费外部支出
总　　计	**68035**	**67118**	**434**
一、按企业规模分组			
大型	21759	21750	74
中型	27655	27231	227
小型	18611	18126	
微型	10	10	
二、按隶属关系分组			
中央	5289	5062	90
省（自治区、直辖市）	8062	8062	
地（区、市、州、盟）	1955	1955	10
县（区、市、旗）	499	499	1
其他	52230	51539	332
三、按登记注册类型分组			
内资企业	60045	59141	313
国有企业	1274	1259	47
有限责任公司	19195	18765	36
国有独资公司	676	465	10
其他有限责任公司	18520	18300	26
股份有限公司	11792	11766	74
私营企业	27784	27352	156
私营合伙企业	2920	2900	
私营有限责任公司	22134	21721	141
私营股份有限公司	2731	2730	15
港、澳、台商投资企业	6021	6008	121
合资经营企业（港或澳、台资）	4153	4153	
合作经营企业（港或澳、台资）	1	1	1
港、澳、台商独资经营企业	1867	1854	120
外商投资企业	1969	1969	
中外合资经营企业	1235	1235	
外资企业	91	91	
外商投资股份有限公司	643	643	

18－4 续表

指　　标	R&D 经费内部支出合　计	#企业资金	R&D 经费外部支出
四、按国民经济行业大类分组			
制造业	68035	67118	434
农副食品加工业	494	479	
食品制造业	111	98	6
酒、饮料和精制茶制造业	31	31	
纺织业	2503	2493	
纺织服装、服饰业	5719	5717	31
木材加工和木、竹、藤、棕、草制品业	183	179	
造纸和纸制品业	1148	1148	
文教、工美、体育和娱乐用品制造业	467	467	
石油加工、炼焦和核燃料加工业	75	74	44
化学原料和化学制品制造业	7463	7187	160
医药制造业	6075	5895	102
化学纤维制造业	212	212	
橡胶和塑料制品业	991	991	10
非金属矿物制品业	5094	5071	
黑色金属冶炼和压延加工业	463	450	
有色金属冶炼和压延加工业	2428	2400	
金属制品业	1229	1229	
专用设备制造业	2979	2962	47
汽车制造业	1275	1275	
铁路、船舶、航空航天和其他运输设备	1322	1105	
电气机械和器材制造业	15006	14937	34
计算机、通信和其他电子设备制造业	8106	8106	
仪器仪表制造业	2373	2373	
五、按经济成分分组			
公有经济	15851	15624	100
非公有经济	52184	51494	333
六、按企业控股情况分组			
国有控股	15851	15624	100
私人控股	43844	43181	212
港澳台商控股	6021	6008	121
外商控股	734	734	
其他	1585	1571	

18－5 规上工业企业 R&D 经费使用情况

（2014 年）

指　　标	R&D 经费内部支出合计	按支出用途分组					R&D 经费外部支出
		1. 经常费支　　出	#人员劳务费	2. 资产性支　　出	#土建工　程	仪器设备	
总　　计	**68035**	**59890**	**15832**	**8145**	**69**	**8076**	**434**
一、按企业规模分组							
大型	21759	21146	6824	613	3	610	74
中型	27655	21980		5675	50	5625	227
小型	18611	16753	4086	1857	16	1841	133
微型	10	10	5				
二、按隶属关系分组							
中央	5289	5089	2428	200		200	90
省（自治区、直辖市）	8062	7547	2805	515	15	500	
地（区、市、州、盟）	1955	1895	326	60		60	10
县（区、市、旗）	499	441	51	58	2	56	1
其他	52230	44917	10222	7312	52	7261	332
三、按登记注册类型分组							
内资企业	60045	52723	14772	7322	68	7253	313
国有企业	1274	1176	555	98		98	47
有限责任公司	19195	17569	5363	1626	49	1577	36
国有独资公司	676	580	210	96		96	10
其他有限责任公司	18520	16989	5153	1530	49	1482	26
私营企业	27784	22700	5283	5084	20	5065	156
私营合伙企业	2920	2920	210				
私营有限责任公司	22134	18262	4711	3871	20	3852	141
私营股份有限公司	2731	1518	361	1213		1213	15
港、澳、台商投资企业	6021	5198	712	823		823	121
合资经营企业（港或澳、台资）	4153	4088	332	65		65	
合作经营企业（港或澳、台资）	1	1	1				1
港、澳、台商独资经营企业	1867	1108	379	759		758	120
外商投资企业	1969	1969	348				
中外合资经营企业	1235	1235	188				
外资企业	91	91	56				
外商投资股份有限公司	643	643	104				

18－5 续表

指　　标	R&D经费内部支出合计	按支出用途分组					R&D经费外部支出
		1.经常费支出	#人员劳务费	2.资产性支出	#土建工程	仪器设备	
四、按国民经济行业大类分组							
制造业	68035	59890	15832	8145	69	8076	434
农副食品加工业	494	488	87	6		6	
食品制造业	111	85		26		26	6
酒、饮料和精制茶制造业	31	29	12	2		2	
纺织业	2503	1526	301	977	30	948	
纺织服装、服饰业	5719	5602	1642	117	3	114	31
木材加工和木、竹、藤、棕、草制品业	183	183	65				
造纸和纸制品业	1148	833	125	315		315	
文教、工美、体育和娱乐用品制造业	467	467	218				
石油加工、炼焦和核燃料加工业	75	75	9				44
化学原料和化学制品制造业	7463	6037	2147	1427		1426	160
医药制造业	6075	4796	779	1280	11	1269	102
化学纤维制造业	212	212	66				
橡胶和塑料制品业	991	531	174	460		460	10
非金属矿物制品业	5094	5002	1375	92	2	90	
黑色金属冶炼和压延加工业	463	463	146				
有色金属冶炼和压延加工业	2428	1739	633	689	15	675	
通用设备制造业	2290	2179	217	111		111	
专用设备制造业	2979	2937	938	42	1	41	47
汽车制造业	1275	1275	210				
铁路、船舶、航空航天和其他运输设备	1322	1264	307	58	2	56	
电气机械和器材制造业	15006	13451	2605	1555	2	1553	34
计算机、通信和其他电子设备制造业	8106	7251	2586	855		855	
仪器仪表制造业	2373	2240	771	133	3	130	
五、按经济成分分组							
公有经济	15851	15076	5750	775	15	760	100
非公有经济	52184	44813	10082	7370	54	7317	333
六、按企业控股情况分组							
国有控股	15851	15076	5750	775	15	760	100
私人控股	43844	37477	8849	6368	54	6314	212
港澳台商控股	6021	5198	712	823		823	121
外商控股	734	734	160				
其他	1585	1405	361	180		180	

18－6 规上工业企业新产品产出和专利情况

（2014年）

指　标	新产品产值（万元）	新产品销售收入（万元）	#出口	专利申请数（件）	#发明专利	期末有效发明专利数（件）
总　计	**1528250**	**1313458**	**110087**	**555**	**132**	**345**
一、按企业规模分组						
大型企业	800290	780845	47142	95	29	93
中型企业	572717	392261	50004	235	43	98
小型企业	155243	140352		225	60	154
二、按隶属关系分组						
中央	141073	117572	11048	67	24	70
省（自治区、直辖市）	21379			15	6	9
地（区、市、州、盟）	79837	82454	1	28	4	40
县（区、市、旗）	5300	4600		18	12	7
其他	1280661	1108832	99037	427	86	219
三、按登记注册类型分组						
内资企业	1278723	1052970	51027	497	112	313
国有企业	2827			20	1	2
有限责任公司	213871	149551	38552	214	55	125
国有独资公司	18008	2087		31	13	13
其他有限责任公司	195862	147465	38552	183	42	112
股份有限公司	629157	622135	10903	44	20	88
私营企业	432868	281284	1572	219	36	98
私营股份有限公司	147324	117778		26	5	16
港、澳、台商投资企业	246277	259288	59060	57	20	32
港、澳、台商独资经营企业	96336	106044	59060	44	15	18
外商投资企业	3250	1200		1		
四、按国民经济行业大类分组						
制造业	1528250	1313458	110087	553	130	345
农副食品加工业	1270	1150	513	40	3	2
食品制造业	2382	2392	1287	6		
酒、饮料和精制茶制造业	2560	3260		2	2	2
纺织业	43515	35209		22	9	9
纺织服装、服饰业	478168	466795		6	5	10
皮革、毛皮、羽毛及其制品和制鞋业	5	8				

18－6 续表

指　　标	新产品产值（万元）	新产品销售收入（万元）	#出口	专利申请数（件）	#发明专利	期末有效发明专利数（件）
木材加工和木、竹、藤、棕、草制品业				5	4	4
造纸和纸制品业	81540	79038		3		
文教、工美、体育和娱乐用品制造业	11413	11011	900	5	2	
石油加工、炼焦和核燃料加工业	9931	7569		4	4	11
化学原料和化学制品制造业	191878	180390	22773	67	19	73
医药制造业	39933	20156	1238	28	2	6
化学纤维制造业	1838	1611		4	2	1
橡胶和塑料制品业	10325	2183		17		9
非金属矿物制品业	168252	186472	36798	26	6	28
黑色金属冶炼和压延加工业	34710	32710				
有色金属冶炼和压延加工业	38350	7200		5		1
金属制品业	110618	110089		23	4	18
通用设备制造业	46472	56904	46377	18	6	3
专用设备制造业	22913	2726		21	5	46
汽车制造业	215	209		28	2	16
铁路、船舶、航空航天和其他运输设备	17520	12372		10		
电气机械和器材制造业	123861	45080		89	14	35
计算机、通信和其他电子设备制造业	42292	20797		84	35	36
其他制造业	768	512	201	1		
五、按经济成分分组						
公有经济	171847	125711	11048	104	34	114
非公有经济	1356403	1187747	99039	451	98	231
六、按企业控股情况分组						
国有控股	169991	124061	11048	103	33	113
集体控股	1856	1650		1	1	1
私人控股	1044624	887077	39979	354	71	172
港澳台商控股	246277	259288	59060	57	20	32
外商控股	2000			1		
其他	63501	41382		39	7	27

18-7 各级各类学校基本情况

单位:人

指标	学校数(所)	毕业生数	招生数	在校学生数	教职工数	#专任教师
一、普通高等学校	7	24331	28636	83172	6681	5214
二、成人高等学校	1	7482	11365	31035	49	35
三、普通中等技术学校	6	6480	7922	21699	522	437
四、普通中学	286	84104	90488	262899	20720	17601
高中	12	32879	35061	101757		5846
初中	167	51225	55424	161142		11755
完全中学	33					
九年一贯制学校	71					
十二年一贯制学校	3					
五、职业中学	23	5345	4092	13293	1026	798
六、小学	965	53453	65883	395525	19755	21150
七、幼儿园	912	52261	82094	148529	12208	6668
八、特殊学校	11	153	430	1966	202	160

18－8 主要年份各类全日制学校在校学生数

指　标	单位	1990年	1995年	2000年	2005年	2010年	2012年	2013年	2014年
一、普通高等学校	人	3363	5378	17075	78476	82034	78437	79596	83172
二、普通中等技术学校	人	7933	9600	8303	4539	18777	18898	18739	21699
三、普通中学	万人	20.61	22.70	31.75	33.85	29.59	29.04	26.20	26.29
高　中	万人	3.36	3.20	4.96	11.37	9.14	9.91	10.05	10.18
初　中	万人	17.25	19.50	26.79	22.48	20.45	19.12	16.15	16.11
四、职业中学	万人	1.71	1.27	1.43	2.79	3.63	2.34	1.70	1.33
五、技工学校	万人	0.40	0.44	0.24	0.59	0.19	0.22		
六、小　学	万人	53.12	49.90	45.89	38.91	43.7	44.48	39.35	39.55

18－9 主要年份各类全日制学校毕业生数

指　标	单位	1990年	1995年	2000年	2005年	2010年	2012年	2013年	2014年
一、普通高等学校	人	1108	1397	2716	16231	20366	22672	24132	24331
二、普通中等专业学校	人	2998	3429	3630	1209	6824	4889	5673	6480
三、普通中学	万人	5.50	6.43	8.44	11.44	9.12	9.60	9.13	8.41
高　中	万人	1.07	0.95	1.15	4.01	3.84	2.93	2.83	3.29
初　中	万人	4.43	5.48	7.29	7.53	5.28	6.66	6.30	5.12
四、职业中学	万人	0.41	0.43	0.38	0.65	0.85	1.34	0.79	0.53
五、技工学校	万人	0.08	0.38	0.06	0.15	0.12			
六、小　学	万人	8.81	8.11	10.18	7.73	6.58	6.51	5.96	5.35

18－10 高等学校基本情况

(2014 年)　　单位:人

指　　标	毕业生数	招生数	在校学生数	教职工数	#专任教师
总　　计	**31813**	**40001**	**114207**	**6730**	**5249**
一、普通高等学校合计	24331	28636	83172	6681	5214
九江学院	10622	9822	36503	3109	2430
九江职业大学	2573	4562	9793	855	721
江西财经职业学院	4735	5235	14442	836	718
九江职业技术学院	4634	5234	13109	687	585
南昌大学共青学院	1414	1030	4843	706	496
共青科技职业学院		2440	3843	403	211
江西枫林涉外经贸职业学院	353	313	639	85	53
二、成人高等学校合计	7482	11365	31035	52	35
# 九江学院	3370	6743	20491		
九江广播电视大学(网络)	4081	4540	10422	49	35
江西财经职业学院	7	3	15		
九江职业大学	21	79	97		
九江职业技术学院			10		

18－11 中等专业学校基本情况

(2014 年)　　单位:人

指　　标	毕业生数	招生数	在校学生数
总　　计	**6480**	**7922**	**21699**
九江职业技术学院(附设中职班)	719	831	2086
江西省财经职业学院(江西省财务会计学校)	143	110	420
九江职大(附设中职班)	1897	2322	7075
科技中专	316	738	1790
九江市卫生学校	704	940	2455
修水县职工中专	1158	1920	4470
永修县中等卫生职业学校	131	137	513
江西省通用技术工程学校	1412	924	2890

18－12 各县(市、区)普通中学基本情况

(2014 年)

单位:人

地区	学校数(所)			毕业生数		招生数		在校学生数		教职工数		
	合计	县城	农村	初中	高中	初中	高中	初中	高中	初中	#专任教师	
											初中	高中
全市合计	**286**	**78**	**208**	**51225**	**32879**	**55424**	**35064**	**161142**	**101757**	**20720**	**11755**	**5846**
市区	34	22	12	7992	6040	8727	6939	25336	19945	3735	1835	1358
九江县	23	6	17	3342	2811	3227	2484	9624	7584	1407	761	376
武宁县	22	3	19	2750	1253	3059	1364	8979	3866	1295	758	282
修水县	42	7	35	7602	3707	9899	4198	27544	11848	2562	1602	584
永修县	24	5	19	3835	2073	3948	2303	11745	6676	1466	934	328
德安县	13	2	11	1482	774	1681	1056	4816	2774	689	362	187
星子县	15	5	10	2643	1153	2818	1379	8536	3808	915	599	203
都昌县	38	7	31	10285	6617	9137	6976	27554	20565	3296	1967	988
湖口县	18	4	14	3051	2774	3191	2406	9184	7489	1211	673	450
彭泽县	27	8	19	3666	2184	3656	2460	11001	6807	1720	1007	462
瑞昌市	27	8	19	3620	3032	4881	2958	13563	8914	2156	1069	572
共青城市	3	1	2	957	461	1200	541	3260	1481	268	188	56

18－13 各县(市、区)职业中学基本情况

(2014 年)

单位:人

地区	毕业生数	招生数	在校学生数	教职工数	#专任教师
全市合计	**5345**	**4092**	**13293**	**1026**	**798**
市区	1998	724	3230	395	239
九江县	91	122	305	46	39
武宁县	616	967	2531	108	80
修水县					
永修县	440	201	733	72	72
德安县		27	47	9	5
星子县	192	42	418	41	40
都昌县	711	600	1904	98	83
湖口县	52	44	149	21	14
彭泽县	898	872	2767	107	107
瑞昌市	291	407	1007	105	103
共青城市	56	86	202	24	16

18－14 各县(市、区)小学基本情况

(2014 年)　　单位:人

地　区	学校数(所)	毕业生数	招生数	在校学生数	教职工数	#专任教师
全市合计	**965**	**53453**	**65883**	**395525**	**19755**	**21150**
市　区	69	7631	7810	48939	2613	2916
九江县	58	3316	2684	22220	1229	1333
武宁县	47	3301	5799	26758	1282	1442
修水县	204	9097	12384	73959	2981	3167
永修县	69	3942	4497	28789	1590	1754
德安县	10	1677	2798	14501	631	734
星子县	63	3027	4235	22657	1189	1196
都昌县	324	8797	9482	61007	3381	3121
湖口县	49	3063	2976	20726	1325	1381
彭泽县	39	3480	5026	28816	1588	1698
瑞昌市	27	4769	6517	37794	1578	2006
共青城市	6	1353	1675	9359	368	402

18－15 各县(市、区)初中、小学辍学率及适龄人口入学率

(2014 年)　　单位:%

地　区	初中		小学	
	辍学率	适龄人口入学率	辍学率	适龄人口入学率
全市合计	**2.69**	**99.95**	**2.78**	**100.00**
市　直		100.00		100.00
庐山区	0.68	100.00		100.00
浔阳区	7.32	100.00		100.00
九江开发区	1.10	100.00		100.00
庐山管理局	3.81	100.00	6.25	100.00
九江县	3.47	100.00	2.35	100.00
武宁县	2.75	100.00	1.37	100.00
修水县	2.37	99.73		100.00
永修县	1.83	100.00		100.00
德安县	2.76	100.00		100.00
星子县	2.40	100.00	1.67	100.00
都昌县	6.27	100.00	13.91	100.00
湖口县	0.58	100.00	0.87	100.00
彭泽县	1.3	100.00	5.04	100.00
瑞昌市	2.83	100.00		100.00
共青城市	0.66	100.00		100.00

18－16 各县(市、区)中、小学升学情况

(2014 年)

地区	初中				小学		
	初中毕业生(人)	普高招生(人)	职高招生(人)	升入普高比例(%)	毕业生数(人)	初中招生(人)	升入普通初中比例(%)
全市合计	**51225**	**35064**	**12032**	**68.68**	**53453**	**55424**	**104.08**
市直	6125	5898	5663	96.29	1337	5926	443.23
庐山区	1754	1041		59.35	2506	1987	79.29
浔阳区					2380	36	1.51
九江开发区					1235	710	57.49
庐山管理局	113		2		173	68	39.31
九江县	3342	2484	122	74.33	3316	3227	97.32
武宁县	2750	1364	967	49.60	3301	3059	92.67
修水县	7602	4198	1920	55.22	9097	9899	108.82
永修县	3835	2303	1262	60.05	3942	3948	100.15
德安县	1482	1056	27	71.26	1677	1681	100.24
星子县	2643	1379	42	52.18	3027	2818	93.10
都昌县	10285	6976	600	67.83	8797	9137	103.86
湖口县	3051	2406	44	78.86	3063	3191	104.18
彭泽县	3666	2460	872	67.10	3480	3656	105.06
瑞昌市	3620	2958	407	81.71	4769	4881	102.35
共青城市	957	541	104	57.60	1353	1200	88.70

18－17 平均每万人口在校学生

（2014 年） 单位：人

地区	普通高中	普通初中	职业高中	小学	幼儿园
全市合计	**197.26**	**310.58**	**68.58**	**759.64**	**292.18**
庐山区	130.42	240.82		731.86	407.79
浔阳区	592.19	617.07	593.55	771.64	324.88
九江开发区		162.66		781.69	381.05
庐山管理局	27.42	138.71	16.13	838	128.49
九江县	227.75	289.01	9.16	667.26	297.81
武宁县	98.42	228.59	64.43	681.21	292.97
修水县	140.09	325.69	52.85	874.53	318.57
永修县	170.05	299.16	105.34	733.29	235.61
德安县	161.09	279.68	2.72	842.11	433.21
星子县	142.36	319.1	15.62	846.99	250.21
都昌县	253.04	339.04	23.43	750.67	294.82
湖口县	252.58	309.75	7.04	699.02	283.81
彭泽县	174.01	281.21	70.73	736.61	178.09
瑞昌市	195.52	297.49	22.08	828.99	308.57
共青城市	125.33	293.92	16.83	772.33	384.33

18－18 幼儿教育基本情况

（2014 年） 单位：人

指标	入园人数	在园幼儿数	教职工数	
				#专任教师
幼儿园	82094	148529	12208	6668
# 教育部门办	20397	28383	1188	793
其他部门办	657	1201	115	57
地方企业	237	237	45	22
民办	60803	118708	10860	5796
# 城市	16507	28183	3335	1666
县镇	40710	81684	6670	3726
农村	24877	38662	2203	1276

18－19 文化机构、人员情况

(2014 年)

指　标	机构数(个)	人员数(个)	指　标	机构数(个)	人员数(个)
总　计	**82**	**1539**	公共图书馆	14	183
一、艺术事业	23	241	三、群众文化事业	15	363
艺术表演团体	5	120	文化馆	15	363
艺术表演场所	5	66	四、文物事业	29	752
艺术研究机构	2	4	博物馆	17	645
画院(美术馆)	9	51	文物管理单位	11	90
二、图书馆事业	14	183	文物商店	1	17

18－20 文　化　事　业

指　标	单位数(个)		人员数(人)	
	2013 年	2014 年	2013 年	2014 年
艺术表演团体	5	5	120	120
# 歌　　剧	1	1	30	30
采 茶 剧	2	2	30	30
黄 梅 剧	2	2	60	60
剧　　场	5	5	66	66
文 化 馆	15	15	363	363
文 化 站	243	243	555	555
公共图书馆	15	14	183	183
博 物 馆	17	17	645	645
文物管理所	11	11	90	90

18－21 各县(市、区)图书、文物馆藏情况

(2014年)

地　区	藏书(万册)	文物(件)	#一级品
全市合计	**201.0**	**55327**	**193**
市　区	115.0	23812	16
九江县	4.8	5440	1
武宁县	14.3	415	
修水县	15.1	5570	10
永修县	8.8	273	1
德安县	5.0	6000	62
星子县	2.0	548	14
都昌县	10.0	1056	5
湖口县	8.0	1853	
彭泽县	4.0	896	2
瑞昌市	14.0	2226	18

18－22 广播电视事业

(2014年)

指　标	单位	实际	指　标	单位	实际
一、广　播			无线广播覆盖	%	97.35
广播电台(地市)	座	1	农村无线广播覆盖	%	76.14
中短波转播发射台	座	1	二、电　视		
县广播电视台	座	11	电视台	座	11
调频转播发射台	座	5	电视发射机	部	12
广播综合人口覆盖率	%	99.88	有线广播电视传输网络干线总长	公里	7340
农村广播覆盖率	%	96.57	电视人口覆盖率	%	99.93

18－23 重点文物保护单位

文物名称	地点	时代	简介
一、全国重点文物保护单位			
观音桥	星子县	宋	单孔石桥，桥墩系麻石砌，石拱有公母榫，宋大中祥符七年建。
白鹿洞书院	星子县白鹿镇	宋	白鹿洞书院为宋代四大书院之一，朱熹陆九渊曾在此讲学，有宋至明清游人石刻一百多处，殿堂多处。
庐山别墅建筑群及庐山会议旧址	庐山	近代	1895 年，英国牧师李德立，租借牯岭长冲为避暑胜地，为期 999 年，设立“市政议会”，大兴土木，建造别墅。至 1905 年，兴建各类风格别墅 147 栋，至 1917 年有 560 余栋，又过 15 年以后，分别有英、美、法、德、俄等国在牯岭兴建别墅达 848 栋，总面积 10 多万平方米，建造别墅，风格各异，具有欧美和亚洲等地各式风格，成为著名的别墅博物馆。庐山别墅群是建筑艺术与幽美环境的完美结合，并形象地融入了一个时代的文化特征，创造出特有的景观群落。 庐山会议旧址原名庐山大礼堂，1959 年中共中央八届八中全会，1961 年中共中央工作会议，1970 年中共中央九届二中全会在此召开。
秀峰寺摩岩石刻	星子县秀峰寺	唐宋至明	有宋至明历代石刻 70 余条，黄庭坚书“七佛碣”、颜真卿“大唐中兴兴颁”(翻刻)、王阳明“记功碑”最为名贵。观音像碑为 1983 年重刻。
农工革命第一军第一师师部旧址	修水县城	1927 年	1927 年 8 月 13 日，原国民革命军第四集团军第二方面军警卫团到修水，与平江、通城、学场、修水农民自卫军组成工农革命第一军第一师，举行了秋收起义，师部驻此。
真如寺及历代僧塔	永修县	唐宋至近代	寺系近代建筑，有天王殿、虚怀楼、云海楼、钟鼓楼、大雄宝殿、伽兰殿、藏经楼、法堂、功德堂等，有唐宋以来僧塔几十座。
美孚洋行旧址	九江市 滨江路 28 号	近代	是“美孚煤油公司”在九江的分公司，为美国人所建，钢筋水泥结构，西式二层。
瑞昌铜岭铜矿遗址	瑞昌市 夏畈镇铜岭村	商代至春秋	遗址面积约 1 平方公里，有丰富的铜铁矿床，在发掘清理的小范围内，发现矿井 103 口，巷道 19 条，露采坑 3 处，探矿槽坑 2 处，工棚 6 处，选矿场 1 处，主要矿石有青铜矿、自然矿和孔雀石等。该遗址是目前国内考石发现中年代最早且保存完整、内涵丰富的一处大型矿冶遗址，距今 3300 余年，它始采于商代中期，发展于西周，盛采于春秋战国，连续开采千余年。

18－23 续表1

文物名称	地点	时代	简介
二、省级文物保护单位			
国民革命军第二十四师叶挺指挥部旧址	九江市 171医院院内	1927年	1927年7月中旬，叶挺率领国民革命军第二十四师进驻九江，师部设此，当时中共中央的一些负责人曾在此召开过研究和布置南昌起义的重要会议，此房青砖红瓦，西式迴廊。
二十五师参加南昌起义出发地——马迴岭火车站	九江县 马回岭镇	1927年	南昌起义前夕，聂荣臻到马迴岭和周仕第对国民革命军第二十五师所属三个团进行工作，开进南昌参加起义。
东林寺	庐山区赛阳镇	清	为佛教净土宗发源地，慧远和尚法场。始建于东晋太远九年，清代和现代重建。有唐宋石雕及柳公权、李邕石碑、十八高坚石版像、经幢六朝时罗汉松、莲池等，
御碑亭	庐山仙人洞	明	御碑亭为石构，为梁柱墙围。亭内御碑为朱元璋纪念周颠撰写的传记。碑北面诗文为明初书法家占希源书。
赐经亭	庐山黄龙寺北	明	石构四方形有斗拱，歇山顶，有碑一方，明万历年间造，高6米，宽、深各3.5米。
大胜塔	九江市能仁寺	明	塔六角七层，砖砌，为明建清修，塔高42米。
西林寺塔(原名西林寺)	九江市西林寺	明	六角七层，砖砌。
恭乾禅师塔			花岗岩砌，上饰莲花六角柱，另有石坊，石船、卧碑、望柱等。
陶靖节祠	九江县沙河街	明	为陶渊明墓的享祠，原在马迴岭面阳山，砖木结构，始建于明嘉靖年间，1982年因故按原貌迁建于九江县沙河街蔡宋洼。
锁江楼塔	九江市区	明	始建于明万历十四年(1586年)塔高25.26米。七级六面，砖木结构石凿斗拱，砖砌石檐。1986年重修。
玉涧桥	星子县白鹿镇	宋	单孔石桥，由四十二块花岗岩构成，有“宋皇佑六年甲午岁正月望日建”题记。
马垱炮台	彭泽县马垱镇	清	始建于道光二十年(1840年)，太平天国林启荣曾镇守，民国元年(1912年)孙中山题“中流砥柱”，抗日战争时为长江要塞，炮台分山顶一级炮台，山腰二级炮台，矶头三级炮台。
山背遗址	修水县上奉乡	新石器时代晚期	于1961年调查发现，经试掘，石器有鼎、斧、铲、刀、镞、凿、矛、网坠等，陶器有豆壶、罐、钵、盂、鬲、纺轮等。距今4700年左右，后新石器时代晚期遗址。

18－23　续表2

文物名称	地点	时代	简介
神墩遗址	九江县新合乡	新石器时代晚期至商周	面积较大,堆层较厚,是一处新石器时代晚期至商周的文化遗址。
石灰山遗址	德安县聂桥乡	商代	1982年发掘,发现有灶炕、柱洞、水井、以及大量的石器和陶片,还有石质铸范和铜器。定为商代遗址。
汉枭阳城遗址	都昌县周溪乡	汉	位于四山的东端石虎头,面积约10000平方米,有石器、陶器、版瓦、瓦当有"长乐未央",有部分城垣。
浔阳城遗址	九江县赛城湖	晋至隋	《晋书、地理志》截,"永兴元年(304年)分庐江之浔阳、武昌之柴桑二县置浔阳郡",历经东晋、宋、齐、梁、陈,为江州戍守处。隋代因水患迁移,现主要部分在赛城硝中,遗物丰富。
岳飞母亲姚太夫人墓	九江县沙河镇	宋	宋高宗赐葬岳母于此,墓前有拜合、石、马、麻石台阶。
岳飞妻李夫人墓	九江县 狮子乡三桥村	宋	李夫人曾居裘株岭。岳飞受陷害时李氏被逐岭南,孝宗为期昭雪,临终嘱葬株岭山。
陶渊明墓	九江县 面阳山	南朝	陶渊明为晋代文学家,墓座背朝南,外壳为椭形园拱顶。
黄庭坚墓	修水县 杭口乡双井村	宋	黄庭坚为宋代著名文学家、书法家、"江西诗派"始祖。
仙人洞摩岩石刻	庐山仙人洞	宋、明、近代	摩岩石刻41条,宋代1条,明代7条,近代22条,宋刻"佛手岩"、明刻"天泉洞"、"蟾蜍石"、"竹林寺"、"游仙石"、"讵可所眠"等。
天池寺附近石刻	庐山天池寺	宋、明	宋1条,明7条,近代5条,待考2条,计15条,明刻"星壑凭虚"、"天池寺"、"照江岩"保存良好。
九十九盘石刻	庐山 九十九盘沿途	明	有"白云天际"、"清虚灵台"、"烟霞深处"、"天池"、"南云佛"、"土地"等32条。还有王阳明书欧阳修诗"庐山高"。
黄龙寺摩岩石刻	庐山黄龙寺	明	有"降龙"、"尺五天"等共15条。
南山岩石刻	修水县城东	宋	宋代书法家黄庭坚手书甚多,如"茶赋"、"赤壁怀古"等。
石钟山石刻	湖口县石钟山	唐至清	有唐代魏徵,宋代王安石等历代石刻甚多。
灵源摩崖石刻	修水县白桥乡	宋	灵源是江南名刹黄龙寺所在地,有黄庭坚手书"灵源","黄龙山"石刻。
醉石馆石刻	星子县温泉镇	宋至明	醉石馆在庐山进麓虎爪崖下,伟说为晋代陶渊明饮酒醉卧其上,后代文人墨客留下一些题刻。

18 －23　续表 3

文物名称	地点	时代	简介
九江海关姑塘分关	庐山姑塘镇	近代	原是清政府所设的税收卡，后根据《辛丑条约》第六款划归九江税务司，由英国人管辖收税，以还巨额赔款。
日本领土馆旧址	九江市湓浦路	近代	为日本人所建，主要从事经济掠夺，日军侵华，为日本军事服务，至抗战胜利终止。
“一见心寒”墓	星子温泉镇	民国	
烟　水　亭	九江市区	清	坐落于九江市甘棠湖之中，四面环水，南眺匡庐，北依长江，民间传说为三国时东吴大都督周瑜点将台旧址。历史上几经兴废，现有建筑主体为晚清遗存，集中展示了晚清江南群体建筑的风格，占地面积 1700 平方米，建筑面积 567.08 平方米。亭内留有丰富的文化遗迹，如纪念性建筑“浸月亭”、“五贤阁”，近现代名人刘廷琛、蔡公时的手书楹联和许德衔的诗刻，以及“寿”字碑刻、藏剑匣石刻等。
同文书院、儒励女中办公楼	九江市区	近代	美籍德人传教士库思非兴办小学、中学两级体制的学校，取“普天之下，书同文，本同轨”意，将原“埠阆小学”更名为“九江同文书院”，后又陆续更名为“九江南伟烈大学”、“九江同文中学”、“省立浔阳中学”，即今九江市第二中学前身。方志敏等中共早期革命活动家曾在此就学，并开展反帝群众爱国活动。
南康府谯楼	星子县	宋	又称鼓楼，始建于宋，为旧时南康府郡署之望楼。楼座方形，花岗石砌垒，中有拱门通道，台基有“大明天顺二年造”铭文砖，东侧有石阶通上；楼为砖木结构，分正厅、偏房，重檐歇山顶，宽 22.7 米，深 8.4 米，高 5.46 米，总面积 190.84 平方米。
万家岭战役遗迹	德安县万家岭	近代	1938 年，日本侵略军 106 师团之主力和 101 师团之一部，窜人德安县磨溪乡万家岭，被我抗日部队薛岳兵团包围，激战 12 昼夜，歼灭日军 4 个联队 1 万余人。这场战役是中国军队抗战初期的一次大捷，在军史上和平型关、台儿庄战役齐名。万家岭大捷后，全国各大城市都召开祝捷大会，有力地振奋了全民族的抗战信心，打击了侵略者的嚣张气焰。现残留抗战指挥部遗址、战争工事及大量的子弹、刺刀、炮弹、钢盔等遗物。
李烈钧墓	武宁县 烈士陵园	近代	李烈钧，生于 1882 年，武宁人。早年追随孙中山参加辛亥革命，在反袁讨袁、护国护法、北代战争中屡建战功，为推翻封建帝制，建立民主共和，促成南北统一，作出了一定贡献。1946 年病逝于重庆，国民政府下令国葬，灵柩运送回武宁县，归葬于箬溪镇修江边之“读书台”，1980 年，将李烈钧夫妇迁墓合葬于武宁县烈士陵园西北侧半山腰。

18 -23 续表 4

文物名称	地点	时代	简介
石钟山西建筑(含昭忠祠、报慈禅林、浣香别墅、太平楼)	湖口县石钟山	近代	1857 年 9 月,湘军水师攻破太平军的防守,占驻石钟山,水师将领彭玉麟等奉命在下石钟山兴建以"昭忠祠"为主体的各项建筑工程,祭奠在湖口。
周敦颐墓	庐山区莲花镇	宋	濂溪墓是宋明理学开山鼻祖周敦颐的墓葬。周敦颐(1017 -1073 年),字茂叔,号濂溪,湖南道县人。曾官大理寺丞、国子博士。著作有《太极图说》、《通书》等。宋熙宁六年(1073 年)11 月病逝,与其母郑太夫人及其妻陆氏、蒲氏合葬于此。濂溪墓经宋、元、明、清历代修葺,规模较为恢宏,为古浔阳八景之一。
湾里桥	修水县黄巷镇	宋	湾里桥,原名福缘桥。又因建于南宋淳佑元年(1241 年),故又称南宋桥。为单孔石拱桥,造型古朴。是当时修水由陆路通往南昌的必经之路,为本地一河两岸的百姓及过往客商提供了交通上的便利。二十世纪七十年代末到九十年代中期,该桥一度成为公路桥,拉运木材达 10 余吨的车辆在桥上往返,而桥体至今依然保存完好,堪称是我国古代桥梁建筑史上的佳作。
罗汉桥	德安县东风路	北宋	宋神宗熙宁公元 1068 年修建,宋徽宗大观丙亥年公元(1107 年)重建,东西向跨桂林河,长 18 米,宽 5 米,单孔石拱,花岗石材榫卯构造,铁构件链接,拱券上方有铭文,记载修建罗汉桥执事姓名笔记录情况。
高善继墓	彭泽县黄花乡	清代	墓直径 2.8 米,高 1.5 米。碑帽刻有"谕赐祭葬"两侧为清庆亲王书"旗常特表牙山色,冠服长留幽冢香"。碑面正文为颂表高善继爱国主义英雄事迹的《史馆本传》。高善继,字焕周,号字浦,江西彭泽均进而高人。1854 年 11 月 27 日生,清光绪乙亥制科考廉方正,朝考用教职戌子科举人。中日甲午战争中,投笔从戎,抗日援朝,在丰岛牙山海战中,壮烈牺牲。
香火桥	修水县渣津镇	宋	香火桥始建于宋元佑四年(1089 年),清乾隆庚午年(1750 年)重修,造型古朴大方。因建造时以方便信徒前往蔸率寺烧香拜佛而获名。为单孔石拱桥,用打凿成形的大理石砌成,对研究我国古代桥梁建筑结构与风格有重要的价值。
黄岭大圣塔	彭泽县黄岭乡	明	俗称"旧县塔",砖木结构,南北门洞,六面七层,又称"七级浮屠",该塔始建于唐,重修于明。大圣塔地处彭泽唐代县治,名臣狄仁杰时任彭泽县令,并在此写下为民请命的《奏免民租疏》。塔东在唐宋时建有"狄公生祠",宋代祠内立有范仲淹所撰《狄梁国公祠碑记》。

18－23　续表5

文物名称	地点	时代	简介
海会寺摩崖石刻	庐山区莲花镇	唐至清	古海会寺摩崖石刻主要分布在一块三角形的巨石上，分别镌有“海会寺”、“时唐证圣元年乙未岁”、“嗣祖比丘”、“本宗开山”、“刘本瑞公喜施十石”等。巨石背面有乾降戊午年（公元1738年）松畔子撰，余氏书刻的“盘旋石上绿接天，枝枝垂荫半边山，我来独坐清心火，名利两忙总不然”诗。其中“时唐证圣元年乙未岁”是庐山目前最早有确切纪年的摩崖石刻。
庐山三叠泉摩崖石刻	庐山区海会镇	宋至清	自南宋辛亥（绍熙二年公元1191年）由樵者发现后，历后文人骚客接钟而来，在三叠泉内留下了许多人文遗墨。现存有宋《留无刚题记》、元《大德九年庐山寻真观题记》、明《刘世扬题记》、清《双溪草堂》等摩崖石刻十余处。
波黎公寓	庐山区莲花镇	民国	波黎公寓为法国人波氏所筑，他曾在九江海关供职多年，并娶华人黎氏女为妻，夫妻二人感情甚笃，故当地人称其宅为波黎公寓。波氏热爱庐山优美风光，在此买地筑屋。波黎公寓为砖混结构，面阔17.3米，进深15.5米，建筑面积为平方米。东、西、北三面上下均设内廊，券拱形廊柱及整个建筑造型具有明显的法国建筑风格。
生命活水医院住院部旧址	九江市 塔岭南路48号	1928年	生命活水医院住院部旧址，原为一所私立的教会医院。1915年，美基督教美以美会传教士裴敬思在南伟烈大学（今二中）附近开设诊所，1928年在此外购地建筑住院部大楼。1932年，新医院大楼正式落成并迁入，作为生命活水医院的主楼，它奠定了医院的最终规模。该院住院部旧址平面呈“U”型，坐南朝北，砖混结构，建筑墙体厚实，空间宽敞，光线充足，实为办院之佳选。住院部旧址之西南角嵌有石刻一块，西面墙基上刻有“荣耀归于上帝”；南面刻“生命活水医院民国十七年”铭文。
千眼桥	都昌县多宝乡	明	江西省文物保护单位，千眼桥明代，保护范围为以桥四周向外延500米，建设控制地带以桥四周向外延300米。
吉安会馆	永修县吴城镇	清	吉安会馆始建于清代初年，嘉庆二十三年，道光七年先后进行过两次较大规模的修复。 整幢建筑为砖木结构，占地1000平方米，平面呈长方形，东西长、南北短，前为大街，左、右、后墙与民宅相邻。内结构分两层，下为客堂，上为观戏台，客堂左右两壁分别镶嵌《吴城会馆简介》、《重修吉安乡祠全德堂记》、《重修乡祠数月列后》等青石碑刻，堪称史料价值艺术价值兼备的珍品。

18－24 第四批市级非物质文化遗产代表名录名单

名　称	地点
一、民间文学	
石钟山的传说	湖口县
沉枭阳浮都昌的传说	都昌县
陶渊明民间传说	德安县
鹤问湖的传说	九江县
二、传统音乐	
建昌锣鼓	永修县
德安农事歌	德安县
三、传统舞蹈	
摆云舞	湖口县
一龙九柱	九江县
四、传统戏剧	
德安南河戏	德安县
五、传统技艺	
九江清真梁义隆法饼制作技艺	浔阳区
九江封缸酒制作技艺	浔阳区
六、民俗	
范镇河灯节	瑞昌市
湖口粑俗	湖口县

主要统计指标解释

科技活动 指在自然科学、农业科学、医药科学、工程与技术科学、人文与社会科学领域(简称科学技术领域)中与科技知识的产生、发展、传播和应用密切相关的有组织的活动。为核算科技投入的需要,科技活动可分为科学研究与试验发展(R&D)、科学研究与试验发展成果应用及相关的科技服务三类活动。

研究与试验发展 指在科学技术领域,为增加知识总量、以及运用这些知识去创造新的应用进行的系统的创造性的活动,包括基础研究、应用研究、试验发展三类活动。在工业企业开展的科学研究与试验发展(R&D)活动中,较为普遍的和大量的活动属于试验发展活动。

基础研究 指为了获得关于现象和可观察事实的基本原理的新知识(揭示客观事物的本质、运动规律,获得新发现、新学说)而进行的实验性或理论性研究,它不以任何专门或特定的应用或使用为目的。其成果以科学论文和科学著作为主要形式。

应用研究 指为获得新知识而进行的创造性研究,主要针对某一特定的目的或目标。应用研究是为了确定基础研究成果可能的用途,或是为达到预定的目标探索应采取的新方法(原理性)或新途径。其成果形式以科学论文、专著、原理性模型或发明专利为主。

试验发展 指利用从基础研究、应用研究和实际经验所获得的现有知识,为产生新的产品、材料和装置,建立新的工艺、系统和服务,以及对已生产和建立的上述各项作实质性的改进而进行的系统性工作。其成果形式主要是专利、专有技术、新产品原型或样机样件等。

研究与试验发展成果应用 指为使试验发展阶段产生的新产品、材料和装置,建立的新工艺、系统和服务以及作实质性改进后的上述各项能够投入生产或实际应用,解决所存在的技术问题而进行的系统性的工作。这类活动的成果形式大多是可供生产和实际操作的带有技术和工艺参数的图纸、技术标准和操作规范。

科技服务 与科学研究与试验发展有关并有助于科学技术知识的产生、传播和应用的活动,包括为扩大科技成果的使用范围而进行的示范性推广工作;为用户提供科技信息和文献服务的系统性工作;为用户提供可行性报告、技术方案、建议及进行技术论证等技术咨询工作;自然、生物现象的日常观测、监测,资源的考察和勘探;有关社会、人文、经济现象的通用资料的收集,如统计、市场调查等,以及这些资料的常规分析与整理;为社会和公众提供的测试、标准化、计量、计算、质量控制和专利服务,不包括工商企业为进行正常生产而开展的上述活动。

电视人口覆盖率 指用普通的电视接收机,室外天线在离地面4米高处能在晚上正常收看电视节目的人数与全市总人口数之比。

广播人口覆盖率 指用普通的收音机在中午能正常收听广播节目的人数与全市总人口数之比。

文化事业机构 指从事专业文化工作和为专业化工作服务的单独核算、独立建制的单位不包括文化主管部门直属单位举办的其他行业各部门的业余文化组织。

艺术表演团体 指从事戏曲、音乐、舞蹈、杂技等专业艺术表演有独立帐户、实行单独核算的团体。

19

卫生、体育及其他

- 2014年，全市拥有卫生机构814个，卫生机构床位22001张，卫生技术人员22895人。
- 2014年，全市举办运动竞赛会48次，参赛运动员900人次。
- 2014年，全市有律师事务所33个，律师工作者322人；公证处14个，公证人员82人。
- 2014年，全市有基层团支部3852个，专职团干79人；工会基层组织5916个，专职工会工作人员2090人。

19-1 主要年份卫生机构、床位及人员数

年 份	机构数（个）	#医院	床位数（个）	#医院	卫生技术人员（人）	#医生	护师、护士
1980	675	295	10418	8617	9435	3936	1596
1985	682	311	12000	9592	11372	4891	2233
1988	668	317	12618	10120	12506	5742	2680
1990	706	325	13224	10354	13227	6215	3392
1991	700	326	13079	10347	13557	6387	3494
1992	686	326	13523	10652	13551	6353	3569
1993	676	321	14149	10802	13070	5951	3519
1994	672	321	13911	10568	13086	5944	3662
1995	669	325	12985	10600	13656	6549	3772
1996	415	310	12152	10272	12267	5445	3978
1997	416	310	12756	10725	12314	5434	4008
1998	415	95	13645	8452	12324	5530	3949
1999	414	94	12043	7430	12380	5503	3983
2000	409	93	12235	7554	12108	5366	3906
2001	405	92	12676	8237	12407	5446	3928
2002	359	96	12882	9530	11733	5074	3667
2003	340	79	11257	6751	11197	4787	3474
2004	341	82	10499	6699	10941	4679	3558
2005	342	76	10454	6659	11079	4769	3591
2006	357	80	10994	7171	11047	4767	3433
2007	350	70	10456	6496	13236	5774	4203
2008	348	55	11032	6738	13278	5427	4552
2009	420	66	15065	8068	15939	5497	5712
2010	791	62	16366	8556	17241	6054	6302
2011	787	60	16526	9663	18804	6238	7263
2012	773	64	18966	11870	20027	7405	8200
2013	815	63	20841	13413	22139	8370	9054
2014	814	62	22001	14376	22895	8145	7169

19－2 各类医院机构、床位及人员数

(2014 年)

指 标	机构数(个)	床位数(个)	人员数(人)	#卫生技术人员
总 计	**2703**	**22001**	**33279**	**23760**
一、医 院	62	14376	16080	13856
综合医院	45	9871	11741	10165
中医医院	12	3497	3699	3224
专科医院	5	1008	640	467
二、疗养院	1	1000	171	42
三、社区卫生服务中心(站)	81	911	1424	1203
四、卫生院	197	3986	4688	4010
街道卫生院	2	30	41	34
乡镇卫生院	195	3956	4647	3976
五、门诊部	5	24	65	54
六、急救中心(站)	1		29	21
七、采供血机构	1		33	16
八、妇幼保健院(所、站)	14	1257	2259	1830
九、专科疾病防治院(所、站)	19	574	573	428
十、疾病预防控制中心(防疫站)	17		613	480
十一、卫生监督所	14		260	205
十二、健康教育所(站、中心)	1		6	6
十三、诊所、卫生院、医务室	378		614	602

19－3 体育事业

指 标	单位	2013 年	2014 年
一、各级体委举办运动会竞赛会	次	71	48
#市 级	次	19	18
县 区 级	次	52	30
参加市级及以上运动会的运动员人数	人	1200	900
二、等级裁判员发展人数	人	150	76
三、等级运动员发展人数	人	50	103
四、体育场地数	个	419	436
体 育 场	个	22	25
体 育 馆	座	10	13
室外游泳池	个	10	20
各种训练房	个	377	378
五、获省级运动竞赛奖牌	枚	121	246.5
金 牌	枚	39	83.5
银 牌	枚	40	78
铜 牌	枚	42	85

19－4 行政区划及婚姻登记情况

指　　标	单位	2014 年
一、行政区划		
镇　　数	个	101
乡　　数	个	80
街道办事处	个	14
二、基层群众组织		
居民委员会	个	399
村民委员会	个	1738
三、国内婚姻登记		
结　　婚	对	49593
申请离婚	对	10615

19－5 各县(市、区)婚姻登记情况

(2014 年)

地　　区	申请结婚(对)	申请离婚(对)
全市合计	**49593**	**10615**
浔 阳 区	2708	952
庐 山 区	2201	558
九江开发区	1338	357
庐山管理局	157	43
九 江 县	4095	692
武 宁 县	3856	1058
修 水 县	8325	1815
永 修 县	3575	877
德 安 县	2078	528
星 子 县	2749	437
都 昌 县	7529	741
湖 口 县	2720	512
彭 泽 县	3129	638
瑞 昌 市	4438	1217
共 青 城 市	695	190

19-6 主要年份律师、公证及调解工作情况

指　　标	单位	2000 年	2005 年	2008 年	2009 年	2010 年	2011 年	2012 年	2013 年	2014 年
一、律师工作										
律师事务所	个	26	25	24	26	27	29	32	33	33
律师	人	207	174	203	217	238	261	288	282	328
# 专职律师	人	129	167	189	198	216	240	264	264	306
兼职律师	人	78	7	14	17	20	21	24	18	22
聘请担任常年法律顾问的单位	处	827	895	647	594	607	852	820	807	1026
民事代理	件	2749	2513	2186	2279	2510	2480	2934	2831	3410
刑事辩护	件	730	930	714	816	705	612	973	803	1036
非诉讼事务	件	1756	1985	1202	747	761	2698	2813	3014	1465
二、公证工作										
公 证 处	个	14	14	14	14	14	14	14	14	14
公证人员	人	72	69	73	76	77	72	73	75	82
# 公 证 员	人	44	36	36	36	39	41	44	45	44
办理公证文书	件	43090	3126	14787	17543	21283	18976	14875	18967	19575
国内公证							18876	17140	15437	15317
涉外公证							2776	2906	2984	3663
涉港公证							427	462	546	595
三、人民调解工作										
专职司法助理员	人	200	49	78	98	111	213	315	315	274
人民调解委员会	个	2953	2518	2380	2380	2321	2321	2755	2760	2655
调解人员	人	9706	8919	14295	14660	13989	14037	13615	13620	8908
调解民间纠纷	件	16101	9346	16267	11634	15449	12150	10521	10620	9047
调解成功所占比重	%	96.0	96.8	94.0	98.0	97.0	98.5	95.2	96.0	97.1

19-7 主要年份共青团组织情况

年份	基层团支部（个）	共青团员（万人）	#女团员	专职团干部（人）
1985	7368	14.48	5.13	725
1990	7539	16.56	5.72	782
1995	7943	21.03	6.74	740
2000	6234	19.62	8.40	620
2001	6499	19.89	8.58	662
2002	5547	20.70	9.00	687
2003	6832	22.40	9.20	603
2004	5945	22.16	8.91	771
2005	5945	22.47	8.91	771
2006	5948	23.00	8.92	771
2007	5974	22.56	8.74	771
2008	4742	22.50	7.80	774
2009	3896	20.41	7.74	792
2010	4489	22.10	9.90	687
2011	6493	32.02		65
2012	7935	32.03		94
2013	8410	24.51	11.96	82
2014	3852	26.56		79

注:2014 年全市基层团支部进行了整合,统计口径调整。

19-8 主要年份工会组织情况

年份	工会基层组织数（人）	全市已建工会组织的基层单位的职工和会员人数（人）				工会专职工作人员人数（人）
		职工人数	#女职工	会员人数	#女会员	
1985	2113	286088	109366	250103	93234	1100
1990	2563	324292	129235	286339	119462	1811
1995	2676	372976	149167	326193	129752	1708
2000	2180	269465	102774	245056	94874	1101
2005	4868	409289	135979	406513	134910	1442
2010	5866	622900	286903	501600	275969	2073
2011	5886	623100	286980	501680	276000	2060
2012	5909	624000	287000	501880	277090	2079
2013	5910	624700	287200	502000	277190	2085
2014	5916	625000	287380	502080	277200	2090

19-9 妇女儿童基本情况

指　　标	单位	2013 年	2014 年
一、经济与人口			
人均地区生产总值	元	33756	37097
城镇居民人均可支配收入	元	22758	25077
农村居民家庭人均纯收入	元	9113	10139
国家财政性教育经费	万元	650635	715781
医疗卫生经费	万元	277288	369034
妇幼保健经费	万元	7610	4806
疾病预防控制经费	万元	7823	9499
人口与计划生育事务	万元	28803	30434.6
人口总数	万人	478.9	480.69
# 女性	万人	235.8	236.5
0-4 岁人口	万人	32.7	31.59
# 女性	万人	14.9	14.53
0-17 岁人口	万人	118.1	118.4
# 女性	万人	53.0	53.2
育龄妇女人口(15-49 岁)	万人	159.0	159.3
人口自然增长率	‰	6.94	7.02
出生人口性别比(以女孩为 100)		115.85	115.37
二、卫生保健			
婴儿死亡率	‰	3.24	2.97
# 城市	‰	2.51	2.01
农村	‰	3.43	3.23
5 岁以下儿童死亡率	‰	5.22	5.31
# 城市	‰	3.61	3.7
农村	‰	5.63	5.74
孕产妇死亡率	1/10 万	9.63	12.92
# 城市	1/10 万	7.84	7.71
农村	1/10 万	10.94	14.3
国家扩大免疫规划的疫苗接种率	%	99.89	99.89
卡介苗接种率	%	99.73	99.74
脊髓灰质炎疫苗接种率	%	99.61	99.72
百白破疫苗接种率	%	99.62	99.71
麻疹疫苗接种率	%	99.66	99.69
乙肝疫苗接种率	%	99.82	99.8
流脑疫苗	%	99.6	99.69
乙脑疫苗	%	99.62	99.67
甲肝疫苗	%	99.61	99.63
5 岁以下儿童中、重度营养不良患病率	%	3.23	2.38
7 岁以下儿童保健管理率	%	82.9	82.86

19－9 续表 1

指　　标	单位	2013 年	2014 年
住院分娩率	%	99.98	99.99
农村孕产妇住院分娩率	%	99.97	99.99
农村高危孕产妇住院分娩率	%	100	100
非住院分娩中新法接生率	%	100	100
产前检查率	%	93.52	94.63
孕产妇系统管理率	%	86.64	87.01
# 城市	%	92.64	90.47
农村	%	85.1	86.09
婚前医学检查率	%	13.38	12.66
# 城市	%	37.78	37.23
农村	%	6.18	4.8
当年报告艾滋病病毒感染例数	例	103	132
# 女性	例	18	30
已婚育龄妇女综合避孕率	%	92.92	92.72
妇幼保健人员数	人	2463	2624
剖宫产率	%	30.89	31.81
三、教育			
在园幼儿数	千人	187.7	186.1
# 女童	千人	87.3	88.60
学前教育毛入园率	%	80.62	82.75
小学学龄儿童净入学率	%	100	100.00
# 男生	%	100	100
女生	%	100	100
小学五年巩固率	%	99.43	99.38
# 男生	%	100	100
女生	%	98.86	97.94
初中阶段毛入学率	%	99.81	99.95
# 男生	%	99.62	99.96
女生	%	100	99.94
初中三年巩固率	%	97.33	97.76
# 男生	%	96.13	98.36
女生	%	98.53	97.15
九年义务教育巩固率	%	96.49	96.93
# 男生	%	96.48	97.35
女生	%	96.5	96.53
特殊教育在校学生数	人	1643	1966
# 女生	人	548	660
高中阶段毛入学率	%	91	92.2
# 男生	%	91	92.15

19－9 续表 2

指　　标	单位	2013 年	2014 年
女生	%	91	92.25
平均受教育年限	年	9.09	9.18
# 男性	年	9.49	9.48
女性	年	8.81	8.88
成人识字率	%	96.71	96.71
# 男性	%	98.72	98.72
女性	%	94.47	94.47
青壮年识字率(15－50 岁)	%	99.55	99.55
# 男性	%	99.75	99.75
女性	%	99.25	99.25
四、就业与社会保障			
就业人员	千人	3095.3	3100.2
# 女性	千人	1439.2	1447.5
城镇单位就业人员	千人	425.44	454.4
# 女性	千人	153.04	170
城镇登记失业人员	千人	9.3	14.577
# 女性	千人	4.1	6.057
高级专业技术人员	人	19504	19701
其中:女性	人	5168	5239
城镇职工基本养老保险参保人数	千人	587.96	611.32
其中:女性	千人	241.84	244.4
城乡居民社会养老保险参保人数	千人	1821.8	1851
其中:女性	千人	910.9	925.5
城镇职工基本医疗保险参保人数	千人	599.9	624
其中:女性	千人	213.82	222.4
城镇居民基本医疗保险参保人数	千人	817.2	804.4
其中:女性	千人	268.22	263.9
参加失业保险人数	千人	340	340
# 女性	千人	136	136
参加工伤保险人数	千人	493.6	517.6
# 女性	千人	200.5	305.4
生育保险人数	千人	139.87	206.5
# 女性	千人	54.61	80.62
生育保险覆盖率	%	50.2	59.4
五、社会服务			
城镇居民最低生活保障人数	千人	87.2	80.239
农村居民最低生活保障人数	千人	175.9	170.0

19－9续表3

指　　标	单位	2013年	2014年
村民委员会成员中女性比重	%	36.7	26.38
#村委会主任中女性比重	%	3.98	4.63
居民委员会成员中女性比重	%	75.78	70.39
城镇社区服务设施数	个	982	1781
城镇便民、利民服务网点数	个	3489	1826
六、妇女参政议政			
市人大代表数	人	431	433
#女性	人	86	86
市政协委员数	人	489	500
#女性	人	98	96
地级党委领导班子中女干部配备率	%	100	100
地级政府领导班子中女干部配备率	%	100	100
市级政府工作部门领导班子女干部配备率	%	68.64	70.18
县级党委领导班子中女干部配备率	%	84.62	76.92
县级政府领导班子中女干部配备率	%	92.31	92.31
县级政府工作部门领导班子女干部配备率	%	52.23	53.65
县级政府领导班子中担任正职的女干部占同级正职干部的比例	%	23.08	23.08
市级政府工作部门领导班子中担任正职的女干部占同级正职干部的比例	%	14.14	14.14
公务员中女性比重	%	20.2	18.45
七、法律保护			
破获强奸案件数	起	71	67
破获拐卖妇女案件数	起	3	4
破获拐卖儿童案件数	起	3	7
破获组织、强迫、引诱、容留、介绍妇女卖淫案件数	起	17	36
家暴妇女儿童救助（庇护）机构数	个	1	1
受救助（庇护）的妇女儿童人次数	人次	390	396
刑事犯罪被害人中女性比重	%	35.84	32.29
未成年人作案成员占全部作案人员的比重	%	7.6	6.41
得到法律援助机构援助的总人数	人	2650	3062
#妇女儿童	人	1031	1392
八、社会、生活环境			
农村改水受益率	%	95.14	99.92
农村自来水普及率	%	69.18	80.00
农村卫生厕所普及率	%	85.56	86.37
城市建成区绿化覆盖率	%	51.88	52.39
城市污水处理率	%	99.43	99.47
城市生活垃圾无害化处理率	%	100	100

主要统计指标解释

医院、卫生院 指设有固定床位能收容病人住院并能为病人提供医疗、护理服务的医疗机构。包括县及县以上医院、农村乡卫生院、其他医院三部份。按所属性质分为卫生部门、工业及其他部门、集体所有制三类。其中县及县以上医院按业务性质分为综合医院和专科医院。

卫生技术人员 指卫生事业机构支付工资的全部固定职工和合同制职工中现任职务为卫生技术工作人员。包括中医师、西医师、中西医结合高级医师、护师、中药师、西药师、检验师、其他技师、中医士、西医士、护士、助产士、中药剂士、西药剂士、检验士、其他技士、其他中医、护理员、中药剂员、西药剂员、检验员、其他初级卫生技术人员。

医生 指经卫生部门审查合格,从事医疗工作的专业人员。分为中医医生和西医医生,包括卫生技术人员中的中医师、西医师、中西医结合高级医师、中医士、西医士和其他中医。

等级运动员人数 指经考核正式批准授予等级运动员称号的人数。运动员等级分为国际级运动健将、运动健将、一级运动员、二级运动员、三级运动员、少年级运动员。

等级裁判员人数 指经考核正式批准授予等级裁判员称号的人数。裁判员等级分为国际裁判、国家级裁判、一级裁判、二级裁判、三级裁判。

运动场 指有200米跑道(中心含足球场)和固定道牙,跑道6条以上,没有固定看台的室外田径场地。

体育场 指有400米跑道(中心含足球场)和固定道牙,跑道6条以上,并有固定看台的室外田径场地。以看台容纳观众人数分:甲级25000人以上,乙级15000－25000人,丙级5000－15000人,丁级5000人以下,共四级。

律师 指受聘参加法律顾问处工作,担任法律顾问、刑(民)事代理人、刑事辩护人、办理非诉讼事件、解答法律询问、代写法律事务文书等主要律师业务的专职律师和兼职律师。

公证人员 指在国家公证机关依法办理公证事务的司法人员。包括公证员、助理公证员和在公证处工作的其他人员。

办理公证 指公证处年内办结的公证文书件数。公证文书系按司法部规定或批准的格式制作。包括国内公证和涉外公证两部分。其中国内公证分为经济合同公证和民事法律关系公证两大类。

调解人员 在人民调解委员会担负调解民间一般民事纠纷和轻微违法行为所引起的纠纷的工作人员,包括调解委员会的委员和调解小组的调解员。

调解民间纠纷 指调解委员会依照法律规定,根据自愿原则,用说服教育的方法调解民间发生的有关民事权利和义务的争执,促成当事双方达到协议和谅解,解决纠纷。包括婚姻家庭纠纷,财产权益纠纷等。包括法院管理调解的民事案件数。

社会福利事业单位 指集中收养社会孤、老、残、幼的机构。包括由民政部门管理的社会福利院、儿童福利院、精神病人福利院和城镇集体办的福利院,以及农村集体举办的敬老院。

社会福利事业单位收养人数 包括民政部门管理和城镇及农村集体举办的社会福利事业单位中收养的老人、少年儿童、缺乏生活自理能力的残疾人员和精神病人。

20

全省各设区市及其他部分城市主要经济指标

20－1 全省各设区市主要经济指标

（2014 年）

指　　标	单位	南昌市	景德镇市	萍乡市	九江市	新余市
总人口	万人	524.02	162.98	189.00	480.69	116.08
土地面积	平方公里	7194	5261	3830	19078	3161
生产总值(GDP、现价)	亿元	3667.96	738.21	864.95	1779.96	900.27
# 第一产业	亿元	166.10	55.25	58.88	136.72	54.18
第二产业	亿元	2017.01	428.91	509.99	984.95	520.68
第三产业	亿元	1484.85	254.06	296.08	658.29	325.41
财政总收入	亿元	550.74	101.52	117.06	328.53	126.41
# 地方财政一般预算收入	亿元	342.21	82.15	94.20	213.66	89.92
财政支出	亿元	473.40	149.6	156.26	383.53	131.74
农业总产值(现价)	亿元	283.63	82.67	91.0	233.80	89.5
粮食总产量	万吨	245.27	62.92		165.20	60.28
油料总产量	万吨	13.32	3.70	3.79	22.80	1.88
肉类总产量	万吨	37.74	6.1	15.10	21.76	9.09
水产品产量	万吨	39.49	3.29	3.95	42.31	5.15
规模以上工业增加值	亿元	1380.64	273.06	420.50	945.53	331.46
规模以上工业主营业务收入	亿元	5072.23	1046.80	1641.98	4731.09	1670.53
工业经济效益综合指数	%	321.4	310.86	383.09	423.66	321.27
固定资产投资	亿元	3434.25	622.54	908.30	1812.52	748.19
社会消费品零售总额	亿元	1429.21	239.88	266.55	496.4	191.11
外贸进出口总额	亿美元	122.26	7.84	14.92	57.73	20.46
# 出口总额	亿美元	84.17	7.58	14.66	46.48	12.64
实际利用外资	亿美元	32.14	1.55	2.80	14.5	3.46
金融机构存款余额	亿元	7296.23	744.25	681.58	1864.54	698.74
# 城乡居民储蓄存款余额	亿元	2149.33	442.23	407.94	1046.28	362.70
金融机构贷款余额	亿元	6329.26	423.76	451.71	1219.24	598.75
城镇居民人均可支配收入	元	29091	26625	26019	25077	27626
农村居民人均可支配收入	元	12414	11547	12769	10139	12831
居民消费价格总指数	%	102.5	102.4	102.6	102.1	101.4
在岗职工平均工资	元	51851	40989	43358	44403	46936

注：本章节中数据来源于各城市统计公报。

20－1 续表

指　　标	单位	鹰潭市	赣州市	吉安市	宜春市	抚州市	上饶市
总人口	万人	114.76	850.75	488.12	549.33	397.66	668.80
土地面积	平方公里	3560	39363	25283	18668	18799	22736
生产总值(GDP、现价)	亿元	606.98	1843.59	1242.11	1522.99	1036.77	1550.24
# 第一产业	亿元	47.57	287.24	208.48	226.29	173.74	218.47
第二产业	亿元	376.26	843.42	635.04	834.58	534.89	779.01
第三产业	亿元	183.15	712.94	398.59	462.12	328.14	552.76
财政总收入	亿元	101.66	328.53	195.17	272.03	150.07	262.6
# 地方财政一般预算收入	亿元	73.39	225.31	142.57	190.32	116.38	194.2
财政支出	亿元	116.79	535.29	309.50	345.8	254.81	384.6
农业总产值(现价)	亿元	75.3	460.8	350.4	398.3	313.1	347.94
粮食总产量	万吨	71.72	285.35	421.3	427.24	291.49	350.3
油料总产量	万吨	2.49	9.87	18.33	21.38	5.63	19.3
肉类总产量	万吨	13.02	70.48	51.67	65.12	33.69	31.5
水产品产量	万吨	4.9	29.73	21.6	35.16	18.47	50.5
规模以上工业增加值	亿元	340.3	751.94	688.64	762.7	315.21	653
规模以上工业主营业务收入	亿元	3306.43	3002.79	2809.60	3168.99	1473.36	2613.31
工业经济效益综合指数	%	467.42	310.87	405.28	341	335.18	393.78
固定资产投资	亿元	464.23	1608.77	1270.64	1356.2	1001.48	1344
社会消费品零售总额	亿元	150.7	629.59	340.78	457.3	379.50	548.2
外贸进出口总额	亿美元	41.57	39.03	44.28	23.83	15.55	40.36
# 出口总额	亿美元	8.87	32.03	40.21	22.27	15.40	36.07
实际利用外资	亿美元	2.16	12.22	7.86	5.85	2.51	8.39
金融机构存款余额	亿元	550.13	2881.77	1696.34	1915.9	1264.37	1906.4
# 城乡居民储蓄存款余额	亿元	290.82	1728	1119.17	1179.2	840.3	1240.9
金融机构贷款余额	亿元	377.77	1923.98	876.86	1098.82	755.92	1234.1
城镇居民人均可支配收入	元	24591	22935	24797	23221	23101	26876
农村居民人均可支配收入	元	11350	6946	9262	10526	10410	9102
居民消费价格总指数	%	102.4	102.1	102.1	101.8	103.2	102.3
在岗职工平均工资	元	47291	45127	43173	41463	45714	43561

20－2 长江沿岸部分城市主要经济指标

（2014年）

指　　标	单位	四川宜宾	四川泸州	湖南岳阳	湖北宜昌	湖北荆州
总人口	万人	447	425	559.51	410.45	574.42
土地面积	平方公里	13283	12236	14896	21084	14067
生产总值（GDP、现价）	亿元	1443.81	1259.73	2669.39	3132.21	1480.49
#第一产业	亿元	209.68	162.27	292.24	351.56	347
第二产业	亿元	866.12	759.23	1440.08	1857.56	659.58
第三产业	亿元	368.01	338.23	937.07	923.09	473.91
财政总收入	亿元	183.1		256.35	388.73	133.81
#地方财政一般预算收入	亿元	105.61	115.92	121.74	271.51	88.17
粮食总产量	万吨	214.55	198.26	318.63	167.77	400.02
油料总产量	万吨	10.11	4.52	21.62	23.82	62.33
肉类总产量	万吨	42.47	34.36	54.14	62.16	
水产品产量	万吨	8.6	7.21	48.21	19.67	129.58
规模以上工业增加值	亿元					
规模以上工业主营业务收入	亿元	1913.4	1358.04	4616.47	4719.31	1987.72
规模以上工业利税总额	亿元	291	167.77	423.22	600.33	179.08
旅游总收入	亿元	256.05	183.85	241.63	336.17	137.72
全社会固定资产投资	亿元	1130.26	1180.99	1790.13	2471.04	1651.63
社会消费品零售总额	亿元	561.69	468.33	880.31	964.53	831.44
外贸进出口总额	亿美元	8.9	2.76	8.02	26.97	16.51
#出口总额	亿美元	6.07	2.50	5.49	22.56	12.96
实际利用外资	亿美元	0.51	0.63	3.30	3.1	1.21
金融机构存款余额	亿元	1685.23	1612.98	1474.85	2566.22	1967.02
#城乡居民储蓄存款余额	亿元	883.36	997.68	965.87	1323.07	1350.68
金融机构贷款余额	亿元	900.79	920.78	781.69	1954.99	954.50
城镇居民人均可支配收入	元	24990	25240	23121	25025	23128
农村居民人均可支配收入	元	9831	9470	11062	11837	12625
居民消费价格总指数	%	101.8	101.8	101.2	102.2	102.1

20－2 续表1

指　　标	单位	湖北武汉	湖北鄂州	湖北黄冈	湖北黄石	江西九江
总人口	万人	1033.8	105.88	626.25	244.92	480.69
土地面积	平方公里	8494	1504	17746	4583	19078
生产总值(GDP、现价)	亿元	10069.48	686.64	1477.15	1218.56	1779.96
#第一产业	亿元	350.06	81.15	375.12	105.03	136.72
第二产业	亿元	4785.66	407.19	586.10	723.45	984.95
第三产业	亿元	4933.76	198.3	515.93	390.08	658.29
财政总收入	亿元	1968.46	60.11	237.57	141.62	328.53
#地方财政一般预算收入	亿元	1101.02	42.74	96.04	89.38	213.66
粮食总产量	万吨	127.13	36.38	325.75	64.98	165.20
油料总产量	万吨	18.55	6.16	55.77	9.46	22.80
肉类总产量	万吨				14.93	21.76
水产品产量	万吨	50.55	45.36	50.52	21.56	42.31
规模以上工业增加值	亿元	3453.35	373.15	495		945.53
规模以上工业主营业务收入	亿元	11115.94	1304.4	1508.2	2640.35	4731.09
规模以上工业利税总额	亿元	1275.1		106.5	154.49	485.5
旅游总收入	亿元	1949.46	50.3	100.42	72.42	623.18
固定资产投资	亿元	7002.85	687.08	1657.6	1149.50	1812.52
社会消费品零售总额	亿元	4369.32	230.28	715.65	519.70	496.4
外贸进出口总额	亿美元	264.29	5.19	6.12	28.55	57.73
#出口总额	亿美元	137.91	2.04	5.34	14.47	46.48
实际利用外资	亿美元	61.99	2.11	0.87	5.5	14.5
金融机构存款余额	亿元	16268.71	449.20	1994.05	1245.52	1864.54
#城乡居民储蓄存款余额	亿元	5725.87	267.60		676.65	1046.28
金融机构贷款余额	亿元	14463.40	303.51	811.1	838.96	1219.24
城镇居民人均可支配收入	元	33270	22763	20729	25208	25077
农村居民人均可支配收入	元	16160	12692	9338	10957	10139
居民消费价格总指数	%	101.9	102.0	101.3	102.2	102.1

20－2 续表 2

指　　标	单位	安徽安庆	安徽铜陵	安徽芜湖	安徽马鞍山	江苏南京	江苏南通
总人口	万人	620.88	73.78	361.7	222.9	821.61	729.8
土地面积	平方公里	15398	1113	5988	3927	6582	8001
生产总值（GDP、现价）	亿元	1544.3	716.3	2307.90	1357.41	8820.75	5652.7
# 第一产业	亿元	225.6	13.2	136.20	83.66	223.96	367.1
第二产业	亿元	829.0	512.9	1516.02	859.59	3671.45	2873.8
第三产业	亿元	489.8	190.2	655.68	414.16	4925.34	2411.8
财政总收入	亿元	230.8	132.2	426	202.72	1771.85	1403.93
# 地方财政一般预算收入	亿元	105.7	66.3	233.68	121.02	903.49	550
粮食总产量	万吨	258.6	15.97	138.43	106.26	114.72	334.02
油料总产量	万吨	29.3	1.88	13.70		11.47	39.1
肉类总产量	万吨	23.9	1.83	15.57	8.01	12	
水产品产量	万吨	37.9	2.4	16.74	11.14	22.88	88.21
规模以上工业增加值	亿元	686.8	476.3	1404.77	625.82	2999.44	2864.2
规模以上工业主营业务收入	亿元	2902.4	2487.7	5041.24	2477.1	12863.55	12308.3
规模以上工业利税总额	亿元	337.8	56.9	579.7		1580.74	1471.8
旅游总收入	亿元	348.16	60.93	313.78	142.5	1520.83	412.1
固定资产投资	亿元	1394.8	767.6	2392.64	1674.74	5460.03	3896.4
社会消费品零售总额	亿元	589.8	174.6	632.71	340.34	4167.20	2153.5
外贸进出口总额	亿美元	22.6	52.4	64.47	29.72	572.21	316.5
# 出口总额	亿美元	19.5	8.6	49.74	12.46	326.28	224.8
实际利用外资	亿美元	2.67	2	20.34	17.62	32.91	23
金融机构存款余额	亿元	2237.6	676.3	2322.95	1475.62	20733.39	8508.3
# 城乡居民储蓄存款余额	亿元	1427.2	338.9	1159.14	819.37	5135.67	4623.9
金融机构贷款余额	亿元	1259.7	638.2	2182.6	1103.34	16448.55	5258.9
城镇居民人均可支配收入	元	22109	29234	27384	32560	42568	33374
农村居民人均可支配收入	元	9024	16405	14604	14969	17661	15821
居民消费价格总指数	%	101.3	101.1	101.9	101.6	102.6	102.1

20-3 中部地区部分城市主要经济指标

(2014年)

指　　标	单位	江西九江	江西赣州	山西晋中	山西长治	河南焦作	河南南阳
总人口	万人	480.69	850.75	332.03	340.44	352.25	858
土地面积	平方公里	19078	39363	16400	13896	4071	26591
生产总值(GDP、现价)	亿元	1779.96	1843.59	1041.3	1331.2	1846.32	2347.09
# 第一产业	亿元	136.72	287.24	103.3	58.3	139.93	382.83
第二产业	亿元	984.95	843.42	494.1	776.5	1243.43	1184.50
第三产业	亿元	658.29	712.94	443.9	496.4	462.96	779.77
财政总收入	亿元	328.53	328.53			143.66	234
# 地方财政一般预算收入	亿元	213.66	225.31	117.5	136.3	105.58	141.02
粮食总产量	万吨	165.20	285.35	192.2	162.2	206.35	512.18
油料总产量	万吨	22.80	9.87			9.03	103.16
肉类总产量	万吨	21.76	70.48	18.4	7.8	20.41	61.35
水产品产量	万吨	42.31	29.73	0.3			
规模以上工业增加值	亿元	945.53	751.94	420.7	737.3	1072.5	833.98
规模以上工业主营业务收入	亿元	4731.09	3002.79	1113.4	1490.2	4707.3	3149.51
固定资产投资	亿元	1812.52	1608.77	1106	1245.6	1623.53	2238.46
社会消费品零售总额	亿元	496.4	629.59	484.3	476.9	555.21	1246.58
外贸进出口总额	亿美元	57.73	39.03	3.60	6.83	24.64	19.35
# 出口总额	亿美元	46.48	32.03	1.88	3.64	17.13	14.32
实际利用外资	亿美元	14.5	12.22	3.53	3.44	7.28	5.67
金融机构存款余额	亿元	1864.54	2881.77	1909.8	1945.9	1264.32	2756.77
# 城乡居民储蓄存款余额	亿元	1046.28	1728			794.50	1777.19
金融机构贷款余额	亿元	1219.24	1923.98	1028.0	1016.9	853.98	1552.53
城镇居民人均可支配收入	元	25077	22935	25652	24565	23977	23711
农村居民人均可支配收入	元	10139	6946	10100	10311	12518	9741
居民消费价格总指数	%	102.1	102.1	101.6	101.5	101.8	101.9

20 - 3 续表

指　标	单位	湖北襄阳	湖南株洲	湖南衡阳	湖南郴州	安徽淮南	安徽六安
总人口	万人	560	396.1	730.34	469.79	237.5	572.5
土地面积	平方公里	19724	11262	15310	19317.00	2585	17976
生产总值(GDP、现价)	亿元	3129.3	2160.5	2395.56	1872.6	789.3	1086.3
# 第一产业	亿元	401.6	169.8	364.69	181.2	69.5	220.6
第二产业	亿元	1804.7	1281.6	1119.88	1064.1	453.2	516.1
第三产业	亿元	923.0	709.1	910.98	627.3	266.6	349.5
财政总收入	亿元	367.8	264	235.66	240.4	125.8	142.1
# 地方财政一般预算收入	亿元	249.2	167.4	173.36	171.7	75.4	94.9
粮食总产量	万吨	503.7	182	330.84	187.1	139.4	463.1
油料总产量	万吨	24.9	5.7		8.3	1.6	17.3
肉类总产量	万吨		34.4			9.1	54.5
水产品产量	万吨	19.8	8.9	28.24	11.1	7.8	30.2
规模以上工业增加值	亿元		987.6			403	441.0
规模以上工业主营业务收入	亿元	4665.8	2691.40	2337.90	3076.80	918.7	1502.9
固定资产投资	亿元	2448.3	1837.1	1767.01	1814.6	755.3	1003.8
社会消费品零售总额	亿元	1030.6	743.3	825.51	706.7	316.3	487
外贸进出口总额	亿美元	19.66	28	29.55	45.6	4.47	6.87
# 出口总额	亿美元	17.38	18.3	19.63	23.8	3.57	6.63
实际利用外资	亿美元	6.31	8.24	9.00	11.77	2.01	3.52
金融机构存款余额	亿元	2484.0	2064.9	2406.17	1680.4	1228.7	1715.6
# 城乡居民储蓄存款余额	亿元		1205.9	1722.01	1128.4	691	1022.2
金融机构贷款余额	亿元	1507.6	1114.2	1235.48	780.4	896.2	958.1
城镇居民人均可支配收入	元	24113	31338	24370	23621	26267	20610
农村居民人均可支配收入	元	12534	14366	13242	10786	10547	8287
居民消费价格总指数	%	101.5	102.2	101.6	102.0	101.4	101.7

2014 年九江统计工作大事记

1 月 21 日,九江市统计局局长余明义带领副局长李青、总统计师夏银初以及挂点扶贫工作队的新老队员,来到都昌县走访慰问困难群众和重点优抚对象。

2 月 19 日,省委党的群众路线教育实践活动督导组组长彭师怀一行来我局检查指导党的群众路线教育实践活动。局党组书记、局长余明义及局班子成员参加汇报会。

2 月 20 日至 21 日,省统计局计算中心蔡哈奇主任一行 3 人先后到星子县、庐山区调研指导三经普数据处理工作。

2 月 21 日至 22 日,省统计局副局长彭道宾、省固定资产投资处处长金绮、省普查中心副主任马芸一行对我市修水县第三次全国经济普查工作进展情况进行督查指导。

2 月 26 日,九江市统计局召开党的群众路线教育实践活动动员大会,统计局全体党员及党外代表参加会议。省委督导组组长彭师怀同志和市委第八督导组组长张燕萍及全组成员亲临会议进行督查指导。

3 月 11 - 12 日,王建农局长率领第一检查组赴九江市进行统计执法大检查。检查组分别听取了九江市政府和庐山区、星子县、德安县政府关于经济社会发展、统计工作、第三次经济普查、统计执法等情况的汇报;深入远洲九悦廷房地产项目、庐山区建筑工程总公司等企业检查统计数据质量和企业统计基础工作;考察了青岛啤酒、大唐化工等企业生产经营情况,学校、幼儿园等社会建设项目以及城市规划建设情况。九江市委副书记冯静,市委常委、常务副市长占勇,市委常委、庐山区委书记汪泽宇,庐山区、星子县、德安县政府相关领导以及市县统计部门负责同志陪同检查。省局投资处金绮处长、法规处康冬明处长参加检查工作。

3 月 14 日,按照市包村帮扶工作会议的统一部署,市统计局李青副局长带领局包村扶贫工作队深入都昌县中馆镇双桥村,与镇、村有关领导会面、座谈,全面对接包村挂点扶贫工作。

3 月 19 日至 21 日,省统计局副处长朱志强一行对九江市湖口县、瑞昌市三经普中行政事业单位费用支出情况进行调研。

3 月 27 日,市委组织员办主任袁亮一行 7 人到市统计局对局领导班子和领导干部进行年度考核。市统计局党组书记、局长余明义及其他班子成员和各科室负责人参加考核测评。

4 月 17 - 18 日,省统计局贸易处张捷处长一行赴九江市调研流通市场运行情况,并对我市第三次全国经济普查贸易专业的普查工作进行督查。

4 月 23 日,市统计局王弟权调研员一行赴都昌县进行统计执法大检查。

5 月 9 日,九江市经普办召开全市经济普查工作会议,研究部署九江市"三经普"事后数据质量抽查工作。省统计局副巡视员黄奕祯、省普查中心主任喻滨亲临指导并作重要讲话,市统计局局长余明义出席会议并作工作部署。

5 月 15 - 16 日,全省综合统计工作会议在九江县召开。省统计局副局长彭道宾出席会议并作重要讲话,九江市统计局党组书记、局长余明义和九江县县委书记徐耀纯到会并致辞,各设区市统计局分管综合统计工作的领导、综合科长(处长)及负责城市年报工作的业务骨干参加了会议。会议由省统计局综合处处长曾庆道主持。

5 月 27 日,九江市召开全市固定资产投资统计制度方法改革试点工作会议,县、市(区)统计局分管局长及专业统计人员参加了会议。

6 月 5 日至 6 日,省统计局人口就业处朱小清处长、周爱平副处长、黄韶华同志等一行来到九江市开展了劳动工资统计调研工作。调研组先后到九江市统计局、都昌县统计局、湖口县统计局和相关企业、单位进行了调研。

6月27日,市统计局召开党的群众路线教育实践活动专题民主生活会,局党组书记、局长余明义主持会议,第八督导组组长张燕萍、副组长杨斌、成员付斌和市第三纪工委副书记朱承波、市委组织部组织员办副主任傅新民参加了会议并提出了指导意见和建议。参加会议的有局党组班子全体成员,局"两代表一委员"以及部分党员群众代表列席会议。为深入推进党的群众路线教育实践活动,筑牢党员干部拒腐防变的思想道德防线,7月10日,九江市统计局余明义局长带领局机关全体党员干部到九江市党员干部廉政警示教育基地接受教育。

8月6日,省统计局副局长彭勇平一行来共青城市调研指导省直管统计管理体制改革试点工作。市统计局调研员王弟权陪同调研。

8月13日,省统计局投资处副处长洪英灏同志、副调研员胡友华同志一行来九江县调研固定资产投资统计制度方法改革试点工作,市统计局副局长周腊秀陪同调研。近期,根据九江市委党的群众路线教育实践活动查摆问题、开展批评环节工作要求,市统计局机关第一党支部和第二党支部分别召开专题组织生活会,各支部党员干部分别参加了会议。

9月11日,省统计局人口和就业处处长朱小清一行来到德安县河东乡桥东社区检查指导劳动力调查工作。市统计局副局长周腊秀陪同。

10月9日,市统计局召开专题学习会议,迅速传达学习习近平总书记在党的群众路线教育实践活动总结大会上的重要讲话精神,并就学习贯彻讲话精神、加强统计党建工作进行了研究部署。会议由局党组书记、局长余明义同志主持并讲话,全局机关干部参加了会议。

10月15日,九江市统计局召开党的群众路线教育实践活动总结大会。会议由局党组成员、副局长胡升平主持,局党组书记、局长余明义作总结讲话,局领导班子成员、全局党员干部、部分群众代表参加会议,市委第八督导组与会指导。

10月21日,省统计局服务业处处长周红一行深入九江县调研指导规上服务业企业核查入库工作,市统计局社会经济调查中心书记吴耀华陪同。

10月30日至31日,国家统计局农村社会经济调查司巡视员徐志全,在省统计局副局长彭道宾、农业统计处副处长郑永明的陪同下,赴星子县调研座谈农村统计工作,市统计局余明义局长、王弟权调研员随同调研。

11月6日,国家统计局投资司司长贾海在省统计局副巡视员金绮、国家统计局江西调查总队副队长周献华的陪同下,到瑞昌市调研投资统计制度方法改革试点工作。九江市统计局局长余明义、国家统计局九江调查队队长周佑庭、九江市统计局副局长周腊秀随同调研,瑞昌市委书记古小平、市委常委、常务副市长邵九思陪同或会见了调研组一行。

11月28日上午,市纪委第三纪工委副书记杨斌同志来市统计局就落实党风廉政建设党委主体责任和纪委监督责任"两个责任"作主题宣讲。市统计局在家处级以上领导干部参加了学习会。